기독교 교리사

A History of Christian Doctrines
By Rev. Kim Young-Jae, Dr. theol.

Copyright ⓒ 2006,2009 Hapdong Theology Seminary Press
Kwangkyojungang-ro 50, Yeongtong-gu, Suwon, Korea

기독교 교리사

초판 1쇄 발행 | 2006년 9월 18일
재판 1쇄 발행 | 2009년 4월 2일
재판 2쇄 발행 | 2013년 8월 30일

저　자 | 김영재
발행인 | 조병수
펴낸곳 | 합동신학대학원 출판부
주　소 | 443-791 수원시 영통구 광교중앙로 50 (원천동)
전　화 | (031)217-0629
팩　스 | (031)212-6204
홈페이지 | www.hapdong.ac.kr
출판등록번호 | 제22-1-1호
인쇄처 | 예원프린팅 (031)957-6551
총　판 | (주)기독교출판유통(031)906-9191
정　가 | 19,000원
*잘못된 책은 교환해드립니다

ISBN 978-89-86191-87-5　93230 : \19000
기독교 교리사 [基督教 敎理史]
단행본 [單行本]

┃ 이 도서의 국립중앙도서관 출판시 도서목록(CIP)은 e-CIP 홈페이지
┃ http://www.nl.go.kr/cip.php에서 이용하실 수 있습니다.
┃ (CIP제어번호: CIP 2009000881)

기독교 교리사

김영재 지음

합신대학원출판부

　기독교 교리의 역사는 성경이 가르치는 교리에 대한 이해의 역사이다. 따라서 '교리의 발전'은 곧 교리에 대한 이해의 발전이다. 신학자들의 이해는 주관적인 것이므로 교회는 필요할 때마다 교회 공의회를 열어 공동의 이해를 도출하였다. 공동의 교리 이해가 교의(dogma)이고 그것을 고백하는 것이 교회의 신앙고백이다. 이를 일컬어 '교회의 전통적인 교리'라고도 한다.

　그리스도의 교회는 11세기 중반에 동방 교회와 서방 교회로 분립하게 되었으며, 서방 교회는 16세기에 다시금 로마 가톨릭교회와 종교 개혁 교회, 즉 개신교회로 분립하게 되었다. 로마 가톨릭교회는 초대 교회와 중세 교회의 교의, 즉 신앙고백을 '교회의 전통적인 교리'라고 하지만, 개신교회에서는 중세 교회의 많은 것은 배제하고 초대 교회의 것을 '교회의 전통적인 교리'라고 한다. 다시 말하면 니케아(325년)와 콘스탄티노플(381년) 공의회가 고백한 삼위일체 교리, 칼케돈(451년) 공의회가 예수 그리스도는 참 하나님이시면서 동시에 참 사람이시라고 고백한 교리를 성경이 말씀하는 대로 옳게 이해하고 고백한 '교회의 전통적인 교리'로 받아들인다. 그것은 동방 교회에서도 마찬가지이다.

　'교회의 전통'의 범위에 대한 견해는 교회 간에 서로 다르기는 하나 사도들의 신앙을 계승한 속사도 시대부터 중세를 거쳐 종교 개혁과 정통주의 시대까지는, 다시 말하면, 17세기 후반에 "이성의 눈을 밝히 떠 기존의 권위적 사고나 세계관을 청산하고 사물을 새롭게 인식한다"는 계몽사조가 만연되기 전까지는 기독교 교리의 근거가 사도들의 전통과 성경이라는 것은 모든 교회와 신학자들에게 자명한 것이었다.

　계몽주의 신학자들과 그들의 맥을 잇는 자유주의 신학자들은 성경의 정경성(正經性)과 '교회의 전통적인 교리'를 거부하는 한편, 기독교 교리가 주변의 여러 종교와 사상들 가운데서 배태되고 생성 발전한 것이라고 추정한다. '교리사'는 실은 계몽신학자들이 그들의 생각을 확인하기 위하여 시작한 학문이다. 그러나 교리사를 편견 없이 연구하면 성경의 교리가 주변사상과는 달리 특이함을 발견하게 되고 성경이 하나님의 계시임을 시인하게 마련이다.

종교 개혁의 교회 전통을 전수 받은 한국 교회도 한 세기가 넘는 역사의 과정에서 '교회의 전통적인 교리'를 무시하는 신학자들이 생기게 되었으며, 성경의 교리를 왜곡하는 거짓 교사들과 적그리스도적인 이단들이 많이 일어나고 있다. 그리고 제도적인 교회 역시 성경의 가르침을 옳게 이해하지 못하거나 잘못 해석할 경우가 얼마든지 있을 수 있다. 이단과 잘못된 교리를 분별하기 위하여 우리는 교리사의 지식을 갖추어야 하며, 우리의 신학이 건전할 수 있기 위하여 교회와 신학을 성경과 교회 전통에 비추어 늘 반성해야 한다.

교리사 기술에는 교리의 주제들을 역사의 시대별로 기술하기도 하며 한 주제를 시대를 통틀어 종적으로 기술하기도 한다. 교회와 교리는 서로 함께 엮어져 발전해 온 것이므로 역사적인 상황과 배경을 함께 고려하는 것이 바람직하다. 필자는 『기독교 교회사』에서 간략하게나마 시대별로 교리 혹은 신학을 기술했으므로 이 책에서는 대체로 개별적인 주제를 시대를 관통하여 고찰한 글들로 엮기로 하되, 예수 그리스도에 대한 교리를 중심으로 하여 먼저 기술하기로 한다. 초대 교회 때부터 성경의 교리와 교회 전통을 존중하는 종교개혁과 정통주의 시대를 거쳐 성경과 교회 전통에 부정적인 17세기 계몽주의 이후 20세기 후반의 탈기독교적인 종교 다원주의에 이르기까지 예수 그리스도에 대한 교리나 물음은 늘 논의의 대상이었기 때문이다.

성경의 권위와 정경화, 한국 교회의 삼위일체론, 성령론, 성례론, 종말론의 역사적인 고찰은 계몽주의와 그 이후의 독일 신학과 종교 다원주의 다음에 배열하였음을 말해 둔다. 기독론을 매듭짓기 전에 계몽주의의 성경 비평과 19, 20세기 독일 신학에 상당한 지면을 할애한 것은 그것이 기독교 교리에 대한 비전통적인 이해와 사상의 역사요 배경이기 때문이다. 이 책이 기독교 교리의 여러 주제들을 망라해서 기술하지 못하고 있으나, 신학생들에게 교리의 역사를 쉽게 이해할 수 있는 입문서가 되고, 보다 내용 있는 충실한 연구를 위한 징검다리가 될 수 있기를 바란다.

영국서 공부하던 신학교 시절에 교리사 노트를 빌려 준 외우 Dr. Graham Windsor와 1968년 고신에서 교수 초년생에게 교리사 강의를 맡겨주셔서 교회사를 공부하도록 동기를 부여해 주신 이근삼 박사님께 감사하며, 오래 전에 은혜와 종말의 교리에 대한 자료를 구해 주신 강경림 박사에게 감사한다. 그리고 늘 곁에 있으며 도와주는 아내 이후한에게 감사한다. 이 책을 낼 수 있도록 연구비로 도와주신 온누리교회(하용조 목사님)에 심심한 감사를 드리며, 편집을 맡아주신 조주석 목사님과 교정을 보아 주신 이동만 목사님께 진심으로 감사한다.

2006년 3월
저자 김영재

■ 개정 증보판에 부치는 말

기독교 교리사에서 역사적인 배경에 대한 설명은 중요하므로 성경과 신앙고백의 전통을 외면하게 만든 계몽사조의 역사적 배경에 대한 설명을 좀 더 곁들였고, 성경의 권위와 성경의 정경화 과정과 20세기 신학에 관한 글을 좀 더 보충하는 한편, 교회와 교회 조직에 관한 글을 새로 추가하였다. 그리고 인용한 성경 본문은 대한성서공회의 『성경전서』 개역개정판(1998년)을 사용하였다. 교정을 보아주신 이동만 목사님, 주현덕 목사님과 재판을 허락해 주신 합신대학원출판부와 편집실장 조주석 목사님께 감사하며 장정을 맡아주신 김혜림 님에게 감사한다.

2009년 2월
저자 김영재

차례

제1장

교리사의 의미와 과제

교리사와 기독교 사상사

교회사 연구는 교회가 역사 속에서 어떻게 성장하고 존속해 왔는지, 하나님의 백성인 교회가 계시의 말씀인 성경이 가르치는 삶의 규범을 따라 충실하게 살아왔는지 여부를 추적하는 동시에 지금 살아가고 있는 교회가 하나님의 뜻을 좇아 살고 있는지, 그 여부를 점검하는 것을 목적으로 한다. 다시 말하면, 교회사는 기독교의 교리와 신학과 역사적인 배경, 신앙과 문화와의 관계, 예배, 선교 등 교회의 삶과 교회에 속한 제반 사항을 역사적으로 조명하는 반면에, 교리사는 성경의 교리에 대한 이해, 즉 신학과 교회의 교의에 중점을 두고 그것을 역사적으로 다루는 학문이다.

신학자에 따라서는 '기독교 교리사' 대신에 '기독교 사상사'(또는 '기독교 신학사')라는 명칭을 사용하기도 한다. 양자가 같은 내용을 다루지만 함축하는 의미는 같지 않다. '기독교 교리사'는 역사적인 연구를 통하여 기독교의 교리, 즉 성경의 가르침을 추구한다는 의미를 가지는 반면에, '기독교 사상사'는 신학자들의 기독교 교리에 대한 이해와 해석에 더 관심을 둔다는 의미를 함축한다.

'기독교 교리'는 곧 '성경의 교리'라고 하는 교회의 전통적인 견해에 부정적인 생각을 가지고 교리의 내용보다는 교리가 어떻게 형성되었는지에 대하여 더 많은 관심을 가진 계몽신학자들과 자유주의 신학자들도 기독교 교리의 역사적 연구서를 내내 '교리사'라는 제명으로 내었으나 20세기 초반부터 '기독교 사상사'라는 제명으로 내는 것을 선호하게 된 것 같다.

계몽신학자들은 기독교 교리사를 처음부터 사상사로 보는 경향이었다. 17세기 후반부터 유럽에서 일어난 계몽사조는 권위에 대한 맹목적인 신앙이나 모든 전통적인 것에 대한 경외심 같은 것을 일축하는 한편, 지식과 진리를 탐구하는 일에 열의를 가지고 지성주의와 자율적인 지식을 추구한 사상 운동이다. 교리사는 전통적인 기독교의 가르침에 회의적인 견해를 가진 계몽주의 신학자들이 기독교가 주변의 여러 종교와 사상들 가운데서 배태되었을 것이라는 비판적인 시각에서 그 점을 밝히려고 시작한 학문이다.

최초의 교리사는 1796년에 랑게(Sam Gottlieb Lange)가 쓴 이레니우스 (Irenaeus, 142~202)까지의 교리사, 「교리사 상설 (敎理史詳說, Ausführliche Geschichte der Dogmen)이다. 제1권을 내놓고는 더 완성하지 못했다. 그 후 교리사의 시조로 알려진 마르부르크(Marburg)의 교수, 뮌셔(Wilhelm Münscher, ~1814)는 그레고리 1세 때까지를 취급한, 4권에 달하는 「기독교 교리사 대전 (Handbuch der Christlichen Dogmengeschichte)을 1797년부터 1808년까지 11년에 걸쳐 저술 출판하였다. 뮌셔는 기독교 교의가 별 의미 없이 자주 심한 변화를 겪었다고 말함으로써 교의에 대한 계몽주의 신학자들의 부정적인 견해를 대변하였다.[1]

기독교의 가르침을 두고 교리라는 말과 교의라는 말을 사용하고 있는데, 교리와 교의가 어떻게 다르며 교의가 신앙고백과는 어떻게 다른지 말뜻을 먼저 살피기로 한다.

---

1) Bernhard Lohse, *Epochen der Dogmengeschichte*(Stuttgart, Berlin: Kreuz- Verlag, 1963, 1974⁴), 11.

교리, 교의, 신앙고백

기독교나 기타의 종교가 가르치는 도리 혹은 이치를 교리(敎理)라고 한다. 기독교의 가르침을 기독교 교리라고 하고 불교의 가르침을 불교 교리라고 한다. 기독교 교리는 성경이 가르치는 교리에 근거한다. 그러나 성경 교리에 대한 이해나 해석은 신앙이나 혹은 신학의 견해에 따라 다양할 수 있으며, 다양한 견해가 늘 있어왔다. 그러므로 교회는 공의회를 열어 특정한 주제의 교리를 두고 논의한 끝에 그 교리에 대한 바른 해석을 가려 그것이 성경이 가르치는 교리와 일치한다고 믿고 결정한 것을 교의라고 한다.

교리와 교의의 이러한 구별이 독일어에는 없다. 영어에서는 'doctrine'과 'dogma'라는 두 단어를 다 사용하나 독일어에는 'Dogma'라는 단어로 교리와 교의의 의미를 다 포괄한다. 그러므로 독일어의 'Dogmatik'은 교리학 또는 교의학으로 번역하고 'Dogmengeschichte'는 주로 교리사로 번역한다.

교의(敎義, dogma)라는 단어는 그리스어 '도케인'(δοκεῖν)에서 유래한 말로서 '도케인 모이'(δοκεῖν μοὶ)라는 표현, 즉 '그렇게 생각하다', '나에게는 확정적인 사실'이라는 뜻에서 점차로 '결정적인 의미', '결의', '법'(τὸ δεγόμενον, 눅 2:1), 또는 철학에서 말하는 '기본 명제'(Fundamentalsatz)로 쓰이게 되었다.[2]

공의회에서 결정된 내용을 교의라고도 하고 신앙고백이라고도 하는데, 교의는 이 결정의 내용이 바로 교회의 신앙을 요청하는 성경 교리라는 말이고, 신앙고백은 교회가 이 결정의 내용을 성경 교리로 믿고 받아들인다는 뜻에서 하는 말이다. 다시 말하면, 교의는 성경을 대변하는 진리의 선포라는 뜻이고 신앙고백은 이에 대한 교회의 응답이라는 뜻이다.

초대 교회의 신앙고백을 신경이라고 하는데, 그것은 영어를 따라 구분한 것이다. 영어로는 사도신경과 니케아-콘스탄티노플 및 칼케돈의 신앙고백을 '신경'(creed)이라고 하여 종교 개혁 시대의 '신앙고백'(confession)과 구별하여

---

2) 루이스 벨코프, 「기독교 교리사」, 신복윤 역(서울: 성광문화사), 17; Friedrich Loofs, *Leitfaden zum Studium der Dogmengeschichte*, 1. und 2. Teil, herausgegeben von Kurt Aland (Tübingen: Max Niemeyer Verlag, 1889[1], 1998[7]), 8.

쓰고 있으나 독일어로는 양자 다 신앙고백(Bekenntnis)이라고 하여 구별하지 않는다. 영어의 'creed'는 라틴어 'credo'(나는 믿는다)에서 온 말로서 초대 교회의 신경은 로마 가톨릭이나 개신교가 다 같이 존중하는 신앙고백으로서 우리의 신경(信經)이라는 말이 뜻하듯이 더 객관화된 신앙고백이라는 의미를 함축한다.

신경과 신조(信條)는 서로 대체할 수 있는 말로 사용한다. 이를테면 '니케아 신경'이라고도 하고 '니케아 신조'라고 한다. 그런데 신조는 신경의 내용에 관심을 두고 지칭하는 말 같다. 신조는 또한 신경으로 분류하지 않는 신앙고백 에도 적용하는 말로서 신앙고백의 조항(articles)을 따라 일컫는 말이다. 이를테 면, 한국 장로교의 신앙고백을 12신조라고 하며, 영국성공회의 것을 39개 신조라고 한다.

교회 전통과 교의에 대한 서로 다른 이해

교회 전통, 즉 교의 또는 교리의 역사에 대한 이해는 교회관과 교회사관의 유형을 그대로 따른다. 교회사에 대한 이해는 교회관에 따라 세 가지 유형으로 분류해 볼 수 있다.[3] 즉 로마 가톨릭의 교회사 이해와 종교 개혁의 교회사 이해, 그리고 신령주의(Spiritualism)의 교회사 이해이다.

로마 가톨릭의 교의 이해

교회를 예수 그리스도의 신비한 몸으로 보고 이를 역사적으로 인식할 수 있는 가톨릭교회와 동일시하는 로마 가톨릭교회는 교회사를 성육(成肉)의 직접적인 계속으로 보아 교회사를 예수 그리스도의 역사로 본다. 이 견해에 따르면, 교회는 다만 성장하는 유기체이고, 교의는 동일성과 계속성을 지닌 채 그대로 발전하는 것이다. 그러므로 로마 가톨릭교회에서는 공의회가 교의로 받아들인 교리 이해는 곧 성경에 대한 올바른, 권위 있는 해석으로

---

3) Gehard Ebeling, *Wort Gottes und Tradition*(Göttingen: Vandenhoeck Ruprecht, 1964), 19.

간주하며, 그에 대한 어떠한 비판도 허용하지 않는다. 그러므로 교회의 전통은 무조건 받아들여 준수해야 하는 것이라고 여긴다.

부연하면, 로마 가톨릭에서는 교의를 하나님의 말씀에 대한 '신자의 모임으로서의 교회'의 응답으로 보기보다는 회중을 가르치는 성직단의 연구라고 본다. 교의는 하나님께서 계시하신 진리임과 동시에 우리의 신앙을 위하여 교회가 제의한 것이라고 말하는가 하면, 교의는 교회의 공의회 또는 교황이나 추기경 회의의 결정을 통하여 정의되거나 또는 교회에서 일반적으로 가르치고 있는 사실을 통하여 정의되는 진리를 말하는 것이라고 한다.4) 로마 가톨릭교회의 견해에 의하면, 교회는 교리 문제를 두고는 오류가 없는 존재이며, 따라서 교회에 의하여 제의된 교의는 권위가 있을 뿐더러 변경되거나 거부될 수 없다.

신령주의자들의 교의 이해

이러한 로마 가톨릭교회의 이해와 상반되는 이해는 소위 기독교 종교의 영적인 면을 중시하고 추구하는 신령주의자들의 이해이다. 신령주의적 이해를 가진 이들은 교회와 예수 그리스도 안에 있는 계시의 역사성의 상관 관계를 영적으로 해석하려고 한다. 그리고 교회를 언제나 하나님과의 직접적인 관계에서 이해하려고 하며, 교회를 형이상학의 수직 관계에서 보고 역사의 수평 관계에서는 보지 않는다. 신령주의자들은 교회의 역사적인 유산과 전통을 존중하지 않으므로 역사적인 연속성(continuity)을 인정하지 않고 단절 또는 불연속성(discontinuity)을 서슴없이 선언한다. 다시 말하면, 성경을 이해함에 있어서 역사적인 교회 공의회의 해석, 즉 교의나 교회의 결정에 구애받지 않고 각자의 주관적인 해석을 중시한다. 그럼으로써 주관주의와 분리주의에 빠진다.

---

4) A. Deneffe, S.J., *Dogma, Wort und Begriff*, in: Scholastik 6. 1931. 531; Berhard Lohse, 앞의 책, 12에서 재인용.

종교 개혁자들의 교의 이해

위에서 말한 두 대립되는 견해의 중용을 취하는 이해가 곧 종교 개혁의 견해이다. 종교 개혁자들이 교회 개혁을 주장하다보니까 문제로 대두된 것이 교회의 역사적인 계속성이었다. 종교 개혁자들은 로마 가톨릭의 교회에 대한 이해, 즉 로마 가톨릭교회가 곧 그리스도의 신비한 몸과 일치한다고 보는 견해를 거부하였다. 종교개혁자들은 역사적으로 존재해 왔으며, 자신들 역시 지체로 속해 있는 가톨릭교회가 자신들이 생각하는 옳은 교회와는 다르다는 점을 발견하였다. 종교 개혁자들은 그러한 긴장 가운데 '신앙하는 교회'와 '역사적인 교회'를 '보이지 않는 교회'(不可視的 敎會)와 '보이는 교회'(可視的 敎會)라는 개념으로 표현한다.

종교 개혁자들은 역사에서 단절됨이 없이 고리처럼 이어져 내려오는 조용히 신앙하며 진리를 증거하는 이들의 교회를 합법적인 교회라고 하는 반면에, 불법으로 인정된 교회는 잘못된 교회로 혹은 이단으로 단정한다. 그리고 복음 선포의 진실과 신앙의 순수성만이 교회의 계속성을 입증한다고 한다. 그러나 복음을 이해함에 있어서는 주관적인 이해에만 의존하지 않고 교회의 역사와 전통적인 해석을 존중하는 가운데서 바른 이해에 이르려고 시도한다.

종교 개혁자들은 성경만 신앙의 표준으로 삼는다고 하고 성경을 강조하면서도 동시에 교의를 일단 성경에 비추어 이해하고 교회의 권위와 신빙성을 인정한다. 루터(Martin Luther, 1483~1546)는 교의는 그것이 생성되던 당시의 시대로 소급해서 이해해야만 한다고 말한다. 그리고 교의는 필요에 따라 작성되었음을 인식하고 그것이 생성되던 역사적인 상황을 파악함으로써 교의를 바로 이해할 수 있다고 한다.

종교 개혁의 교회는 어느 시대를 막론하고 교의를 무오한 신앙고백으로 주장하지는 않았다. 루터를 위시하여 다른 개혁자들이 초대 교회 시대의 공의회의 권위를 인정하였으나, '신앙의 보증'이 필요하기 때문이라든지 교회법적으로 혹은 신학적으로 공의회(Church Council)에 의미를 부여해서가 아니고, 공의회의 결정이 성경과 일치하고 잘못된 이단 교리에 대하여 성경의 가르침을 변호하였다는 뜻에서 인정하였다.

루터나 츠빙글리(Ulrich Zwingli, 1484~1531) 및 칼빈(Johannes Calvin, 1509~1564)은 이러한 교회의 결정을 오류가 없는 교의라는 의미가 아닌 신앙고백이라는 의미에서 이해했으며, 따라서 그들은 교회 공의회의 결정을 초대 교회가 이해하는 대로 받아들였다. 종교 개혁 시대에 여러 교회들이 형성하고 채택한 교리를 교의라고 부르지 않고 신앙고백(Confession, Bekenntnis)이라고 부른 것은 결코 우연한 일이 아니다.

교의 없는 기독교에 대한 주장

종교 개혁 이후 약 1세기 동안의 기간을 정통주의 시대라고 하는데, 이 시기에 개신교의 신학자들은 로마 가톨릭에 대항하는 한편, 루터교회와 개혁교회의 신학자들은 각자가 믿는 교리를 공고히 하고 체계화하는 일에 힘썼다. 그리하여 이 시대의 신학은 객관적인 교리를 강조하는 일에 힘쓴 나머지 중세기의 스콜라적이며 사변적인 신학의 경향을 띠면서 종교 개혁 당시의 생동성을 잃게 되었다.

이와 같이 교회가 객관적인 교리를 강조하는 일에 힘쓰면서 대체로 영적인 침체에 빠지게 되자, 이에 대한 반발과 반성에서 17세기 후반에 네덜란드와 독일에서는 신자 각자의 내면적인 영적 생동성을 추구하는 경건주의 운동이 일어나게 되었다. 그러나 이것은 유럽 대륙에서 있었던 현상이다. 정통주의적인 개혁 신학을 가졌던 영국의 청교도들은 국교인 앵글리칸교회가 더 철저하게 개혁되어야 한다고 끊임없이 주창한 까닭에 오랜 핍박을 받았지만 생동성을 잃지 않고 경건한 삶을 살았으며, 네덜란드에서 일어난 경건주의 운동에 영향을 주었다.

슈페너(Philipp Jakob Spener, 1635~1705)와 프랑케(August Herman Franke, 1663~1727)와 친젠도르프(Zinzendorf, 1700~1760)가 주도한 독일 경건주의는 중생, 회개, 그리스도 안에 있는 새 사람이 되고 새 사람으로 사는 일 등의

교리를 강조함으로써 객관적인 교리보다는 주관적인 체험과 경건 생활을 강조하였다. 경건주의자들은 교리를 중시하는 정통주의에 대한 반동으로 교리보다는 성경만을 중요시해야 한다는 생각에서 "교의 없는 기독교"를 주장하였다. 편견 없이 본 교회와 이단의 역사 (*Unparteiischen Kirchen-und Ketzerhistorie*, 1714)를 쓴 경건주의 교회사가 고트프리트 아놀드(Gottfried Arnold, 1666~1714)는 이러한 사상을 가진 대표적인 인물이다.

그는 초대 교회는 이상적이었으나 교회는 역사와 더불어 점점 타락하게 되었다고 본다. 이러한 교리관과 교회관은 전통적이며 제도적인 교회에 대하여 부정적인 견해를 가진 여러 운동에 영향을 미치게 되었다. 이런 부정적이며 분리주의적인 교회관은 경건주의 신앙을 전수 받은 부흥주의 신앙을 통하여 한국 교회에까지 영향을 미쳤다. 영국에서는 친젠도르프가 주도하던 경건주의자들, 즉 모라비안들의 영향으로 교직 제도를 부인하는 플리머스 형제(Plymouth Brethren) 교회가 생기게 되었다. 우찌무라(內村監三)에게서 비롯된 일본의 무교회주의(無敎會主義)는 플리머스 형제들과 퀘이커들의 영향을 받았으며, 그들이 가진 교회관과 비슷한 교회관을 가지고 있다. 일제 시대부터 활동한, 일본어를 해독하는 한국의 많은 목사들도 우찌무라의 저서나 그의 제자 구로자끼(黑埼)의 주석을 통하여 분리주의적인 교회관의 영향을 많이 받은 것이라고 볼 수 있다.

경건주의와 거의 동시대에 일어난 계몽신학자들은 성경을 하나님의 말씀으로 믿는 경건주의자들과는 다른 시각에서 '교의 없는 기독교'를 주창하였다. 계몽사조의 대표적인 신학자, 레싱(Gotthold Ephraim Lessing, 1729~1781)이나 제믈러(Johan Salmo Semler, 1725~1791) 등은 성경을 비판하는 견지에서 교의 없는 기독교를 말하면서 기독교의 생성을 밝히는 역사적인 연구를 주창하였다. 계몽주의 신학자들은 합리주의에 근거하여 기독교의 교의가 자신들이 생각하는 본래의 기독교 종교의 가르침에서 왜곡되었다고 보고 "교의 없는 기독교 본래의 기독교"를 추구한다고 선언했다.

경건주의자들이나 신령주의자들은 성경만 존중하느라고 교의 없는 기독교를 말하는 반면에, 계몽신학자나 자유주의 신학자들은 성경의 정경성을 부인할 뿐 아니라 교의나 교회 전통을 거부하면서 교의 없는 기독교를 말한다.

성경과 교의

성경에 대하여 비판적인 견해를 가진 합리주의자들뿐 아니라 성경에 충실하려는 경건주의와 신령주의 신자들도 '교의 없는 기독교'를 원하는 경향이 있다는 것은 전술한 바와 같다. 신령주의적인 신앙을 가진 이들이 성경에 충실하려고 하면서도 교의를 소홀히 생각하는 이유는 로제(Bernhard Lohse)가 지적한 바와 같이 성경과 교의의 기능과 역할에 차이가 있기 때문이다.5)

성경은 개인적인 차원에서 인격에 호소하는 반면에, 교의는 이를 본체론적인(ontological) 개념으로 정의하며, 사람들은 성경을 통하여 예수 그리스도 안에서 역사하시는 하나님의 구원 경륜에 대한 선포를 전인격적으로 접하게 되는 반면에, 교의에서는 하나님과 예수 그리스도의 존재를 정의하려는 시도를 볼 뿐이다.

성경은 우리 사람들에게 죄의 세력이 우리의 일거일동을 실제로 지배한다는 것을 일깨워 주며, 죄의 세력에서 해방을 받아 구원을 얻도록 복음을 선포하는 데 반하여, 교의는 이러한 선포의 직접성을 순수한 교리로 객관화한다. 성경은 사람 앞에 거울이 되어 자기의 참 모습을 인식하도록 하는데 반하여, 교의는 이 거울을 한편으로 치우고 중립적인 입장에서 관찰하도록 한다. 그러나 중립적인 입장은 결코 지속될 수가 없다.

끝으로 성경은 말씀하시는 하나님과 그 말씀을 대하는 우리 인간을 나와 너의 관계로 인식하게 하지만, 교의는 양자를 다 3인칭으로 객관화하여 인식하게 한다.

그러므로 전통주의나 교파 교회의 신조에 근거하여 교의의 권위를 무조건 내세워서도 안 될 뿐 아니라, 성경만 따른다고 하여 교의 없는 기독교를

---

5) Lohse, 앞의 책, 11 이하.

신봉하는 것도 옳지 않다. 교의를 무시하는 신앙은 방향을 가늠하지 못하며 신앙의 근거와 입장을 상실하는 맹목의 신앙에 빠질 위험이 있다.

그러므로 우리는 교의의 권위를 내세우기 전에 종교 개혁자들을 따라 먼저 성경에 비추어 교의를 이해해야 한다. 그리고 성경 말씀에서 개인적으로 새로운 것을 깨달았을 때는 교의, 즉 역사적인 교회와 교부들 및 신학자들의 해석을 참작하여 성경 이해의 타당성을 검토해야 한다.

교의는 성경 이해의 잣대이지만 교의 그 자체가 절대적인 것은 아니다. 교의는 그것이 언제나 성경의 말씀을 옳게 드러내는 한에서 권위가 있다는 것을 명심해야 한다. 종교 개혁의 전통을 따르는 우리가 성경을 옳게 이해하려 면 교의를 존중하고 연구하고 참조해야 한다. 그리고 교의를 옳게 이해하기 위하여 교의의 생성과 발전에 대한 역사적인 이해도 도모해야 한다.

교리사의 계속성

교의가 곧 신앙고백이라면 교리사가 우선적으로 취급해야 할 사실은 복음서 에 있는 예수 그리스도에 대한 신앙고백이다. 실은 예수 그리스도에 대한 교리, 즉 기독론이 기독교 신앙과 신학의 중심이다. 삼위일체 교리에 대한 논의도 예수가 참 하나님이시냐 하는 질문에서 시작되었으며, 그에 대한 답변으로 성경이 무엇을 말씀하는지를 교회 공의회가 밝힌 것이 삼위일체 교의이다. 예수 그리스도는 그 밖에도 구원론, 종말론의 중심에 있다.

예수 그리스도께서는 진리를 가르치실 뿐 아니라 자기를 받아들이고 신앙을 고백하도록 요청하신다. "너희는 나를 누구라 하느냐"(마 16:15)고 하시는 질문에 대한 베드로의 대답은 신앙고백이라는 의미에서 첫 신앙고백이었다. "주는 그리스도시요 살아 계신 하나님의 아들입니다"하는 신앙고백을 그리스 도인이면 누구나 언제든지 할 수 있어야 한다.

교의 또는 신앙고백이 때로는 신약에 나타난 교리적인 과제에서 동떨어진 것은 아닌지 따질 수도 있다. 그러나 어느 시대를 막론하고 기독교 신앙이 신앙고백을 형성하지 않은 적은 없었다. 신앙고백은 신앙과 밀접하게 결부되어 있어서 교의나 신앙고백을 비판적으로 대하는 사람이라고 하더라도 신앙고백서의 기본 조항이 신약성경에서 온 것임을 부인할 수는 없다. 신앙고백에 표현되지 않은 신앙은 그 어떤 것이라도 견고할 수 없다. 그리고 신앙고백을 요청하는 성경의 권위를 인정하지 않는다면 거기에는 신앙고백도 교의도 존재하지 않게 된다. 그러므로 계몽 신학과 그것을 계승하고 있는 자유주의 신학에는 전통적인 의미의 신앙고백도 교의도 존재하지 않는다.

신앙고백이 신앙을 잘못 표현하거나 형식주의로 유도할 경향이 없지 않으나 교의 없는 신앙, 혹은 신앙고백이 없는 신앙은 무엇을 믿는지 모르는 위험에 빠지게 마련이다. 교의의 발전은 예수 그리스도께서 이 땅 위에서 생존하셨던 당시와 교의의 형성기를 비교할 때만 인식할 수 있는 것이 아니고, 그 이후 여러 교회의 신앙고백을 비교해 보아서도 알 수 있는 일이다. 교의의 발전은 곧 성경 교리에 대한 이해의 발전이기 때문이다. 사도들의 제자에 해당하는 속사도 교부들이 말하는 교리 이해는 사도들의 신앙고백, 즉 신약에 있는 사도들의 편지에서 볼 수 있는 교리에 비해 여러 면에서 미치지 못하는 것임을 발견한다. 그리고 2, 3세기와 그 이후 신학자들은 신약의 교리를 이해하고 교의화하는 일에 오랜 시일 동안 논쟁을 하는 등 많은 노력을 기울였다.

19세기와 20세기에 와서 교리사의 계속성에 대하여 회의를 가지는 신학자들을 볼 수 있게 되었다. 예를 들면, 튀빙겐 학파를 형성하게 한 장본인인 바우르(Ferdinand Christian Baur, 1792~1860)가 그 대표이다. 그는 헤겔의 변증법적 역사 철학을 교리사에 적용하여 교리사 전체가 '가이스트'(Geist = 정신 혹은 영)의 발전 과정이라고 한다. 즉, 정 반 합(These, Antithese, Synthese)을 통하여 '가이스트'가 자기 완성에 이르며, 동시에 자신의 참 존재를 계시한다고 한다. 그러므로 기독교 초창기에 교의가 움튼 순간을 시대마다 의식해야 한다고 한다. 그러나 교리사는 시대마다 있었던 계시에 대한 수직적 이해의 나열이 아니고 역사의 과정 속에서 교리에 대한 이해가 수평적으로 연결되면서 발전해 온 것이다.

또한 칼 바르트(Karl Barth, 1886~1968)와 바르트주의자는 교리사란 개개의 계시 사건이나 교리 형성의 나열에 지나지 않는다고 말함으로써 계시의 진리에 대하여 서로 역사적인 관련을 짓지 못한다. 바르트에 의하면, 교의들은 결국 교의의 현현의 형식이라고 하면서 Dogma를 단수형과 복수형으로 구분하여 사용한다.

바르트가 말하는 복수형의 Dogmen은 교회가 결정한 구체적인 교의들을 가리키는 말이고 단수형의 Dogma는 그가 말하는 초역사적인 교의, 즉 아직 역사 속에 구체화되지 않은 교의를 일컫는 말이다. 마치 앞에서 우리말로 언급한 '교리'와 '교의'의 구분과 비슷한 구분이다. 즉 바르트가 말하는 Dogma는 '교리'(doctrine)에 해당하고, Dogmen은 '교의'(dogma)에 해당한다. 그러나 차이점은 Dogma에 해당하는 우리의 '교리'는 단순히 성경이 말씀하는 교리라는 점이다.

로제는 바르트 특유의 구분은 교리사의 계속성을 간과하는 이해라고 하면서 교의의 발전을 강조한다. 다시 말하면, 교리사의 계속성을 강조하면서 각 시대마다 특정한 교리가 더 많은 관심을 끌었거나 강조되었다고 단순화해서 말한다.6)

초대 교회에서는 삼위일체론과 그리스도의 신성과 인성을 중심한 기독론이 논의되었으며, 서방에서는 같은 시기에 은혜 교리에 관심이 집중되었다. 그리고 중세에는 성례론이 관심의 대상이었으며, 종교 개혁에서는 구원론이 관심의 중심이었고, 근세에 이르러서는 교회의 분열과 연합이라는 과제 때문에 교회론이 논의의 대상이 되었다고 한다.

이러한 지적은 교회 역사에 있었던 교리에 대한 관심을 단순화하는 것 같으나, 그것은 시대적인 상황이나 요청과 교리 이해의 발전과의 상관 관계를 설명하는 것이므로 아래에서 더 논하기로 한다.

---

6) Lohse, 같은 책, 14.

교의의 권위와 교리사 연구의 과제

교리사 연구의 과업은 당면한 문제로 생각되는 신앙고백의 조항을 해석하는 것이 아니고, 특정한 교리와 전체 교리의 통일성, 교리 발전의 계속성을 추적하는 것이다. 그런 의미에서 과거의 것에만 매달려 현재의 과제를 망각하는 일이 없이 현재와 함께 과거를 존중하면서 과거의 발전의 계속성과 마찬가지로 현재의 문제와 과제의 중요성도 다루는 것이다. 아리우스주의 논쟁은 예수 그리스도의 신성을 부인하는 아리우스주의자에 대항하여 니케아 신경을 변증하여 니케아-콘스탄티노플 신경을 낳기까지 계속된 정통신학자들의 투쟁이었으며, 그 후에 일어난 기독론의 논쟁을 통하여 교회는 칼케돈 신경을 결실로 얻게 되었다. 이와 마찬가지로 어거스틴(Augustinus, 354~430)이 펠라기우스와 벌인 논쟁은 죄와 은혜 교리 발전에 보탬이 되었으며, 종교개혁 당시의 여러 신앙고백서들도 역시 교리의 새로운 발견과 교리 이해의 발전에 기여했을 뿐 아니라, 로마 가톨릭과의 현저한 차이를 드러내고 있다는 의미에서 풍성한 의미를 내포하고 있다.

그러므로 교리사의 과제는 어떤 교의가 결정되고 신앙고백이 형성되게 한 역사적 배경과 상황을 설명할 뿐 아니라, 어떤 특정한 결정이 그 시대와 전체 교리의 역사를 위하여 어떤 의미를 가지는지를 밝힌다.

교리사의 과제는 또한 역사의 과정에서 기독교의 교의가 그리스화 혹은 로마화가 되거나 독일화 혹은 영국화가 된 것은 아닌지를 살피며, 또한 그러한 유형화(類形化)의 과정에서 교의가 그 순수성을 상실하지나 않았는지 하는 문제에 관심을 기울인다. 제베르크(Reinhold Seeberg)는 말하기를 이러한 토착화(Nationalisierung, indigenization)의 과정이 반드시 교의의 타락을 의미하는 것은 아니고, 그것은 다만 어떤 위대한 시기에 기독교의 사상이 어느 특정한 민족의 문명 속으로 완전히 소화되어 들어가게 된 것을 나타내는 것이라고 한다.

그러면서 또한 이러한 과정에는 위험성이 동반한다고 언급한다. 왜냐하면

각 민족이나 세대는 기독교를 단지 그들 자신의 특이한 이해로 해석할 뿐 아니라, 그 내용을 보다 저급한 형태의 종교로 전락시키는 경향이 있기 때문이다. 교리사의 과업은 교의에 대한 비판에 있는 것이 아니고 그 해석에 있으나, 위와 같은 경우는 비판적인 방법으로 다루어 분석 비판할 수 있어야 한다.

그리고 한국과 같은 선교 교회에서는 서양 교회가 전해 준 신앙고백이 어떠한 전통과 시대적인 상황 속에서 형성되었는지를 검토할 뿐 아니라, 서양 교회의 전통적인 신앙이 제대로 전수되었는지, 또한 전수된 신앙이 한국 재래의 비기독교적 문화와 종교적 환경 속에서 어떻게 성장하고 발전해 왔는지를 검토해야 한다. 다른 말로 하자면 기독교 토착화가 긍정적인 방향으로 진행되어 왔는지를 점검해야 한다. 그리고 기독교 진리가 안팎으로 어떤 도전을 받고 있는지를 성찰하며, 전통적인 교의를 존중하는 가운데 성경의 진리를 새롭게 발견하고 변증할 방향을 제시하는 것이 교리사의 과업이다.

교리사의 구분

교리사학자들은 일반적으로 교리사를 일반 교리사와 특수 교리사로 구분한다. 일반 교리사에서는 문화와 사상 및 역사적 배경을 서술하고 논의의 주제들과 각 시대의 교리 연구의 방향을 기술하는 반면에, 특수 교리사는 개별적인 교의와 그 기원과 발전을 추구하며 특정한 교의 형성에 지배적인 영향을 준 교리들을 다룬다. 후자의 것은 주로 소위 국부적 방법(local method)으로 신론, 인간론, 기독론 등의 주제를 따라 역사적으로 논한다. 이러한 연구 방법을 수직적 방법(vertical method)이라고도 하는데, 이에 해당하는 교리사 책으로는 하겐바하(Hagenbach), 네안더(Neander), 셸돈(Sheldon)의 것을 들 수 있다.

그러나 리츨(Rischtl) 이후부터는 많은 이들이 위의 방법이 인위적이며 또한 여러 시대의 사상의 강조점의 차이나 각 시대에 있었던 논의의 특수성을 정당히 평가하지 못한다는 이유로 전체를 더 통일적으로 보려고 한다. 하르낙 (Adolf Harnack, 1851~1930), 로프스(Friedrich Loofs, 1858~1928), 제베르크, 피셔(Fischer) 등의 저서가 이에 해당한다. 이들의 방법을 수직적 방법에 대치하는 것으로 수평적 방법이라고도 하는데, 전체의 교리를 통일적으로 본다고는 하지만 교의의 개별적인 주제를 중심하여 볼 때 특정한 주제에 대한 서술이 단절되기 때문에 그 교리의 역사적인 발전을 한눈에 볼 수 없다는 불편이 있다. 따라서 이러한 방법에 따르면 전통적인 교의가 전수되고 있는지 여부에 대한 관심이 희석된다.

한국 신학교에 널리 알려진 벌코프(Berkhof)의 교리사는 수직적 방법을 취하고 있다. 수직적 방법은 보다 조직신학적인 관심을 가지고 서술한 것이라면, 수평적 방법은 보다 교회사적인 관심에서 서술한 것이다. 그리고 수직적인 방법은 전통적인 교의를 받아들이는 입장에서 교리에 대한 이해의 연속성에 더 관심을 갖게 하는데 반하여, 수평적인 방법은 전통적인 교의에 대하여 비판적인 견해를 가지는 이들이 교리나 교의 자체보다는 교리 혹은 교의의 형성에 대한 역사적인 과정과 배경에 더 관심을 갖는 데서 비롯된 방법이라고 할 수 있다.

제베르크는 교회사의 일반적인 구분을 따라 교리사를 아래와 같이 세 시대로 대별하는데 셋째 시대인 종교 개혁 시대를 마지막 단계로 끝맺고 있는 것이 흥미롭다.

첫째로는 초대 교회 시대를 교리 형성 시대로 보고 사도 이후와 초대 교회 시대의 신학과 교회의 발전을 연구 검토하며, 동방 교회, 즉 헬레니즘 문화권에 있는 기독교 교회의 교리들, 즉 삼위일체론과 기독론 또는 성상 숭배 등 교리 형성의 원인과 발전을 추적하는 한편 서방 교회의 교리와 비교 연구한다.

둘째로는 중세 교회 시대의 교리의 보전, 변형과 발전에 대하여 연구한다. 어거스틴주의를 약화시킨 교황 그레고리(Gregory the Great)에서부터 11세기까지 기독교 교리의 피상적인 보전에 관하여 서술하고, 스콜라 신학

(scholasticism)의 교리 제정과 함께 이 시대 특유의 교리, 말하자면 스콜라 신학과 대속의 교리, 성례 및 교회에 관한 교리의 발전에 관하여 연구하고, 기독교 교리가 어떻게 왜곡되었는지, 말하자면 어거스틴의 사상을 폐기하고 어떻게 교직 제도가 강화된 것인지를 기술한다.

셋째로는 종교 개혁을 통한 교리 체계의 발전과 로마 가톨릭교회 교리의 순화(醇化)와 결정(結晶)에 관하여 논한다. 즉, 루터와 츠빙글리의 개혁 사상과 이러한 개혁 사상의 발전 및 교리적 논쟁과 로마 교회가 중세 교리를 보수하는 점에 관하여 서술한다.

교리사는 교리 이해의 역사

위에서 이미 언급한 바와 같이, 계몽사조 이후 전통적인 기독교 신앙에 부정적인 시각을 가진 이들은 초기 기독교 교리가 주변의 사상에서 영향을 받아 형성되었을 것이라는 생각에서 성경과 그 주변 사상을 연구하며 그렇게 단정하기도 한다. 그러나 우리는 교리사 연구를 통하여 성경의 교리가 특이하다는 것을 재삼 인식하게 된다. 신약성경이 기록될 당시의 주변 사상에서 기독교와 유사한 사상이나 교훈을 볼 수 있는데, 그것은 주로 종교 일반에서 볼 수 있는 것이고 기독교 특유의 교리나 사상은 아니다.

삼위일체 교리, 은혜와 칭의 교리, 기독교의 창시자 예수 그리스도가 구도자가 아니고 구세주라는 당신 자신의 말씀과 그에 대한 교회의 신앙, 예수 그리스도의 십자가의 죽음과 부활, 그의 재림과 역사의 종말 등의 교리는 다른 종교에서 볼 수 없는 교리들이다. 초대 교부들은 성경의 교리를 진리로 믿고 설교했으며, 자신들의 가르침의 근거를 성경에 두었다. 사도들의 뒤를 이은 속사도 교부들의 가르침이나 그 다음 세대의 변증가로 불리는 신학자들의 가르침이 사도들의 가르침, 즉 성경의 교리에 미치지 못함을 발견한다. 이러한 사실들을 보아서도 성경의 계시성과 정경성을 재삼 인식하게 된다. 그러므로 성경의 교리가 주변 사상의 영향으로 조성되었다는 이론은 설득력이 없다.

그러나 교리 이해의 경우는 다르다. 신학자들은 특이한 성경 교리, 즉 우리 사람의 생각과 논리를 초월하는 하나님의 말씀(사 55: 8-9)을 자신들이 살고 있는 세계의 언어로 이해하고 전달하는 과정에서 다양한 해석을 보이게 된 것이다. 성경의 교리를 이해함에 있어서 세속 논리의 한계를 인정하고 이를 지양하여 성경의 논리에 순응하는 합리적인 사색으로 성경의 진리를 규명하는 한편, 교회의 보편적인 이해를 존중하는 동시에 그것을 형성하는 데 공헌하는 신학을 교회는 정통 신학이라고 한다. 반면에 세속의 논리를 극복하지 못하거나 거기에 탐닉하는 정도에 따라, 혹은 교회의 보편적인 이해, 즉 교회의 전통을 도외시하거나 무시하는 정도에 따라 교회는 이를 비정통 혹은 잘못된 가르침으로 규정하거나 이단으로 정죄한다.

그러므로 교리의 역사는 교리가 신약에서부터 시작하여 발전해 온 역사가 아니고, 하나님의 계시의 말씀인 성경의 교리에 대한 이해의 역사이다. 다시 말하면, 교리의 역사는 교회 역사의 오랜 과정에서 교회의 신앙고백과 전 세대에 속하는 교리 이해의 지식에 근거하여 잘못된 교리 이해는 반성하는 한편, 옳은 교리 이해는 재확인하며 보전하며 또한 성경의 교리를 새롭게 발견하는 역사이다. 그러나 교리사에 대한 이러한 이해는 계몽사조 이후 성경의 권위를 인정하지 않으며 교회 전통을 거부하거나 전통적인 교의에 대하여 회의를 말하는 합리주의 신학자들에게는 의미가 없는 이야기이다.

초기의 기독교 교회에서는 예수가 그리스도이고 하나님의 아들이시냐 하는 기독론이 가장 큰 관심사였다. 그리고 그것은 교회 역사를 통하여 오늘에 이르기까지 기독교 교리의 핵심 관심사이다.

초기의 잘못된 기독론은 유대교적 시각에서 예수는 하나님의 양자(養子)라고 하는 양자설과 그리스와 영지주의 배경에서 하나님이 사람의 육체를 입고 나타난 것이라고 하는 가현설(docetism)이었다. 그 밖에 초대 교회의 교부들은 구약 종교와 기독교의 연속성과 불연속성을 밝히는 일과 신약성경의 정경화(正經化)에도 관심을 가졌다.

3세기와 4세기에 신학자들은 하나님의 아들과 아버지의 관계를 설명하느라 삼위일체 교리에 관심을 가졌다. 니케아 공의회(325년)에서 삼위일체에 대한 신앙고백을 작성하여 채택하고 이를 교의화한 것을 콘스탄티노플 공의회(381년)에서 재확인하였다.

예수 그리스도의 신성에 대한 교의가 확정되고 성령께서 인격적인 하나님이심을 알게 되자 이제는 신학자들이 예수 그리스도의 신성과 인성의 관계에 대하여 사변하고 논쟁을 하다가 451년 칼케돈 공의회에서 예수 그리스도의 양성(兩性) 교의, 즉 그가 사람이시면서 동시에 하나님이시라는 교의를 확정하였다. 칼케돈 회의 이후 그리스도의 신성과 인성의 관계에 대한 관심과 논의는 6세기까지 계속되었다.

삼위일체론과 그리스도의 신성과 인성에 대한 논의는 동방 교회가 중심이 되어 논의가 진행된 반면에, 같은 시기에 서방에서는 구원의 교리에도 많은 관심을 보였으며 죄와 은혜에 대한 신학이 발전하였다. 동방의 헬레니즘 문화에 사는 신학자들은 사변적인 사색을 선호하는 반면에, 서방의 신학자들은 실제적이며 실용적인 것을 추구하는 사고를 선호하는 차이에서 온 것이라고 흔히 설명한다.

중세로 접어들어 동방에서는 6세기경부터 유대교가 그리고 나중에 이슬람교가 가세하여 기독교의 삼위일체 신앙이 일신론(monotheism)이 아니라고 비판하므로 교회는 이에 대하여 삼위일체 교리를 변증하였다. 그리고 8세기에는 동방에서 성상 숭배를 허용하는 일을 두고 논의가 벌어졌으며, 9세기와 11세기에는 성례론, 특히 성만찬에 대한 논의가 진행되었다. 그리고 성만찬의 논의와 함께 기독론에 대한 관심이 새로워졌다.

초대 교회에서는 기독론을 두고 주로 존재론적으로, 즉 그리스도께서 누구시며 어떤 분이신지에 대하여 논의했으나, 11~12세기에 이르러서는 그리스도의 직능과 함께 구속에 대한 교리를 말하게 되었다. 그러면서 또한 은혜 교리를 논하게 되었다.

중세의 스콜라 신학자들은 안셀무스(Anselmus of Canterbury, 1033/44~1109)를 비롯하여 토마스 아퀴나스(Thomas Aquinas, 1225~1274)에 이르기까지 철학

적인 논리와 방법론을 신학에 적용함으로써 기독교 신학을 풍성하게 하고 나름대로 깊이 있게 사색하는 데 공헌하였으나, 그리고 그러한 방법이 한편으로는 기독교 진리를 변증하는 데 도움이 되었으나, 종교 개혁의 입장에서는 그러한 시도가 성경이 가르치는 교리에 사람이 접근하는데 오히려 그 만큼 방해가 되는 것이다. 그것은 중세 교회의 교권주의(또는 사제주의, clericalism), 목회적인 배려에서 허용한 성상 숭배, 마리아 숭배, 예배의 복잡한 의식, 공로주의 등이 중보자이신 예수 그리스도에게로 접근하는 것을 그 만큼 가로 막는 것이나 다를 바가 없다.

종교 개혁자들은 이러한 중세적인 배경에서 '오직 성경으로'를 주창하면서 성경을 지식과 판단의 근거를 삼아야 한다고 하며, '오직 하나님의 은혜로', '오직 예수 그리스도를 믿음으로' 의롭다함을 받는다는 교리를 발견하고 강조하며 예수 그리스도를 드높였다. 근세와 현대에 와서는 교회의 분열과 분파를 극복하고 교회의 하나 됨을 추구하게 되면서 교회론에 관심을 갖게 되었다고 말하기도 하나, 실은 종교 개혁자들이 가장 관심을 둔 교리 역시 교회에 대한 교리였다고 할 수 있다.

종교 개혁자들이 교회의 실제적인 개혁을 주창하고 실천하였으므로 교회론에 대한 관심은 이미 종교 개혁 시대부터 시작된 것으로 간주해야 한다. 그리고 개신교와 로마 가톨릭 간의 교리 이해의 차이가 교회론에서 가장 크게 두드러진다는 것을 상기해야 한다. 하기는 종교 개혁자들은 부패한 현실의 역사적인 교회를 두고 개혁을 말하면서 교회 분열을 감내할 수밖에 없는 현실 앞에서 교회를 '내적인 교회'와 '외적인 교회' 혹은 '보이는 교회'와 '보이지 않는 교회'로 이분하여 논한 점은 현대 에큐메니즘이 교회의 하나 됨을 지향하는 교회론과는 차이가 있다.

17세기 후반에 일어난 계몽사조 이후 성경을 비판하고 성경의 권위를 인정하지 않는 신학자들도 기독론을 말하기는 하나 예수 그리스도의 역사성에 대하여 의문을 말하면서 그리스도를 하나님의 아들이요 구세주이시라고 고백하는 전통적인 기독론을 벗어남으로 말미암아 삼위일체론은 그들의 관심에서 벗어난 주제가 되었다. 그것은 비단 삼위일체의 주제에 국한되지 않는다. 교리의 근거인 성경의 권위를 인정하지 않음으로써 그들에게는 교리사가 성경이 말하는 교리에 대한 이해의 발전 역사라는 개념이 무의미한 말이 되고 만 것이다. 그래서 주제별로 고찰하는 교리의 역사는 사실상 종교 개혁에서 거의 종결된 것이나 다름없다. 종교 개혁 이후 약 한 세기 간의 소위 정통주의 신학자들은 종교 개혁자들의 신학을 이어받아 더 사변적인 신학으로 심화하였다.

계몽사상과 나란히 일어난 경건주의와 그 영향으로 일어난 부흥 운동으로 말미암아 교회의 일각에서는 사람들이 성경이 말씀하는 복음에 대한 신앙을 갖도록 일깨움을 받는 한편, 선교에 대한 열심과 비전을 갖게 되었으며, 성령 교리에 대한 관심을 갖기 시작하였다. 그리고 성령에 대한 관심은 20세기에 들어서면서부터 일어난 오순절과 운동이 20세기 후반에 와서 급속히 확산됨으로 말미암아 더욱 증폭되었다.

교회 연합에 대한 관심은 선교에 대한 관심과 열의에서 비롯되었으나 문화에 더 많은 관심을 가진 자유주의 신학자들이 교회연합기구(WCC)를 주도하면서 교회 연합을 우선으로 하고 종교 간의 대화를 추구함으로 말미암아 선교 신학은 교회 연합에 봉사하고 나아가서는 다른 종교와 대화를 모색하는 방향으로 발전하여 종교 다원주의를 낳기에 이른다.

제2장
기독교 생성기와 초기 성장기의 사상적 배경

사상적 배경

기독교가 형성되던 당시의 시대적 배경에 대하여는 기독교 교리가 주변의
종교와 사상의 영향을 받아 형성되었다고 생각하는 학자들이 주로 더 많은
관심을 기울인다. 그러나 시대적 배경에 대한 지식은 기독교의 유일성과
전통적인 교의(敎義)를 믿는 사람들에게도 필요하고 유익하다. 성경에 근거하
는 기독교 교리의 유일성을 볼 수 있기 때문이다.

사람은 누구나 다 자기가 사는 시대의 역사와 문화 속에서 살므로 사물을
그 시대의 언어와 세계관으로 이해하고 의사소통을 하기 마련이다. 신학자도
예외가 아니다. 신학자 역시 그들이 사는 시대정신의 영향을 받으므로, 성경의
진리를 시대의 사상적 배경에서 이해하고 표현한다. 속사도나 초기의 교부들
만 하더라도 기독교 진리, 즉 성경의 진리에 대한 그들의 이해는 사도들이
기록한 성경의 진리에 미치지 못한 것으로 드러난다.

교리사를 쓰는 이들이 흔히 기독교가 생성되어 성장하는 시대의 역사적
배경을 기독교의 요람이라고 하면서 기독교가 생성되는 데 영향을 준 종교와
사상으로 유대교를 비롯하여 그리스-로마 시대의 종교, 그리스-로마 철학,

그리스-유대 철학, 신플라톤주의 혹은 영지주의 등을 든다.[1] 그러나 유대교를 다른 종교나 사상들과 동등하게 주변 사상으로 이해하는 것은 옳지 않다. 유대교는 배타적인 민족 종교인데다가 기독교를 배태한 종교이므로 다른 종교나 사상과는 확연히 구별된다.

우리는 기독교를 그 배경 사상과 관계를 두고 접근할 때 기독교 생성기의 경우와 성장기의 경우에 차이가 있음을 인식한다. 유대교는 생성기와 밀접한 관계가 있고 그 밖의 종교와 사상들은 성장기와 더 관계가 있다는 것을 유념해야 한다.

유대교

예수 그리스도와 그의 제자들은 모두 유대인이었으므로 유대교(Judaism) 신앙 안에서 살았다. 기독교와 유대교가 제가끔 구약의 여호와(야웨) 하나님을 창조주시요, 지으신 만물을 다스리시고 역사를 주관하시는 참 하나님으로 믿으며 구약의 경전과 이스라엘 역사를 자신들의 것으로 인식한다는 점에서 공통적이다. 기독교는 예배 형식에서도 유대교의 회당 예배의 영향을 받았다. 예수 그리스도와 제자들이 다른 유대인들과 마찬가지로 성전과 회당을 찾아 예배하고 율법을 강론하는 일에 참여하였다.

나중에 제자들이 예수 그리스도의 새 종교를 따르기 위하여 유대교 공동체와 결별하고 그 신앙을 탈피하는 과정에서 서로 논의하며 논쟁을 하는 등 주저와 갈등을 경험하였다. 이를테면, 유대교적인 민족 종교의 고정관념을 벗어나서 기독교가 만민을 위한 종교라고 인식하는 것이 제자들에게는 쉬운 일이 아니었다(행 10:17~22, 44이하; 11:11~18). 유대인들이 지키는 안식일과 할례와 여러 절기를 극복하는 일도 쉽지 않았다(갈 4:10; 골 2:16). 기독교 신학의 기초를 세우는 데 크게 공헌한 바울 사도는 유대교에 충실한 사람이었

---

1) 후스토 L. 곤잘레스, 基督敎思想史 I, 이형기, 차종순 역(서울: 장로교출판사, 1988), 39-77
、 참조.

다. 개종 이후 선교 초기에 그가 가는 곳마다 유대인의 회당을 복음 전파의 거점으로 삼은 사실도 기독교와 유대교가 서로 밀접했다는 것을 보여준다.

예수 그리스도의 생애와 교훈과 행적을 증언하고 그분의 죽음과 부활의 복음을 전한 사도들은 유대교적인 종교와 세계관으로 산 사람들이다. 그들은 학자도 사상가도 아닌 평범한 직업인들이었으므로 그리스·로마 세계의 종교나 사상을 접할 기회도 없었고 그런 자질과 준비를 갖춘 위인들도 아니었다. 바울이 예외적인 인물이긴 했으나 그도 유대교에 열렬한 신자였으므로 다른 사도들과 별로 다름이 없었다.

그러나 사도들은 복음서와 편지에서 나사렛 예수가 곧 구약의 선지자들이 예언한 대로 말씀이 육신이 되신 임마누엘 하나님이시요, 메시아, 즉 그리스도라 선포하고 예수 그리스도의 삶과 교훈이 구약의 성취라고 증언한다. 그럼으로써 기독교가 비록 유대교와 더불어 구약과 구약의 역사를 공통의 유산으로 공유하되 예수를 그리스도로 믿지 않는 유대교와 차이를 드러낸다.

유대교와 기독교의 결정적인 차이는 기독교는 하나님께서 구약의 선지자들을 통하여 말씀하신 메시아의 예언이 예수 그리스도로 말미암아 성취되었다고 믿는 데 반하여, 유대교는 예수를 하나님의 아들로 자칭하는 신성모독자로 취급하는 점이다. 기독교는 메시아를 이사야가 말한 고난의 종으로 알고 그리스도의 십자가 죽으심을 우리 죄인을 구속하기 위한 죽으심으로 알아 십자가를 자랑하지만, 유대교는 그것을 거침이 되는 치욕으로 생각한다.

유대교의 특징 중 하나는 메시아의 오심을 절실히 기대하고 소망한 종말신앙인데, 메시아가 고난 가운데 있는 민족을 구원한다고 하며, 그는 능력 있는 초인적인 왕으로서 400년간 살면서 이스라엘을 다스릴 자로 여겼다. 메시아를 사람 중의 사람(a man of men)이나 인자(son of man)로 서술하였으며, 단지 하나님의 위대한 율법선생(scribe)으로도 묘사하였다. 메시아 왕국을 갈망하는 데서, 그리고 아무도 스스로 자유를 얻을 수 없다는 생각에서 죄의식이 깊어졌고, 아담의 범죄 이후 죄악이 인류에게 임하였다고 강조하였다(에스라 4서 3:26, 4:30, 7:118 이하 8:35 등). 따라서 개인적인 비관주의가 만연하였다.

기독교가 세계화되면서, 다시 말하면 유대교 출신 아닌 이방인들이 기독교로 개종하면서 기독교의 진리, 즉 복음에 대한 해석이 문제로 대두된다. 복음의 증언자와 전수를 받은 자 간의 세대 차이만이 아닌 문화적인 배경의 차이 때문에 야기되었다. 이방인이었던 신자들이 그들이 살아온 세계의 일상 언어와 사상적인 배경에서 복음을 이해하고 또한 동류의 사람들에게 그들이 알아듣는 말로 복음을 전수하기 때문이었다. 그러한 과정에서 복음 이해를 두고 헬레니즘화도 진행되고 토착화도 진행되었다.

교리사의 과제는 사도들의 복음과 신학자들의 복음 이해를 구별하며, 잘못 헬레니즘화되거나 토착화된 것을 발견하고 성경에서 사도들이 증언하는 복음을 옳게 이해하기 위하여 최선을 다하는 것이다.

유대교에서 개종한 사도들을 위시하여 다양한 문화에서 개종한 속사도 교부들이 관심을 둔 구약과 신약의 연속성과 불연속성의 문제는 당시부터 오늘에 이르기까지 기독교 신학에서 늘 논의해 왔으며 또한 잘 분별해야 하는 중요한 신학적인 과제이다. 그러나 유대교는 신약을 인정하지 않고 스스로 구약 종교의 연속으로만 인식한다. 유대교는 구약과 신약의 중간 시대의 문서를 귀중하게 여기지만, 기독교는 그것을 외경으로 취급한다.

유대교는 하나님과 인간의 관계가 율법적 관계에서 성립된다고 본다(토빗 4:6, 2:14, 12:9, 14:9, 13:2). 따라서 장로의 유전(halakah)과 종교적인 규례 및 세칙을 존중하였으며(막 7:3), 많은 계명이 있으므로 또한 그 만큼 많은 상급이 있다는 상급 사상도 갖게 되었다. 특정한 율법을 강조하였으며 선행에 가치를 두었다(토빗, 마 6:16 참조, 시락 3:28, 솔로몬의 시편 3:9,4).

유대교는 기독교의 산실이요, 기독교를 배태한 종교이지만, 기독교를 제일 먼저 핍박했다는 점에서도 특이하다.

그리스-로마 시대의 종교

그리스로마 당시의 종교는 아주 다채로웠다. 아우구스투스(Augustus) 시대부터 종교의 중흥이 이룩되었다. 세계동포주의(cosmopolitanism)는 여러 잡신에 문호를 개방하여 여러 가지 무가치한 사상들과 제의종교(祭儀宗敎, cult)들이 혼합된 것이었다. 동방의 신들, 즉 오시리스(Osiris), 이시스(Isis), 시빌리(Cybele), 미드라스(Mithras) 등 생소하고 신비적인 제의종교(cult)를 신봉하는 사람들이 많았으며, 고대의 신비주의가 구원의 방편으로 등장하게 되었다.

그 가운데서도 미드라스 제의종교는 로마의 군병들 간에 그리고 그들을 통하여 신속히 파급되어 2세기 말에 와서는 기독교와 마찰을 일으킬 정도였다. 미드라스는 알렉산더 대왕의 제국에 널리 분포된 종교로서 주전 67년에는 로마에까지 이르렀다. 후에 황제 코모두스(Commodus, 180~192)는 이를 황제 숭배교로 만들었다. 로마군의 일선에서 이 종교의 기념비가 발견되는 것으로 보아 이 종교가 병사들 간에 널리 유포되었음을 알 수 있다. 태양의 동맹이며 어둠을 물리치는 빛의 전사인 신으로 믿었다. "새 생명으로의 갱생(또는 중생)" 혹은 "하늘에서 사는 법" 등의 교리는 많은 사람들에게 그것이 참된 종교라는 인상을 주었다.

모든 피조물은 황소에서 유래되었다면서 황소를 제물로 드려 하늘에 오르게 되며, 거기서 축복된 영생 불사를 누린다는 것이었다. 이들은 먼저 세례와 꿀로 정결함을 받고 높은 수준의 도덕적 실행자이며, '아버지'라고 불리는 사제들이 헌납하는 떡과 물과 포도주를 취함으로써 신비의 세계로 들어간다고 가르쳤다.

이러한 의식이 기독교의 성례와 유사한 점에 대하여 그것은 아마도 상호간의 영향과 또한 원시적인 제의종교들이 갖는 공통성에 기인한다고 말하는 이들도 있다. 교부 터툴리안(Tertullian, 160~220)은 이에 대하여 "마귀가 기독교의 성례에 고의적으로 영감을 주었다"고 했다. 4세기에 이르러 마침내 기독교에 의하여 거세되었다프리기아의 신화에 나타나는 신들의 어머니인 시빌리(Cybele)와 그의 젊은 정부이자 농사의 신 아티스(Attis) 등의 제의에서도 신에게 바친 음식을 나누었는데, 이를 준비하기 위하여 먼저 금욕과 고행과 정결의 의식을 행하였다. 제의에서는 비의적(秘儀的)인 행위가 제사의 절정을 이루었고, 이러한 제의에서는 황소와 양을 잡아 피를 흘리고 제사를 드리는 자가 그 아래서 일종의 세례를 받음으로써 영원한 중생을 경험한다고 했다. 이러한 의식을 통하여 사람들은 신과 합일에 이르는 은밀한 경험을 한다는 것이었다.

그 밖에도 동방에서 유래한 것으로 황제를 신으로 숭배하는 사상이 있었는가 하면, 가장 오래된 형태의 제의종교들이 되살아나 유행하게 되었다. 영혼 불멸을 믿는 신앙과 장차 심판을 받아 형벌을 받거나 복된 삶을 누린다는 믿음도 보편적이었다.

그리스-로마 철학

서양의 철학 사상은 교부 시대부터 오늘에 이르기까지 기독교 신학에 많은 영향을 미쳤다.[2] 플라톤의 철학은 초기 기독교 신학자들에 많은 영향을 미쳤다. 그가 말한 이데아의 세계와 현실의 세계는 기독교에서 말하는 하나님의 창조 사상은 전혀 담고 있지 않음에도 불구하고 영원한 하늘나라와 현세를 설명하는 데 이용되었으며, 영혼 불멸의 사상은 부활 신앙과 같지 않음에도 불구하고 죽음 후의 세계를 설명하는 데 이용되었다. 플라톤의 회상(回想)의 사상은 영혼의 선재설(先在說)을 전제하는 것이지만, 오리겐(Origen, ?~254) 같은 이에게 영향을 주었으며, 그의 이데아의 사상은 무신론에 대한 변증으로 사용되었다.

아리스토텔레스의 철학은 플라톤주의나 신플라톤주의와는 달리 기독교 세계에서는 거의 알려지지 않고 있었는데, 십자군 전쟁을 계기로 12세기경

---

2) 디오게네스 알렌, 『신학을 이해하기 위한 철학』, 정재현 옮김 (서울: 대한기독교서회, 19961, 20088; Diogenes Allen, *Philosophy for under- standing Theology* (Atlanta: John Knox press, 1985).

아랍 세계로부터 의술과 함께 전해져 아퀴나스 등 중세 신학자들의 신학에 많은 영향을 미쳤다.

그 밖에 스토아 철학과 신플라톤주의 사상은 신학자들의 사상적 배경에 영향을 주었다. 철학 사상에는 기독교 교리를 이해하는 데 다소 도움을 주는 면도 없지 않았으나 대체로 잘못 이해하게 만드는 요소들이 많았다. 특히 필로의 그리스-유대 철학이나 유대교의 에비온주의 혹은 영지주의 등의 사상은 기독교 교리를 왜곡하는 사상이었다.

플라톤의 철학

플라톤(427~347 B.C.)은 소크라테스의 사상을 전적으로 계승하여 발전시켰다. 그는 아테네의 명문 출신으로서 헤라클레이토스(Herakleitos)의 제자 크라틸루스(Cratylus)에게서 철학을 배우고 20세에 소크라테스의 제자가 되어 8년간 가르침을 받았다. 387년에 아테네 근교에 있는 자기 장원(莊園)에 학원을 세워 아카데미아(Akademia)라고 명명하고 20년 동안 이 학원의 지도자로서 활동하였다. 이 학원은 주후 529년까지 약 900년간 유럽 최대의 학원으로 존속하였다. 플라톤은 20편이 넘는 방대한 저작을 남겼다. 플라톤은 자신의 사상을 애써 체계화하지 않았으며, 자신이 이미 말한 것도 새로운 생각이 떠오르면 수정을 마다하지 않았다. 그래서 그의 저작에는 그의 사상의 발전 과정이 그대로 나타난다.

플라톤은 소크라테스와 같이 참다운 인식은 개념적 인식이라 하고, 이 개념적 인식은 변증법(Dialektik)을 통하여 얻게 된다고 한다. 플라톤은 이 변증법을 사용하여 절대적 실재인 이데아(idea)를 인식하려고 한다. 개념적 인식의 대상이 되는 것을 에이도스(eidos, 形相) 또는 이데아(idea)라고 부르고, 그것은 어떤 사물로 하여금 그 사물이 되게 하는 본질을 의미하는 것이라고 한다. 예를 들면 아름다운 것을 아름답게 하는 '아름다움' 자체라는 것이다.

플라톤은 생성하고 소멸하는 다양한 감각적 세계에 대하여 항상 불변하는 초감각적 세계를 생각하고 이것을 이데아의 세계라고 칭한다. 이 이데아의 세계에는 많은 이데아가 존재하지만 그 가운데서 선(善)의 이데아를 최고의 것으로 생각하고 모든 다른 이데아는 이 선의 이데아를 목적으로 하며 그것에 종속된다고 생각한다.

플라톤의 주요 관심사는 도덕 철학과 정치 철학이었지만 과학에도 주의를 기울였다. 세계는 변화와 불완전으로 가득 차 있으면서도 목적과 질서를 보여 주고 있다고 한다. 데모클레이토스는 만물의 생성을 원자들의 우연적인 결합으로 설명했으나, 플라톤은 이러한 설명을 거부한다. 예를 들면, 행성의 궤도는 일련의 엄밀한 기하학적 간격에 따라 배열되며, 그 간격을 잘 계산하면 조화로운 비율이 나타난다고 한다. 플라톤은 세계를 묘사함에서 피타고라스 학파의 수학에서 많은 부분을 사용했으나, 만물이 수(數)라고 하는 대신에 사물은 수를 분유(分有)하며, 따라서 사물들에 대한 수학적 설명이 가능하다고 주장한다.

사물들의 이러한 수학적 성격이 플라톤에게 의미하는 바는, 사물의 배후에는 우연적이며 기계적인 메커니즘이 존재할 뿐만 아니라 사유와 목적도 틀림없이 존재한다는 것이다. 만물에 질서를 부여하는 것은 정신이기 때문에, 우주에는 지성의 작용이 틀림없이 존재한다고 한다. 세계가 인간과 유사하다는 점에서 그렇게 설명한다.

플라톤은 생성하는 것은 필연적으로 어떤 동인을 통하여 생성된다고 말한다. 그가 의미하는 동인은 조물주(造物主, Demiurge)를 두고 말하는 것인데, 이 조물주는 무로부터의 창조가 아니고 혼돈의 형식 속에 선재하는 어떤 것을 질서 있게 배열하는 역할을 할 뿐이라고 생각한다. 플라톤은 유물론자와는 달리, 물질이란 보다 근본적인 어떤 것의 현상일 뿐이라고 말한다. 만물은 정신에 의해 질서를 이루며 우주는 용기(容器) 안에 있는 세계영혼의 활동이라는 주장을 반복한다.

세계 안에 악이 존재하는 것은 조물주의 활동에 방해 요소들이 존재하기 때문이라고 한다. 조물주에 의해 나타난 세계영혼은 용기 내에서 활기를 주는 활동이며, 마치 우리에게 실체처럼 생각되거나 혹은 물질을 산출하는데,

이 물질들은 실제로 단순히 기하학적 도형들의 배열에 의해 이루어진 성질들에 불과하다는 것이다. 이렇게 설명하면서 악과 시간은 불완전과 변화의 산물이라고 한다.

플라톤에 따르면, 시간은 현상이 만들어진 후에야 나타난다. 불완전하고 변화하는 사물들이 존재하기 전에는 시간이 있을 수 없다. 그러므로 논리적으로 그때까지 존재하는 모든 것은 영원하다. 시간의 의미는 바로 변화이며, 따라서 변화가 없는 곳에는 시간도 없다. 형상들은 초시간적인데 반해 그것들의 다양한 모사(模寫)들은 끊임없이 용기 속으로 들어가고 밖으로 나온다. 이러한 출입이 변화의 과정이며 시간의 원인이라고 한다.

아리스토텔레스의 철학

아리스토텔레스(384~322 B.C.)는 플라톤의 제자이면서 스승을 비판하고 스승과는 확연히 다른 철학의 견해를 말함으로써 플라톤과 나란히 유럽의 사상사에 큰 영향을 미쳤다. 아리스토텔레스는 17세에 플라톤의 아카데미아에 입학하여 학생으로 또 회원으로 20년의 세월을 거기에서 보냈다.

아리스토텔레스는 형식 논리학을 창안했다. 그의 논리학은 사유(思惟)에 대한 연구로서 단어들은 그 사유에 대한 기호(記號)들이다. 즉 그것은 사물의 본성에 대한 우리의 이해를 반영하는 사유를 분석함으로써 진리에 도달하려는 시도이다. 다시 말하면, 그의 논리학은 실재에 관한 인간의 사유를 분석하기 위한 도구이다. 사유는 실재를 항상 정확하게 반영하지 못한다. 그러므로 언어와 실재 간의 보다 적절한 관계의 정립을 위해 끊임없이 노력하는 것이 논리학의 기능이라고 한다.

아리스토텔레스는 어떤 것을 논증하거나 증명하기 전에 추론 과정을 위한 명석한 출발점을 가져야 한다고 말한다. 그러려면 논의하고 있는 주제를 구체화해야 하며 문제의 구체적인 종류를 파악해야 하고 그 구체적 사물과 관련된 속성과 원인들을 파악해야 한다. 그래서 아리스토텔레스는 그의 범주(範疇, categories) 이론을 발전시켰다. 예를 들어, '인간'이란 단어를 생각할 때, 그 단어와 관련된 술어를 10가지 범주로 분류할 수 있다고 한다. 즉 실체, 양(크기), 질(말할 줄 안다), 관계(이중적이다), 장소(학교에서), 시간(어제), 상태(서 있다), 소유(옷을 입고), 능동(봉사한다), 피동(봉사 받는다)이 관련된다.

아리스토텔레스는 범주들이나 분류들을 정신의 인공적 피조물들이라고 생각하지 않는다. 그는 그것들이 정신의 외부에 그리고 사물들 내부에 실제로 존재한다고 생각한다. 그에 따르면, 사물들은 그것들의 본성에 따라 다양한 범주들에 귀속되며, 범주들은 유(類)나 종(種)의 한 구성원이다. 왜냐하면 그것들은 '실재'(實在)하기 때문이라고 한다. 그의 생각에 사유는 존재 방식과 관련되므로 논리학과 형이상학 사이에는 밀접한 관계가 있다. 사유는 항상 구체적인 개체, 즉 하나의 실체(實體)에 관한 것이다. 사물은 단순히 존재하는 것이 아니고, 어떤 한 방식으로 존재하며 하나의 이유를 갖는다고 한다.

아리스토텔레스는 귀납에 의해 여러 전제들을 인식해야 한다고 하면서도 지식의 이러한 측면을 가설과 실험의 당위적 결론으로 발전시키지는 않았다. 그는 연역과 논증적 추리에 강조점을 두었다. 그리고 그는 삼단논법(syllogism) 을 통하여 최초로 연역 추리의 기본 요소들을 분석하고 체계화하였다. 삼단논법은 전제들과 결론 간의 논리적인 관계를 결정하기 위한 도구이지만, 그 목적은 과학적인 논증을 위한 도구를 제공하려는 것이었다. 그러한 이유에서 그는 논리학과 형이상학의 관계, 즉 우리의 인식 방법과 사물들의 존재 및 행동 양식 간의 관계를 거듭 강조한다.

아리스토텔레스의 철학은 기독교 초기의 그리스 교부들에게서 다소 언급되었으나 오랜 세기 동안 플라톤의 사상을 선호한 교부들과 신학자들에게는 망각되었다가 12세기에 이르러 십자군 전쟁을 계기로 아랍 세계를 통하여 영입되었으며, 그의 논리학과 범주 이론은 신학과 학문을 위한 새로운 방법론으로 각광을 받게 되었다. 토마스 아퀴나스는 아리스토텔레스의 철학에 많이 의존한 대표적인 학자이다. 아퀴나스는 자연신학의 정립도 아리스토텔레스의 철학에 의존하고 있으며, 잘 알려진 신의 존재에 대한 5가지 논증도 아리스토텔레스의 운동의 개념과 최초의 가동되지 않은 원동자(the unmoved

Mover)의 개념에 근거를 두고 있다.[3]

스토아 철학

스토아 철학은 플라톤주의 계열에 속하는 사상으로 로마 시대의 지식층 대다수가 선호한 사상이다. 키티움의 제노(Zeno of Citium, Zenon aus Kition, ~264 B.C.)가 창시자이다. 브루타스(Brutas), 까토(Cato), 키케로(Cicero), 세네카(Seneca), 에픽테투스(Epictetus), 마르쿠스 아우렐리우스(Marcus Aurelius) 등 유수한 사람들이 학파를 이루었다. 고대 이교 윤리 중에서는 가장 고상한 전형이다.

스토아 철학은 특이한 유물론(materialism)을 말한다. 즉 정신과 물질로 이루어진 이 세계는 두 원리의 결과라고 가르쳤다. 정신은 원동자(原動者)이고 물질은 피동자(被動者)이다. 그런데 이 두 원리는 한 궁극적인 실재의 서로 다른 면이고, 이 궁극적인 실재는 물질적이고 육체적이며, 순수한 정신은 존재하지 않는다고 한다.

스토아 철학은 세계는 곧 신의 몸이라고 하여 범신론을 말한다. 신과 세계와의 관계는 마치 영혼과 육체와의 관계와 같다고 한다. 하나님은 위대한 세계 혼이며, 물질의 운동을 통하여 물질을 덥게 하고 생기를 주는 불이며 물질을 이끌어 나가는 지성이며 법칙이요, 로고스라고 한다.

스토아 철학은 또한 유신론(theism)을 말하고 있으니 범신론과 유신론을 결합시킨 절충이라고도 할 수 있다. 신은 자비한 섭리요 만물의 선한 왕이며 참된 아버지이다. 그는 완전하고 자비로우며 인류를 사랑한다고 한다. 상선벌악 사상이 농후하다.

스토아 철학은 지고의 선(summum bonum)은 덕(virtue)이라고 말하며, "덕을 위하여 덕을 행하라"고 말한다. 그런가 하면 죄 혹은 죄의 근원은 무지요 이성의 결핍이라고 말한다. 그리고 감각적인 것은 죄악에 속한 것이며

---

3) Diogenes Allen and Eric O. Springsted, ed., *Primary Readings in Phiolophy for understanding Theology*(Louisville: Westminster/John Knox Press 1992), 72f.

죄는 인류의 보편적인 상태라고 말한다.

스토아 철학은 또한 세계동포주의를 말한다. 하나님의 보편적 부성(父性)의 개념을 분명히 드러낸다. 아라투스(Aratus)는 말하기를 "우리는 모두 하나님의 권속"이라 하고, 클레안투스(Cleanthus)는 "우리는 또한 그의 소생"이라고 한다. 모든 인류는 상호 협조해야 한다고 한다.

신은 영(πνεῦμα)으로서 우주와 누스(νοῦς) 또는 로고스(λόγος) 및 세계를 지탱하는 힘(force, πρόνοια), 즉 동양철학에서 말하는 기(氣)를 발사한다고 하며, 이 신은 플라톤의 속성 없는 존재(Being)처럼 이해할 수 있는 것으로 자연법 이외에 아무것도 아닌 '아버지'라고 한다. 진리에 관한 지식을 통하여 사람은 선하게 된다고 하며, 선하게 되고자 하는 사람은 먼저 자신이 나쁘다는 것을 알아야 하는데, 이러한 지식은 이데아의 세계에 대한 기억을 더듬는다는 회상(回想, recollection)을 통하여, 즉 형이상학적인 사색을 통하여, 그리고 신의 도움을 통하여 얻게 된다고 한다.

모든 사람은 이 세계의 위대한 공화국의 구성원이며 행복한 삶은 로고스가 우리 안에서 충만할 때 가능하다고 한다. 그러나 로고스 또는 우리 안에 있는 신과 우리의 육체 사이에는 알력이 있다고 한다. 그러므로 육체로부터 해방을 받는 것이 곧 인간이 바라는 가장 높은 목표이며, 도피의 길은 언제나 열려 있으므로 그것을 넘어서면 위대하고 영원한 평화가 있다고 한다.

그리스적 유대 철학

그리스적 유대 철학(Greek Judaic Philosophy) 사상이 기독교 교리 형성에 많은 영향을 주었다고 하는데, 이러한 사상은 솔로몬의 지혜서와 필로(Philo, 30 B.C.~A.D. 45경)에게서 현저하게 나타난다. 이 사상에 의하면, 신(神)을 플라톤처럼 속성이 없는 추상적 존재로 인식하며, 신과 물질(ὕλη, matter)에는 현격한 거리가 있다고 한다. 그리고 이 중간에 중개적 존재들, 즉 천사, 마귀, 능력(δυναμεία, powers)이 있고, 로고스들(λόγοι, words) 또는 지혜

(σοφία) 또는 로고스가 있다고 한다.

로고스는 처음 난 말씀, 즉 또 다른 신(ὁ λόγος προτόγονος, δεύτερος θεός)으로서 하나님처럼 탄생하지 않은 것도 아니고, 그렇다고 우리 사람처럼 출생한 것도 아니라고 한다. 로고스는 피조물과 그를 낳은 자와의 사이에서 중재하며, 인간을 변호하는 대제사장이요 하늘의 떡이요 지식의 원천이요 세상이 창조될 때 쓰인 도구라고 한다. 그런데 로고스를 인격으로 이해하거나 메시아와 관련시켜 보지는 않았다.

그리스적 유대 철학 사상은 이원론적인 인간관을 말한다. 몸을 감옥으로 보고 수태와 탄생 자체를 죄라고 한다. 따라서 구원은 감각적인 몸의 욕정을 벗는 것이며, 그것은 율법의 성취를 통하여, 그리고 궁극적으로는 열광적인 도취를 통하여 경험할 수 있는 것이라고 한다.

신플라톤주의

주후 3세기에 플로티누스(Plotinus, A.D. 204~270)는 플라톤의 철학을 종교적인 구원론과 결합하여 재해석한 사람으로서 그의 사상은 어거스틴의 신학과 플라톤의 철학을 연결시킨 가교 역할을 한 사상이며, 기독교 역사에서 여러 신학자들의 사고에 지대한 영향을 미친 사상이다. 플로티누스는 주후 204년에 이집트에서 태어나 알렉산드리아의 암모니우스 사카스(Ammonius Sakkas, 175~242)의 문하에서 배웠다. 40세가 되던 해에 로마로 가서 활동하였다. 그가 쓴 54편의 논문을 그의 제자 포르피리오스가 9편씩 묶어 여섯 부분으로 분류하고 '엔네아데스'(Enneades)라는 제명으로 책을 편찬하였다.

플로티누스 철학의 독특한 점은 실재(實在)의 체계에 대한 사색적인 기술을 종교적 구원론과 결합시킨 점에 있다. 그는 세계를 기술할 뿐 아니라 세계의 원천과 세계 안에서 인간의 위치와 그 안에서 인간이 어떻게 자신의 도덕적이고 정신적인 어려움을 극복하는지를 설명한다.

플로티누스는 스토아 학파, 에피큐로스 학파, 피타고라스 학파, 아리스토텔레스 학파의 사상이 영혼의 참된 본질을 이해하지 못한다고 하여 거부한다. 그는 스토아 학파와 에피큐로스 학파가 유물론의 입장에서 물질적인 육체로부터 영혼의 원초적인 독립성을 이해하지 못했다는 이유로 거부한다. 그리고 영혼을 육체의 '조화'라고 말한 피타고라스 학파는 육체가 조화롭지 못한 경우에는 그것이 영혼을 갖고 있지 않다고 말할 수밖에 없으므로 잘못된 이해라고 한다. 아리스토텔레스에 의하면 영혼은 육체의 한 형태이며 육체 없이 존재할 수 없다고 하는데, 그렇다면 육체의 일부가 그 형태를 잃으면 영혼도 그만큼 손상을 받게 된다고 하므로 그러한 견해를 따를 수 없다고 한다.

플로티누스는 인간의 본질을 이해하기 위하여 플라톤이 사용한 신화와 비유에서 보여 주는 사상을 따르며, 실재를 포괄적으로 다루는 플라톤의 설명을 따른다. 플라톤은 조물주(Demiurge)가 물질로 세계를 형성한다고 하는데, 선재하는 영혼이 육체에 들어가면 육체 속에 죄수처럼 갇혀 있다고 한다. 영혼은 육체에 갇힌 포로 생활을 탈피하여 자신의 원천으로 회귀하기 위해 투쟁한다고 하며, 선(善)의 이데아는 태양에서 발산되는 빛줄기와 같다고 하고, 진정한 실재는 물질 세계가 아니라 정신 세계에서 발견된다는 개념을 말한다. 플로티누스는 이러한 기본 사상을 취하였다. 특히 영혼만이 진정한 실체라는 플라톤의 핵심 사상을 강조하고 새롭게 재구성하였다.

플로티누스는 하나인 신을 인식한다. 불변하는 것만이 존재 가능하며, 따라서 이 불변의 실재는 물질 세계와 구별되는 것이어야 한다. 참된 실재는 신(神)이며, 신은 세계 내의 모든 사물을 초월하므로, 신에 대하여는 아무것도 기술할 수 없다고 함으로써 초절적(超絶的)인 신을 말한다. '신은 하나'라는 말은, '신은 존재한다', '신은 세계를 초월한다', '신은 어떠한 이중성이나 가능성 혹은 물질적인 제한을 가지지 않고 단순하다', '신은 모든 차별을 초월한다'는 말과도 같다고 한다.

신이 하나라면 그는 창조할 수 없으니, 창조는 한 행위이며 활동은 변화를 내포하기 때문이다. 그래서 사물은 필연에 의하여, 빛이 태양에서 방출되듯이

신에게서 유출된 것이라고 설명한다. 최초의 방출물은 정신(νοῦς)이며, 빛이 태양에서 방출되어 나오면서 그 강도가 점차 감소되듯이 신으로부터 유출(流出)되는 존재도 점차 완전성의 정도가 감소를 보인다고 한다. 그래서 정신에서 세계의 영혼, 세계의 영혼에서 인간의 영혼이 유출되고 그 아래 물질의 세계가 펼쳐진다고 한다.

플로티누스는 악의 원천도 유출설(流出說)로 설명한다. 신은 자신을 완전하게 묘사할 수 없기 때문에 그는 유일하고 가능한 방식으로, 다시 말하면 유출 속에서 완전성의 모든 가능한 정도를 표출함으로써 그것을 대신한다고 한다. 그래서 '누스'[理性]뿐 아니라 최하위 존재인 물질을 가져야만 한다고 하며, 거기에는 도덕적인 악, 죄, 고통이 있고, 정욕들이 계속되는 갈등, 죽음과 슬픔이 있다고 한다.

플로티누스는 악을 실체로 보지 않고 완전성의 위계질서에 한 위치를 점유하는 것으로, 다시 말하면, 악은 이미지에 대한 아름다움을 더해 주는 초상화의 어두운 암영(暗影) 부분과 같은 것으로 본다. 그러나 플로티누스의 신론은 신의 초월을 말하면서도 사물의 존재를 유출설로 설명하기 때문에 범신론을 탈피하지 못하는 약점이 있다. 여하튼 플로티누스가 악의 원천을 말할 때 이원론을 지양한다는 점에서 어거스틴은 마니교의 이원론을 극복하고 기독교를 이해하는 데 많은 도움을 얻었다.

영지주의

영지주의(靈智主義, Gnosticism)는 주후 70년에서 250년까지 널리 퍼졌던 신지적(神智的) 운동(theosophical movement)이다. 아마 기독교 이전에 이미 있었던 운동으로 추정한다. 영지주의는 하나의 사상 체계라기보다는 분위기 또는 신비주의적인 운동이라고들 평한다. 그래서 역시 이론 면보다는 실제 면에서 따르는 자들에게 매력이 있었다. 신약성경에도 그리스어 '그노시스'(γνῶσις)라는 말이 더러 사용되는데(롬 11:13, 고전 15:34, 딤전 2:4), "거짓되

이 일컫는 지식의 망령되고 허탄한 말과 변론을 피하라"는 디모데전서 6:20 말씀은 영지주의자들의 가르침을 두고 한 말일 것으로 생각한다. 그 밖에도 골로새서에 영지주의를 의식하는 가운데 교훈하는 말씀을 한 흔적이 있다고들 한다.

영지주의는 대체로 지역별로 차이를 보였으므로 시리아와 알렉산드리아와 소아시아의 영지주의로 구분한다. 주도적인 영지주의자들로 말하면, 바실리데스(Basilides), 사토르닐누스(Satornilus), 발렌티누스(Valentinus)를 들 수 있다. 헤라클레온(Heracleon), 프톨레메우스(Ptolomaeus), 테오도투스(Theodotus)로 이루어지는 이탈리아 학파가 있고, 악시오니쿠스(Axionicus)와 바르데사네스(Bardesanes) 등 바렌티누스의 제자들이 이루는 동방 학파가 있다. 그밖에 오피테스(Ophites), 페라테스(Perates), 셋 파(Sethians), 영지주의자 저스틴, 나세네스(Naassenes), 마르키온(Marcion), 카르포크라테스(Carpocrates) 등이 있었다. 이들 중 일부는 영지주의자(γνωστικοί)라고 자칭하였다.

시리아의 영지주의자들(Syrian Gnostics)에게는 동방적인 이원론에 금욕적인 요소가 있는 것이 특징이다. 알렉산드리아의 영지주의자들은 플라톤적 신(神) 개념을 가졌으며 애온(aeons, 천상의 존재들)의 체계를 역설하는 것이 특징이다. 소아시아의 영지주의는 탈선되고 과장된 바울주의라고 하는데 마르키온이 대표적인 인물이다.

영지주의의 특징으로는 먼저 이교적 혼합주의를 들 수 있다. 영지주의에 나타난 여러 요소를 분석하면, 우주의 여러 신화, 그리스와 동방의 이교적 철학 사상, 기독교 교리 등이 혼합을 이루고 있다. 다시 말하면, 바빌로니아, 시리아, 소아시아, 페르시아와 인도 등의 여러 종교들과 유대교의 필로(Philo), 그리스도와 사도들의 가르침의 혼합이었다. 영지주의는 그리스도를 구속자라고 강조한 점에서 기독교적이라고 할 수 있을 뿐이다.

배타적인 고대 철학과 종교의 귀족적 계급(hierarchy) 사상 역시 영지주의의 특징으로 볼 수 있다. 영지주의는 진리를 이해하는 데에 따라 사람을, '아피스토이'(ἄπιστοι), '프슈키코이'(ψύχικοι), '프뉴마티코이'(πνευμάτικοι)의 세 등

급으로 분류한다. '아피스토이'는 하층부를 이루는 다수의 사람들을 가리키는데, 진리를 이해할 희망이 전혀 없는 동물적인 인간을 지칭하고, '프슈키코이'는 동물적 인간이기는 하나 신앙을 가질 수 있는 자를 지칭하며, '프뉴마티코이'는 믿는 자가 아니고 지식을 갖는 자, 즉 진리를 터득할 수 있는 자, 신앙이 아닌 사색을 통하여 진리를 깨닫는 자를 지칭하였다.

영지주의는 창조와 구원의 두 가지 문제에 주로 많은 관심을 쏟았다. 즉 창조에 관하여는 무한한 절대적 초월적인 존재가 어떻게, 어떤 방식으로 물질계에 접촉하러 올 수 있었으며, 물질계의 창조자가 될 수 있었느냐 하는 문제에 관심을 보였다. 그리고 구원에 관하여는 악의 존재와 악의 세력으로부터 해방을 구원이라 했는데, 물질을 근본적으로 죄악시하고 구속이란 금욕과 계몽을 통하여 물질로부터 해방되는 것이라고 한다.

영지주의는 이원론적 세계관을 말한다. 그것은 조로아스터교의 영향 아래 형성된 시리아 사상으로부터 유래한 것으로 빛과 어두움, 정신과 물질을 대립적으로 본다. 물질 세계는 악의 원리에 의하여 지배되며, 선하신 신에 의하여 지배되는 정신의 세계, 즉 완전한 세계인 '플레로마'($\pi\lambda\acute{\eta}\rho\omega\mu\alpha$)와 대립으로 본다. 인간의 영혼을 '섬광'(spark) 또는 '플레로마'의 씨라고 하여 인간의 영혼은 몸, 즉 그의 무덤에서 해방되어야 한다고 주장한다.

영지주의는 하나님이 창조자이시라는 것을 부인하고 인간의 영과 육이 합하여 하나의 인격체(unity)를 이룬다는 사실과 육체의 부활을 부인하며, 성육(Incarnation)의 실재성을 부인한다.

영지주의자들은 기독론을 말하면서 구속론보다는 우주 진화론(cosmogony)에 더 많은 관심을 보인다. '플레로마'는 신 또는 빛의 세계라고도 하는데, 일련의 '애온'들(aeons), 즉 천상의 존재들로 되어 있다고 한다. '데미우르게'(Demiurge)는 비교적 낮은 신으로 구약의 신이 바로 이 '데미우르게'라고 한다. 영지주의자들은 구약의 신과 신약의 신을 구별하여 유대인의 신, 즉 구약의 신은 신약의 참 신보다 열등하다고 한다.

그리스도는 상위(上位)의 '애온'으로서 그의 지상 과업은 인간을 구속하는 것이었다고 한다. 예컨대 나세네스(Naassenes)의 노래에 보면 이런 말이 있다. "보내주십시오. 오 아버지여, 나는 하계로 내려가겠나이다. 모든 애온들 가운데로 두루 돌아다니며, 인간들에게 모든 신비를 나타내리이다." 그리고 성육에 대한 설명으로는 그리스도께서는 환상적 육체에 거하셨다고 하여 가현설을 말하며 이중적 품성(personality)을 주장하였다. 그의 죽으심은 명백한 것이었다고도 하고 더러는 불필요하다거나 또는 하나의 속임수였다고도 한다.

영지주의의 성경관은 물론 교부들의 성경관과 다르다. 마르키온의 경우, 그는 구약은 종교적 가치가 거의 없다고 보며, 영지주의의 체계를 위하여 성경을 풍유적으로 해석한다. 성경과 관련하여 비밀의 전통을 주장하였으며 많은 위경(僞經)을 썼다. 대표적인 영지주의자들로 말하면, 발렌티누스, 바실리데스, 마르키온을 들 수 있다.

발렌티누스(Valentinus)는 알렉산드리아 사람으로 처음에는 거기서 가르치다가 2세기 중엽에는 로마에서 활동하였다. 지성인이며 시인으로서 교회 안에 머물렀으나 많은 애온들로 구성된 천상에 관하여 말하였다. 「진리의 복음」(Gospel of Truth)을 썼으며, 많은 제자들을 두었다.

바실리데스(Basilides)는 안디옥 출신으로 117~138년에 알렉산드리아에서 가르쳤다. 여러 층의 천당, 무려 365개 층의 천당에 천사들이 각각 있다고 말했다. 사투르니우스(Saturnius, 또는 Satornilus)는 안디옥에서 활동하였으며 금욕을 강조하였다. 바르데사네스(Bardesanes)는 200년경에 시인이요, 성가 작사자로 활동하였다.

마르키온(Marcion)은 145~165년의 기간에 로마에서 가르쳤다. 마르키온은 신약의 정경성에 대하여 제일 먼저 언급한 사람으로 알려져 있다. 그는 신약의 일부, 즉 누가복음과 10개의 바울 서신을 정경(canon)이라고 하였다. 사변적이기보다는 실제적이어서 형이상학적인 것보다는 구원론에 더 관심을 두었다. 십자가를 강조했다는 점에서 그는 가장 기독교적인 영지주의자였다. 그러나 그도 역시 기독교를 철학으로 보며, 누가 말했든지 옳은 것은 우리 그리스도인의 것이라고 한다.

또한 추상적 유일신론을 말한다. '멀리 있는 하나님은 역시 구약의 하나님'이라 하고, 아들은 유일하지만 종속적(subordinate)이며 수적으로 다른 이('ἕτεραν τι ἀρίθμῳ)라고 하고, '하나님 그리고 다르신 주님'(θεὸς καὶ κύριος ἐπτερός)이라고 부른다. 또한 마르키온은 성령을 제삼위의 신이라고 말하고 예배의 대상이 되신다고 한다. 이를 위하여 세례 의식의 말씀을 인용한다. 그러나 로고스와의 관계를 어떻게 보았는지는 불분명하다. 오틀리(Ottley)에 따르면, 마르키온은 예수의 선재성(preexistence)은 인정하나 그의 신성은 과소평가하며, 영원하신 아들이심을 부인했다고 한다.[4] 그러나 그리스도는 '나신 분'(γέννημα)이시지 '피조물'(κτίσμα)은 아니라고 한다.

영지주의는 교회를 자극하여 교회로 하여금 자체의 보편성(catholicity)을 주장하게 하였으며, 성경의 정경화(正經化)를 촉진시켰다. 또한 기독교를 근본적으로 하나의 교리적 체계로 볼 수 있다는 영지주의의 논의에 대하여 교회는 교리가 실제로 어떤 것이라는 것을 답변하게 되었으며, 교회의 통일을 위한 신앙의 표준(regula fidei)을 설정하게 되었고, 여기서 신조의 탄생을 보게 되었다.

---

4) R. L. Ottley, *The Doctrine of the Incarnation* (London: Methuen & Co., 1896 1, 1908 4), 180 이하.

제3장

교회 초기의 기독론과 삼위일체론

속사도 교부들의 신학

복음의 증언자요, 교회의 초석인 사도들을 이어 그리스도의 교회를 인도한 이들을 속사도 교부(續使徒 敎父, apostolic fathers)라고 한다. 속사도 교부라는 명칭은 그들이 남긴 문서들이 사도들의 신앙과 교훈들을 그 다음 세대로 전수해 주었다는 데서 붙인 이름이다. 속사도 교부들의 사상을 알려주는 문헌들, 즉 그들의 주요한 저서 및 서신들은 아래와 같다.[1] 저작 연대는 학자들에 따라 달리 말하고 있음에 유의해야 한다.

속사도 교부들의 문헌

로마의 클레멘트의 첫째 편지. A.D. 96~100년에 쓰인 것으로 추정한다. 고린도 교회에 편지하면서 장로와 평신도 간의 분쟁에 대하여 경고한다. 내용은 율법주의적이다.

교회 역사에서 '장로'와 '집사'는 교직자이다. 종교개혁 이후 장로교나

---

1) *The Apostolic Fathers*, translated by Francis X. Glimm, M.-F. Joseph, S. J. Marique, G. Gerald, S. J. Walsh(Washington, D.C.: the Catholic University of America Press, 1947); *The Fathers of the Church*, a new translation, vol. 1. Reinhold Seeberg, *The History of Doctrines* I, translated by Charles E. Hay(Grand Rapids, Michigan: Baker Book House, 1977), 55.

장로교의 영향을 받은 교회들이 말하는 장로 또는 집사의 개념과는 다름에 유의해야 한다.

헤르마스의 목자(The Shepherd of Hermas). 140년경에 쓰인 것으로 저자는 로마에 있는 교회의 한 신자로서 비유 문학 형식으로 기술한다. 주제는 회개이고 교회를 숙녀로 비유한다.

이그나티우스(Ignatius)**의 7개 편지.** 안디옥의 감독 이그나티우스가 110~115년 사이에 쓰인 것으로 추정한다. 에베소, 마그네시아(Magnesia), 트랄레스(Tralles), 로마, 필라델피아 및 서머나의 교회와 서머나의 감독 폴리캅(Polycarp)에게 보낸 편지이다. 이그나티우스는 삼위일체의 신비, 성육, 구속, 성찬에 대해 확고한 신앙을 가지고 있으며, 감독과 교직 제도를 강조하고 로마 교구의 우위성을 말한다. 그는 실제로 감독직을 강화했으며 하나의 교회를 강조하고, 결혼에 종교적인 성격이 있다고 말한다.[2] 이그나티우스는 거짓 교사를 조심하도록 경고하며, 특히 가현설(Docetism)에 대항하기 위하여 예수 그리스도께서 다윗의 자손이시며, 마리아에게서 나셔서 먹고 마시는 사람으로 사셨으며, 본디오 빌라도에게 고난을 받고 십자가에 달려 죽으시고, 죽은 자들 가운데서 부활하셨다고 강조한다.

폴리캅의 편지. 서머나의 감독 폴리캅(Polycarp)이 빌립보 교회에 보낸 편지이다. 그리스도의 신성을 믿도록 말하며, 그리스도를 높이는 길은 계명을 좇아 사는 것이라고 강조한다. 사랑 안에서 그리스도를 따라 인내와 소망 중에 그리스도의 법을 성취하면 하나님께서 영생과 그리스도와의 영원한 사귐을 상급으로 주실 것이라고 말한다. 바울서신과 공관복음을 알고 있었던 흔적이 엿보인다.

바나바의 편지. 바울의 동역자 바나바가 쓴 것이라면, 70년경에 쓰인 것으로 추정한다. 그렇지 않다면 117~138년 어간에 쓰인 것으로 추정할 수 있다.

파피아스의 글. 히에라폴리스의 감독인 파피아스(Papias)가 125년경에

---

2) *The Apostolic Fathers*, 85.

5권으로 된 『주의 말씀의 강해』(λογίων κυριακῶν ἐξήγησις)를 썼으나 이레니우스와 유세비우스 교부의 글들에 인용된 단편만 남아 있다. 인용된 글 가운데 천년왕국에 대한 생생한 묘사와 복음서 기술의 동기에 대한 설명이 돋보인다.

클레멘트 둘째 편지. 135~140년경에 쓰인 것으로 추정하는데 저자는 미상이다. 어떤 장로의 설교를 수록한 것으로 가장 오래된 설교집이라고 할 수 있다. 강한 율법주의적 경향을 드러내고 있다.

디다케. 12사도의 교훈이라는 디다케(Didache)는 교리문답자를 위한 교회의 안내서로서 초대 교회 시대의 예전(liturgy)이 담겨 있다. 제1부에는 생명의 길과 사망의 길에 관하여, 제2부에는 예배와 교회 생활의 규칙에 관하여 말한다. 1873년에 발견된 문서로서 100년경에 쓰인 것으로 본다. 하르낙은 이를 120~165년에 쓰였다고 추정한다.

베드로의 설교. 110~130년에 쓰인 것으로 단편만 남아 있다. 베드로의 이름을 빌려 쓴 차명서(借名書, pseudonym)이다.

속사도 교부들의 신학 사상

교리의 표준은 구약성경이라고 알고 있으며, 그리스도 중심의 특별한 해석학적 방법을 적용하는데, 이러한 해석 방법은 사도들에게서 유래한 것으로 신약성경에서 발견된다.

성경관

속사도 교부들은 구약성경 전체를 그대로 받아들이고 그것을 절대적 권위로 인정한다. 저스틴(Justin)은 구약이 유대교의 경전이기보다는 기독교의 경전이라고 주장하며, 구약을 과거와 현재와 미래의 계시로 인정한다. 바나바에 의하면, 유대인에게는 계시가 없다고 한다. 구약의 모든 제사(제사직과 희생제물)는 기독교 공동체를 위한 전형으로, 즉 예표로 간주하였다.

신약에서 '예수의 말씀'을 권위 있는 말씀으로 받아들였다. 그러나 별로 인용한 흔적은 없다. '사도들의 교훈'이 그 다음으로 권위를 가진 것으로 보며, 사도들의 교훈이 무오하다고 주장한다. 당시 13개의 바울 서신과 4복음 서가 알려져 있었다. 정경화(正經化)에 대한 견해는 영지주의자들의 반대를 받았으나, 교회 자체의 필요에 따라 그런 견해가 피력되었다. 영지주의자 마르키온(Marcion)의 견해가 정경화를 위한 촉진제가 되었다.

신관(神觀)

속사도 교부들이 표현한 하나님에 대한 교리는 산발적이었다. 체계 있는 서술을 하기에는 아직 시기상조였던 것 같다. 이교의 다신교 신앙에 반대하여 유일신교(唯一神敎)를 주창하였다. 헤르마스의 책은 다음과 같은 명령문으로 시작한다.

"무엇보다도 우선 한 분 하나님을 믿어라. 그는 만물을 창조하시고 그 운행을 정해 놓으신 자이시며, 없는 가운데서 만물을 창조하시고 만물을 포용하시지만 그 자신은 사람이 파악할 수 없는 자이시다."

삼위 하나님에 관하여 클레멘트 첫 편지는 하나님, 예수 그리스도, 성령을 말한다. 성부는 농장주로, 성자는 종으로, 성령은 사람으로 비유하여 묘사한다. 그러나 성령을 실체(hypostasis)로 이해했는지는 의문이며 성령을 인격적 하나님으로 이해한 흔적이 없다. 성령을 인격적 하나님으로 이해하기 시작한 것은 4세기 중반부터이다.

기독론

그리스도의 신성(神性)은 기정사실로 전제하고 있다. 이그나티우스는 그리스도를 '우리 하나님, 나의 하나님'이라고 말한다. 클레멘트의 둘째 편지의 설교에는, 우리는 예수 그리스도를 산 자와 죽은 자의 심판자이신 하나님과 같이 생각해야 한다고 말한다. 우리를 구원하신 주 그리스도는 먼저 영이시요, 그 다음으로 육이시라고 말한다. 그리스도의 인성(人性)에 관하여 「디다케」는 '예수님은 오직 하나님의 택하신 자'라고 말하고, 바나바서에는 '그리스도는 선재하신 하나님의 아들로서 육으로 나타나신 주님이시며, 장래의 심판자'라고 말한다.

헤르마스는 선재하신 그리스도와 성령을 동일시한다. 즉 성령이 몸에 거하고자 오셨는데 몸은 그의 동반자라고 한다. 하르낙, 바우르, 로프스는 이를 가리켜 양자론자(養子論者, Adoptionist)의 견해라고 말한다. 이러한 견해를 이일신론(二一神論, Binitarianism)이라고도 한다. 헤르마스가 성자와 성령 양자를 동일시한 것은 인정하나 헤르마스를 양자론자라고 보지 않는 견해도 있다. 여하튼 하나님의 아들을 역사 이전부터 계시는 영원하신 존재로 본 것은 분명하다고 말한다.

이그나티우스(Ignatius)는 신성과 인성의 진정한 연합(henosis of pneuma and sarx)을 말하며, 이 신적 속성과 인적 속성이 교회 안에서 계속된다고 한다. 그리스도는 계시하는 로고스이며 아들로서 아버지보다 낮은 분이라고 한다. 그리스도께서 지상에 계실 때 그러했다는 뜻인지는 분명하지 않다. 그리스도는 선재하시며 시간적인 아들이지만 비탄생하신 분이라고 한다. 그리스도를 불러 '우리의 하나님, 사람으로 나타나신 하나님'이라고도 한다. 하나님은 그의 실체에서는 구별됨이 없는 단자(單子, Monad)이지만, 아들과 성령은 단지 하나님 아버지의 자기 계시 형태 혹은 양식으로 계시의 과정에서 구별될 수 있을 뿐이라고 한다. 양태론적 삼위일체론과 비슷하게 말한다.

구원관

속사도 교부들은 하나님께서 인간에게 주신 은사에 대하여 즐겨 말한다. 죄 용서는 그러한 은사 중 하나이다. 가장 중요한 은사는 '진리에 대한 지식'이며 '영원한 생명'이라고 한다. 클레멘트의 설교에 보면, 그리스도는 구속자요, 불멸의 머리이시므로 그를 통하여 하나님은 우리에게 진리와 하늘의 생명을 계시하셨다고 한다. 그리스도를 모범으로 그리고 선생으로 말하며, 그리스도를 본받는 것과 선생이신 그리스도에게 순종하는 것을 구원에 관련시켜 말한다.

이러한 견해는 구원의 신학이 결여된 도덕주의에 머물러 있는 것이라고 할 수 있다. 클레멘트의 첫째 편지에서 그리스도를 회개의 은혜를 설교하는 설교자 이상으로 말하고 있는 점을 발견하기 어렵다. 그리스도의 은사를 새 율법(nova lex)의 계시로 간주하는 대목에 이르면 율법주의적 경향으로 기울어져 있음이 확연히 드러난다. 그리스도를 모범자요, 선생으로 보는 견해는 2,3세기의 교부들에게서도 볼 수 있다.

교회관

로마의 클레멘트는 교회를 가리켜 성도들의 모임, 그리스도의 양떼, 하나님 자신의 소유라고 말하고 교회의 선재성(先在性)을 인정한다. 헤르마스 역시 만물 창조 이전에 교회가 있었다고 하며, 교회는 창조의 진정한 목표라고 한다. 교회와 그리스도의 관계는 몸과 영의 관계와 같다고 하며, 교회는 본질상 '하나'이며 '거룩한 것'이라고 한다. 이그나티우스는 그리스도와 믿는 자의 인격적 결합을 감독과 교회의 관계에 비유하며, 감독은 교회의 구심점으로 이단을 막아내는 보루(堡壘)라고 한다. 교회의 분열을 경계하고 감독을 따르기를 그리스도가 아버지를 따르듯 해야 하며, 장로에게 복종하고 집사를 존경해야 한다고 말한다. 그러나 이 말이 곧 위계질서 제도, 즉 교계주의(敎階主義, hierarchy)를 지향하는 말은 아니라고 이해한다. 교회는 지역적인 공동체이기보다는 전 세계에 미치는 보편적인 제도이며, 영원한 이상적 존재인 동시에 현실적 존재라고 한다.

속사도 교부들의 종말론은 마지막 장에서 따로 논하므로 여기서는 생략한다. 속사도 교부들의 가르침에는 독창성과 깊이가 떨어지며 교훈이 빈약한 편이고 명확성이 결여되어 있다. 그들은 구전으로 혹은 문서로 전수를 받은 성경 말씀의 구절들을 반복해서 언급하고 있으나 신학의 체계를 갖추려한 시도는 찾아볼 수 없다. 그러나 중요성을 들자면 신약의 정경성(正經性)과 완전성을 증거하였으며, 신약성경과 2세기의 변증가들의 사색적인 저작을 교리적으로 서로 연결시키는 교량 역할을 다하였다는 점이다.

여기서 우리가 유의할 점은 기독교 교리가 주변의 종교나 사상의 영향을 받아 형성되었거나 역사의 흐름과 함께 점점 진화하듯이 발전한 것으로는 볼 수 없다는 것이다. 속사도들이 신약성경의 정경성과 완전성을 증언했기 때문만 아니라, 신약성경과 속사도의 가르침 사이에 큰 간극(間隙)이 있음도 발견하기 때문이다. 이를 테면, 삼위일체 하나님의 교리에 대한 이해가 속사도 에게서는 분명하지 못하고, 그리스도를 믿음으로 의롭다 함을 받는다는 칭의 교리에 관한 언급이 전혀 나오지 않는 것을 보면, 사도들이 쓴 글, 즉 성경과 성경이 가르치는 교리에 대한 속사도 교부들의 이해 사이에 있는 틈을 실감할 수 있다.

칭의 교리만 하더라도 그것은 성경이 구원에 관하여 가르치는 중요한 교리이며, 루터가 말한 바와 같이, 기독교 진리가 일반 종교와 다른 점을 드러내는 교리임에도 불구하고 속사도 교부들이 칭의 교리를 깨닫지 못한 것은 그 교리가 너무나 특이하기 때문이다. 사람들은 종교적이어서 신(神)을 찾고 구원을 갈구하지만, 구원 문제를 두고는 공로주의 사상으로 접근한다. 즉 구원을 얻기 위해서는 선을 행해야 하고 공로를 쌓아야 한다고 생각한다. 성경을 깊이, 그리고 옳게 이해하지 않고서는 공로주의 이해를 벗어나지 못한다. 속사도 교부들은, 말하자면, 성경이 가르치는 구원의 교리를 미처 깨닫지 못하고 구원에 대한 일반 종교적인 이해에 머물렀던 것이다. 그런데 칭의 교리는 놀랍게도 중세를 거쳐 종교 개혁 시대에 이르러서야 올바로 깨닫게 되었음을 본다.

그러고 보면 기독교 교리의 역사는 역사의 흐름과 함께 점진적으로 발전하였다기보다는 전(前)시대의 교리적인 지식을 거점으로 성경의 진리를 보다 새롭고 풍부하게 발견해 온 역사임을 알 수 있다. 하르낙은 교리의 역사가 기독교 교리의 헬레니즘화 과정이라고 말한다. 기독교의 성장기를 두고 본다면 그것이 사실이기도 하다. 그러나 그가 하는 말은 기독교의 생성기와 성장기를 구분하지 않고 하는 말이므로 받아들일 수는 없다.

교리의 역사는 기독교 교리의 헬레니즘화 과정이기도 하지만, 그보다는 그리스적인 견해나 편견뿐 아니라 주변의 종교적인 견해를 제거하고 성경의 진리를 발견하고 드러내는 과정이며 그것을 지향해야 하는 것이 교리사의 과제이다.

교회 안팎의 이단적 종파

2세기에 와서 교회는 기독교 교리를 외부와 내부에서 일어나는 공격과 시련에 대항하여 변증하고 보전해야만 했다. 즉 외부로부터는 로마 제국의 황제들과 권력자들이 간헐적으로 기독교의 생존을 위협하고 교회를 핍박했으며, 루키안(Lucian), 포르피리(Porphyry)와 켈수스(Celsus)와 같은 당시의 예리한 사상가들은 기독교 교리를 신랄하게 비판하고 공격하였다.

그런가 하면 안으로는 성경을 잘못 해석하고 왜곡하는 이단들이 일어났다. 유대교적인 에비온파(Ebionites)와 이교적인 영지주의자(Gnostics)들이 대표적이다. 이 두 종파는 서로 대조를 이룬다. 영지주의는 위에서 이미 소개했으므로 여기서는 에비온주의만 소개하기로 한다.

에비온주의(Ebionism)는 사이비 베드로(Pseudo-Petrine) 노선을 따르는 기독교화한 유대주의로서 그리스도는 사람인데 하나님의 양자가 되었다는 양자설(養子說)을 말하고, 이와 반대 입장을 취하는 영지주의는 사이비 바울적인(Pseudo-Pauline) 경향을 띤 이교주의로서 신이 그리스도에게서 사람의 모양으로 나타났다는 가현설을 말하고 사변적이며 영적(pneumatic) 그리스도관을 말한다. 이 두 종파의 견해는 모든 잘못된 기독론의 전형(典型)이다.[3]

에비온파는 기독교적 유대인의 종파로 보통 바리새적 에비온파와 에센적(Essene) 에비온파로 구분된다. 바리새적 에비온파는 나사렛파(Nazarenes)에서 유래되었다고 한다. 바울을 배교자로 보고 할례를 주장한다. 그리스도의 신성을 부인하며, 예수는 단지 메시아로 지명된 사람이라고 한다. 그리스도는 율법을 엄수한 점에서 다른 사람들과는 구별되고 그의 율법적 경건 때문에

---

3) R. L. Ottley, 앞의 책, 167.

메시아로 택함을 받았다고 한다. 예수는 세례를 받으실 때 이 사실을 의식했으며, 선지자와 교사의 직분을 다할 수 있도록 성결함을 받았다고 한다. 극단적인 천년 왕국설을 주장하는 것이 특이하다.

에센적 에비온파는 바리새적 에비온파에 비하여 이교적 색채가 더 농후하다. 사이비 클레멘트서의 글과 엘카사이의 책에서 그들의 사상을 알 수 있다. 이 종파를 엘카사이의 이름을 따라 엘카사이(Elchasai 혹은 Elxai)라고 부른다. 신지론적(神智論的, theosophic) 사색과 금욕주의가 특징이며 원시적이고 보편적인 종교를 주창한다. 게다가 그들의 신앙에는 점성술의 미신도 섞여 있다. 예수의 동정녀 탄생을 부인하고 그리스도를 이상적인 아담의 성육신으로 본다.

영지주의의 영향을 받아 케린투스(Cerinthus)는 지고의 신과 창조자를 구분하고 예수와 그리스도를 구분한다. 그리스도가 세례시에 내려와 메시아로 택함을 받았다고 하는데 양자설을 말하기는 바리새적 에비온파와 마찬가지이다. 에비온파들은 양자설을 주장하므로, 오리겐이 지적하듯이, 하나님의 아들을 로고스와 동일시하지도 않는다. 그리고 그리스도를 성령과 동일시하는지는 분명하지 않다. 클레멘타인(Clementines)이라는 이름을 붙인 여러 책에서는 유대교적 영지주의 사상이 혼합되어 나타나는 것을 더 명백히 알 수 있다. 마귀와 그리스도가 하나님 안에 있는 변화(προπή)에서 솟아났다고 하며, 신은 몸(σῶμα)을 가졌다고 한다. 마태복음의 일부를 제외한 복음서를 모두 배척한다.

변증가들의 신학

2세기 후반에 활동한 변증가들(The Apologists, 140~180)은 전시대의 속사도 교부들과 3세기의 교부들을 연결하는 교량 역할을 한 신학자들로서 기독교를 오해하거나 공격하는 외부인들, 특히 영지주의자들에 대항하여 기독교 진리를 변증한 이들이다. 그들은 구약과 신약의 관련에서는 기독교의 역사적인

계속성을 변증하는 한편, 기독교가 하나님께서 당신의 증언자들을 통하여
자신을 계시하신 최종 계시라고 논하였다. 그러나 동방의 변증가들은 헬레니
즘 사상의 배경에서 기독교 진리를 이해하고 변증하려고 하였으므로 이들에게
서 두드러지게 나타난 특징 가운데 하나는 그리스도를 로고스 사상으로
이해하고 변증하려고 한 점이다.

변증가들과 그들의 문서

디오게네투스(Diogenetus)에게 보내는 편지(약 150년경)는 저자와 수신자가
미상이다. 순교자 저스틴(Justin Martyr)은 세겜에서 출생하여 스토아 학파,
소요 학파, 피타고라스 학파, 플라톤주의자로 전전하였고, 마르키온에 대항했
으며, 로마에서 일하다가 나중에 140년에서 165년까지 소아시아에서 활동하
였다.

아리스테데스(Aristedes)는 133년 황제 하드리안(Hadrian)에게 기독교에
대한 변증서를 보냈다. 아테나고라스(Athenagoras)는 아테네 출신으로 176년
경 '부활에 관하여', '기독교인을 위한 탄원'을 써서 로마의 황제 마르쿠스
아우렐리우스(Marcus Aurelius)와 코모두스(Commodus)에게 보냈다.

타티안(Tatian)은 앗시리아 사람으로 160년에 로마로 와서 저스틴을 통하여
기독교인이 되었다. 타티안이 쓴 '그리스인에게 부치는 말'(λόγος πρὸς
Ἕλληνας)은 적극적인 변증이라기보다는 이교에 대한 공격이다.

테오필루스(Theophilus)는 안디옥의 감독(176~186)을 지냈으며, 180~181
년에 그의 친구 아우톨리쿠스(Autolycus)에게 보내는 변증서를 썼다.

로고스 사상의 배경

변증가들의 신학에서 두드러진 것은 예수 그리스도를 로고스 사상으로
설명하려고 한 점이다. 로고스 교리의 배경으로 말하자면 몇 가지를 들
수 있다.

● 스토아 철학은 로고스를 신의 내재(內在) 원리로 본다. 내재하는 신적
세계의 이성은 범신론적인 세계를 지배한다고 말한다. "씨가 되는 말씀"(λόγος

σπερμάτικος)은 만인에게 어느 정도 취입되었다고 말한다. 즉 사람은 누구나 다 이성을 가졌다는 말이다. 내재하는 로고스(λόγος ἐνδιάθετος)와 발설된 로고스(λόγος προφορικός) 사이에는 구별이 있다고 한다.

● 플라톤주의는 로고스를 초월의 신과의 중개자로 보았다. 플라톤주의자들의 신관에 의하면, 신은 파악할 수 없는, 행동하지 않는 순수한 영이다. 그렇다면 이 영이 어떻게 물질을 가동하는 것일까 하는 의문이 생기는데, 로고스가 곧 중개자라고 한다.

● 유대교적 알렉산드리아 학파의 필로(Philo)는 플라톤주의와 스토아주의를 유대교적 사상과 혼합하여 로고스는 하나님과 세계의 중개적 존재로서 계시의 원리라고 한다. 로고스는 하나님의 첫 아들이요 인간보다 높은 이성이요 우주 창조의 원리라고 한다.

● 구약성경의 말씀(dabar, 로고스) 교리는 요한일서에서 볼 수 있는데, 테오필루스만이 요한일서를 알았던 것으로 보인다.

변증가들의 로고스 기독론

변증가들은 성경에서 그리스도를 지칭하는 '로고스'가 기독교 주변의 스토아 철학이나 플라톤주의 사상에서 익히 알려진 말이므로 로고스의 의미를 밝힘으로써 그리스도를 설명하려고 했다.

● 변증가들은 로고스의 영원성에 관하여 말하였다. 그들은 로고스를 '누스'(νοῦς=이성)와 동일하게 보았으며, 하나님은 결코 '비(非)로고스'(ἀλόγος)가 아니라고 한다. 신의 이성이요, 혹은 사상인 로고스는 하나님의 심중에 비물질적으로 거하였다고 한다. 그들은 하나님을 생성되지 않은 지고의 원인(supreme cause)이라고 말하는가 하면, 로고스를 비인격적인 것으로 보았다.

● 변증가들은 시간 속으로 들어온 로고스를 말하면서 로고스는 우주를 창조하기 위하여 '의지의 행위로'(by an act of will) 산출(産出, generated)된 것이라고 한다. 로고스는 한 가닥 빛과 같이 그 원천에서 나왔으나 원천에서

분리되지는 않고, 그의 인격이 구별되기는 하지만 어떤 의미에서는 하나님과 동일시된다고 한다. 그는 종속적인 존재이며, 아버지에 비하면 피조물이고 '아버지가 처음 낳으신 일'(the first begotten work of the Father)이다.

   ● 창조와 섭리에 관하여 말하면서, 스토아 학파의 영향을 받아 로고스는 아버지의 대행자(agent)이며, 모든 옳은 이성(理性)의 원천이라고 한다. 타티안 (Tatian)은 그리스도를 일반적 의미의 로고스(λόγος)와 구별하여 '로고스'(Λόγος)라고 불렀다. 타티안에 따르면, 로고스를 따라(κατὰ λόγον) 사는 사람, 즉 이성을 따라 사는 사람은 모두 다 '로고스'를 따라(κατὰ Λόγον) 사는 사람이다. 말하자면, 그리스 철학이 그리스도를 위한 것이라는 뜻에서 한 말이었다. '로고스'는 특별히 이스라엘의 선지자와 선생들을 영감하였다고 하며, 예언의 성취를 강조한다. 원효(元曉)를 가리켜 기독교 전래 이전의 그리스도인이라고 말하는 관점은 타티안의 관점과 상통한다고 할 수 있다.

   ● 변증가들은 성육에 관하여 말하면서 가현설과 양자론에 반대하고 하나님과 사람(신성과 인성)의 참된 연합을 주장하였으며, 성육을 가리켜 '말씀이 육신이 되었다'(σαρκοποιήθεις)고 표현한다. 로고스 전체(the whole Logos)가 그리스도 안에서만 시현(示顯)되었다고도 말한다. 그리스도는 진정한 인간의 혼(ψυχή)와 몸(σῶμα)를 입어 성장하고 생활하였다고도 말한다.

   ● 구원 사역에 관해서는 유일신관과 도덕적 생활을 요구하는 새 법칙(율법)과 특히 포상과 형벌을 가져오는 부활관에 근거하여 이해한다. 인간은 하나님의 계명을 지킬 능력이 있다고 하며, 그리스도는 인간의 우두머리(ἀρχή)로서 악마와의 싸움에서 얻은 승리를 자기 백성들에게 나누어준다고 한다. 세례를 통하여, 즉 믿음과 십자가를 통하여 새로운 인간성이 살아난다고 한다. 구원에 대한 이러한 공로주의 사상은 율법주의적인 유대교와 다른 이방 종교에서 보편적으로 볼 수 있는 구원 사상이다.

   변증가들이 기독교를 변증한다는 목적은 좋았으나 허술한 데가 많았다. 그들은 물이 새는 배를 띄운 셈이라고 평을 듣기도 한다. 자신들이 주변의 헬레니즘 문화와 사상에 젖어 있는데다가 거기에 관심을 가지고 기독교 진리를 주변의 사상 개념으로 설명하다 보니까 오히려 속사도들보다 성경적인 교훈에서 더 후퇴하게 된 것이다.

변증가들은 아들이 인격이심(personality)을 명백히 드러내지 못했다. 아들을 비인격적인 말로 표현함으로써 삼위일체 교리를 두고 양태론을 말한 사벨리우스(Sabellius)에게 길을 튼 셈이다. 그리고 아들은 산출(projection)에서 존재하기 시작했다고 하는 표현은 아들의 영원성을 분명히 표현하지 못한 것이므로, 이러한 표현이 또한 아들은 하나님이 아니고 피조물이라고 말하는 아리우스(Arius)를 배태하게 하였다.

그뿐 아니라 아들이 아버지와 동등한 신성(co-equal deity)이라는 이해가 불분명하다. 즉 아들은 하나님보다 하위(下位)에 속한다고 하는데, 이것 역시 아리우스를 배태하는 데 일조하였다. 이교의 신화에서 보면, 우주적 중개자가 하나님보다 열등하다는 것은 필연적인 귀결이다. 그리스 사상에서도 첫 원리는 그것으로부터 유래한 것보다 우위에 있다고 한다.

변증가들의 가르침을 따르자면, 교회는 '우주적 중보'와 '신에게서 유래한 것'이라는 개념을 폐기해야만 하였다. 로고스 기독론은 이 이후에도 신학자들의 사상을 1세기 이상을 지배하였다. 터툴리안, 클레멘트, 오리겐, 아리우스파의 이단들 및 단일신론자들과 심지어는 아타나시우스(Athanasius, 296년경~373)까지도 이를 논하였다. 그러다가 4세기 이후에야 비로소 이 로고스 교리가 폐기되었다. 삼위일체 하나님에 대한 니케아의 정의가 확정된 이후 정통적인 신학자들이 비로소 아들은 아버지보다 열등하다는 종속설(從屬說, subordinate theory)과 아들은 아버지로 말미암아 존재하게 되었다는 유래설(由來說)에서 벗어났다.

단일신론

2세기부터 4세기 초까지 교회 안팎에서 에비온파, 영지주의 종교철학, 마르키온과 단일신론 등의 여러 잘못된 신학 사상들이 일어났다. 교회에서는 이런 견해에 대항하여 정통적인 교의가 형성되었다. 그밖에 신앙의 표준(Rules of Faith)의 발전을 보게 되었으며, 성경의 정경이 확정되었다. 감독 제도가 발전하고 공고해졌으며, 교회에서 분리해 나간 몬타누스 운동(Montanism)이 있었다. 가톨릭교회는 몬타누스 운동을 배격하였다.

그밖에 교회가 외부적으로는 박해하에 있었으며, 내부적으로는 갈등이 있었다. 삼위일체 교리에 대한 논의가 활발해지면서 단일신론(單一神論, monarchianism)이 대두되었다. 이를 군주신론(君主神論) 혹은 독재론(獨裁論)이라고도 번역한다.[4]

나사렛 예수, 역사에 사신 예수가 하나님의 아들이시라는데 참으로 그런지, 그렇다면 어떻게 그러한지, 그리고 하시는 일이 무엇인지를 묻는 물음에 답하는 것이 기독론이고, 예수가 하나님의 아들이시면 하나님 아버지와 동일하신 하나님이신지, 영원부터 계신 아버지와 아들 그리고 성령은 어떤 관계인지, 세상을 창조하시고 다스리시며 구원하시는데 어떻게 일하시는지를 묻는 물음에 답하는 것이 삼위일체론이다.

---

4) Monarchianism을 군주신론이라고 하는 번역은 monotheism을 단일신론이라고 번역하면서 혼동을 피하려는 번역인 줄 아는데, monotheism은 polytheism(다신론)에 대칭이 되는 말로서 민중서림의 영한사전에는 '일신론'으로 번역하고 있다. Monarchianism은 종교개혁 당시부터 세르베투스와 소시니우스로 말미암아 있게 된 반삼위일체 사상인 unitarianism(一位神論)과 상통하는 말이다. Unitarian- ism은 trinitarianism(三位一體神論) 혹은 binitarianism(二位神論)에 대칭이 되는 말이므로 monarchianism은 그 의미로 보아 '단일신론'이 더 알맞은 번역인 줄 안다.

Monarchianism과 unitarianism의 차이점은 후자는 삼위일체신론을 의도적으로 반대하는 사상인데 반하여 전자는 아버지, 아들, 성령을 형식으로는 설명한다는 것이 결과적으로 후자와 같은 결론에 다다르는 점이다.

삼위일체를 논하면서 삼위가 한 하나님이심을 간과하거나 충분히 강조하지 않는 경우 이를 삼신론(tritheism)이라고 한다. 삼신론은 다신론의 범주에 속하는 개념이므로 삼위일체에 대한 잘못된 설명이다.

Monotheism과 비슷한 말로 henotheism이 있다. Henotheism은 그리스어 ἕνα (하나)와 theism의 합성어이다. Henotheism은 기독교의 하나이신 삼위일체 하나님 사상을 표현하는 데 적절한 말이라고 하는 이들도 있다. 4세기의 여러 삼위일체 신앙고백서들이 "Πιστεύομεν εἰς ἕνα Θεόν……καὶ εἰς ἕνα κυριον……"으로 시작한다(Enchiridion symbolorum, 30f.). 그러나 이 말을 사용하기 시작한 현대의 구약 신학자들은 구약 종교가 역사적으로 발전해 왔다고 보는 입장에서 이스라엘의 유일신 사상이 monotheism에 이르기 전 단계의 사상이라는 뜻에서 사용하는 말이다. 즉 가나안의 신들의 존재를 인정하는 가운데 여호와 하나님의 유일하심을 말한 것이라는 뜻에서이다(참조: Gerhard von Rad, *Theologie des Alten Testaments*, Bd. I, 224). 교회 역사에서 신학자들은 삼위일체 신론이 monotheism임을 변증하였다.

이 시대에 활동한 신학자들로 말하자면 소아시아에는 서방 신학에 속하는 이레니우스와 그의 제자 히폴리투스(Hippolytus, 170~236)가 있었고, 북 아프리카에는 서방 신학을 대표하는 이로 잘 알려진 터툴리안과 키프리안(Cyprian)이 활동하였다. 알렉산드리아에서는 변증가들을 이어 그리스 신학을 대표하는 클레멘트와 오리겐이 활동하였다.

서방 신학과 그리스 신학, 즉 동방 신학의 차이점을 들자면, 서방 신학은 윤리적이고 실천적인 면에 더 관심을 가지는데 반하여 동방 신학은 사변적이며, 계시와 이성의 조화를 추구하는 한편, 윤리적이기보다는 지적인 것을 추구한다. 서방 신학은 신앙을 주로 진리의 표준 혹은 권위를 가지고 가르치는 교리 체계로 간주하는 반면에, 알렉산드리아의 그리스 신학자들은 계시의 계속을 주장한다. 그리스도는 초월해 계시는 신성의 최종적인 계시일 뿐 아니라 세계 역사에서 각 시대의 사람들을 계몽하고 교육하는 로고스라고 간주하며, 기독교는 신조일 뿐 아니라 완전한 철학이라고 말한다.

삼위일체 신론은 성경의 가르침을 그대로 믿고 받아들일 때 고백할 수 있는 신론이다. 유대교 사상이나 그리스 철학과 기타의 사상에서 출발하여 삼위일체 교리를 이해하거나 합리적인 논리를 따라 설명하려고 하면 단일신론적 이해로 귀결되는 것을 피하기 어렵다. 삼위일체에 대한 단일신론적 이해는 하나님의 존재를 논하거나 논증하려는 유신론적인 접근을 시도하는 사상에서 늘 볼 수 있다.

그리스도가 하나님이시라고 인정하지 않는 17~18세기 계몽주의 이후의 합리주의자들과 자유주의 신학자들은 삼위일체 교리에 관심을 보이지 않았다. 성경을 하나님의 말씀으로 믿지 않고 문서로 취급하며, 따라서 예수 그리스도의 신성을 부인하므로 삼위일체 교리가 관심의 대상일 수 없었다. 그들에게는 도대체 삼위일체 교리가 성립될 수 없는 것이었다.

2~3세기에 있었던 단일신론은 로고스 기독론과 철학적 기독론에 반대하여 일어난 사상으로 터툴리안이 처음으로 명명한 것이다. 단일신론은 하나님의 단일성을 강조하며 하나님의 신성(the Godhead, Gottheit) 안에서 삼위, 즉

세 분의 인격이 구별됨이 없다고 하는 주장이다. 주장하는 내용을 따라 동적(動的, dynamic) 단일신론과 양태론적(樣態論的, modalistic) 단일신론이라 이름하고 구분하는데, 동적 단일신론은 양자론에 가깝고 양태론적 단일신론은 가현설과 유사하다. 양태론적 단일신론을 줄여서 양태론(modalism)이라고도 한다.

동적 단일신론

동적 단일신론(dynamic monarchianism)은 예수 그리스도가 사람인데 그를 하나님 아버지가 양자로 삼으셔서 하나님의 아들이 되었다고 하는 양자론의 견해를 가지고 하나님의 삼위를 설명하는 견해이다. 이 견해를 말하는 대표적인 인물은 테오도투스와 사모사타의 바울이다.

테오도투스(Theodotus)는 피혁상을 하다가 185년경 비잔티움에서 로마로 와서 추종자들을 얻었다. 비잔티움은 콘스탄티누스 황제가 천도한 이후 콘스탄티노플이라고 하였는데, 현재의 이스탄불이다. 195년 로마의 감독 빅토르(Victor, 186~198)는 테오도투스에게 수찬 정지의 징계를 내리는 한편, 그의 가르침을 하나님을 부인하는 배교자의 교리라고 하며 정죄하였다. 금전 중개상을 하는 테오도투스의 아들이 교회를 세우려고 했으나 교회의 분파를 용납하지 않으려는 로마의 감독들이 이를 막았다. 그 이후 250년경에는 아르테몬(Artemon)이 이들 그룹의 대표자가 되었으며, 로마에서 고립된 채로 운동을 계속하였다.

테오도투스는 플라톤주의자라기보다는 아리스토텔레스주의자로서 성경을 풍유화하는 것을 반대하고 문자주의와 사본 비평을 좋아했다. 자기의 주장을 뒷받침하기 위하여 신명기 18:15, 이사야 53장, 요한복음 8:40, 사도행전 2:22, 디모데전서 2:5 등의 말씀을 인용하며, 소아시아의 알로기(Alogi)의 영향을 받아 그리스도께서 인간이심에 역점을 두었다. 예수는 단지 인간(ψιλòς ἄνθρωπος)일 뿐으로 동정녀에게서 탄생하셨고, 특별히 거룩하시며, 세례를 받으실 때 성령을 받으셨다고 한다. 부활 후에 하나님의 양자가 되었으며,

초인간적인 권위를 부여받으셨다고 한다. 성령을 하나님의 아들과 동일하다고 보았다.[5]

사모사타(Samosata)의 바울은 262년에서 272년까지 안디옥의 감독이었다. 그는 그리스도의 신성을 너무 고조시키는 것에 대한 반발로 그리스도의 구성 인격을 인간이라고 주장하고, 로고스가 그 안에 특별히 거하였다고 한다. 즉 본질이 아닌 한 질로서 거하였다고 한다(οὐκ οὐσιωδῶς, ἀλλὰ κατὰ ποιότητα).[6] 그럼으로써 접합(συνάφεια)이 일어났으며, 이 접합은 아주 밀접한 것이라고 한다. 예수는 완전한 생애를 마치고 부활한 후 높이 들려 올리었으며(빌 2:5~11), '하나님'이라는 이름을 받았다고 한다. 그러나 그리스도가 찬송의 대상은 아니라고 한다.

삼위일체에 관하여 말하면서 사모사타의 바울은 말하기를, 로고스는 하나님의 한 질(質)로서 하나님의 이성(理性)이라고 하며, '호모우시오스' (ὁμοούσιος, 同本質)라고 한다. 그러나 이 말은 사모사타의 바울과 함께 268년 안디옥 회의에서 정죄되었다. '호모우시오스'는 나중에 325년 니케아 회의에서 삼위가 한 하나님이시라고 하는 표현하는 단어로 사용되었는데, 그때 그 말이 268년 안디옥 회의에서 정죄된 말이라고 하여 반대가 많았다. 아타나시우스는 이 말이 정죄 받은 이유는 그것이 다른 두 위(位, person)의 근원으로서 '우시아'(본질, οὐσία)를 의미했기 때문이라고 설명했으며, 힐러리(Hilery)는 사모사타의 바울이 로고스의 비인격성을 말하면서 '우시아'를 말했기 때문이라고 설명하였다.

양태론적 단일신론

양태론적 단일신론(modalistic monarchianism)은 위와 반대로 하나님의 단일성을 강조하여 그리스도의 신성을 강조하는 가현설에 가까운 이론이다. 이 부류에 속하는 대표적인 사람은 프락세아스와 노에투스와 사벨리우스였다.

---

5) 앞의 책, 228.
6) 같은 책, 231.

프락세아스(Praxeas)는 에베소에서 장로가 되었다. 약 195년에 로마에 와서 가르치다가 카르타고로 건너가 활동하면서 추종자들을 얻었다. 터툴리 안이 그를 반대하는 글「프락세아스에 대한 비판」(Adversus Praxeam)을 썼다. 터툴리안에 따르면, 프락세아스는 예수 그리스도는 탄생하시고 고난 당하신 아버지요, 전능하신 하나님 자신이라고 선포하였다. 따라서 아버지와 아들은 동일한 인격(person)이라고 했으며, 이를 뒷받침하는 성경 구절로 이사야 45:5, 요한복음 10:30, 14:9,10을 인용하였다.

노에투스(Noetus)는 서머나에서 가르친 것으로 보이는데, 그의 제자 에피그 노스(Epignos)는 200년경 활동 무대를 로마로 옮겨 더 주목을 끌었다. 노에투스 는 가장 단순한 형태의 양태론을 말하였다. 그는 하나님의 단일성에서 출발하 여 세상에 나시고 고난 받으시고 죽으신 이가 바로 성부 하나님 자신이라고 주장하였다.

노에투스는 단순한 성부 고난설(Patripassianism)을 주장하여 아버지와 아들 의 구별은 형식적이고 이름뿐이라고 말한 반면에, 프락세아스는 복합적인 성부 고난설을 말하여 아버지는 영이시고 아들은 육이라고 하였다. 이들의 주장이 가현설과 너무 비슷하다.

사벨리우스(Sabellius)는 아마도 북 아프리카의 펜타폴리스(Pentapolis)의 감독이었거나 아니면 장로였는데, 215년경 로마에서 가르치기 시작하였다. 철학적이며 우주론적 이론에 관심을 가진 솔직하고 일관성 있는 양태론자였 다. 성부 성자 성령은 한 하나님이 구약과 신약과 교회 시대의 세 시기를 통하여 계시하신 이름들이라고 한다. 하나님은 단자(單子, monad)로서 하나님 의 존재 내에서 구별이 없으며, 세계와의 관계에서 아버지, 아들, 성령으로, 즉 세 가지 이름(ὀνόματα)과 양식(πρόσωπα)으로 구별된다고 한다. 태양과 빛과 열을 비유로 사용하여 로고스를 통하여 세상이 창조되었다면 장차는 로고스가 다시금 흡수되고 하나님은 하나일 뿐이라고 한다.

사벨리우스는 그리스도의 인성은 완전히 무시하였으므로 성육(Incarnation) 의 개념은 그에게서 찾아볼 수 없다. 교회는 그가 사용하던 '프로소

폰'(πρόσωπον)이라는 말을 쓰지 않기로 했으나, 후에 삼위를 구별하는 '위격' (또는 인격, person)의 뜻으로 사용하였다. 또한 '호모우시오스'라는 말은 나중에 아타나시우스가 사용했을 때, 위에서 언급한 바와 같이, 사모사타의 바울과 함께 사벨리우스가 쓰던 말이라고 하여 논란이 있었다.[7]

성부 고난설을 말하는 양태론은 동방뿐 아니라 서방에서도 지지자들을 얻었다, 로마의 감독들, 빅토르(Victor), 체피리누스(Zephyrinus), 칼리스투스 (Callistus) 등과 함께 많은 지역 교회가 그런 사상에 물들었다. 이들 양태론자들을 반대했던 히폴리투스(Hyppolitus)는 도리어 이신론(二神論, Ditheism)을 말한다고 견책을 받았다.[8]

칼리스투스는 사벨리우스를 반대했으나, 그가 중재하기 위하여 말한 삼위일체에 대한 설명은 프락세아스와 노에투스의 성부 고난설과 별 다름이 없었다. 그도 양태론자가 된 셈이었다.[9]

7) 같은 책, 237.

8) Reinhold Seeberg, *The History of Doctrines I*, 168.

9) Ottley, 앞의 책, 250.

제4장

교부들의 기독론과 삼위일체 교리

서방 교부들의 신학

이레니우스

서방 신학 전통의 효시라고 할 수 있는 이레니우스(142~202)는 소아시아에 살면서 폴리캅과 지면이 있었다고 하며 만년에 리용의 감독이 되었다. 저서로는 『이단에 대한 비판』(Adversus Haereses, 176~199)이 있다. 이레니우스는 성육(Incarnation)을 이해하는 데 하나의 전기를 마련한 신학자이다. 그리스적 변증가들이 성육을 주로 우주론적으로 혹은 존재론적으로, 다시 말하여 사변적으로 이해하려고 한데 반하여, 그는 성육을 구속의 측면에서 이해하고 이를 강조하였다. "하나님이 어떻게, 즉 어떤 모양으로 사람이 되셨는가" 하는 질문보다는 "하나님이 왜 사람이 되셨는가(Cur Deus homo)"를 물었으며, 성경의 계시와 역사적 그리스도를 중심으로 논의하였다. 가장 건전한 신학자라고 할 수 있다.

이레니우스에 따르면 기독교는 계시 종교이지 사변적인 종교가 아니다. 다시 말하면, 기독교는 구속의 종교이지 우주론적 종교가 아니라고 한다. 이레니우스는 구약과 신약의 계속성을 강조하면서 구약에서는 문제를 제기하고, 신약에서는 그 해결을 보았다고 한다. 죄는 아담을 통하여 들어와 인류를 멸망으로 이끌었으며, 그리스도를 통한 구속은 용서와 영생 불사와 부활을 위한 것이며 완전한 구원을 뜻한다고 한다.

이레니우스는 하나님은 '한 창조자 하나님'이라고 말하며, 그리스 철학의 어휘를 빌려 '단순하시며', '복합적이 아니시고', '불변하시는'이라는 말을 사용한다. 그러나 하나님은 성경에서 말하는 살아 계신 하나님이시며, 그의 본질은 사랑이시라고 한다.

아들은 "항상 아버지와 공존하시는 분"이시며, 아버지와 동등하시고, 종속적(subordinate)이지만 열등(inferior)하시지 않다고 말한다. 이레니우스는 성경에 근거하여 로고스 개념보다는 아들의 개념이 선행하는 것으로 이해하고 로고스를 아들로써 설명하고 아들을 로고스로써 설명하지 않는다. 사물이나 개념을 설명할 때 설명을 요하는 말의 개념보다는 설명을 위하여 사용되는 말의 개념이 선행적이고 보편적이고 경험적이거나 쉬워서 이미 아는 개념이라고 전제한다. 설명은 이미 아는 말을 가지고 아직 모호하거나 미지의 말을 풀어 알게 하는 것이라는 뜻이다.

이레니우스는 아들은 '나신 분'(γέννημα)시며, 그의 나심은 가히 이해할 수 없다(사 53:8)고 한다. 이레니우스는 '산출'(產出, projection)이라는 술어를 배격하고, 영원한 아들은 아버지와 하나라고 한다.

삼위 하나님의 역할(기능, functions)에 관하여 말하면서, 기독교 이전에 있었던 하나님의 모든 나타나심(顯現, manifestation)은 로고스로 말미암아 된 것이라고 한다. 성령과 아들은 '하나님의 손'으로서 창조와 계시에서 함께 밀접히 일하신다. 사람들은 먼저 성령께, 다음으로 아들에게, 그 다음으로 아버지께로 다가간다. 아버지는 결정하시고, 아들은 집행하시며, 성령은 계속하신다. 성령은 특히 성화를 위하여 교회에서 활동하신다. '만유 위에 계신 아버지가', '만유를 통하여 말씀이', '만유 안에 성령'이라고도 표현한다.

성령은 아버지로부터 아들을 통하여 주어진다고 한다. 우리말 표현으로는, 아버지께서 성령을 아들을 통하여 주신다고 한다. 이레니우스는 변증가들과는 달리 구약의 '지혜'를 성령으로 해석한다. "영이 창조 이전에 하나님과 함께 계셨다"고도 말한다.

이레니우스는 성육(成肉, Incarnation)을 일컬어 아들의 두 번째 탄생이라고도 한다. 성육으로 말미암아 하나님과 사람의 혼합과 연합(commixtio = μίξις)이 이루어졌다고 한다. 우리 주님께서는 우리와 같은 사람이 되셨으니, 이는 우리를 본질적으로 자기와 같게 만드시기 위함이라고 한다.

이레니우스는 참 신인(神人)의 인격(person)을 말한다. 그러나 십자가의 고통의 실재성을 강조하면서 이레니우스는 고통 중에 로고스는 침묵하셨으며 단지 예수가 그 고통을 이기도록 도우셨다고 한다. 이러한 인격의 통일성을 부정하는 표현은 네스토리우스파(Nestorians)에게 길을 튼 셈이다. 말하자면, 성육을 내주(內住, indwelling)로 본 것이다.

이레니우스는 가현설과 영지주의에 반대하여 그리스도께서 신인(神人)이시라고 주장한다. 하나님과 인간의 필요를 위하여 그리스도께서 신인의 인격 구조를 가지신 것은 필연적이라고 본다. 이레니우스는 에베소서 1:10의 '아나케팔라이오시스'(ἀνακεφαλαίωσις)라는 단어로 그의 사상의 중요한 일면을 표현한다. 영어로는 'recapitulation' 또는 'reintegration'이라고 번역하는데, '반복하다', '통일하다', '종합 완성하다'는 뜻이다. 즉 그리스도로 말하자면, 그의 인격 안에서 두 다른 요소가 하나로 종합된다고 하며, 우주의 본래적인 이데아(idea)를 충분히 완성한다는 뜻이라고 한다. 그리스도가 모든 사람이 하나님과 교제하도록 그들을 회복하시며, 사람을 하나님의 형상대로 완전하게 하신다고 한다. 아담의 불순종에 반하여 그리스도의 순종은 구속을 가져온다고 하며, 그리스도의 고난과 공로의 피가 우리를 구속한다는 점을 충분히 말한다.

터툴리안

터툴리안(Tertullian)은 160년경에 카르타고에서 출생하여 220년경에 서거하였다. 특기할 만한 첫 라틴 교부이다. 그의 글은 열정적이며, 예리하고 신랄하다. 그리스어로도 글을 썼다. 202년경 몬타누스 교도(Montanist)로 전향하였으며, 로마의 기독교를 멸시하였다. 많은 저술이 있으나 대부분 짧은 글이다. 반영지주의적이며, 오리겐과 비교하면 그의 사상은 덜 사변적이고 현실주의적이다. 오리겐에 반하여 영과 육체가 함께 생겼다고 주장한다. 법률가였으며, 삼위일체와 성육에 관한 주요한 저서로는 『프락세아스 비판』(Adversus Praxeam)과 『그리스도의 육체』(De Carne Christi)가 있다. 히폴리투스와 함께 이레니우스의 사상을 따랐다.

터툴리안은 하나님은 한 실체(實體, one substance, substantia)요, 하나님은 지고의 존재이며, 지고의 존재는 유일하다고 한다. 삼위의 하나이심(unity)은 수적(arithmetic) 개념이기보다는 행정적(administrative) 개념이라고 말한다. 하르낙은은 터툴리안이 법률가이어서 'substantia'(실체)와 'persona'(인격)라는 말을 사용하였다고 한다. 말하자면, 소유물 혹은 재산(property)의 뜻을 가진 'substantia'가 'persona', 즉 법적인 인격들(legal parties)에 의하여 공유된다는 뜻에서 말했다는 것이다. 그렇다면, 즉 양자가 한 실체를 가진다고 하면, 그것은 또 하나의 실체적 존재를 전제하는 말이 된다. 그러나 터툴리안은 '그들은 한 실체이다'(They are one substance.)라고 했지 '그들은 한 실체를 가진다'(They have one substance.)고 하지 않았다는 것에 유의해야 한다.

하나님은 삼위(three persons)라고 한다. Persona라는 말에는 얼굴 또는 가면(mask), 연극의 배역(role in play), 배우(the actor), 개인(an individual), 갑(甲) 을(乙)로 표기되는 법적 권리 또는 의무를 행사하는 자라는 의미가 있다. 본질적으로 삼위의 구별을 말하기보다는 활동하심에서 혹은 경륜적으로(economically) 구별되며, 삼위의 경륜(oikonomia)이 하나임(unity)을 유지한다고 한다. 이 경륜은 하나님의 신성(the Godhead)의 내적 조직(organization)이며, 삼위, 즉 세 분이 하나임을 삼위일체(trinitas, trinity)라는 말로 나타내는데, 이 말들은 터툴리안이 처음으로 사용하였다. 그리고 삼위(three persons)의 서열은 성부, 성자, 성령의 순이고, 삼위는 분할할 수 없는 복수이며, 그들은 합하여 'unum'(하나)이지 'unus'(한 분)가 아니라고 한다.

또한 삼위일체는 유래한 것이라고 말한다. 이것은 로고스 교리에 근거한 것으로 하나님은 그 안에 항상 그의 이성을 가지고 있는데, 이 이성이 창조하기 위하여 말씀으로서 사출(射出)된 것이라고 한다. 그러나 한편 터툴리안은 실체들(hypostases)의 영원한 구별을 보여 주기 위하여 '뿌리', '줄기', '열매', 혹은 '샘', '시내', '강', 혹은 '해', '빛', '열' 등의 예를 든다.

터툴리안은 말하기를, 하나님 아버지는 실체(substantia)의 전체이고, 아들은 그 실체에서 유래하였으며 실체(또는 본질)의 일부라고 한다(Pater tota substantia, filius derivatio et partia totius).

그리고 탄생한 말씀은 초월하신 하나님의 나타나심(顯現)의 수단이라고 한다. 이러한 표현에서 우리는 아들이 아버지보다 열등하다는 종속설의 흔적을 볼 수 있다. 그리스도는 하나님의 모든 속성을 가지고 있지 않다고 하며, 아버지께로 돌아갈 것이므로 성질(nature)에서 열등하다고 한다.

"성령은 말씀 속에 내재해 있으며, 성부 안에 말씀으로 내재하며 오순절에 부어지셨다." "성령은 아들을 통하여 아버지에게서 유래한다"고 말한다. 이 말은 나중에 나온 서방 교회의 신앙고백이 "성령은 아버지와 아들에게서 나오신다"고 한 표현과 대조를 이룬다. 따라서 삼위일체는 '위계질서'(hierarchy)라고 말한다.

터툴리안은 성육의 목적은 구속을 위한 것이라고 말하고 이레니우스의 참 신인의 연합(homo deo mixtus)의 교리를 따른다. 그리스도는 신성과 인성이라는 양성(兩性)을 가진 한 인격(one person with two natures)이라고 한다. "우리는 한 인격 안에 혼돈되지 않으면서 연합하고 있는 두 성질을 본다"(Videmus duplicem statum, non confusum sed conjunctum in una persona)고 하며, 육(caro)과 영(spiritus)이 혼합되어 제3의 실체가 되었다는 말은 거부한다. "하나님의 아들은 죽었다"라고 하면서, 또 "아들은 하나님으로는 고난을 당하지 않았다"고도 말하나 가현설에는 반대한다.

터툴리안은 성자(聖子)의 아들이심(sonship)에 대한 사상을 체계화하였다. 그런데 그의 삼위일체 교리에 따르면, 삼위일체가 우연적(contingent)인 것이지 필연적(necessary)인 것이 아니라고 한다. 죄와 은총에 관하여서도 터툴리안은 서방 교회의 표준이 되었다. 원죄론, 죄의 유전, 그리고 자유 의지를 강조하였다. '삼위일체'라는 말을 비롯한 많은 신학 용어를 만들어 공헌하였으나, 그에게도 니케아 이전의 신학자로서 한계가 있다.

노바티안

터툴리안의 사상은 노바티안의 『삼위일체론』(De Tinitate)에 의하여 서방에 널리 알려졌다. 노바티안(Novatian ~250년경)은 터툴리안보다는 오히려 더 아들과 성령의 종속성을 말하고 있으나 터툴리안보다 교리 설명에서 발전적인 것은, 아들이 아버지에게서 '경륜적으로'(economically) 구별되는 것이 아니고, 창세 이전에 나서서 아버지와 구별되는 인격이시라고 강조한 사실이다.[1]

히폴리투스

히폴리투스는 220년경에 로마에 와서 활동하였다. 동방과 서방을 연결한 사람이다. 그의 신관은 플라톤주의적이며, 로고스에 대한 논의는 변증가들과 유사하다. 성육과 구속론은 이레네우스의 것과 같다. "하나님은 복수로 존재하셨다(πόλυς ἡν)." 로고스가 하나님 안에 내재해 있다가 창조시에 사출되었다고 하며 성육까지는 진정한 아들이 아니었다고 한다. 그러나 두 하나님이 아니고 두 위(πρόσωπον)라고 한다. 삼위일체의 하나이심(unity)은 경륜적(οἰκινομία συμφονία)이라고 한다. 히폴리투스는 로고스의 영원성은 부인하지 않으나 로고스가 아들로서 시간 안에 시작되었다고 한다.

알렉산드리아의 동방 교부들의 신학

알렉산드리아는 로마 제국의 제2 도시요 국제 도시로서 번영을 누렸으며

---

1) J. N. D. Kelley, *Early Christian Doctrine*(London: Adam Charles Black, 1958), 126: "Christ existed substantially (in substantia, i.e. as a Person) before the foundation of the world."

동방 문화의 중심지였다. 판태누스(Pantaenus)는 일찍이 기독교 초신자들을 위해 교리 학교를 설립하였다. 그리스 철학에 대항하는 기독교 대학인 셈이다. 학교는 문화적인 환경 속에서 신플라톤주의의 경향으로 기울어서 지성을 많이 강조하였다.

신플라톤주의는, 위에서 언급한 대로, 플로티누스가 플라톤의 철학을 종교적인 구원론과 결합하여 재해석한 사상으로서 플라톤의 철학을 어거스틴 신학에 연결시켜 주는 가교 역할을 하였고, 기독교 역사에서 여러 신학자들의 사고에 지대한 영향을 미쳤다. 그리고 판태누스는 학생들로 하여금 3년간 무료로 성경과 그리스 철학을 교과 과정으로 배우게 하였다. 이곳은 영지주의의 영향이 큰 곳이어서 그리스 철학과 이방 종교를 혼합하는 헬레니즘 운동이 두드러졌다. 영지주의자 발렌티누스(Valentinus)와 바실리데스(Basilides)가 여기서 가르쳤다.

오리겐과 클레멘트는 '지식'(γνῶσις)과 '믿음'(πίστις) 간에 차이가 있다고 지적하였다. 보다 나은 기독신자가 되려면 믿음에서 지식을 얻는 데로 나아가야 한다고 했으며, 그들은 그것을 어떻게 달성할 수 있는지 보이려고 노력하였다. 클레멘트는 '영지주의적 크리스천'이라고도 하겠는데, 오리겐과 비교하면 비성경적인 데가 더 많았다. 두 사람이 다 기독교 신앙의 역사성을 과소평가했으니, 예를 들면, 그들에게 있어서 십자가는 자기 부정의 상징에 지나지 않았다.

클레멘트

클레멘트(Alexandria의 Clement, ~215경)는 192년에서 203년까지 위에 말한 알렉산드리아 교리 학교 교장으로 봉직하였다. 세베루스(Severus) 치하 박해 때 갑바도기아로 피신하였다. 수사학과 논리학을 공부하였으며, 음악가이면서 문필가였다. 지식은 풍부했으나 조직적이지는 못했다. 그의 중요한 저서로 남아 있는 것은 『그리스인들을 향한 호소』(Προτέπτικος πρὸς ῞Ελλενας), 『가정교사』(Παιδάγογος), 『수필』(Στρώματεις)이다. 변증적인 관심보다는 사색하고 종합하는 일에 관심을 더 많이 보였다. 신학자라기보다는 인생과 도덕적인 문제에 대한 철학적인 해석을 시도한 사상가였다.

하나님은 파악할 수 없고 초월적이며 불가지적(不可知的)이라고 한다. 로고스는 항상 하나님 안에 함께 존재했으며, 창조와 보존의 대리자일 뿐 아니라 하나님과 진리를 유대인과 이방인에게 계시하는 분이시다. 아들이심은 영원하고 아버지는 아들을 통해서만 인식할 수 있다. 이러한 구별은 아버지와 아들을 분리된 분으로 이해한 것은 아니다. 클레멘트는 아들은 아버지와 '호모우시오스'(동일본질)라고 하였다. 로고스는 자신이 성육을 결정했다고 하며, 성육함으로써 '하나님이시며 사람'이 되셨다고 한다. "하나님께서 당신 자신을 나타내셨다"고 하여 참된 연합을 말한다. 그러나 성육하신 하나님이시며 사람이 되신 그리스도는 먹거나 배우거나 고통을 당할 필요가 없다고 말하는 등 가현설의 경향도 약간 보였으나, 클레멘트 자신은 가현설에 반대한다고 하였다. 하르낙은 클레멘트가 아버지의 로고스와 아들의 로고스를 구별했다고 지적한다. 학자들은 클레멘트가 저스틴에서 더 나아가는 진전이 없었다는 점에 의견을 같이한다.

오리겐

오리겐(Origen, ?~254)은 185년에 기독교 가정에 태어났으며, 일찍 아버지를 여의었다. 202~231년(또는 ~215년)에 학교의 교장으로 일했다. 215년에 가이사리아(Caesarea)를 방문하여 설교도 하고 강연도 하였다. 오리겐은 데메트리우스(Demetrius) 감독에게서 신학 사상 문제로 경고를 받았으나 227년 가이사랴를 다시 방문했을 때 목사로 안수를 받았다. 데메트리우스는 이 때도 교회가 그에게 안수하는 것에 반대하였다. 오리겐은 250년 데키우스(Decius)의 박해 때 투옥되었다가 253년에 서거하였다.

228년에서 231년 어간에 쓴 『신학원론』(De Principiis)은 기독론을 다룬 주요 저서이며, 그 밖에 『요한복음 주석』(228~231), 『켈수스에 대한 변증』(Contra Celsum, 249)과 『헥사플라』(Hexapla, 220년부터) 등의 주요 저서가 있다.

오리겐의 신학은 상당히 철학적이면서 성경적이었다. 대체로 말하면 정통적이었으나 정통 교리에 상치되는 생각들도 펼쳤다. 삼위일체에 관해서 오리겐은 아들이 아버지와 동등하다고 강조하는 한편, 아들이 아버지에게 종속된다고도 강조하였다. 그의 논리는 정연하고 문장이 명료한데, 아타나시우스뿐 아니라 아리우스도 그의 글을 인용하고 있다.

오리겐은 아버지와 아들이 동등한 인격을 가졌다고 한다. 파악할 수 없고 불가지적인 하나님은 완전히 의로우시며, 모든 사랑하는 것들 위에 계신 분이시다. 따라서 계시의 필요성이 수반한다. 로고스는 이 계시의 임무를 맡으신 존재이다. 그는 본질적으로(essentially) 하나님이시며, 구별된 실체(ὑπόστασις 또는 οὐσία)이시고 다른 기능이 있는 하나님이시라고 한다.

팜필루스(Pamphilus)는 오리겐이 '동일본질'(ὁμοούσιος)이라는 말을 썼다고 하며 인용한다. 하나님과 로고스의 관계를 끓는 물의 수증기나 빛의 근원에서 나오는 빛처럼 본질적으로 같은 성질이라고 한다. 알비누스(Albinus)나 2세기의 플라톤주의자들처럼 로고스를 제2의 하나님(δεύτρος Θεός)으로 본 것 같다.

오리겐은 로고스의 영원한 출생(generation)을 가르친다. 이것은 시간 안에서 출생(temporal generation)을 말하는 변증가들의 사상을 받아들인 터툴리안보다도 훨씬 발전한 견해이다. "그가 존재하지 않았던 때는 없다"(οὐχ ἔστιν ὅτε οὐχ ἦν)고 표현하는가 하면, "아들이 없이는 아버지도 존재할 수 없었다"라고도 표현한다.

오리겐에게는 우주적 중보자라는 개념은 거의 없고, 대신에 계시의 중개라는 말을 많이 사용하고 있다. 이런 점에서 성경적이라고 할 수 있다. 그러나 구속(redemption)을 통해서라기보다는 성육과 교훈을 통하여서라고 말한다.

오리겐은 아들이 아버지보다 본질적으로 열등하다고 한다. 아버지를 제외한 모든 만물은 생성되었다(γεννητόν)고도 한다. 아들은 스스로 존재하지 않는다고 하며, 아버지는 원인이시고, 자존적 신이시며, 스스로 선하시며,

비탄생하신 하나님(αἴτος αὐτόθεος, ὁ θεὸς αὐτοάγαθος ἀγέννητος)이라고 한 반면에, 로고스는 '원인이신 이'(αἰτίατος), '선하신 하나님'(θεος ἄγαθος)이라고 하고 '피조물'(κτίσμα, 잠 8:22)이라고 한다. 천사들을 가리켜서는 신들(θεοι)이라고 한다. 그리스도는 기도의 대상이 아니라고 하는가 하면, 아버지와 아들의 차이점은 원인과 결과와 같은 것이라고 한다.

성령에 대한 오리겐의 이해는 정통적인 견해에 아직 미치지 못한다. 성령은 피조물이며 아들보다 열등하며 성도들을 다루신다고 한다. 성령은 신적인 인격으로서 아버지에 의하여 로고스를 통하여 생성되었다고 한다. 오리겐에게서도 역시 신적인 '위계질서'(hierarchy)에 대하여 말하는 것을 볼 수 있다. 그의 사상에서 특히 플라톤주의에서 온 사상도 엿볼 수 있다. 예컨대, 둘째 하나님과 하나님이라는 것, 존재의 '위계질서'라는 말로 사고하는 것, 하늘의 존재들을 신들(θεοι)이라고 부르는 것 등이다.

오리겐은 성육(Incarnation)에 관해 언급하면서 로고스를 그의 영혼관에 바탕을 두고 영혼들과 비교하여 말한다. 즉 모든 영혼들은 영원하다고 하며, 그것들은 영으로서 영원부터 선재(先在)했다고 한다. 그러나 영혼들은 로고스에 의존적이라고 하며, 한 분을 제외하면 다 타락했다고 한다. 하나님은 세계를 우주적 개혁을 위하여 창조하셨다고 하며, 그리하여 영들이 물질과 접할 때 회개하도록 하신 것이라고 한다. 로고스는 마치 불 속의 금속처럼 동정녀 탄생을 통하여 더럽혀지지 않고 몸을 취할 수 있었다고 한다.

성육은 '사람에게로 들어오는 것'(ἐναα θρώπησις)이요 그 결과 '신인'(神人, θεάαθροπος)이 된 것이며, 이것이 바로 진정한 연합이라고 한다. '신인'은 두 성품(φύσεις)을 가졌는데 상호 교대로 역사하며 나타난다고 한다. 오리겐이 말하는 두 '성품'은 터툴리안이 말하는 '실체'(susbstantiae)와 같은 것이라고들 본다. 로고스는 여전히 우주적 기능을 간직하며 그 몸은 초인적이라고 한다. 부활 이후에 점진적인 교합(交合)이 이루어졌다고 한다. 성육은 구속을 위한 것이었는데 성육하신 그리스도의 가르침을 통한 구속을 말할 뿐 십자가에 대하여는 언급하지 않는다. 성육의 목적은 우리가 상실한 하나님에 대한 지식을 회복하도록 하는 데 있다고 한다.

오리겐의 삼위일체 교리를 보면, 터툴리안과는 달리 동영원성(同永遠性)은 말하나 동등성은 말하지 않으며, 아들 및 성령과 다른 '로기코이'(λόγικοι) 간의 구별이 분명치 않다. 그리고 '피조물'(κτίσμα)이라는 말은 아리우스주의 논쟁을 유발하게 되었다고들 한다. 오리겐의 이론에 따르면, 어떻게 창조주와 지음을 받은 존재가 하나님 안에 있을 수 있을까 하고 의문하지 않을 수 없다. 성육에 관한 오리겐의 논의를 보면 헬레니즘의 신학, 또는 로고스 신학의 한계점이 보인다.

두 디오니시우스의 논쟁

오리겐의 영향을 받은 신학자들 가운데 어떤 이들은 아들과 아버지의 본체적인 관계를 설명하는 것에 관심을 기울이는가 하면 다른 이들은 아들의 종속설을 견지하였다.

알렉산드리아의 감독 디오니시우스(Dionysius, ?~264)는 양태론적 단일신론을 주장한 사벨리우스파를 정죄한 장본인이다. 그런데 사벨리우스파들은 디오니시우스가 가르치는 교리가 잘못되었다고 반격하였다. 즉 아버지와 아들을 지나치게 구분하여 분리시키며, 아들의 영원성을 부인하고, 아들을 아버지와 '동일본질'이라 말하지 않고, 아들은 피조물이요, 나신 이(ποίημα καὶ γεννητόν)로서 아버지의 본질과는 다르다고 말했다는 것이다. 디오니시우스가 그런 말을 한 것은 사실이다. 후대에 아타나시우스는 디오니시우스를 변호하려고 했으나 바실리우스(Basilius, 330년경~379)는 디오니시우스가 사벨리우스파를 반대하느라 다른 극단으로 가게 된 것이라고 평하였다.

로마의 감독 디오니시우스(?~268)는 자기의 이름을 밝히지 아니하고 알렉산드리아의 동명의 감독을 비판하였다. 알렉산드리아의 신학자들은 삼신론자들이므로 분리될 수 없는 한 신성을 세 능력으로, 완전히 분리된 세 실체(hypostases)로, 세 신성(divinities)으로 분리한다고 비평하면서, 어떤 일이 있어도 하나님의 불가분리한 거룩한 하나이심(unity)은 지지되어야 한다고 말한다. 말씀과 성령은 우주의 하나님으로부터 나뉠 수 없으며 하나님과 함께 계시는 것으로 보아야 한다는 것이다. 만일 그리스도가 하나님 안에 계시다면(요 14:11), 그리고 그리스도가 하나님의 말씀이요 지혜요 능력이시라면(고전 1:24), 그리스도는 항상 존재하셨다. 그러므로 그를 일컬어 피조물이라거나 그가 존재하지 않은 때도 있었다고 말하면 그것은 불경을 범하는 것이라고 한다.

알렉산드리아의 디오니시우스는 더 조심스런 단어를 사용하여 이에 자기의 생각을 설명하고 오해가 없게끔 변명하였다. 그는 세 실체(hypostases)라는 말을 여전히 사용하면서 성부, 성자, 성령은 분리될 수 없다고 시인한다. 아들의 영원성을 인정하는 한편, '호모우시오스'는 성경적인 용어는 아니지만 그 말이 같은 성질을 공유한다는 의미로 이해하면서 받아들인다고 하였다. 그리고 하나님의 하나이심은 시인하되 세 위(Persons)이심을 추호도 잊으면 안 된다고 말함으로써 로마의 디오니시우스의 비판을 거의 다 받아들여 자기의 주장을 수정하였다.

두 디오니시우스의 논쟁은 실은 사용하는 용어나 개념의 차이에서 온 것이라고 보는 학자들도 있는데, 이것은 본래 하나님의 하나이심을 강조하는 서방의 삼위일체 사상과 존재가 위계질서(hierarchy)를 이루고 있다고 믿는 신플라톤주의의 영향을 받은 동방 사상과의 차이에서, 즉 서로 다른 신학적인 배경에서 온 것이라고 보기도 한다.[2]

니케아 신조와 아리우스주의 논쟁

아리우스 당시의 삼위일체론

알렉산드리아의 감독 알렉산더(Alexander)는 아리우스에 대항한 사람이었는데, 그는 삼일신의 하나임을 강조하면서 '로고스'가 '인격'(person, ὑπόστασις) 또는 '품성'(nature, φύσις)에서 아버지와 구별된다고 이해하였다.

---

2) Kelley, 앞의 책, 135.

그러면서 오리겐 식으로 로고스를 하나님과 피조물 간에 중재하는, 독립적인 존재라는 뜻에서, 유일한 품성으로 서술한다.

알렉산더는 아들의 영원성을 말하나 아버지에게서 시간 이전에 나셨다고 한다. 그러나 요한복음 10:30의 "나와 아버지는 하나이니라" 하는 말씀이 아들이 아버지와 동일하다거나 두 '품성'(nature)이 실제로 하나라는 뜻이 아니고 양자 간에 모든 면에서 닮았다(κατὰ πάντα ὁμοιότης)는 뜻으로 이해해야 한다고 말한다.

한편 니코메디아의 유세비우스(Eusebius)는 오리겐의 종속설을 이어받아 유일하고 초월하시는 아버지는 실재 위에 계신, 분할될 수 없는 단자(monad)이시며 만물의 원인이시며, 그분 홀로 자존하시고 나시지 않은 분(ἄναρχος καὶ ἀγέννητος)이고, 로고스는 아버지에게서 만세 전에 난 구별되는 실체로서 우주를 창조하고 다스리는 일에 중재자라고 한다. 로고스는 완전한 독생자이며 영원한 빛의 반사이요, 아버지에게서 나신 자로서 모든 피조물과는 구별된다고 한다.

여기서 유세비우스는 아들이 영원에서 나신 것은 인정하나 아버지와 동등하게 영원하시다는 것은 인정하지 않는다. 그리고 아들의 존재는 아버지의 특별한 의지적 행위에 의존한다고 가르치며, 아들은 하나님이시기는 하지만 '참 하나님'은 아니라고 한다. 아들은 단지 한 분 참 하나님의 형상으로서 하나님일 뿐이며, 따라서 아버지와 아들은 같은 본체를 공유하신다는 오리겐의 견해를 버리고 하나님 아버지의 단일성을 한층 더 강조하였다.

아리우스의 기독론

아리우스는 모든 실재의 근원(ἀγέννητος ἀρχή)이신 하나님의 절대적인 유일성과 초월성을 강조하는 나머지 하나님은 분할될 수 없고 불변하는 분이시라고 강력히 주장하면서 아들에 관하여 다음과 같이 가르쳤다.

- 로고스는 피조물(κτίσμα 또는 ποίημα)이 틀림없으니 아버지의 명령으로

무에서 형성되었다. 로고스에 적용하는 '나시다'(γέννα)는 '만들다'(ποιεῖν)의 비유적인 말에 지나지 않는다. 로고스가 다른 피조물과 비교할 수 없는 완전한 피조물인 것은 사실이나 스스로 존재하시는 것은 아니다.

* 로고스는 틀림없이 시작이 있었다. 그는 시간 이전에 존재하게 되었다. 그는 시간 세계의 창조자이시나 그 자신은 시간 밖에서 나셨다(ἀχρόνως γεννηθείς). 그가 존재하지 않은 때가 있었으니(ἦν ποτε ὅτε οὐχ ἦν) 스스로 존재하시는 이가 둘이라는 것은 원리상 인정할 수 없다.

* 아들은 아버지와 교제도 없을 뿐 아니라 아버지를 아는 직접적인 지식도 없다. 그는 로고스요 지혜이기는 하지만 하나님의 본질에 속한 로고스와 지혜와는 구별된다. 아버지는 아들에게 형언할 수 없는 분이시므로 로고스는 아버지를 완전하고 정확하게 볼 수도 없고 알 수도 없다.

* 아들은 변할 수 있고 심지어 죄를 지을 수도 있다. 그는 마귀가 타락했듯이 타락할 수도 있다. 아리우스파의 가르침에 따르면, 아들은 본질적으로 죄를 범할 수 있는 존재이지만 하나님께서 섭리 가운데 그가 죄를 짓지 않을 것을 아시고 그에게 미리 은혜를 베푸셨다고 한다.

아리우스파는 이러한 주장을 뒷받침하기 위하여 여러 성경 구절을 즐겨 인용하였다. 예를 들면, "여호와께서 그 조화의 시작 곧 태초에 나를 가지셨으며……"(잠언 8:22), "너희가 십자가에 못 박은 이 예수를 하나님이 주와 그리스도가 되게 하셨느니라 하니라"(사도행전 2:36), "그는 보이지 아니하는 하나님의 형상이시요 모든 피조물보다 먼저 나신 이시니"(갈라디아서 1:15), "그는 자기를 세우신 이에게(만드신 이에게, τῷ ποιήσαντι) 신실하기를 모세가 하나님의 온 집에서 한 것과 같이 하셨으니……"(히브리서 3:2) 하는 말씀들과 하나님 아버지만이 참 하나님이라고 말씀하는 구절(예컨대, 요 17:3), 혹은 그리스도께서는 아버지보다 못하다고 표현하고 있는 구절들(예컨대, 요 14:28)을 인용한다.

니케아 신조

아리우스가 속한 주교구의 감독 알렉산더는 아리우스를 불러 심문하고 모든 공적인 활동을 못하도록 제재를 가하였다. 325년 초에 안디옥에서는 콘스탄티누스 황제의 종교 자문 호시우스(Hosius)의 사회로 노회가 열렸다. 노회는 니코데미아의 유세비우스에게 출교의 징계를 내렸다. 그런지 수개월 후 콘스탄티누스 대제의 칙령으로 니케아에서 최초의 교회 공의회가 열렸다. 공의회에서는 아리우스를 정죄하고 니케아 신조를 작성 채택하였으며, 참석한 모든 감독들은 이 신조에 서명하였다.

> 전능하신 아버지시요, 가시적이거나 불가시적인 만물의 창조주이신 한 하나님을 우리가 믿으며, 한 하나님의 아들 주 예수 그리스도를 믿으니, 이는 아버지에게서 독생자로 나셨으니 아버지의 본질에서 나셨으며, 하나님에게서 나오신 하나님이시요, 빛에서 나오신 빛이시며 참 하나님에게서 나오신 참 하나님이시니 나신 분이시고 창조되지 않으셨으며 아버지와 한 본질이시며, 그로 말미암아(혹은 그를 통하여) 하늘과 땅 위에 존재하는 만물이 있게 되었음을 믿습니다. 그는 우리 인간을 위하여, 우리의 구원을 위하여, 이 땅에 내려 오셔서 육신이 되시고, 인간이 되셨으며, 고난을 받으시고, 사흘 만에 다시 살아나셔서 하늘에 오르셨으며, 산 자와 죽은 자를 심판하러 오실 것을 믿습니다.
> 그리고 성령을 믿습니다.
> 그러나 그가 계시지 않은 때가 있었다고 말하거나, 그가 나시기 이전에는 존재하지 않았다거나, 그는 존재하지 않는 것에서 나왔다든지, 또는 하나님의 아들이신 그가 다른 실체나 본질에서 유래되었다거나, 창조되었다거나, 변모되고 변질될 수 있는 존재라고 주장하는 자들은 하나인 사도적 교회가 정죄한다.

니케아 신학과 아리우스파의 논쟁

니케아 공의회의 주된 관심사는 아리우스의 주장에 대항하여 아들이 아버지와 동일하게 영원하시고 동일한 본질이심을 말하는 고백을 신조로 삼는 것이었다. 아들이 아버지와 동일본질이시라고 표현하는 '호모우시오스'라는 말을 두고는 알렉산더가 중심인 정통파 사람들이나 유세비우스파 사람들이 다 같이 받아들였으나, 해석은 제가끔 달리하였다.

정통파 사람들은 아들이 아버지에게서 영원 전에 나셨으며, 아버지와 같은 본질이라는 사실을 잘 나타내는 말로 이해하였다. 서방의 학자들은 하나님 아버지처럼 아들도 하나님이시라고 말하는 'unius substantiae'에 대치할 수 있는 편리한 말이라고 하여 '호모우시오스'(ὁμοούσιος)를 환영하였다. 그러나 유세비우스파에서는 양보하는 입장에서 이를 받아들였지만 실은 그 말이 나중에 등장하는 '호모이우시오스'(類似本質, ὁμοιούσιος)와 같은 뜻으로 이해하고 이를 받아들였다.

로마 제국 내의 통일과 정치적인 안정을 추구하는 콘스탄티누스 황제는 종교적 의견 대립이 혹시라도 정치적 분열의 불씨가 될까 봐 염려하는 마음에서 어떻든 간에 모든 신학자들이 피차 관용하는 가운데서 이 신조를 받아들이기를 바랐다. 황제의 뜻이 다소 투영된 셈이었다.

니케아 신조에 서명한 참석자들이 제가끔 해석을 가지고 이를 받아들인 만큼 사실상 니케아의 결정은 아들에 대한 신학적인 논쟁의 종결이기보다는 그 시작이었다. 이후 정치적인 권력자가 어느 편을 지지하느냐에 따라 여러 노회의 결정이 좌우되었다.

337년 콘스탄티누스 대제가 서거한 후 제국은 그의 세 아들, 콘스탄티누스 2세(337~340)와 콘스탄스(Constans, 337~350)와 콘스탄티우스(Constantius, 337~361)에 의하여 셋으로 분할되었다. 콘스탄티우스 2세는 갈리아(프랑스)와 브리튼과 스페인을 통치하였으며, 콘스탄스는 이탈리아와 아프리카 지역을 통치하다가 340년 콘스탄티누스 2세를 퇴치하고는 서방의 전역을 통치하였다. 콘스탄티우스는 동방을 통치하였는데 350년 이후 제국의 동과 서를 다시금 통일하여 마지막까지 살아남은 자로 361년까지 통치하였다.

337년에서 350년까지 콘스탄티우스 2세가 통치하는 동방에서는 아리우스파가 황제의 지지를 얻어 다시금 세력을 구축하였다. 특히 유세비우스가 득세하는 바람에 정통파의 거장 아타나시우스는 감독의 자리를 떠나 무려 다섯 번이나 망명을 떠나는 곤욕을 치렀다. 그러나 서방에서는 콘스탄스의 보호 아래 니케아의 결정을 계속 견지하였다.

그러나 안디옥(341년), 빌립보폴리스(Philippopolis, 342년), 그리고 다시금 안디옥(344년)에서는 유세비우스파가 우세하여 아리우스파를 비판하는 한편, 하나님 아버지와 아들의 관계에 관하여 정통파들이 사용하는 '호모우시오스'라는 말을 배격하였다.

350년 콘스탄티우스가 온 제국을 통일하여 361년까지 다스리게 되자 아리우스파들은 시르미움의 제3차 회의(357년)와 니케아(359년)와 콘스탄티노플 (360년) 노회에서 세력을 장악하여 그들의 교리를 교의화하기까지 하였다. 이러한 와중에 바실리우스(Basilius of Ancyra)의 주도하에 유세비우스가 주장하는 타협적인 '유사본질'(ὁμοιούσιος)이라는 말이 부각되기 시작하였다.

한편 아타나시우스를 중심으로 하는 정통파가 비록 소수이기는 하였으나 투철한 신념과 서방 교회의 지지를 얻어 니케아의 결정을 고수하였다. 이들의 끈질긴 노력으로 361년부터 아리우스의 세력은 서서히 물러가고 '유사본질'을 주장하던 중도파들이 점차로 '동본질'(ὁμοούσιος)을 받아들여 마침내 381년의 콘스탄티노플 공의회에서 니케아의 결정을 재확인하게 되었다.

정치적인 권력자가 어느 편을 지지하느냐에 따라 공의회나 노회의 결정이 좌우된 것이 역사의 현실이었음을 관찰할 수 있다. 그렇다고 하여 교회의 전통적 신조를 채택하는 일이 정치 권력자의 개입에 따라 결정되었다거나 혹은 후원을 힘입어 이루어진 것이라고 보는 것은 옳지 않다. 니케아 공의회 이후 반세기 이상 니케아의 결정에 대하여 아리우스파들이 정치적인 힘을 빌어서까지 극력 반대하였으나 대다수가 중도 노선을 취하였으며, 또한 이 중도 노선을 취한 대다수가 결국 많은 논쟁을 통하여 니케아의 결정을 받아들인 것이다. 다시 말하면 니케아의 결정이 오랜, 그리고 격렬한 반대와 충분한 토의를 거쳐 그리스도의 교회가 그것을 신조로 받게 되었으므로 더욱 귀하고 확고하게 진리를 대변하는 신조가 된 것으로 이해해야 한다.

제5장

니케아-콘스탄티노플 이후의 기독론

그리스도가 참 하나님의 아들이시냐 하는 질문에서 하나님 아버지와 그리스도의 관계를 규명하려는 것이 삼위일체에 관한 논의인데, 콘스탄티노플의 결정으로 아리우스파 논쟁이 종결되자 신학자들은 이제 새로운 시각에서 그리스도에 대한 논의를 시작하였다. 즉 그리스도께서 하나님 아버지와 동일본질이시고 동일하게 영원하신 참 하나님이시라면, 그의 하나님이심[神性]과 사람이심[人性]의 관계가 어떤 것인지 논의하는 것이 기독론의 관심이요 초점이었다. 그리하여 아폴리나리스, 네스토리우스, 유티케스 등의 잘못된 기독론을 둘러싸고 논쟁이 벌어졌으며, 그 결과로 교회는 451년 칼케돈 신조를 얻게 되었다.

중세 이전의 신학자들은 기독론에서 그리스도의 사역이나 기능보다는 그의 인격에 대한 존재론적인 논의에 관심을 기울였다. 그리스도에 관하여 논의하는 가운데 삼위일체론의 경우처럼 잘못된 기독론이 대두하였다.

그리스도께서는 하나의 인격이신데, 그분의 하나님이심과 사람이심, 즉 그분의 신성과 인성 그 둘을 잘못 강조하다 보면 두 인격을 말하는 것이 되기도 하고, 하나의 인격을 강조하다보면, 신성과 인성 그 어느 한 쪽으로 치우쳐 그리스도를 오직 신으로 혹은 오직 사람으로 말하게 되는 잘못을 범하게 되었던 것이다.

잘못된 기독론의 대두

아폴리나리스의 기독론

아리우스파는 예수 그리스도가 영을 소유하지 않았다고 주장하였다. 로고스가 영의 자리를 대치했기 때문이라고 한다. 아타나시우스는 로고스-육의 기독론에서 출발하지만, 그에게서 그리스도가 영을 소유하지 않았다는 언급은 찾아볼 수 없다. 아들의 전적인 신성(神性)을 믿으면서 또한 아들이 인간이 되셨다는 교리에 잘못이 없다고 인정한다.

아폴리나리스(Appolinaris, 310~390)는 그리스도의 인격의 단일성을 주장한 나머지 그리스도의 인성의 선재성(先在性)을 강조하였다. 그는 요한복음 3:13 말씀, "하늘에서 내려온 자 곧 인자 외에는 하늘에 올라간 자가 없느니라" 하는 말씀과 고린도전서 15:47 말씀, "첫 사람은 땅에서 났으니 흙에 속한 자이거니와 둘째 사람은 하늘에서 나셨느니라" 하는 말씀에 근거하여 선재하던 하늘의 사람 혹은 둘째 아담이 성육하게 되었다고 하였다.

이에 대하여 교회(the Catholic Church)는 아폴리나리스의 가르침이 잘못되었다고 지적하였다. 교회는 그의 가르침이 그리스도께서 참 사람이심을 흐리게 하므로 가현설에 가깝다고 지적하는 한편, 우리 인간의 구속을 위하여 그리스도께서 참 사람이 되셨고, 그리스도께서는 본질적으로 하나님이시라고 주장하였다.

네스토리우스의 기독론

안디옥 학파에 속하는 네스토리우스(Nestorius, ?~451)는 아폴리나리스가 그리스도의 인격의 토일성을 주장한데 반하여 신성과 인성의 구분을 강조하였다. 그의 선생 테오도르(Theodore of Mopsuestia, 350~428)는 그리스도가 사람이시라 강조하고 하나님이 인간 그리스도 안에 거하였다고 하여 그리스도 안에 두 인격이 있다고 말하였다. 그리고 그리스도는 인간으로서 모든 시험을 이기고 하나님의 아들의 영광을 얻어 만물의 처음 난 자가 되었다고 가르쳤다.

콘스탄티노플의 감독(428~431)을 지낸 네스토리우스는 그의 장로 가운데 한 사람인 아나스타시우스(Anastasius)가 설교 중에 마리아를 가리켜 '하나님을 낳은 이'(Θεότοκος)라고 하자, 마리아는 '하나님을 낳은 이'가 아니라 '그리스도를 낳은 이'(Χριστοκος)라 하고 하나님은 마리아로부터 나온 것이지 나신 것이 아니라고 하였다. 그리고 그리스도의 양성을 부인하였다. 인간 그리스도는 하나님이 아니고 하나님을 지닌 자(Θεοφορος)이며, 그리스도는 그가 하나님이시기 때문이 아니고 그 안에 하나님이 계시기 때문에 예배를 받으실 만하다고 하였다.

이에 대하여 아타나시우스를 위시한 갑바도기아의 교부들은 신인(神人, God-man)이 하나라고 주장하였다. 나지안주스의 그레고리(Gregory of Nazianzus)는 그리스도의 양성의 신비로운 연합(strange commixture, wondrous mingling)을 말하고 상위의 성(性, nature)이 하위의 성을 지배함으로써 거의 흡수하다시피 하였다고 말하면서도 양성의 구분을 조심스럽게 변호하였다.

알렉산드리아의 감독 키릴루스(Cyrillus of Alexandria)는 430년 알렉산드리아에서 열린 노회에서 네스토리우스를 이단으로 정죄하였으며, 431년 6월 22일 공의회에서도 네스토리우스를 '새 유다'로 정죄하고 감독직에서 면직하였다.

440년경 네스토리우스가 죽고 난 이후 그의 추종자들은 동양 선교의 길을 열었다. 네스토리우스파의 교(Nestorianism)는 7세기에 당나라에 전파되어 경교(景敎)라는 이름으로 약 2세기 동안 왕성하였다.

네스토리우스의 기독론이 잘못되었다고 밝히는 일에 앞장선 키릴루스 역시 그리스도의 하나이심(unity)을 강조하였다. 키릴루스는 네스토리우스가 그리스도를 완전한 인간으로 보는 데서 기독론을 출발한 것과는 대조적으로 그리스도를 하나님으로 부르는 데서 출발한다. 키릴루스는 그리스도의 양성의 구분을 논하면서도 그것은 단지 개념상의 구분에 지나지 않는다 하고 그리스도의 인격은 하나인데 그것은 신적인 인격이라고 하면서 단 하나의 성(μία φύσις)을 말하였다. 키릴루스를 지지하는 신학자들은 그가 말하는 '푸시스'(φύσις)를 '휴포스타시스'(ὑπόστασις)로 이해하였다. 즉 '푸시스'를 인성과 신성을 지칭하는 말로 사용하지 않고 그리스도의 '휴포스타시스', 즉 인격을 두고 한 말로 이해하였다.

유티케스로 인한 기독론 논쟁

444년 키릴루스가 죽고 난 후 단성론(monophysitism)을 말하는 경향이 다시 대두되었다. 디오스코루스(Dioscorus)와 유티케스(Eutyches)가 단성론을 주장한 장본인이었다. 콘스탄티노플 수도원 원장인 유티케스는 콘스탄티노플의 알렉산드리아파 신학을 대변한 사람이다. 유티케스는 네스토리우스에 반대하고 키릴루스의 기독론(μία φύσις μετὰ τὴν ἕνωσιν)을 지지한다는 것이 지나쳐서, 한 방울의 식초가 대양에 흡수되듯이 인성이 신성에 흡수되었고 구세주의 몸은 우리의 몸과는 본질적으로 같지 않다(non consubstantial)고 하였다. 그리하여 유티케스는 448년에 도릴래움(Dorylaeum)의 유세비우스에 의하여 이단으로 정죄되었다. 유티케스의 오류도 실은 네스토리우스와 동일한 전제에서 출발한 데 기인한 것이다. 즉 본성(nature)과 인격(person)을 분간하지 못한 데에서 비롯한 것이다. 네스토리우스는 그리스도의 양성(兩性), 즉 신성과 인성이 두 인격을 전제하는 것이라고 생각한 반면에, 유티케스는 두 인격을 생각하는 일이 가능치 않다고 하여 하나의 본성만 고집하였다.

정죄를 받은 유티케스는 로마의 교황 레오(Leo)에게 호소하였다. 레오는 유티케스의 감독 플라비안(Flavian)에게서 보내온 유티케스의 호소문과 유티케스가 정죄 받게 된 경위에 대한 감독의 보고를 받고서 주저하던 끝에 유명한 교서(Tome)를 작성하였다. 한편 유티케스를 지지하는 디오스코루스는 황제 테오도시우스 2세(Theodosius II, 408~450)를 움직여 449년에 에베소에서 회의를 개최하게 하였다. 135명의 대표가 참석한 에베소 회의는 폭력으로 주도되었으며, 이 회의에서 유티케스는 정통으로 선포되었다.

칼케돈 회의와 신조

그러나 450년 테오도시우스가 서거하자 상황은 달라졌다. 테오도시우스의 자리를 계승한 마르키안(Marcian)과 풀케리아(Pulcheria)는 451년 10월에 칼케돈 제4차 세계 공의회를 소집하였다. 이 회의에 630명의 감독들과 대표들이 참석하였다.

이에 레오는 플라비안 감독에게 유명한 교서(Tome of Leo)를 보내어 답하였다. 칼케돈 회의에서는 레오의 교서를 "교부들과 사도들의 믿음"이라 말하고, "베드로가 레오를 통하여 말하였다"고 하였다. 칼케돈 회의에서는 첫째로 디오스코루스를 정죄하고 추방하기로 결정하였으며, 둘째로 레오의 교서와 네스토리우스에게 보내는 키릴루스의 편지를 정통 신앙의 표준으로 받아들이기로 하였다. 그리고 셋째로 로마의 사절이 항의하는데도 불구하고 그리스도를 설명하는 새로운 정의(신조)를 작성하기로 하였다. 칼케돈 신조의 본문은 아래와 같다.

> 그러므로 교부들을 따라서 우리는 모두 한 분이신 성자, 우리 주 예수 그리스도를 고백하도록 가르치는 일에 하나가 되었다. 그분은 하나님으로서 완전하시고, 사람으로서도 완전하시며, 참 하나님이시며 이성적인 영혼과 몸을 가진 참 사람이시다. 그분은 신성으로 말하자면, 아버지와 동질이시고, 인성으로 말하자면 우리와 동질이신데, 모든 점에서 우리와 같으시나 죄는 없으시다. 그분은 신성으로 말하면, 시간 이전에 성부에게 나셨으며, 인성으로 말하면, 마지막 날에 우리와 우리의 구원을 위하여 동정녀이시며, 하나님을 낳으신 자 마리아에게서 나셨다. 우리는 성자(聖子)이시요, 주님이시요, 독생자이신 유일하신 한 분 그리스도를 고백한다. 그분은 두 본성으로 인식되는데, 두 본성이 혼합되지도 않고, 변화되지도 않으며, 분할되지도 않으며, 분리되지도 않음을 인정한다. 도리어 양성은 각 본성의 특이성을 보유하면서 하나의 인격과 자질로 연합되어 있다. 우리는 두 인격으로 분열되거나 분리된 한 분을 고백하지 않고, 한 분이시며 동일한 독생자이신 성자요, 하나님의 로고스이신 주 예수 그리스도를 고백한다. 그것은 선지자들이 우리에게 미리 알려주었고, 예수 그리스도께서 친히 우리에게 그와 같이 가르치셨으며, 교부들이 우리에게 그와 같이 가르쳤고, 교부들이 우리에

게 전수한 신앙고백에서도 역시 그렇게 가르친다.

칼케돈 신조는 두 아들을 가르치는 자, 아들의 신성에 인성이 몰입되었다고 가르치는 자, 그리스도의 신성과 인성의 혼합(confusion)을 가르치는 자, 그리스도의 몸의 인성을 부인하는 자, 그리스도의 인성과 신성이 연합 이전에는 둘이었으나 연합 이후에는 하나라고 가르치는 자를 모두 정죄하였다.

그리고 긍정적인 서술로는 ① 우리 주님의 신적인 인격이 하나라는 사실, ② 인성과 신성이 영원히 실재한다는 사실을 말하고, 양성의 관계에 대한 설명으로는, ③ 인성과 신성은 혼합됨이 없다는 것(ἀσυγχύτως), ④ 양성의 분명한 본성은 변함이 없다는 것(ἀτρέπτως), ⑤ 그리스도의 인격에 분할이 없다는 것(ἀδιαιρέτως), ⑥ 연합된 인성과 신성에 조금도 분열이 없다는 것(ἀχωρίστως) 등이다.

칼케돈 이후의 기독론

325년 니케아 신조가 작성된 이후 삼위일체에 대한 논란이 여러 수십 년간 계속되었던 것과 비슷하게 칼케돈 회의 이후 한 세기 이상 기독론에 대한 논란이 계속되었다. 즉 단성론(單性論, monophysitism)의 논의는 여전히 그치지 않고 457년에서 565년까지 계속되었으며, 이어서 단의론(單意論, monothelitism)의 논의가 뒤따랐다.

칼케돈의 결정에 불복하고 반대하는 사람들은 주로 알렉산드리아의 신학자들이었다. 피터 몽구스(Peter Mongus)를 중심으로 한 인물들이 단성론의 신조(The Henoticon, ἕνωσις φυσική)를 작성하여 이를 퍼트리자 로마의 교황은 이러한 시도를 정죄하였다. 그러자 484년부터 519년까지 36년간 동방 교회와 서방 교회의 교류는 단절되었다. 그것은 동방 교회와 서방 교회 간의 최초의 균열이었다.

동로마의 황제 유스티니안(Justinian, 527~565)은 교회의 평화를 유지하기 위하여 칼케돈의 신조를 받아들이도록 강요하였으나, 한동안 단성론을 믿은 황후 테오도라(Theodora)의 의견에 동조하여 단성론으로 기울었다가 말년에는 다시금 칼케돈 신조를 지지하는 쪽으로 되돌아왔다.

단성론은 세 가지 유형으로 나뉘는데, 초기의 피터 몽구스는 '신고난설'(Theopaschitism)을 말하여 하나님이 십자가에 달려 돌아가셨다거나 삼위일체의 한 위가 고난 당하셨다는 표현을 사용하였다. 세베루스(Severus)는 그리스도의 양성을 구별한다고 하면서도 주로 연합(ἀσύγχυτος ἕνωσις)을 강조하였다. 그리하여 결과적으로는 그리스도의 인성을 강조하였다. 할리카나수스(Halicarnassus)의 감독 율리안(Julian)은 그리스도의 인성이 우리와 동질이라는 것을 부인하였다.

단의론은 5세기경에 이집트에 나타난 신비주의적 문서(Pseudo-Dionysius Areopagita)에서 유래한 것으로 알고 있는데, 기독교인들의 사변에 많은 영향을 미쳤다. 그 문서의 저자에게 신플라톤주의 사상이 있어서 신의 초월을 지나치게 강조하는 생각이 있었음을 엿볼 수 있다.

단의론을 단적으로 표현하는 말은 '신인의 능력'(θεανδρίχη ἐνέργια)이었다. 수도승 카이우스(Caius)에게 보낸 넷째 편지에 보면 이렇게 말한다. "하나님으로서 그리스도는 신적 능력을 행하지 않았고, 또한 인간으로서는 인간적인 것을 행하지 않았다. 하나님이 인간이 되셨기 때문에 그는 새로운 유의 활동을 보이셨으니 곧 신인적(神人的)인 것이다."[1]

단의론자들은 마치 심리학자나 정신분석학자가 추구하듯이 그리스도의 의지와 결단력이 그의 신성이나 인성에 어떤 관계에서 어떻게 작용했는지를 사변하였다. 단의론에 반대한 이들은 칼케돈 신조에 근거하여 그리스도는 완전한 이성을 가지셨기 때문에 인간으로서 의지나 결정은 인간적이고 완전한 것이었다고 주장하였다.

---

1) Ottley, 앞의 책, 451.

제6장

중세 교회의 기독론과 삼위일체론

초대 교회 시대의 기독론은 예수가 참으로 하나님의 아들이신지, 예수 그리스도가 하나님의 아들이시라면 하나님 아버지와는 어떤 관계인지 하는 관심에서 삼위일체를 논하였다. 그리고 하나님의 아들이신 그리스도를 두고는, 그의 신성과 인성이 어떻게 그의 인격을 이루시는 것인지, 주로 존재론적으로 그리스도를 이해하려고 했다. 그런데 중세에 이르러서는 그리스도의 고난과 십자가에서 죽으신 죽음의 의미를 사변하며 그리스도께서 우리의 구원을 위하여 어떤 기능을 하시는지 이해하려고 하였다.

중세에 접어들어서도 서방 교회나 동방 교회가 니케아-콘스탄티노플 신조와 칼케돈 신조를 받아들이는 데에는 차이가 없었다. 그러나 서방 교회의 신학자들은 기독교 교리를 구원론 중심으로 이해하는 데 반하여 동방 교회에서는 삼위일체 교리에 더 오랫동안 관심을 두고 논의하였다.

서방 교회의 삼위일체론

서방 교회에서는 어거스틴에 의하여 삼위일체 교의가 확정되기에 이르렀다. 즉 이미 5세기에 그리스도의 인격에 대한 신앙고백인 칼케돈 신경(451)이

나오기 이전이었다. 반면에 동방 교회에서는 8세기에 이르러 삼위일체 논의가 거의 종결되었다. 다마스커스의 요한(Johnnes of Damascenus, AD 700~754)이 삼위일체 교리 논쟁을 매듭짓는 데 큰 역할을 하였다.

어거스틴은 자신의 『삼위일체론』(De Trinitatae)에서 그리스적인 논의와 개념들을 라틴 개념으로 정리하여 진술함으로써 서방 교회의 교리학에 결정적인 영향을 미쳤다. 그리하여 서방 신학자들은 니케아 신조와 그것에 공헌한 신학자들 편에 서서 동요하는 일이 없었으며, 터툴리안의 논의를 따라 하나님의 하나이심을 강조하면서도 구별된 삼위를 견지하는 데 철저하였다.

어거스틴은 삼위일체 논의를 후대의 대다수의 신학자들이 그랬듯이 하나님의 하나이심(unity)에서 출발한다. 삼위일체가 곧 하나이신 하나님이시며, 한 창조주라는 뜻과 같은 의미에서 한 하나님이시다. 따라서 삼위 하나님은 한 본체, 한 성품, 한 능력과 한 의지를 가지신 한 하나님이시다. 그러므로 삼위일체께서 하시는 일은 불가분리의 것이라고 한다.

하나님께서 구약성경에 자신을 나타내 보이신 경우를 보면 거기에 아들에 대한 언급은 없으나, 아들은 성령과 함께 세상을 향한 그 자신의 사역에 적극적으로 참여하셨다고 말한다. '아버지의 말씀'을 통해서가 아니라면 하나님의 사역은 성취될 수 없기 때문이라고 한다. 성육도 아버지와 아들의 분할될 수 없는 하나이요, 동일한 사역을 하시는 하나님이시며, 함께 하신 성령의 사역도 분할될 수 없다고 한다.[1]

아버지, 아들, 성령은 같은 종(種)에 속하는 세 사람의 인격이 서로 다르듯이 그런 식으로 서로 다른 분들이 아니시고, 하나님의 각 위격은 본체나 신성에서 동일한 분이시라고 한다.

어거스틴은 한 인격적인 하나님이 내적인 필요에서 서로 관계를 갖는 세 인격적인 삶을 인도하신다고 한다. 그는 하나님 안에 있는 세 생명의 가능성을 증명하려고 그 유추(類推, analogy)를 인간의 혼에서 찾는다. 그래서

---

1) R. Seeberg, *The History of Doctrines II*, 238.

사람이 보는 일에도 삼위일체의 유추가 있다고 한다. 즉 보이는 사물, 보는 것, 그리고 이 둘을 종합하는 의지라고 한다. 그리고 생각에는 기억, 내적으로 보는 것, 그리고 그 둘을 연합하는 의지라고 하며, 인간의 정신에는 기억, 지성, 의지의 셋이 있다고 한다.

어거스틴은 이를 삼위일체의 흔적 또는 모상(模相, vestigium trinitatis)이라고 한다. 그러나 창조주이신 삼위일체 하나님을 피조물의 유추로 설명하려는 것은 적절하지도 못하며 또 옳게 설명할 수도 없으나, 하나의 신성 안에 있는 세 분 하나님을 설명하려고 감행한 사변적인 노력으로 보아야 할 것이다.[2] 후대의 신학자들에게서도 여전히 볼 수 있는 일이지만, 삼위일체 하나님을 유신론적으로 접근해서는 만족할 만한 설명에 이르지 못하므로 우리 인간의 논리의 한계를 인정하지 않을 수 없다. 어거스틴도 깊이 사색하고 사변했으면서도 역시 그 점을 인정함으로써 삼위일체는 말로 설명하는 것이 아니고 그 앞에서 침묵하는 것이라는 말도 한다. 어거스틴은 성령께서 아버지와 아들에게서 나오신다고 하는 서방 교회의 전통(Filioque)을 확고히 했으며, 그의 삼위일체 교리는 500년경에 나온 아타나시우스 신경(Symbolum Quincunque)에 반영된다. 아타나시우스 신경은 서방 교회의 신앙 특색을 띠고 있으며 칼 대제 시대에 '보편적인 신조'(fides catholic)로 인정받았다. 종교개혁자들은 이 신조를 사도신경 및 니케아 신경과 더불어 기독교의 3대 신경으로 여긴다.[3]

동방 교회의 삼위일체론

동방 교회는 유일신 사상을 가진 유대교와 이슬람교에 가까이 접하고 있었으므로 삼위의 신을 말하는 기독교의 신관은 옳은 유일신 신앙

---

2) '제15장 한국 교회의 삼위일체론'에서 말하는 삼위일체의 모상에 대한 언급 참조.

3) Seeberg, 앞의 책, 241. 참조: 김영재, 『교회와 신앙고백』(수원: 합동신학대학원출판부, 2002), 45-48.

(monotheism)이 아니라는 비판을 그들에게 내내 받았다. 그래서 동방 교회는 삼위일체 교리에 대하여 서방 교회보다 더 많은 관심을 가지고 논의해야 하는 입장에 있었다.

유대교가 기독교의 요람이었으므로 그리스도의 교회는 초기부터 구약성경의 해석을 두고 유대교와 대립적 입장에 있었다. 중세에도 그러한 상황은 변함이 없었다. 유대인의 공동체를 의식하거나 그들과 접촉하는 동방 교회 신학자들은 유대교의 비판에 대응하여 기독교의 삼위일체 하나님 신앙이 옳은 유일신 신앙(monotheism)이라고 변증하였다.

유대교에서는 신명기 6:4의 '쉐마', 즉 "이스라엘아 들으라 우리 하나님 여호와는 오직 유일한 여호와이시니……" 하는 말씀을 비롯하여 여러 구약의 말씀들을 예로 들면서 기독교가 하나이신 하나님을 삼위의 하나님, 즉 세 분 하나님으로 보는 것은 부당하다고 비평하였다. 그러나 하나이신 하나님을 삼위일체 하나님으로 믿는 기독교 신학의 견지에서 볼 때는 전혀 모순되는 것이 없다고 변증하였다.

하나님께서 삼위일체 하나님이시라면 일찍이 왜 모세에게 그러한 진리를 분명하게 계시하시지 않으셨을까 하는 유대인들의 비판적인 질문에 대하여 기독교 신학자 중에서는 계시의 점진성을 들어 말한 이도 있다. 모세 시대의 이스라엘 백성이 가진 하나님 신앙은 아직 초보 단계에 있었으므로 하나님께서 교육적인 배려에서 일신론으로 계시하셨으나 보다 성숙한 단계에 있는 그리스도인에게는 삼위일체 하나님으로 계시하신 것이라고 응답하였다. 또한 교회 내에서 요한 아스쿠나게스(Johannes Ascunages)와 요한 필로포누스 (Johannes Philoponus)는 아리스토텔레스의 철학을 빌어 갑바도기아 교부들의 삼위일체 교리를 발전시킨다면서 삼신론을 말하게 되었다. 이에 대응하여 다마스커스의 요한은 정통적인 삼위일체 교리를 재확인하고 이를 부연하면서 하나님의 하나이심(unity)을 강조하였다.

다마스커스의 요한은 말한다. 아버지, 아들, 성령은 하나님이시며 한 실체 (οὐσία)이시나 한 분 인격(person, ὑπόστασις 또는 ὑπόσωπον)은 아니시다.[4]

이 한 하나님은 창조주시요, 세계를 보존하시고 다스리는 이시다. 세 분 안에서 한 실체, 한 신성, 한 권능, 한 의지, 한 능력, 한 자원, 한 권위, 한 권세, 한 나라로 인식되며 똑 같이 한 예배를 받으신다⋯⋯ 세 분은 혼합됨이 없이 연합하시면서 계속 분리되어 계신다고 한다. 따라서 로고스는 아버지와 같은 본성(nature)이시라고 한다. 그러므로 세 위격은 비록 실재하는 존재처럼 생각되지만, 어거스틴이 말하듯이, 세 인간이 서로 관계를 가지듯 그런 식의 관계를 갖는 것은 아니라고 한다.

요한은 아들의 종속설은 거부하지만 아버지를 신성의 원천으로 기술하며, 따라서 성령은 아버지로부터 로고스를 통하여 나오신다고 한다. 제베르크는 이러한 견해를 그리스의 종속설의 잔재라고 보고, 이것이 바로 동방 교회와 서방 교회 간에 있게 된 오랜 논쟁의 불씨였다고 한다.[5]

이슬람교에 대응해서는 유대교의 경우와는 달리 구약성경의 해석 문제를 가지고 논의하거나 일방적으로 성경 말씀에만 호소할 수 없으므로 철학을 의사소통을 위한 공동의 근거로 삼았다. 아랍의 지식인들은 그리스 철학에서 배우고 그 영향을 받은 이들이므로 기독교를 보편적으로 인지하는 사상으로 설명하도록 요구하였다. 그것은 이슬람교뿐 아니라 유대교, 이원적인 마니교도 헬레니즘에 대한 기독교의 입장을 밝히도록 요구하였다.

비잔틴에서는 이러한 외적 요구가 없었다고 하더라도 철학적 해명은 언제나 필요한 것으로 여겼다. 비잔틴에서는 신학자가 되려면 일반 고전을 공부하고 수사학과 철학의 과정을 밟아야 했다. 그래서 비잔틴의 많은 지도적인 신학자들이 자신들의 사상과 언어에 철학적인 요소와 영향들을 다분히 함유하고 있었다. 총대주교 포티우스(Photius)도 그런 인물이었다. 12세기의 미카엘 프셀루스(Michael Psellus)도 대표적인 헬레니즘 신학자이다.[6]

프셀루스는 플라톤에게서 사고의 방법을 찾아 영감을 얻는다고 하며,

---

4) Seeberg, 앞의 책, 236.

5) 같은 책, 237.

6) Jaroslav Pelikan, *The Christian Tradition 2: The Spirit of the Eastern Christendom(600-1700)* (Chicago and London: University of Chicago Press, 1978), 245.

플라톤을 높이 평가하면서도 그의 신론의 불합리성을 지적하면서 정통적인 교리에 충실하려고 한다.

헬레니즘 신학자들은 모든 진리의 원천은 하나이신 하나님이시라고 확신한다. 그것을 전달하는 방법이 무엇이든지 간에, 그것이 철학이든 신학이든, 심지어는 우리가 고백하는 하나님과 우리 주 예수 그리스도에 관한 많은 참되고 명확한 가르침이든지 간에, 그리고 그것이 유대교나 마니교와 이슬람교의 전통에 보존되어 왔던 것이든지 간에, 이 모든 참되고 명확한 가르침들은 기독교의 삼위일체 교리에서만 함께 어울리게 된다고 한다. 그래서 삼위일체 교리가 외부인들에게는 비록 역설인 것 같아도 삼위일체 교리야말로 아주 설득하기 어려운 적들이 주장하는 일신론(monotheism)에 대한 최종적이 변증이라고 한다.[7]

서방 교회의 기독론

724년에 라이케나우 수도원을 창설한 피르민(Pirmin, ?~755경)이 편집한 책 『스카랍수스』(Scarapsus)에는 게르만들에게 선교하면서 예수를 무슨 말로 전했는지 수록되어 있다. 천사가 타락한 이후 하나님께서는 그를 대신할 사람을 지으셔서 하늘나라에 두셨으나 사람이 우둔하게 나쁜 짓을 하여 타락하였으므로 하나님께서는 자비로 당신의 아들을 세상에 보내셨다. 아들은 겸손히 낮아지심으로 사망의 원인자인 마귀를 이기시고 고난의 십자가를 지심으로 인류를 구원하러 오셨다고 한다.[8]

그리스도 이해의 실마리는 그리스도께서 시험을 받는 장면에서부터 시작한다. 아담을 유혹한 바로 그 마귀가 예수를 위시하여 사람들 개개인을 유혹한다. 비록 예수께서는 유혹을 물리치고 승리하시지만 마귀는 가룟 유다를 유혹하여

---

7) 같은 책, 251.

8) Winfried Zeller, "Zum Christusverständnis im mittelalter", in *Jesus Christus, das Christus verständnis im Wandel der Zeiten* (Marburg: N. G. Elwert Verlag, 1963), 30.

예수를 배반하게 한다. 예수 그리스도께서는 필연성 때문이 아니라 우리를 구원하시려고 자의로 고난을 당하신 것이라고 말한다.

신적인 말씀과 그리스도의 영혼과 육체의 관계에 관해서는 미숙하게 말한다. 말씀, 즉 하나님의 신성은 고난을 받을 수 없으므로 하늘에 계신 아버지 곁에 있었다고 하면서, 동시에 사흘 동안 말씀은 마귀와 지옥을 정복하시기 위하여 장사된 육체와 함께 무덤에 가시고 영혼과 함께 지옥에 계셨다고 한다. 신성 없이 인성만으로는 세상을 구속할 수 없다는 전제에서 그런 사변을 한 것이다.

그러므로 그리스도인은 오직 그리스도를 본받고 따르는 자요, 그리스도인이 되려면 세례를 받을 때 하나님과 서약한 것을 기억해야 한다. 다시 말하면 그리스도인은 성경에서 말씀하는 행하라는 계명과 금하는 명령을 지키는 것이 신자의 의무라고 서약한 것을 기억하는 자라고 한다.

라바누스 마루스(Hrabanus Marus)는 그리스도를 가리켜 우리를 본향으로 인도하실 세계의 왕이시요 심판자시라고 한다. 클레르보의 베르나르(Bernard de Clairvaux, 1090~1153), 피터 다미안(Peter Damian) 등 많은 신학자들이 그리스도를 왕이시요 인류의 역사를 주관하시는 주님이시라고 강조하였다.

중세의 스콜라 신학자들은 안셀무스를 비롯하여 토마스 아퀴나스에 이르기까지 스콜라적인 방법으로 교회의 전통과 이성의 일치를 달성할 수 있다고 믿고 이를 추구하였다. 그들은 철학적 논리와 방법론을 신학에 적용함으로써 기독교 신학을 풍성하게 하고 나름대로 깊이 있게 사색하는 데 공헌하였다. 하나님의 존재를 증명하는 유신론적 논증을 시도한 것도 인상적이다. 안셀무스는 본체론적 논증을 시도하였으며,[9] 토마스 아퀴나스는 본체론적 논증을 거부하고 대신에 우주론적이며 목적론적인 논증을 제시하였다. 그런데 유신론적 논증이 이미 믿는 사람에게는 자신의 신앙이 맹목적인 것이 아님을

---

9) 안셀무스는 "하나님은 그보다 더 위대한 것은 상상할 수 없는 존재"(We define God as a being than which nothing greater can be thought.)라고 정의함으로써 우리가 마음으로 생각하는 어떤 것은 마음 밖에도 존재한다고 한다. A. K. Rogers, *A Student's History of Philosophy* (New York: the Macmillan Company, 1929[1], 1963[3]), 196.

확인하는 데에는 도움을 주지만, 믿지 않는 사람으로 하나님을 믿게 하는 데는 별 도움이 안 된다는 사실도 알았다. 그들은 신론 이외의 다른 주제를 다루는 데도 역시 유신론적인 접근으로 일관한 것을 볼 수 있다.

캔터베리의 안셀무스는 기독론을 두고 "왜 하나님이 사람이 되셨는가"(Cur Deus homo, 1097) 하는 근원적인 질문을 제기하고는 그리스도의 성육에 관하여 합리적으로 이해할 수 있는 답을 추구한다. 그는 "알기 위하여 믿는다"는 스콜라 신학의 원리를 기독론에도 적용한다. 피르민이 그리스도께서 자의로 고난을 받으셨다고 말하는데 반하여 안셀무스는 성육은 필연적이었다(necessitas)고 강조한다.

안셀무스의 성육 교리는 교회가 말해 온 그리스도를 통한 보편적 구원 교리에 근거하고 있기는 하나 그리스도의 성육을 합리적으로 설명할 수 없는 기적으로 믿을 것이 아니라 그것을 신학적 문제로 보고 믿음을 위하여 합리적으로 설명하려고 한다.

피르민은 인간이 타락하여 사탄이 인간에 대한 자기 권리를 주장한다고 가르치는 데 반하여, 안셀무스는 인간이 타락하여 사탄의 세력 아래 있다고 이해하기보다는 인간이 죄를 범함으로 하나님께 빚을 진 것이라고 이해한다. 인간이 범한 죄가 너무 커서 그만큼 진 빚이 많으므로 이를 탕감해 주려면 그리스도의 성육은 반드시 있어야 했다고 말한다. 절대로 변함이 없으신 하나님의 영광이 하나님 자신이 인간이 되셔서 사람이 진 빚을 남김없이 탕감하는 것을 요구하신다고 한다.[10]

안셀무스는 또한 일반적으로 성육은 하나님이 자신을 겸손히 낮추시는 것이라고 하나, 신성은 고난을 받을 수 없으므로 하나님의 속성상 낮아진 것이라고 할 수 없다고 한다. 성육을 신성의 낮아지심이라 하기보다는 인성의 높아지심으로 이해해야 한다고 말한다. 합리적인 설명을 하려다 보니까 철학적인 명제를 앞세우고 거기에 맞게 논리를 전개한다.

안셀무스에 따르면 성육을 위한 충분한 근거가 하나님의 자비하심에 있다는

---

10) Zeller, 앞의 책, 32.

사실을 이해하기 쉽지 않다. 그래서 그는 긍정과 부정의 변증법적인 논리를 전개하면서 하나님의 자비하심이 고갈된 것처럼 보인다고 절규하며, 하나님의 자비가 고갈된 것처럼 보일 때 우리는 비로소 자신이 하나님의 의와 완전히 일치하는 것을 발견한다고 말한다.

피터 아벨라르(Peter Abelard, 1079~1142)와 클레르보의 베르나르는 그리스도 이해를 두고 서로 상반된 견해를 말했다. 아벨라르는 인간으로서 그리스도는 아무것도 아니라는(Christus, secundum quod homo, non est aliquid) 전제에서 하나님이 사람 되심에 의문을 제기한다. 하나님은 본래 육으로나 인간으로 묘사될 수 없다고 한다. 그래서 아벨라르는 구원이 필요하다거나 혹은 구원을 가져다준다는 의미에서 예수 고난의 '필연성'에 의문을 표한다. 그리고는 그리스도께서 사람들을 마귀의 세력에서 해방하시기 위하여 성육했다고 생각하는 안셀무스의 견해에 이의를 제기한다.

클레르보의 베르나르는 반면에 삼위일체 교리에 근거해서 그리스도를 이해한다. 정통적인 삼위일체 교리는 그리스도와 그를 통한 구원을 위한 모든 것의 전제라는 것은 의문의 여지가 없다. 삼위일체 교리는 그리스도인의 신앙뿐 아니라 삶을 위한 초석이다. 왜냐하면 삼위일체의 각 위는 그리스도의 제자와 특별한 관계를 갖기 때문이다. 다시 말하면 온 삼위일체 하나님께서 하나님의 자녀를 사랑하신다고 한다.

베르나르는 삼위일체 교리를 그리스도의 양성 교리에 적용한다. 온 삼위일체가 사랑하며 성령은 아버지와 아들을 연결하는 사랑과 같다고 할 수 있는 분이지만, 그럼에도 불구하고 구원의 사랑은 사람으로 성육하신 하나님의 아들 안에서 임했다고 한다.[11]

베르나르는 말씀과 영혼과 육체로 이루어진 그리스도의 인격이 하나라고 강조하며, 신인(神人)의 인격에 관하여 언급할 때 신인의 진정한 인성에 관하여 말한다.

---

11) Jaroslav Pelikan, *The Christian Tradition 3, The Growth of Medieval Theology*(600-1300), 145 이하.

"내가 예수의 이름을 부를 때면, 나는 영광과 거룩함을 나타내 보이시는 온유하고 마음이 겸손하며, 선하시고 순결하시고 순하시며, 자비로우신 한 사람을 눈앞에 떠올린다. 그리고 동시에 당신의 모범을 통하여 나를 치유하시며, 도우심을 통하여 나를 강건하게 하시는 전능하신 하나님을 본다. 이 모든 것이 예수의 이름과 함께 떠오른다."[12] 그리스도의 인간이심은 성례에서처럼 그의 탄생의 신비에서 고난의 비밀을 보이신다.[13]

아벨라르는 그리스도께서 고통스런 죽음이 아닌 더 간단하게 그의 전능하신 능력으로 우리를 구원하실 수도 있지 않을까 하고 물으면서 그리스도의 고난의 '필연성'에 대하여 논한다. 그에 반하여 베르나르는 필연성은 우리의 문제 때문이며, 흑암과 사망의 그늘에 앉아있는 우리의 절박함 때문에 필연적인 것이라고 말한다.

아벨라르는 피 흘려 죽으신 그리스도의 죽음은 하나님께서 당신의 사랑을 나타내 보이신 상징이라고 하는데, 베르나르는 그 말에 덧붙여 그리스도의 죽음은 우리의 구원을 위한 것이라고 강조한다. 베르나르는 아벨라르와 달리 그리스도의 십자가 죽으심, 즉 예수의 고난은 마귀에 대한 승리라고 설명한다. 예수 그리스도께서는 십자가에서 뛰어내리리라는 마귀의 유혹을 물리치고 십자가의 죽음을 스스로 취하셨으므로 그리스도의 수난은 '적극적인 수난'(passio activa)이라는 역설적인 개념으로 이해한다.

베르나르는 또한 '고난'(miseria)과 '자비'(misericordia)라는 말로 그리스도의 고난의 의미를 사변하여 그리스도께서 자비를 배우기 위하여 고난 받으시기를 원하셨다고도 말한다.[14] 그러면서 십자가는 고난을 극복한 자비의 승리라고 한다.

아벨라르는 안셀무스의 보상설을 받아들였으나 베르나르는 거기에 의문을 표한다. 안셀무스에 따르면 "주께서는 지극히 공의로우시므로 자비하십니다"

---

12) Zeller, 앞의 책, 32.
13) 같은 책, 33.
14) 같은 책, 34.

라는 말이 궁극적 진리이지만, 최후의 심판 날에 공의와 자비의 역설(paradox)은 해결될 것이다. 왜냐하면 그것은 궁극적으로 그리스도 안에서만 해결되었기 때문이라고 한다.

그러나 베르나르는 의와 자비가 하나님 안에서 상충되는 것이 아니고 하나라고 보며, 의를 자비와 겸손에 가까운 것으로 이해한다. 이 점에서 베르나르는 마르틴 루터가 고민 끝에 깨달은 하나님의 의의 개념을 이미 말하고 있다.15) 중세의 많은 신학자들은 하나님의 예정과 인간의 자유와 더불어 하나님의 공의와 자비도 역설로 보고 논의하였다.

베르나르는 신학적 인식이란 신앙고백적 통찰에서 성립한다고 한다. 즉 그리스도의 성육은 나를 위하여 나에게 일어난 사건으로 인식하는 것이라고 한다. 그리스도의 고난도 나를 위한 것이라고 이해할 때 그것이 실제로 일어난 사건으로 의미를 가진다고 한다. 그럴 때 신자는 자신이 하나님의 크신 사랑에 빚진 자로 고백한다는 것이다.16)

베르나르는 경건과 신학을 하나로 묶고, 기독론과 예수 신비 사상이 불가분의 관계에 있는 것으로 인식한다. 그는 경건을 신학의 과제로 인식하게 만들었다.17)

13세기 초에 이르러 스콜라 신학은 전성기에 접어들었다. 도미니코 교단과 프란체스코 교단의 신학자들이 신학적 논의를 주도하였다. 점차로 복잡해지는 기독론과 다양한 그리스도 신앙의 긴장 속에서 스콜라 신학의 그리스도 이해는 무르익어 갔다. 이 시기부터 신비주의에 스콜라 신학이 동반하게 되었는데, 대표적인 스콜라신학자들 대다수가 신비주의 사상을 가졌는가 하면, 중세의 대다수 신비주의자들이 스콜라 신학의 교육을 받았다.

아시시의 프란체스코(Francis of Assisi, 1182~1226)는 다미안에 있는 오래된 그리스도의 화상 앞에서 소명을 받았는데 그때 화상의 명암이 움직이는

---

15) 종교 개혁자들의 칭의 교리 및 성경이 가르치는 칭의 교리 참조(133-135쪽).

16) 같은 책, 36.

17) 같은 책, 37.

듯이 보였다고 한다. 1224년 프란체스코가 알베르노(Alverno)의 황야에 외로이 있을 때 스랍이 십자가 위에 있는 신비스런 광경을 목격했다고 한다. 그리스도의 화상을 보고 성녀로 알려진 바르트부르크의 엘리자베스는 웃다가는 울고 울다가는 웃곤 했다고 한다. 그리스도를 볼 때는 기뻐서 웃었으나 그리스도께서 떠나려는 듯이 얼굴을 돌이키실 때는 울었다고 한다.[18]

요한 보나벤투라는 자신의 저작에서 그리스도의 이해에 관하여 말하면서 십자가에 달리신 이를 신비로운 포도나무요, 영적인 생명나무로 서술한다. 독일의 대표적인 신비주의자 마이스터 에크하르트(Meister Eckhart von Hochheim, 1260~1327)의 신학 사상은 도미니코 교단의 스콜라 신학과 유대·아랍의 종교 철학에 뿌리를 두고 있다.

에크하르트는 성육을 단회적인 역사적 사건으로 보지 않고 하나님의 탄생의 영원한 진행이 인간 영혼의 중생에서 실현된다고 생각한다.[19] 에크하르트는 설교에서 "사람이 되어라, 아들이 되어라"고 한다. 즉 그리스도께서 취하신 인성, 성령으로 말미암아 거룩하게 된 인성이 되고 그리스도의 형상을 이룰 수 있는 아들이 되라고 한다.

중세 기독론에서 '그리스도를 본받아'(imitatio Christi)는 그리스도를 이해하는 중요한 한 측면이다. 그리스도와 같은 형상 안에서 그리스도의 삶의 형상을 자신의 것으로 만들고 믿을 때 그리스도의 형상과 생의 본질을 그만큼 더 이해하면서 그 본질에 다가간다고 한다.

'고난의 신학' 역시 중세 그리스도 이해의 중요한 측면이다. 예수께서 구유에 나셔서 십자가에 달려 죽으실 때까지 이어지는 전 생애를 고난의 신학의 관점에서 본다. 마그데부르크의 멕히트힐트(Mechthild)는 "사랑하는 영혼의 수난"(passio der minnenden Seele)이라는 글에서 예수의 수난 이야기를 세세한 부분까지 서술한다. 예를 들면 "영혼은 결박되고, 구타를 당하며, 뺨을 맞고, 옷이 벗겨지며, 멸시를 당하고 십자가에 달려 ……"라고 서술한

---

18) 같은 책, 38.

19) Erich Seeberg, *Meister Eckhart*(Tübingen: Verlag von J.C.B. Mohr, 1934, 1954), 36; Zeller, 앞의 책, 38 재인용.

다.[20]

중세 기독론에서 또 하나 중요한 것은 말씀이 영혼의 중재 아래 육을 취하였다(verbum assumpsit carnem mediante anima)고 하는 것이다. 중세의 그리스도 신앙은 그리스도의 영혼이 신적인 말씀과 인적인 육체를 하나로 묶는 지체로 보았다. '그리스도의 영혼'이라는 말이 중세에 널리 사용되었고, 14세기 이후 "그리스도의 영혼이여 나를 거룩하게 하소서"(Anima Christi sanctifica me)라는 기도도 널리 유포되었다.

1344년 마가레타 에브너(Margaretha Ebner)는 생각과 말과 행동에서 모든 악을 이길 수 있도록 그리스도의 거룩한 고난으로부터 힘을 구하고, 우리가 진리 안에 살고 진리가 우리 안에 살기 위해서 이 기도를 50번씩 반복했다고 한다. '그리스도의 영혼'을 부르면서 드리는 기도는 종교 개혁 이후 17세기를 거쳐 19세기에 이르기까지 개신교 신자들에게도 널리 유포되었고, 독일 찬송가(Evangelisches Kirchengesangbuch)에도 그러한 노래들이 수록되었다.[21]

> 그리스도의 영혼이여 나를 거룩하게 하소서
> 그리스도의 죽은 몸으로 나를 먹이시고
> 그리스도의 피를 나로 하여금 마시게 하시며
> 옆구리에서 흐르는 물로 나를 씻기시고
> 쓰라린 고난과 죽음이 나를 강건하게 하소서.
> 오 사랑하는 주 예수여, 나의 기도를 들어 주소서.
> 주의 거룩한 상처에 나를 숨기시고
> 다시는 주께로부터 떠나지 않게 하소서.
> 악한 원수 앞에서 나를 보호하시며
> 내가 맞이하는 마지막 순간에 나를 부르소서.
> 내가 주께로 갓 택함을 받은 모든 이들과 더불어
> 영원히 주를 높이며 찬양하게 하소서.

---

20) 같은 책, 38.
21) Evangelisches Kirchengesangbuch(독일 개신교 찬송가) 318장 4절; 210장 1절; 295장 4절.

제7장

은혜 교리와 칭의 교리의 역사

초대 교회의 은혜 교리 이해

1세기에는 동방과 서방을 막론하고 은혜 교리가 언급되는 글을 찾아 볼 수 없다. 속사도 교부들과 변증가들이 은혜 교리에 관심을 갖지 못한 이유를 몇 가지 꼽아 볼 수 있다.

먼저는 유대교적 그리스도인들이 자신들의 율법주의적인 전통과 배경에서 산상보훈의 엄격한 윤리적 요청에 관심이 있었다는 것을 들 수 있다. 그들에게 그리스도인이 되는 것은 보다 나은 의를 성취하는 것이었다. 이런 뜻에서 교회에서 행하는 참회를 '회개의 은혜'(χάρις μετάνοιας)라고 하였다.

둘째로는 이와 전혀 다른 방향의 영지주의의 영향을 들 수 있다. 영지주의는 4세기 초까지 기독교를 위협하는 사상이었다. 영지주의는 물질을 악으로 보는 이원론적 사상이었으므로, 교부들은 이에 대항하여 하나님은 모든 만물을 지으시고 다스리시는 창조주 하나님이시라고 변증하였다. 그리고 지식을 통하여 구원을 얻는다는 영지주의의 논의에 대항하여 사람은 선한 사업을 해야 한다는 것과 윤리적으로 새로운 생활을 해야 한다고 강조하였다.

그밖에 고대의 신비주의와 금욕주의 사상의 영향으로 그리스도인의 삶이 세상과 짝해서는 안 되고 멀리해야 하며 금욕하고 살아야 한다는 사상을 갖게 되었다. 말하자면, 이들은 일반 종교적인 구원 이해를 별로 벗어나지 못한 데서 하나님의 값없이 주시는 은혜보다는 율법을 지키는 윤리적인 삶을 살아야 한다고 강조하였다.

동방과 서방 교부들의 은혜 교리 이해

속사도 교부들과 변증가들은 은혜 교리를 영지주의의 영향 때문에 철학적으로 이해하였다. 하나님 이해와 그리스도 이해, 즉 삼위일체 교리에 관심을 기울이다 보니까 하나님의 초월과 내재 간의 긴장 관계에 초점을 두었다. 그럼으로써 하나님의 본질(οὐσία)과 일하시는 능력(ἐνέργεία)을 구별하였다. 하나님의 본질은 도저히 알 수 없다는 전제에서 우리가 하나님을 인식하는 것은 하나님의 능력으로 말미암는다는 것이다. 그리고는 다음 단계로 '창조되지 않은 것'과 '창조된 것'을 구별하면서, '창조된 것'은 현실에 실재하는 모든 것이라고 하며, 우리 인간은 하나님을 그의 능력을 통하여 만나며, 능력 안에서 우리는 비창조된 하나님의 실재를 만난다고 한다.

은혜 교리도 이러한 테두리에서 이해하였다. 하나님의 일하시는 능력의 일이 곧 하나님의 경륜, 즉 구원 사역이라고 한다. 어의학적인 연구에 따르면, 동방의 신학에서는 '은혜'(χάρις)는 '경륜'(οἰκονομία)과 같은 기능을 가진다고 한다. 즉, 하나님의 모든 구원 사역을 가리키는 말로 이해한다.[1]

초대 교부들의 은혜 교리를 더 면밀히 이해하려면 창조와 구원 사이의 구별에 주의를 기울여야 한다. 구원은 창조에서 이해하고 창조는 구원에서 면밀히 검토한다.[2] 창조라고 하면 인간의 창조를 두고 하는 말인데, 인간은 하나님의 형상이다. 삼위일체의 하나님은 자신의 경륜 속에서 단계적으로

---

1) Otto Hermann Pesch, Albrecht Peters, *Einführung in die Lehre von Gnade und Rechtfertigung*(Darmstadt: Wissenschaftliche Buchgesellschaft, 1981), 12.
2) 이사야서가 말하는 중요한 메시지를 상기시킨다. 즉 구원하시는 하나님은 곧 창조주이시고 하나님은 창조주이시므로 곧 능히 구원하시는 하나님이시라는 말씀이다.

계시하시는 하나님이신데, 죄는 인간 안에 있는 하나님의 형상을 흐리게 하며 일그러뜨리고 전도하여 하나님을 향하는 인간의 길을 차단한다고 한다.

구원은 이러한 결과로부터 인간으로 하여금 자신을 회복하게 하며, 인간 안에 있는 하나님의 형상이 새로운 빛을 발하게 하는 것을 의미한다. 하나님의 로고스가 인간이 되시고 자신 안에서 하나님의 형상으로서 인간의 상을 충분히 나타내심으로써 인간이 당신의 영을 통하여 당신 자신 안의 형상과 같이 될 수 있도록 회복하게 하신다고 한다. 그러므로 기독론에서 로고스와 그리스도 안에 있는 인성의 관계를 규명하는 것은 구원론과 무관한 것이 아니다. 그리스도 안에서 인간의 진정한 형상이 하나님의 형상의 것으로 드러난다고 한다.

이러한 '보편적 구원 과정'을 3세기 이후의 사람들은 '신이 되는 것' ($\theta\epsilon$ίοοι ς)[3]이라는 말로 요약하였다. 이레니우스로부터 아타나시우스를 거쳐 다마스커스의 요한에 이르기까지 "하나님께서는 인간을 신이 되도록 하기 위하여 인간이 되셨다"는 뜻의 말을 여러 가지로 표현하였다. 그렇다고 이러한 표현을 하나님과 인간 사이에 무슨 구별이 없다는 말로 오해하면 안 된다. 인간이 '신이 되는 것'이라는 말은 곧 인간이 먼저 온전한 인간이 되는 것, 다시 말하면, 하나님의 온전한 형상이 되는 것을 뜻한다.

동방 신학에서는 이를 가리켜 '하나님에 참여함'($\mu\epsilon\tau\theta\acute{\epsilon}$ς ις)이라고 한다. 엄밀히 말하면, 이러한 개념은 나중에 서방 교회에서 논의한 은혜 교리와 무관하지 않다. 즉 그리스도의 성육과 십자가와 부활과 종말론이 관련된다고 할 수 있다. 인간이 되신 하나님께 참여하는 것은 곧 영생 불사($\acute{\alpha}\theta\alpha\alpha\nuοία$)를 의미한다.

여기서 두 가지를 생각할 수 있다. 하나는 그리스도인의 고백이 그리스적인 교육이념과 연결되는 것으로 보는 것이다. 플라톤 이후 교육의 목적은 인간에게 자신의 진실한 본질의 상을 실현하는 길이라고 가르쳤다(딤 2:12).

또 하나는, 이러한 개념에서 하나님의 역사(役事)를 인간의 공로 행위와

---

3) deification, Vergöttlichung 또는 Vergottung.

숨겨진 '형상'의 실현에 있는 것으로 보는 것이다. 그럴 경우에 예전(禮典), 특히 하늘나라에 속한 예전이라는 성찬이, 신학적으로 그리고 실천적으로 어떠한 기능을 가지는지 분명히 알아야 한다고 한다. 즉 성찬에는 하나님이 인간이 되셔서 이 세상에 오신 비밀이 숨겨져 있으며, 그 성찬에서 신자들은 아들의 형상을 닮게 하는 성령을 경험한다는 이야기다. 이러한 경험은 수동적으로 경험할 수 있는 사건으로서 "은혜로냐 아니면 행위로냐" 하는 질문과 전혀 거리가 먼 것으로 보았다.

이러한 이해는 하나님의 신성에 관하여 관심을 두고 하나님의 창조와 구원을 하나로 파악하는 이해, 즉 인간을 하나님의 형상으로 파악하는 이해와 관련이 있다. 다시 말하면, 죄를 지향하는 인간의 형상이 어떻게 다시금 자유를 얻게 되며 빛으로 인도함을 받을 수 있는가 하는 것이다. 그리고 이에 대한 대답은 '신(神)이 되는 것', 즉 신에 참여하는 것이라고 한다.

인간은 '신에 참여함'에서 인간의 목적을 발견하며 인간이 된다고 한다. 따라서 은혜는, 신약성경이 말하는 바와 같이, 인간이 자기 본래의 형상을 발견함으로써 들어가게 되는 새로운 상황이라고 한다. 그것은 곧 예전을 통하여 달성되는 것으로서 그리스적 교육 이념(paideia)의 개념으로 표현된 것이라고 본다. 다시 말하면, '신에 참여함'은 은혜의 초월성, 즉 하나님의 존재와 일하시는 '에네르기아'(능력 또는 활동)를 창조와 비창조의 첨예한 구별을 통하여 인식할 수 있는 개념이라고 말한다. 그렇다면 동방의 신학자들은 오늘날도 루터를 그리고 나아가서는 바울을 이해하는 것이 분명 어려울 것이다.

서방 교회의 구원 이해가 동방 교회의 구원 이해와 다른 점을 먼저 서방 교회에 속한 어거스틴에게서 발견한다고들 말한다. 특히 은혜에 대한 이해에서 현저한 차이를 볼 수 있다. 서방 교회는 개인적이며 인간론적인 구원을 말하는 반면에, 동방 교회는 구원 역사적인 관점에서 우주론적인 구원을 말한다. 서방에서는 인간의 치유와 삶의 실제를 말하는가 하면, 동방은 피조물 전체의 회복과 세계의 의미를 말한다.

4, 5세기에 와서 인간의 성품에 대한 교리가 교회에서 중요한 주제로 부각되었다. 인간 창조와 타락 이야기를 조명하여 인간 구원에 대한 희망을 밝히려 하였다. 당시의 지배적인 이단 사상은 육체를 악으로 간주하는 마니교였다. 동서를 막론하고 사람들은 대체로 인간은 몸과 영혼으로 구성된 존재로 이해했으며 영혼이 어디서 온 것인지를 사변하였다.

오리겐 학파는 하나님께서 영혼을 창조하셨다고 말하면서 영혼이 선재하였다고 한다. 따라서 영혼이 육체와 결합한 것은 죄에 대한 형벌이라고 한다. 디디무스(Didymus the Blind)가 그렇게 가르쳤고 스페인의 이단 프리스킬라파(Priscillians, ?~385)가 그런 가르침을 따랐다. 그러나 대부분의 그리스 교부들은 이를 거부하였다. 그러다가 6세기에 이르러서야 이에 대한 교리가 정리되었다.

어거스틴은 몸이 감옥 역할을 한다는 데는 반대한다. 그리스 교부들은 말하기를 개개의 영혼이 몸에 결합되는 순간에 개별적으로 창조된다고 했다. 서방의 힐라리우스(Hilarius), 암브로시우스(Ambrosius), 제롬(Jerome, 331~420) 등이 같은 견해를 가졌으며, 펠라기우스도 마찬가지로 이해한다.

아타나시우스의 인간론

아타나시우스는 인간이 다른 유한한 존재처럼 말씀으로 무(無)에서 창조되었다고 한다. 인간은 다른 피조물과 마찬가지로 변할 수 있고 부패할 수 있어서 무로 환원될 수 있는 존재이며, 초월적인 하나님을 알 수 없게 된 존재이다. 적어도 이론적으로는 그렇다고 한다. 그러나 실제로는 하나님께서 다른 피조물보다 인간에게 너그러움을 보였다고 한다.

하나님께서는 사람을 당신의 형상으로 지으심으로써 당신의 말씀에 참여하게 하셨다. 말씀에 참여함으로써 초자연적인 지식을 갖게 하시고, 이성적이되게 하시며, 부패하지 않음과 영생 불사를 주셨다. 하나님께서는 인간의 이런 상태를 보존하려고 그를 낙원에 두셨으며, 인간의 원래 상태는 초자연적 축복의 상태였다고 한다. 아타나시우스의 신비 사상은 하나님과 교제를 갖기 위하여 영혼이 하나님을 닮아 가려는 갈망을 계속 새롭게 하며 명상하는 것이다.

첫 사람 아담과 하와는 계속 하나님만 바라보지 못하고 물질세계에 정신을 빼앗겼다고 한다. 그리하여 그는 하나님의 형상의 은혜를 박탈당하여 부패하게 되었으며, 그들의 본성이 무지와 우상 숭배로 실추되었다고 한다. 그러므로 사람은 가르침을 받아 이런 상태를 벗어나야 한다고 말한다. 비록 사람이 몸의 불사(不死)를 상실했다고 하더라도 영혼의 불사는 그대로 보유하며 자신의 의지도 자유롭게 유지한다. 사람에게 하나님의 형상이 지워져 없어지는 것도 점진적으로 이루어진다. 그러므로 사람은 자유 의지를 활용하여 말씀을 이해하는 일에 방해가 되는 모든 것을 제거해야 한다고 한다. 사람이 가진 하나님의 형상은 먼지로 뒤덮인 그림처럼 되었으나 형편없이 망가진 것은 아니라고 한다.

아타나시우스는 아담의 범죄가 모든 사람에게 전수되었다고 한다. 그러나 인간이 아담의 죄에 실제로 참여하고 있다거나 혹은 도덕적인 정죄에 동참하고 있다고 말하지는 않는다. 아타나시우스는 인간이 죄 없이 살 수 있는 가능성을 배제하지 않는다. 예레미야와 세례 요한이 그런 인물이라고 한다.

아타나시우스의 이러한 견해는 4세기 동방 교회에 크게 영향을 미쳤다. 갑바도기아의 교부들은 아담이 에덴에서 이방 신과 같은 존재였다고 한다. 나지안주스의 그레고리(Gregory of Nazianzus, ?~389)는 에덴동산을 플라톤주의자들이 알고 있는 이상 세계라고 한다. 니사의 그레고리(Gregory of Nyssa, ?~394)는 창세기 1:26이하의 말씀에 근거하여 인간의 이중 창조를 말한다. 플라톤주의자들의 말을 빌면, 처음 창조된 인간은 성(性)의 구별이 없는, 혹은 양성을 온전히 갖춘 완전한 인간이었는데, 하나님께서는 사람이 죄를 범할 것을 미리 아시고 남녀로 나누었다는 것이다.

안디옥의 전통에서는 철학적 사변이 좀 덜한 편이었다. 크리소스토무스(Johannes Chrysostumus, 344~407)는 아담이 하나님의 형상을 지녔다는 것은 아담이 여자를 포함하여 다른 피조물을 지배하는 권한을 가진 것을 뜻한다고 이해하였다. 그리스 교부들은 인간의 자유 의지는 상실되지 않고 그대로 유지된다고 하며, 그것이 곧 실제적 범죄의 근원이 되었다고 한다. 그들은 서방의 교부들보다 더 낙관적으로 보았다. 즉 동방에서는 원죄설을 배제하는 조짐이 보였다.

갑바도기아의 교부들, 즉 닛사의 그레고리 및 나지안주스의 그레고리와 크리소스토무스는 모두 새로 태어난 아이들은 죄에서 면제된다고 가르친다. 나지안주스의 그레고리는 우리의 구원이 우리 자신과 하나님으로부터 온다고 하며, 선을 행하는 데 하나님의 도움이 필요하다고 한다. 그리고 선한 의지가 하나님께로부터 온다면 인간의 자유 의지가 선한 일을 시작하는 것으로 보아야 한다는 것이다. 크리소스토무스는 하나님의 도움이 없이는 선을 행할 수 없다고 한다. 그러나 은혜가 먼저 있어야 하지만, 자유 의지와 함께 역사하는 것이라고 말한다.

어거스틴 이전의 서방 교회의 인간론

인간의 초기 상태는 초자연적 축복의 상태라는 것이 일반적 견해였다. 힐라리우스는 사람이 영생하도록 지음 받았고 하나님 자신의 축복을 누리도록 정해졌다고 한다.

암브로시우스는 아담이 하나님처럼 되고자 하는 교만 때문에 죄를 범하게 되었다고 설명한다. 죄를 범한 것은 그의 영혼이었으나 범죄 행위가 육체도 부패하게 만들었다고 한다. 그래서 죄가 그 안에 거하게 되었으며, 몸을 '죄의 몸'이라 칭하게 되었다는 것이다. 인류의 죄는 아담과의 연합에서 성립하는 것이라고 본다.

암브로시우스의 무명의 제자에 따르면, 첫 사람 아담 안에서 우리 모두 죄를 범하였으며, 그 성품(nature)의 유전으로 말미암아 죄책(culpae)의 유전이 한 사람으로부터 모든 사람에게로 전수되었다고 한다. 그러므로 아담은 우리 각자 안에 있으니, 그 안에서 인간성 자체가 죄를 범했기 때문이라고 한다. 로마서 5:12 끝에 나오는 "이와 같이 모든 사람이 죄를 지었으매"라는 말씀(as much as all sinned, ἐφ᾽ ᾧ πάντες ἥμαρτον)에서 ἐφ᾽ ᾧ를 in quo라고 한 구 라틴어 번역을 따라 "그 안에서 모든 사람이 죄를 지었으매"(in whom all sinned)로 이해한다.[4]

암브로시우스는 은혜가 공로의 대가로 주어지는 것이 아니라고 한다. 다만 주시는 이의 뜻을 따라 주어지는 것이며, 기독신자가 되겠다는 결정은 하나님에 의하여 미리 준비된 것이다. 우리가 가지는 모든 거룩한 생각은 하나님께서 우리에게 주신 선물이다. 빅토리아누스 역시 선을 행하고자 하는 의지 자체까지도 하나님께서 하시는 일이며, 하나님의 은혜로 말미암는 것이라고 한다. 이와 같이 은혜에 관한 서방의 교리는 일찍이 어거스틴 이전부터 동방 교부들의 이해와는 차이를 보였다. 은혜 교리에 대한 어거스틴의 이해가 서방의 전통에서 나온 것임을 알 수 있다.

동방과 서방의 이러한 차이점은 서방의 전통이 그리스 철학이나 동방의 신비 종교 및 율법주의적인 유대교의 영향에서 더 멀리 있었기 때문이다. 그리고 동방이 형이상학적 사색에 관심을 보였지만 서방에서는 실제적인 문제에 더 관심을 두었기 때문에 인간과 구원에 대한 교리에 관심을 두었던 것이다. 그래서 어거스틴 당시에 바울 서신의 연구가 활발하였으며, 인간론 중심의 은혜 교리가 발전하게 되었다.

펠라기우스의 은혜 교리 이해

펠라기우스(Pelagius, 348~409)는 브리튼의 수도사였다. 390년경에 로마에 와서 활동하다가 후에 카르타고에 정착하였다. 그는 도덕주의자로서 인간성에 대한 비관적 견해를 혐오하였다. 인간은 어쩔 수 없이 죄를 짓기 마련이라는 견해는 창조의 원리에 대한 모독이라고 하였다. 말하자면, 펠라기우스는

---

4) Kelley, *Early Christian Doctrine*, 354.

동방 신학에서 말하는 것처럼 말을 하였다. 즉 하나님의 은혜는 사람을 이성과 자유를 가진 하나님의 형상으로 만드신 창조의 은사에 포함되어 있으며, 우주적인 양육 과정에 내포되어 있다고 한다. 하나님께서는 계명과 언약과 교육, 그리고 상실된 하나님의 형상을 종국에는 그리스도의 말씀과 행위를 통하여 우리 안에 다시 회복시키신다고 한다.

펠라기우스는 "당신께서 명하시는 것을 주시고, 당신께서 원하시는 것을 명하소서"라고 한 어거스틴의 기도를 못마땅하게 여겼다. 그렇게 기도하는 대로라면 인간은 온전히 하나님의 은혜의 사역으로 말미암아 결정되는 꼭두각시에 불과하지 않느냐 하는 생각에서다. 그러므로 펠라기우스는 이에 반발하여 자신의 신학 사상의 핵심이 되는 무조건적인 자유와 인간의 책임을 강조한다.

펠라기우스는 사람이 시간마다, 순간마다, 아니 매 활동마다 하나님의 은혜를 필요로 하는 것이 사실이라고 한다. 그러나 그가 말하는 은혜 개념은 값없이 주시는 은혜 개념과는 다르다. 펠라기우스는 자유 의지 또는 하나님께서 우리를 창조하실 때 심어 주신 죄 짓지 않을 가능성, 영원한 상급을 얻기 위하여 무엇을 해야 하는지를 가르치는 하나님의 율법의 계시, 그리고 모세의 율법과 그리스도의 교훈과 그의 모범적인 행위가 곧 은혜라고 한다. 펠라기우스는 인간이 원한다면, 죄를 짓는 일 없이 하나님의 율법을 완전히 행할 수 있다고 한다.

펠라기우스의 제자 켈레스티우스(Celestius)는 한층 더 과격하게 잘못된 교리를 가르쳤다. 인간의 의지가 하나님의 도우심이 필요하다면 자유롭지 못하다고 하는가 하면, 우리의 승리는 하나님의 도움에서 오기보다는 우리의 자유 의지에서 온다고 말하며, 아담은 창조될 때부터 그가 죄를 범한 사실과는 관계없이 어차피 죽을 수밖에 없는 존재로 지음을 받았다고 하고, 인간의 원죄를 강력히 부인하면서 아이들이 세례를 받지 않아도 영생을 얻을 수 있다고 말하며 은혜와 자유 의지가 양립할 수 없는 개념이라고 역설하였다. 그리고 인간은 하나님의 면전에서 완전한 자유를 향유한다고 하였다.

캘레스티우스는 412년 카르타고에서 정죄를 받았으며, 416년에는 카르타고와 밀레붐에서, 그리고 418년 카르타고에서 열린 아프리카 대회에서 정죄를 받았다. 펠라기우스의 사상은 431년 7월 22일 에베소 회의에서 최종적으로 정죄를 받고 그는 출교를 당하였다.

어거스틴의 은혜 교리 이해

어거스틴이 서방을 대표하는 신학자로서 은혜 교리를 말하게 된 배경에는 세 가지가 있다. 로마와 동방과는 대조적으로 북 아프리카에는 일찍이 원죄(原罪) 사상이 확고히 뿌리를 내리고 있었다.[5]

첫째, 어거스틴은 그 점에서 터툴리안의 원죄론을 유산으로 받았다. 북아프리카에서는 이미 죄로 물든 인간의 성품에 관하여 언급하지 않고는 은혜를 논할 수 없게 되어 있었다. 죄로 물든 인간의 성품이라는 개념은 인간 안에 파괴된 하나님의 형상이라는 개념과도 다를 뿐 아니라, 하나님의 경륜 가운데 시행되는 우주적인 교육 과정을 통하여 인간 안에 있는 하나님의 형상이 회복된다는 동방 신학 사상과도 다르다.

둘째, 어거스틴은 자신이 철학과 마니교에 탐닉했던 일과 자신의 힘으로는 육의 정욕을 이길 수 없었고 인간의 부패성과 죄의 세력에 대하여 자신의 무능함을 통감하게 된 경험을 통하여 나름대로 은혜 교리를 말하게 되었다.

셋째, 성경 공부를 통하여, 특히 바울 서신의 연구를 통하여 은혜 교리를 말하게 되었다. 주후 360년경에 '바울 연구 열'(Paulusrenaissance)이 고조되었다. 어거스틴도 이에 참여하였으며, 더욱이 자신의 문제를 더 분명히 해결하기 위하여 바울을 연구했다고들 말한다.[6]

어거스틴은 원죄의 실재를 의심하지 않고 받아들인다(시 51, 엡 2~3, 롬 5:12). 아담의 불순종의 결과 인간의 성품이 손상되고 타락하게 된 것을

---

5) O. H. Pesch, A. Perters, 앞의 책, 17.

6) 참조: Augustinus, *Confessiones*, VII,21,27; VIII,12,28-30; O. H. Pesch, 앞의 책, 18.

인정한다. 아담 안에서 우리가 타락함으로 말미암아 우리는 아담이 향유하던 자유, 즉 죄를 피하고 선을 행할 수 있는 자유를 상실하였다고 한다. 따라서 어거스틴에게는 하나님의 은혜는 절대로 필요한 것이다. 우리가 하나님의 도우심 없이 자유 의지로써는 삶에서 당면하는 유혹들을 극복할 수가 없다. 우리 안에 역사하는 하나님의 은혜는 하나님께서 사람들의 마음속에 가동하시는 내적이며 신비한 그리고 너무나 놀라워 필설로 표현할 수 없는 능력이라고 한다.

예정과 자유 의지의 문제를 두고 어거스틴은 세 단계로 해결책을 말한다. 첫째, 인간은 어디까지나 임의로 선택할 수 있는 자유를 가지고 있다. 그러나 타락한 인간은 실제로는 정욕으로 찬 대기 속에서 숨 쉬고 있으므로 죄를 택할 뿐이라고 한다.

둘째, 어거스틴은 은혜로 우리의 의지에 역사하시는 하나님의 전능하신 의지는 불가항력적이라고 말한다. 여기서 그는 모든 인간의 의지나 행동에 대한 하나님의 예지(豫知)를 전제한다.

셋째, 어거스틴은 자유 의지(liberum arbitrium)와 자유(libertas)를 구별한다. 자유는 선한 일을 하는 자유 의지이며, 죄와 유혹에서 해방된 사람이 진정한 의미에서 자유하다고 한다. 다시 말하면, 하나님께서 원하시는 삶을 살 때 그 사람은 자유롭다고 한다.

반(半)펠라기우스주의 논쟁

어거스틴이 펠라기우스를 논쟁에서 이겨 교회가 펠라기우스를 정죄하고 출교했으나 사람들이 어거스틴의 견해를 전적으로 다 받아들이지는 않았다. 사람이 선을 행하기에는 전적으로 무능하다는 교리와 예정교리에 의문을 가지거나 반대하는 이들이 많았는데, 어거스틴의 말년에 이르러 그러한 의문이 공론화되었다.

'반(半)펠라기우스주의'라는 말은 펠라기우스의 사상에 가까운 사상을 가진

사람이란 뜻을 함축하지만, 그들을 반(半)펠라기우스주의자(Semi- pelagians)
라고 하기보다는 반(半)어거스틴주의자(Semiaugustinians)라고 부르는 것이
더 적절할 것이라고도 한다. 왜냐하면 그러한 부류의 대다수가 어거스틴의
영향을 받아 그의 교리에서 출발하고 있기 때문이다.[7] 그러나 논쟁이 오래
계속되면서 반-펠라기우스 사상은 펠라기우스 쪽으로 더 기울게 되었다.

반(半)펠라기우스주의 견해를 진술한 대표적인 신학자는 카시아누스
(Johannes Cassianus)였다. 카시아누스는 하나님의 은혜에 관하여 두 가지
원리를 말한다. 즉 하나님의 도우심이 없이는 아무런 선한 일도 행할 수
없다고 하면서 하나님의 은혜를 강조하는 한편, 의지의 자유는 인정되어야
한다고 말한다.

인간의 의지(意志)는 죄로 말미암아 마비되었으나 아직도 그 안에 약간의
자유가 남아 있다고 한다. 그 때문에 인간은 하나님께로 향할 수 있으며,
비록 하나님께서 먼저 사람에게 오시지만, 먼저 율법을 주시고 필요한 능력을
주입해 주시는 하나님의 은혜의 도우심으로 선한 일을 할 의지를 가질 수
있고 선을 행할 수 있다고 한다. 그러므로 사람이 죄로 말미암아 전적으로
죽은 것은 아니고 상처만 받은 것이며, 은혜는 홀로 역사하는 은혜(gratia
operans)가 아니라 함께 역사하는 은혜(gratia cooperans)로 보아야 한다고
한다.

리지(Riji)의 감독 파우스투스(Faustus, ~495)는 그의 은혜론에서 원죄를
부인하고 은혜의 필요성을 부인하는 펠라기우스를 신랄하게 비판하지만,
반-펠라기우스주의를 대변하였다. 파우스투스는 모든 인간에게 원죄가 있으
므로 결국 죽게 되었으나 죄로 말미암아 자유를 잃은 것은 아니므로 비록
인간이 타락했으나 구원을 얻기 위하여 노력할 수 있는 가능성은 소유하고
있다고 한다.[8] 파우스투스는 자유 의지를 강조하였다는 점에서 서 카시아누스
보다 펠라기우스주의 쪽으로 더 기울었다.

---

7) R. Seeberg, 앞의 책, 369.
8) 같은 책, 375.

그후 오랜 논쟁 끝에 529년 오렌지 공의회(Arausiacum)에서 교회는 펠라기우스주의나 반-펠라기우스주의 양자 모두 가톨릭의 신앙의 척도에는 위배된다고 결정하였다. 이 공의회에서 결정한 것은 아래와 같다.

> 우리는 자유 의지가 첫 사람의 죄로 말미암아 너무나 시들고 약화되어 사람은 하나님을 사랑해야 함에도 불구하고 아무도 사랑하지 못하고, 하나님을 믿지도 못할 뿐 아니라, 그를 앞질러 베푸시는 하나님의 자비로운 은혜가 아니고서는 하나님 앞에서 선을 행할 수도 없다고 설교하고 믿는다. 우리는 세례를 통하여 은혜를 받았다고 믿으며, 세례를 받은 자들은 그리스도의 도우심과 협력을 받아 영혼의 구원을 얻기 위한 일을, 만일 그들이 신실하게 노력을 한다면, 실천할 수 있으며 또한 그렇게 해야 한다고 믿는다.
> 그러나 어떤 이는 하나님의 능력으로 인하여 악으로 예정되었다는 것을 우리는 믿지 않을 뿐 아니라, 만일 누가 이러한 악한 일을 믿으려고 할지라도 그런 사람들을 우리는 증오하는 마음으로 저주한다. 그분은 공로가 선행하지 않는데 우리 안에 믿음과 당신 자신에 대한 사랑을 불어넣으셔서 우리로 믿음 안에서 세례의 성례를 추구할 수 있게 하시고, 세례 후에는 당신의 도우심으로 당신을 즐겁게 하는 일을 실천하게 하신다.

이와 같이 오렌지 공의회에서 '오직 은혜로'의 교리는 승리를 거두었으나 어거스틴의 예정론은 기각되었다. 항거할 수 없는 예정의 은혜는 세례의 성례적 은혜에 밀리게 되었다. 그리하여 은혜 교리는 이를테면 선한 일을 하나님께서 은혜 주시는 목적으로 이해하는 잘 알려진 중세의 가톨릭 신학에 더 근접하게 되었다.[9]

은혜 교리와 칭의 교리

12세기 중엽에 이르러 신학자들은 칭의를 새로운 주제로 다루었다. 은혜와 칭의 개념에 관한 초기 스콜라 신학의 해석은 다른 많은 교리에서와 마찬가지로 어거스틴의 신학적 유산에 근거를 두고 있었다. 안셀무스나 피터 롬바르두

---

9) 같은 책, 382.

스(Petrus Lombardus, ?~1160)와 같은 초기 스콜라신학자들은 은혜의 사역을 동방 교회 신학에서와 같이 대개 본성의 회복으로 이해한다. 롬바르두스는 고해 성사(Buβsakrament)의 교리에서 '칭의'(justificatio)를 사죄(remissio peccati)와 동의어로 사용한다.

안셀무스에 따르면, 인간은 원래 창조 당시에 자신에게 부여된 은혜에 의하여, 의(義, jusititia)를 소유하였으며, 이 의는 의지의 올바른 태도와 선을 실행할 수 있는 능력으로 구성되어 있었다. 그러나 타락의 결과로 인간은 자신이 가졌던 의의 올바름(rectitudo)을 상실함과 동시에 자력으로 의로워질 수 있는 가능성도 잃고 만다. 따라서 모든 일을 정당하게 처리할 수 없게 된다. 그리고 의가 의지의 올바름 여하에 달려 있기 때문에, 인간은 의지의 행위로써 의를 이룰 수는 없다. 그리고 의지의 사악함은 어떤 피조물로부터도 외부의 영향을 받아서 바뀔 수 없으므로, 인간은 오직 은혜에 의해서만 의롭다함을 얻을 수 있다고 한다.

그리고 의지의 올바름이 한번 회복된 이후에도 은혜의 도움은 여전히 필요하다. 왜냐하면 인간은 의를 항상 의지적으로 원함으로써만 계속 보유할 수 있으며, 이 의지의 올바른 태도는 바로 은혜의 사역에 의한 것이기 때문이다. 따라서 의는 오직 은혜에 의하여 보존될 수 있다고 한다.

어거스틴의 신학 노선을 따르는 이들은 믿음과 의가 인간의 구원을 이루는 일에 피차 필요조건이 된다고 여긴다. 옳은 것을 의지하는 데는 믿음, 즉 진리에 대한 지식이 필요하고, 믿음을 갖기 위해서는 올바른 의지가 필요하다고 한다. 이 둘은 모두가 은혜의 산물로서 인간의 파괴된 본성을 치유해 주고 본래의 의를 회복시켜 준다고 한다. 이를 위하여 먼저 은혜가 주입(注入)되어야 하고, 이 은혜의 주입을 통하여 새로운 대상을 향한 의지의 전환이 일어나며, 인간 안에 새로운 감동과 자극이 일깨워진다고 한다. 그리고 마침내 인간은 자신의 죄에 대하여 애통하며, 그럼으로써 죄의 용서를 받는 과정을 밟는다고 한다.

제2기, 즉 전성기의 스콜라 신학자들, 특히 초기 프란체스코회 신학자들은 구원론에 대하여 여러 가지 답변을 시도한다. 그들의 답변은 주로 전통에 기초한 것이었으나 대체로 초기 어거스틴주의적 견해보다는 공로와 상급 사상을 크게 강조하며, 특히 프란체스코회 신학에서는 반(半)펠라기우스주의 경향을 뚜렷하게 드러내 보인다.

은혜의 전달 수단으로서 성례전에 상당한 의미를 부여하는가 하면, 전성기의 신학자들은 이전 사람들에게서는 사실로 인정받을 수 없는 방식으로 자연적 은혜의 사역과 초자연적 은혜의 사역을 구별한다. 그 결과, 인간이 본성적 차원 이상의 존재로 격상될 수 있다는 은혜 개념을 낳는다. 초기의 프란체스코 학파는 구원 서정(救援序程, ordo salutis)을 발전시켰는데, 그들의 칭의 교리에는 예비적 행위에 대한 사상이 들어 있다.

그리스도의 구속 사역의 결과로 인간을 위한 하나님의 구원 계획은 이미 시행 단계로 들어가 효력을 발생하기 시작하였다고 한다. 하나님께서는 당신의 예정을 통하여 예수를 믿어 죄로부터 해방되어 복을 받고 영생을 얻을 자들을 선별하셨다. 이러한 일들은 인간의 생활 가운데서 그가 의롭다함을 입는 칭의 과정과 은혜의 계속적인 사역 과정을 통하여 일어난다. 그러므로 말씀과 성례적 은혜의 영향 아래서 영위하는 교회 생활은 그리스도의 구속 사역의 연속이라 할 수 있으며, 아울러 하나님의 예정 속에 있는 영원한 작정의 적시(適時) 집행이라고도 한다.

프란체스코 학파는 은혜를 하나님의 영원한 사랑의 의지 또는 '창조되지 않은 은혜'(gratia increata)로 생각하는가 하면, 그것이 인간에게 구원을 위하여 은사로 주어졌을 때, 그것을 '창조된 은혜'(gratia creata)로 인식한다. 이 창조된 은혜는 하나님께서 우리 인간에게 값없이 주시는 모든 것을 포함하며, 인간에게 칭의와 선행을 가능하게 해주신다고 한다. 인간에게 구원의 길을 열어주시는 은사를 가리켜서 '은혜로 주시는 은혜'(gratia gratis data)라고 한다. 그리고 구원을 위한 예비적인 행위는 일반적인 자연계에서도 발견할 수 있는 것이라고 한다. 이를테면, 하나님을 모르는 이교도 가운데서도 하나님에 관한 지식을 가지고자 갈망하는 경우를 경험하게 되는데, 그런 경우를 보아 인간의 이성과 의지 속에는 선한 것을 생각해 내고 그것을 행동으로 옮기려는 성향이 있음을 알 수 있다는 것이다.

그러나 '은혜로 주시는 은혜'는 인간이 보다 높은 은혜를 받아들일 수 있는 길을 마련해 주는 은혜이다. 인간이 이러한 은혜를 받으면, 그는 이제 갓 태어난 믿음과 형벌에 대한 두려움에서 오는 예비적 회개와 보다 낮은 형태의 두려움과 그리고 무한한 소망을 갖게 된다. 그리고 말씀을 통한 하나님의 부르심(vocatio)도 이 은혜에 속한다고 한다.

구원의 서정에서 말씀 혹은 복음이 차지하는 비중은 상대적으로 뚜렷하지 않은 편이다. 말씀은 어떤 사람이 성례전의 은혜를 받아야 하고, 그와 함께 칭의를 입어야 할 처지에 있을 때 여기에 꼭 필요한 지식을 제공할 뿐이라고 생각한다. 즉 전성기의 스콜라 신학에서는 말씀보다는 성례가 구원을 위해서는 더 중요하다고 강조한다.

말씀은 율법적인 성격을 띠고 있어서 인간들에게 무엇을 믿을 것과 무엇을 행할 것을 말해 준다고 한다. 그리고 복음은 무엇을 명령할 뿐만 아니라, 받은 명령을 수행하는 데 필요한 능력을 공급해 주는 새 율법(nova lex)으로 이해하며, 이 능력은 말씀 자체를 통하여 공급되는 것이 아니고 그리스도께서 제정하신 성례전을 경유하여 오는 것이라고 이해한다.

또한 인간이 값없이 주시는 은혜를 받으려면 그 어떤 것을 갖추어야 할 것이라고 생각하면서, 저급한 정도의 믿음이나 회개만으로는 인간이 의롭게 되기에는 충분하지 못하다고 생각한다. 이에 답하려고 프란체스코 학자들은 합당한 공로(meritum de congruo, merit of congruity), 혹은 상당한 정도의 공로(proportional merit)라는 용어를 사용한다.

인간이 이와 같은 행위를 자력으로 행했을 때 하나님께서는 비록 그 행위 자체는 공로로 인정받을 만한 것이 아니라고 하더라도 이들에게 상을 내리시리라 기대할 수 있다고 한다. 이때 인간이 받는 상은 하나님께서 내려 주시는 진정한 은혜, 즉 '거룩하게 하시는 은혜'(gratia gratum faciens)로써 인간을 의롭게 하고 그를 하나님 보시기에 기뻐하실 만한 존재로 만드는 동시에,

하나님께서 인간의 본성이 선행을 쌓고 당연한 공로(meritum de condigno, merit of condignity) 또는 순수한 공로(genuine merit)를 얻는 데 반드시 필요한 뛰어난 도구를 사용할 수 있게 해주신다고 한다.

인간을 의롭게 하는 은혜는 주입하여 보유하는 은혜(habitus infu넌)이요, 이미 보유한 선물(donum habituale)이라고 할 수도 있는데, 이것은 성례전을 통하여 공급된다고 한다. 먼저는 세례를 통하여서 오지만 참회와 성찬을 통하여도 올 수 있다고 하며, 은혜는 상실해 버리는 경우가 있으나, 후에 참회함으로써 다시 찾을 수가 있다고 한다. 이 보유하는 은혜는 인간의 본성을 보다 높은 수준으로 끌어 올린다고 하며, 주입된 믿음(fides infusa)이나, 형벌에 대한 두려움에서가 아니라 하나님에 대한 사랑에서 회개하는 마음을 가질 수 있도록 한다고 말한다. 그리하여 순수한 공로가 하나님 앞에 드러날 수 있고, 이에 대하여서 영생과 영화(榮化)의 은혜(gratia glorificationis)를 상급으로 받게 된다고 한다.10)

토마스 아퀴나스의 은혜 교리 이해

토마스는 먼저 은혜가 왜 필요한지 묻는다. 그리고는 하나님의 은혜가 아니고는 죄에서 벗어날 수 없다고 한다. 은혜가 없이는 인간은 불완전할 뿐 아니라 상실된 존재라고 한다. 은혜가 없다면 인간이 무엇을 할 수 있는지, 또 무엇을 할 수 없는지를 검토하며, 할 수 없는 것을 열거한다. 즉 은혜가 없이는 구원의 중요성을 알지 못하며, 이성과 자유가 미칠 수 있는 선을 행하지 못하며, 하나님을 제일로 사랑하지도 못하고 하나님의 계명을 내용면에서 불충분하게 이해할 뿐 아니라, 그분의 뜻을 따라서 해야 할 일을 아무것도 전혀 하지 못한다고 한다. 영생을 얻지 못하며, 은혜를 받기 위한 준비도 할 수 없고, 죄를 항거할 수도 없다. 부패한 성품을 고치지도 못하고 하나님께로 돌아가지도 못하며, 중한 죄를 낱낱이 피할 수도 없다. 은혜를 받았다고

---

10) 벵트 헤그룬트, 『신학사』, 박희석 역(서울: 성광문화사, 1989), 265.

하더라도 은혜가 없이는 이를 지속적으로 누릴 수 없다고 한다.

토마스는 또한 은혜가 있을 때 할 수 있는 일을 다시금 열거한다. 즉 위에서 열거한 것을 긍정문으로 고쳐서 말하는 격이다. 토마스는 이런 논의를 계속하면서 아리스토텔레스의 철학을 빌어 '형상'(形相, form)으로서 은혜와 도움으로서 은혜, 즉 운동(Bewegung)으로서 은혜를 구별한다.

토마스는 인간의 본성을 온전한 본성(natura integra)과 부패한 본성(natura corrupta), 즉 아담이 죄를 범하기 이전의 본성과 타락 이후의 본성으로 구분한다. 아담은 죄를 범함으로 말미암아 타락했을 뿐 아니라, 덤으로 주셨던 은사(donum sperexcedens, donum superadditum)마저 상실하였고 온전함을 위한 근거를 상실하였으므로, 사람의 구원을 위해서는 먼저 은혜가 필요하다고 한다. 그리고 하나님께서는 창조주로서 인간에게 은혜를 베푸셔서 구원하시고 초자연적으로 완성시키려고 작정하셨다는 것이다.

토마스는 죄 아래 있는 사람이 아직 무엇을 할 수 있느냐 하는 물음에 대하여 간결하게 답변한다. 즉 사람은 본성의 힘을 통하여 약간의 개별적인 선(bonum particulare)을 행할 수 있으니, 이를테면, 집을 짓는다든지 포도원을 가꾸는 일 등을 할 수 있다고 한다. 종교 개혁자들이 인간의 전적 부패를 말하는 것과는 달리, 토마스는 죄인도 본성적으로 윤리를 행할 수 있다고 말한다.

토마스는 은혜의 본질을 논하면서, 가톨릭적인 개념으로 알고 있는 '창조된 은혜'(gratia creata)에 관하여 언급하여 '은혜'는 하나님께서 존재하게 만든 피조물이 아니라고 한다. 은혜는 하나의 행위요 인간에 대한 하나님의 관계하심이다. 인간 안에 있는 '은혜'와 하나님 안에 있는 은혜가 결코 피조물과 창조주의 경우처럼 구별될 수 없다는 것이다. 양면성을 지니지만 동일한 실재로 인식해야 한다고 한다.

토마스는 또한 은혜는 운동임과 동시에 머무는 질(qualitas)로 인식한다. 토마스는 우리가 하나님의 은혜 행위 자체를 구분할 수는 없다고 한다. 다만 빛이 프리즘을 통과하면서 여러 다른 색깔로 나타나 보이듯이, 인간 안에 은혜의 역사가 달리 나타남을 인식할 뿐이라고 한다. 그래서 그는 먼저 거룩하게 만드는 은혜(gratia gratum faciens)와 '값없이 주어지는 은혜'(gratia gratis data)를 구분한다. 그리고 '값없이 주어지는 은혜'는 바울이 말하는 성령의 은사, 즉 '카리스마'(chrismata) 해당한다고 한다.

어거스틴은 하나님께서 우리의 의식을 은혜로 다루심을 말하는데 반하여, 토마스는 아무런 언급도 하지 않는다. 토마스는 은혜를 또한 '역사하는 은혜'(gratia operans)와 '더불어 역사하는 은혜'(gratia cooperans)로 구분한다. 그리하여 죄인의 칭의는 '역사하는 은혜'의 일이고 '함께 역사하는 은혜'의 일은 공로라고 한다.[11]

토마스는 은혜를 '선행하는 은혜'와 '후속적인 은혜'로도 구분한다. 게다가 은혜의 사역을 다섯 가지로 말한다. 즉 영혼의 치유, 선을 행하려는 노력, 선행의 완수, 선행의 지속, 영화에 대한 갈망이다. 이러한 구분은 아리스토텔레스가 존재에 대하여 분석하는 방법을 그대로 적용한 것이라고 할 수 있다.

아리스토텔레스는 어떤 것을 논증하거나 증명하기 전에 추론 과정을 위한 명석한 출발점을 가져야 하므로, 그러기 위해서는 논의하고 있는 주제를 구체화해야 하며 문제의 구체적인 종류를 파악해야 하고 그 구체적 사물과 관련된 속성과 원인들을 파악해야 한다고 한다. 그래서 아리스토텔레스는 위에서 언급한 바와 같이 자신의 범주 이론을 발전시켰다.[12]

토마스는 죄인의 칭의에 관하여 일단 은혜와는 별개로 논의를 시작하는데, 은혜의 경우와 마찬가지로 분석한다. 거룩하게 하는 은혜는 곧 칭의를 주시는 은혜가 되며, 그것은 하나님의 영원한 사랑의 임하심으로서 하나라고 한다.[13] 그는 칭의를 죄를 떠나 하나님께로 오는 것으로 보고, 그 과정을 은혜의 부으심, 하나님께로 가는 전향, 죄로부터 떠남, 죄의 용서 등의 네 단계의 요소로 구분한다.

---

11) O. H. Pesch, A. Perters, 앞의 책, 91.

12) 본서 위 32쪽 참조.

13) 앞의 책, 93.

토마스는 이와 같이 칭의의 단계적 요소를 말하며 모든 것이 다 하나님의 은혜로 말미암는 것이라고 말하면서도 인간의 자유를 언급한다. 그리고 그 자유를 선물로 받은 자유라고 한다.[14] 즉 하나님께서 오류가 없이 특이한 방법으로 자유 의지를 감동시킨다고 한다. 그러나 루터는 그냥 인간의 의지를 '부자유한 의지'로 이해하였다. 루터는 토마스가 말하는 바와 같은 자유의 형이상학을 이해하지 못했으며, 이해할 수도 없었다.

토마스에게 죄인의 칭의는 역사하는 은혜의 효과(effectus gratiae operantis)이다. 죄인의 칭의는 바울의 회개에서 볼 수 있듯이 기적은 아니지만, 그 이상의 것이라고 한다. 이 칭의는 하나님께서 행하시는 가장 위대하신 역사라고 한다. 그것은 무로부터 창조보다도 위대하고, 영원한 영광을 선물로 주시는 것보다 위대하다고 말한다. 왜냐하면 죄 아래 있는 인간과 인간이 지향하는 하나님과의 거리가 너무나 크기 때문이요, 하나님을 멀리 떠난 죄인의 신분과 하나님과 영원한 교제를 누리게 하는 칭의를 받은 사람의 신분의 차이가 너무나 엄청나기 때문이라고 한다.[15] 이 점에서 토마스는 어거스틴의 견해를 그대로 계승하고 있다. 그뿐 아니라 공로를 은혜, 즉 '더불어 역사하는 은혜'로 보는 점에서도 어거스틴과 견해를 같이한다.[16]

13세기 스콜라 신학의 은혜 교리 이해

13세기에는 16세기 종교 개혁자들에게서 볼 수 있는 복음과 교회의 양립성 문제 같은 것은 없었다. 전통적인 은혜 교리 범위에서 이해하는 칭의 이해가 교회의 존립에 결정적인 주제가 될 수 없었다. 종교 개혁자들의 견해에 따르면, 칭의에 대한 전통적 이해는 믿음과 말씀과 죄 회개와의 관계를 간과한다. 은혜 개념은 단지 죄를 간과하는 것이고 그리스도의 칭의는 단지

---

14) 같은 책, 101.

15) 같은 책, 102 (113, 9)

16) 같은 책, 103.

하나님께서 호의를 베푸시는 것이라는 이해는 전통적 은혜 교리에서 배제되고 있다.

종교 개혁자들은 전통적인 은혜 교리가 인간의 협력이라는 가능성 덕분에 은혜의 절대적이며 절박한 필요성을 약화시킨다고 한다. 전통적인 은혜 교리가 인간의 자유를 말한다고 하더라도 그것은 은혜 아래 있거나 은혜 가운데 있는 자유이지 은혜와 대립관계에 있는 자유는 아니라고 한다. 전통적인 은혜 교리는 루터가 말한 "의인이면서 동시에 죄인"(simul justus et pecator)을 알지 못한다.

둔스 스코투스(Duns Scottus, 1270-1308) 이후의 신학은 인간이 자신의 자연적인 힘으로 모든 만물을 다스리시는 하나님을 사랑할 수 있으며 사랑해야 한다고 한다. 하나님을 사랑할 수 있는 그 순간에 은혜에 내맡기는 일은 완성되며, 인간은 자기 안에 있는 것을 행한다고 한다. 그리고 하나님께서는 변함없으신 진실, 즉 하나님의 정돈된 능력(de potentia Dei ordinata)에 근거하여 인간에게 은혜를 부어 넣어 주시며, 이 은혜로 사람은 하나님을 계속 사랑할 수 있다는 것이다.

종교 개혁자들의 칭의 교리 이해

종교 개혁 신학에서는 하나님을 떠난 사람이 오직 은혜로, 그리고 오직 예수 그리스도의 의로 말미암아 믿음으로 의롭다함을 받는다는 것이 신학의 중심이 되었다. 이것이야말로 교회의 존폐가 달린 주제라고 한다. 루터의 표현에 따르면, 칭의는 하나님의 백성들을 향해 비추는 태양이요, 기독교 신앙을 다른 종교들과 구별지어주는 표지이다. 멜란히톤은 칭의를 "기독교 교리에서 가장 중요한 것"(Praecipuus locus doctrinae chirstianae)이라고 하며, 칼빈은 기독교 신앙을 유지케 하는 결정적인 교리라고 한다.

종교 개혁자들에 따르면, 칭의는 우리를 구속하시는 그리스도를 재발견하게 하는 것이요, 아들 안에서 우리를 구원하시는 하나님의 영광을 높이는 교리이다. 율법과 복음을 분별하게 함으로써 그리스도만(solus Christus) 구속의 주님이시요, 은혜로만(sola gratia), 그리스도를 믿는 믿음으로만(sola fide) 구원 얻게 하는 것을 함축하는 교리라고 한다.

종교 개혁자들은 칭의의 종말론적인 측면도 강조한다. 그리스도께서 심판장이 되시는 하나님의 최후의 심판대 앞에 서게 마련인 우리 인간에게 그리스도 안에서 그리스도로 말미암아 얻는 칭의는 구원을 위하여 필요 불가결한 요소이자 과정이다. 종교 개혁자들, 즉 루터나 멜란히톤(Melanchton, 1497~1560)이나 칼빈은 칭의의 어의를 한마디 말로 표현하지 않고 광범하게 다룬다. 구태여 좁은 의미로 정의한다면, 바울이 말한 바와 같이, 하나님께서 당신 앞에 선 죄인의 허물을 간과하시고 그리스도의 의를 그의 것으로 인정해 주시며 그 의로 인하여 죄인을 의롭게 여겨 주시는 것으로 말한다. 루터는 은혜를 하나님께서 용납하시는 것이라고 하는 후기 스콜라 신학과 씨름하는 가운데 하나님께서 죄책을 물으시는 것을 그리스도의 십자가와 부활에 연결시킨다. 루터는 종교 개혁이 일어나기 이전에도 그러했지만 이후에도 계속 칭의 교리를 밝히는 일에 몰두하였다.[17]

루터에게 칭의는 법정적인 측면이 있음과 동시에 우리 밖에서(extra nos) 이루시는 그리스도의 구원을 의미한다. 멜란히톤은 더 정확하게 정의하려고 노력하면서 1535년의 *Loci*에서 "칭의는 죄의 용서와 사람을 영원한 생명을 얻도록 화해하시며 받아들이는 것을 뜻한다"고 정의한다. 그런가 하면 1559년의 *Loci theologici*에서는 칭의가 하나님께서 죄를 사하시는 구원의 결정적인 행위인데, 인간과 하나님 사이를 가로막는 과거부터 지은 죄를 없이할 뿐 아니라, 아직 어둠 속에 놓여 있는 미래를 향한 그리스도인의 자유를 의미한다고 말함으로써 칭의를 성화, 즉 그리스도인의 새로운 삶과 하나님의 새 창조에까지 관련시켜 말한다.[18]

1577년의 루터교 일치신조(Koncordienformel)는 칭의에 관하여 이렇게

---

17) Alister E. McGrath, *Justitia Dei, A History of the Christian Doctrine of Justification*, vol. II, from 1500 to the Present day(Cambridge University Press, 1986).

18) O. H. Pesch, A. Peters, 앞의 책, 134.

진술한다. "칭의란, 가련한 죄인이 하나님께 의롭다함을 받는 것은 모든 죄와 마땅히 저주를 받을 수밖에 없는 심판으로부터 벗어나고 자유롭게 되었음을 선언받는 것이며 하나님의 자녀요, 영원한 생명의 상속자로 받아들여지는 것임을 뜻한다."

칼빈은 1536년에 칭의를 하나님의 종말적인 심판과 관련해서 법정적 측면에서 언급한다. 1539년에는 "어떤 한 사람이 하나님께로부터 의롭다함을 받았다고 할 때, 그것은 이런 의미를 말한다고 한다. 즉 하나님께서는 그를 심판대에서 의롭다고 간주하시며, 그 의로 인하여 하나님께서 그를 흡족하게 여기신다"는 뜻이라고 하며, 1543년에는 더 포괄적으로 말한다.

"칭의는 하나님께서 우리를 받아들이시는 것을 뜻하는데, 이때 하나님께서는 우리를 받아들이시면서 의인으로 간주하신다. 그리고 칭의는 죄의 용서와 그리스도의 의를 고려하는 데서 성립한다." 그리고 칼빈은 칭의를 멜란히톤과 마찬가지로 고린도후서 5:18~21에서 말씀하는 화해의 개념으로 이해한다.

칼빈은 기독교강요에서 "칭의의 서정"(ordo justificationis)이라고 할 수 있는 칭의의 과정을 아래와 같이 말한다.[19]

● 칭의의 시작은 사람이 아닌 하나님께 달려 있다고 한다. 하나님께서 죄인을 은혜로 받아들이신다.

● 그리고 하나님께서 죄인을 자비로 접촉해 주시는데, 그것은 바로 예수 그리스도의 복음을 믿게 하시는 성령의 은사이다.

● 이를 통하여 하나님께서는 죄에 얽매인 우리에게 칭의를 선물로 주신다. 즉 우리는 그리스도의 대속으로 죄 사함을 받고 하나님 앞에서 의롭다함을 받아 하나님과 화해하게 된다.

● 그럼으로써 종말을 향하여 힘차게 걸음을 내딛게 된다. 즉 이제 움트게 된 순종과 우리 안에 남아 있는 죄악성을 그리스도의 의 안에 늘 새롭게 매장하게 된다.

---

19) 『기독교강요』, III,11,16.

성경이 가르치는 칭의 교리

이상으로 우리는 교회 역사에서 교부들과 신학자들이 은혜 교리와 칭의 교리를 어떻게 이해했는지 피상적으로나마 살펴보았으므로 여기서는 성경신학자들의 연구를 따라 성경이 어떻게 가르치고 있는지 살펴보기로 한다.

칭의 교리는 은혜 교리의 핵심이며 보완이다. 그것은 성경이 분명히 가르치는 교리이다. 로마서에서 가르치는 중심 교리가 곧 '이신득의'(以信得義, justification by faith), 즉 믿음으로 의롭다함을 받는다는 가르침인 것으로 알고 있다. 그것이 한 절로 표현되어 있는 곳이 로마서 1:17이다. 그런데 우리는 이 교리를 너무 간략하게 줄여서 말하다 보니까 혹시 그 본래의 뜻을 충분히 이해하지 못하거나 혹은 표현하지 못하는 경우가 있는 줄 안다.

'이신득의'라는 말은 우리가 율법을 행함으로써가 아니고 믿음으로 하나님께로부터 의롭다고 여기심을 받는다는 말이다. 그런데 믿음이라는 말이 포괄적인 넓은 의미를 가지기 때문에, 믿음을 '경건'이라는 말로 대치한다든지 '믿음으로 사는 생활', 혹은 '종교적인 신앙 행위'로 생각할 경우, 그것은 로마서에서 가르치는 '믿음으로 의롭다함을 받는다'고 할 때의 믿음과는 다른 뜻이다. 로마서 3장의 말씀은 로마서 1:17의 말씀을 오해됨이 없게 잘 설명하는 말씀이다.

로마서 3:21에 이제는 율법 외에 "하나님의 한 의가 나타났으니……"하고 말씀한다. 원문에는 그냥 "하나님의 의가 나타났으니……"로 되어 있다. 칭의 교리를 한마디로 표현하는 로마서 1:17도 실은 "복음에는 하나님의 의가 나타나서……"라는 말씀으로 시작하고 있음에 주의해야 한다. 이 성경 구절들은 칭의 교리를 이해하는 데 있어서 '하나님의 의'가 '우리의 믿음'에 선행한다는 것을 분명하게 표현한다. 로마서 1:17의 말씀은 마르틴 루터에 의하여 드러난 성경 구절이다.

루터는 '하나님의 의'라는 말을 이해하기까지 오랜 시간 동안 고민하였다. 루터는 처음에 이것을 교회 역사에서 많은 사람들이 이해해 온 대로 하나님의

'정의' 또는 '공의'(justice)로 이해하였다. '디카이오수네'($\delta\iota\kappa\alpha\iota\sigma\sigma\acute{\upsilon}\nu\eta$)를 'justitia'로 번역한 라틴어 성경에 익숙했기 때문에도 그러했다고 한다. 사람이 행한 대로 갚으시는 공의로우심이라는 말로 이해하려니까 말이 되지 않았다. '디카이오수네'를 'justitia'로만 이해할 경우, 자신은 심판을 받을 존재일 뿐이지 하나님께서 주시는 구원과는 거리가 먼 존재로 느낄 수밖에 없었다. 루터에게는 '하나님의 의'에 대한 이해가 "오직 의인은 믿음으로 말미암아 살리라" 하는 말씀을 이해하게 해 주는 열쇠였다. 기독교 역사에서 많은 사람들이 이 '하나님의 의'를 옳게 이해하지 못했기 때문에 칭의 교리를 발견하지 못했던 것으로 생각된다. 그래서 칭의 교리는 오랫동안 가려진 교리로 내려 왔던 것이다.

우리 사람은 믿음으로 의롭다함을 얻는다고 할 때, 우리는 믿음의 내용이 무엇인지를 늘 염두에 두어야 한다. '하나님의 의'를 '하나님께서 심판하실 때 쓰는 척도로서 공의'로 생각하는 한, 우리는 복음을 옳게 이해하지 못하는 것이다. 루터는 그래서 평안을 찾지 못하였다. 하나님의 공의 앞에 서면 멸망의 심판을 받을 수밖에 없는 죄인이기 때문이다. 그러나 루터는 오랜 고민과 심적인 방황 끝에 '하나님의 의'가 죄인을 죄대로 갚지 않고 용서하시는 '하나님의 자비'인 것으로 깨달았다. 그때 그는 희열과 평안을 맛보게 되었다. 그는 자신의 로마서 주석 서문에 이렇게 쓰고 있다.

> '하나님의 의'라는 뜻이 무엇인지 나는 오랫동안 밤낮으로 생각하였다. 하나님께서는 의로우시기 때문에 불의한 자를 의롭게 다루어서 심판하시는 '하나님의 의'로만 내내 생각하다가 마침내 '하나님의 의'는 하나님께서 의로우시기 때문에 우리가 믿을 때 우리를 의롭게 하시는 '하나님의 의'라는 것을 깨닫게 되었다. 이를 깨달았을 때 나는 거듭났음을 느꼈으며, 낙원으로 활짝 열린 문을 들어섰음을 느끼게 되었다. 성경 전체가 새롭게 이해되었다. 이전에는 '하나님의 의'가 혐오스러운 말로 들렸으나 이제는 말할 수 없이 달고 사랑스러운 말이 되었다. 바울의 이 글은 나를 천국 문으로 인도하는 대로가 되었다.

'의롭다'라는 말은 '곧다', '바르다'라는 개념과는 다르다. 마태복음 1장에 보면 이런 말씀이 있다.

> 그의 남편 요셉은 의로운 사람이라 그를 드러내지 아니하고 가만히 끊고자 하여……(마 1:19).

정혼한 여자 마리아가 자기도 모르게 아기를 가졌다는 사실을 알고 취한 그의 마음가짐과 행동을 표현한 말씀이다. 옳고 그름을 따지고 법대로 처리하자면 돌로 쳐 죽임을 받도록 해도 그만이지만, 그는 의로운 사람이라, 그는 법대로 냉혹하게 사건을 처리하는 사람이 아니고 용서할 줄 알고 자비로운 사람이라 가만히 끊고자 하였다고 하는 말씀이다. 구약에서 말하는 '의', 즉 '체데크'(צֶדֶק) 혹은 '체다카'(צְדָקָה)도 옳고 그름을 판단하는 규범보다는 구원을 베푸시는 하나님의 행위로서 자비, 즉 '헤세드'(חֶסֶד)와 동의어로 쓰인 경우가 많다.[20]

예를 들면, 사울이 엔게디 굴속에서 자고 있을 때 다윗이 그를 죽일 수 있었지만 살려 준 것을 고마워하면서 이렇게 말한다.[21]

> 나는 너를 학대하되 너는 나를 선대하니 너는 나보다 의롭도다(삼상 24:17).

사무엘상에서 사울을 죽이지 않은 것에 대하여 다윗도 의라고 말한다.[22]

> 여호와께서 각 사람에게 그 의와 진실을 갚으시리니 이는 여호와께서 오늘날 왕을 내 손에 붙이셨으되 나는 손을 들어 여호와의 기름 부음을 받은 자 치기를 원치 아니하였나이다(삼상 26:23).

---

20) Gerhard von Rad, *Theologie des Alten Testaments*, Bd. I, Chr.(München: Kaiser Verlag, 1966), 384 이하. (Jahwes und Israels Gerechtigkeit); N. H. Snaith, *The distinctive Ideas of the Old Testament* (New York: Schocken Books, 1964), 94 이하.

21) von Rad, 같은 곳.

22) 삼상 26:23과 그 이하에 인용한 사45:8, 사 46:13, 사 51:6, 51:8, 시 40:10의 말씀은 개역한글판 성경에서 인용한 것이다. 개정개역에는 '의'를 '공의'로 번역하고 있는데 '의'는 'righteousness'를 함의하고 '공의'는 'justice'를 함의하므로 개역한글판의 인용을 그대로 두었음을 밝힌다.

구원에 대하여 많은 말씀을 하는 이사야서 후반부에서도 역시 하나님의 의가 구원에 대한 말씀과 함께 사용되고 있음을 발견한다.

> 너 하늘이여 위에서부터 의로움을 비같이 듣게 할지어다. 궁창이여 의를 부어 내릴지어다 땅이여 열려서 구원을 내고 의도 함께 움돋게 할지어다(사 45:8).

> 내가 나의 의를 가깝게 할 것인즉 상거가 멀지 아니하니 나의 구원이 지체치 아니할 것이라. 내가 나의 영광인 이스라엘을 위하여 구원을 시온에 베풀리라(사 46:13).

> 너희는 눈을 들며 그 아래의 땅을 살피라. 하늘이 연기같이 사라지고 땅이 옷같이 해어지며, 거기 거한 자들이 하루살이같이 죽으려니와 나의 구원은 영원히 있고 나의 의는 폐하여지지 아니하리라(사 51:6).

> 나의 의는 영원히 있겠고 나의 구원은 세세에 미치리라(사 51:8).

시편에서도 그러한 예를 많이 발견한다.

> 내가 주의 의를 내 심중에 숨기지 아니하고 주의 성실과 구원을 선포하였으며……(시 40:10).

로마서 3:20 이하에서 "그러므로 율법의 행위로 그의 앞에 의롭다 하심을 얻을 육체가 없나니 율법으로는 죄를 깨달음이니라 이제는 율법 외에 하나님의 한 의가 나타났으니"라고 말씀한다. 자기의 힘으로, 자신의 경건 생활로는 구원함을 받을 수 없는 우리 인생들을 불쌍히 보시고 우리에게 하나님의 의를 입혀 주셨다고 말씀하신다. 여기서 우리는 또한 '하나님의 의'가 단순히 '하나님의 자비'라는 말 이상의 더 깊은 의미를 함축하고 있음을 발견한다.

하나님께서는 의로 악인과 죄인을 심판하시며, 심판 받을 수밖에 없는 죄인을 의로 구원하신다(시 9:4~6). 하나님께서는 우리를 구원하시고자 하시며, 그럴 능력이 있으시지만, 그냥 임의로 하시지 않으신다. 우리 사람은 죄인이기 때문이다. 죄로 더럽혀진 사람 그대로는 구원을 받을 수가 없다. 시궁창에 빠졌다가 건짐을 받은 사람이면 먼저 씻고 옷을 새로 갈아입어야 하듯이, 구원받은 하나님의 백성이 되려면 죄 씻음을 받고 정결함을 받아 의롭게 되어야 하다.

하나님께서 우리를 구원하시되 마치 왕이나 통치자가 법을 초월하여 사면권을 발동하여 임의로 죄인을 면죄하는 그런 식으로 하지 않으신다. 그러실 수가 없다. 능력이 없어서가 아니고, 그것은 이치가 아니기 때문이다. 그것은 하나님의 의가 아니다. 죄의 값은 사망인데, 어떠한 죄인도 그것을 비켜갈 수 없다. 구약의 제사 제도가 그것을 말한다. 하나님께서는 그래서 아들을 희생하심으로 구원의 길을 여신 것이다.

하나님께서는 사람을 구원하기 위하여 먼저 율법을 주셨다. 그러나 사람이 율법을 행할 수 없으므로, 우리를 살리고자, 구원하시고자 주신 율법이 오히려 죽이는 것이 되었다. 율법은 죄를 깨닫게 하지만, 우리로 하여금 죄에서 벗어나게 하지는 못한다. 다시 말하면, 율법은 우리로 죄인인 것을 진단하게 할 뿐, 치료는 해주지 못한다. 하나님께서는 당신이 세우신 율법을 스스로 손상하지 않으면서 구원을 약속하신 언약을 지키시는 신실하심을 나타내신다. 그것이 곧 하나님의 의이다. 하나님의 아들 예수 그리스도를 화목 제물로 세우심으로 우리의 죄를 간과하시고 당신의 의로우심을 나타내신다.

하나님의 의는 우리 죄인들을 구원하시기 위하여 독생자를 주신 그 크신 사랑이며, 신실하심이요, 공정하심이다. 하나님의 아들 예수 그리스도께서는 하나님의 의를 위하여 순종하셨다. 예수님께서 복음의 사역을 시작하실 때 회개의 세례를 주는 세례 요한에게 오셔서 세례를 받고자 하셨다. 당황하여 만류하는 세례 요한에게 예수께서는 허락하여 모든 의를 이루는 것이 합당하다고 하셨다(마 3:15).

예수 그리스도께서는 근본 하나님의 본체이시나 하나님과 동등 됨을 취할 것으로 여기지 아니하시고 오히려 자기를 비어 종의 형체를 가져 사람들과 같이 되어 사람의 모양으로 나타나셔서 자기를 낮추시고 죽기까지 복종하셔서 십자가에서 고난을 당하시고 죽으셨으며, 다시 사셔서 높이 들리셨다.

이 예수 그리스도를 믿는 믿음을 통하여 모든 믿는 자에게 하나님의 의가 미친다고 말씀한다. 하나님께서는 그의 피로 인하여 믿음으로 말미암는 화목 제물로 세우셨다. 다시 말하면 하나님의 아들 예수께서 우리를 위하여, 피 흘리신 것을 믿는 자들을 위하여 화목제물로 세우셨다는 뜻이다. 그리하여 하나님께서는 오래 참으시는 가운데 전에 지은 죄를 용서하심으로써 당신의 의를 나타내려 하신다. 로마서 3:26에 이때에 자기의 의로우심을 나타내서서 자기도 의로우시며 또한 예수 믿는 자를 의롭다고 하려 하심이라고 말씀하신다.

독생자를 주신 이도 하나님이시고 그를 화목 제물로 삼으시고 그의 피를 믿는 사람의 죄를 용서하시고 의롭다고 여겨 주시는 이가 하나님이다. 잔치를 다 준비하시고 사람들에게 와서 잔치에 그냥 참여만 하면 된다고 말씀하신다. 다만 예복만 갖추라고 하신다. 예수 그리스도의 피로 씻은 흰옷만 입으면 된다고 한다. 즉 하나님의 의를 깨닫고 예수 그리스도를 믿으면 된다. 지극히 귀하고 무한히 값진 아들을 희생하심으로써 우리가 달할 수 없는 구원을 값없이 주시는 하나님의 자비를 그대로 받고 그 자비를 입는 것이 곧 의롭다 함을 받는 것이다. 하나님의 의로 우리를 의롭다고 하시는 것이다.

의롭다 함을 주신다는 것은 법정적 사죄의 선언 이상의 것이다. "이 때에 자기의 의로우심을 나타내사 자기도 의로우시며 또한 예수 믿는 자를 의롭다 하려 하심이니라"(롬 3:26)는 말씀은 우리로 하여금 죄인임을 면케 해 주실 뿐만 아니라 우리를 의인으로 여기신다는 말씀이다. 누가복음 15장에 나오는 탕자의 비유를 보면, 탕자가 아버지께 돌아왔을 때, 아버지는 아들을 얼싸안고 입을 맞추었다. 그리고 종들에게 일러 아들에게 제일 좋은 옷을 입히고 손에 가락지를 끼우고 발에 신을 신기라고 했다. 칭의는 하나님께서 우리를 그리스도 안에서 하나님의 양자로 삼아 주시는 것이다. 하나님의 자녀로 회복시켜 주시는 것, 그것이 곧 의롭다 함을 주시는 것이다.

마태복음 7장 마지막에 보면, 사람이 주의 이름으로 선지자 노릇하고 주의 이름으로 귀신을 쫓아내며 주의 이름으로 많은 권능을 행했다고 하는 공로와 업적을 내세우는 것도 구원을 얻는 일에는 아무 소용이 없다. 하나님의 뜻대로 행해야 하고 하나님의 말씀을 지켜 행해야 한다고 말씀하신다. 산상 보훈의 말씀은 우리가 하나님의 말씀대로 살아야 할 것을 강조하는 말씀이지만, 그것은 결코 율법주의 견지에서 하시는 말씀이 아니다. 율법을 지킬 수 있다고 생각하고 율법을 법률 조문처럼 생각하고 그것을 범하지 않으면 지킨 것으로 생각하는 사람들에게 참으로 하나님의 계명을 지키는 것이 어떤 것임을 가르치는 말씀이다. 하나님의 계명은 살아 계신 하나님 앞에서, 은밀한 가운데 보시는 하나님 앞에서, 마음과 정성을 다하여 지켜야 한다는 말씀이다. 그러고 보면 아무도 하나님의 뜻을 어김없이 지킨 의인이라고 자부할 수 있는 사람은 없다. 하나님의 의를 덧입는 일, 그것이 유일한 구원의 길이라고 가르치는 말씀이다.

우리는 선교하고 봉사하는 믿음의 삶에 열심을 다할 때, 우리의 구원을 가르치는 교리에서 가장 기본이 되는 교리를 늘 되새겨야 한다. 교회의 성장을 추구하고, 병 고치는 은사를 추구하고, 무슨 능력을 추구하는 나머지 우리의 구원이 "하나님의 의"로 말미암아 되는 것임을, 즉 하나님의 의를 믿음으로 되는 것임을 잠시라도 잊어버리면, 중세적인 공로주의에 빠져들게 된다. 우리가 자력으로 구원 얻는 것인 것처럼 착각을 하게 된다.

종교 개혁자들이 말한 '오직 믿음으로'는 믿는 행위를 강조하는 말이 아니다. 그들이 말한 믿음은 막연한 믿음 행위가 아니고, 내용 있는 믿음, 즉 예수 그리스도 안에, 예수 그리스도로 말미암아 우리에게 미치는 하나님의 의를 믿는 믿음이다. 의롭다함을 받는 믿음은 그리스도 안에, 그리스도로 말미암아 우리를 의롭다고 하시는 하나님의 의를 인지하는 믿음이다. 믿음은 선한 행위를 동반하지만 의롭다함을 받는 요건으로서 믿음은 단순히 인지하는 믿음이다. 그러므로 예수님과 십자가에 달린 강도가 주께로부터 "네가 오늘 나와 함께 낙원에 있으리라"고 하는 구원의 선언을 받은 것이다.

막연한 믿음과 믿음 생활의 강조는 결국 공로주의와 율법주의로 떨어지게 한다. 공로주의와 율법주의가 팽배할 때, 사람들은 경건을 위하여 나름대로 애를 많이 쓰지만 탈선하는 일이 많이 일어난다. 거짓 선지자들이 많이 일어나서 메시아임을 주장한다. 예수가 여기 있다 저기 있다 하면 따라가는 사람들이 많이 생긴다. 우리는 칭의 교리를 발견한 종교 개혁의 위대한 신학적 유산을 잘 보존하며 새롭게 의미를 되새겨야 한다.

"누가 능히 하나님의 택하신 자들을 고발하리요 의롭다 하신 이는 하나님이 시니 누가 정죄하리요"(롬 8:33)라고 하신 말씀처럼, 의롭다함을 받고 의롭다함의 뜻을 아는 신자는 흔들림이 없다. 또한 성도들을 일종의 공로주의로 몰아쳐 위협하고 미혹하는 시한부 종말론이나 여러 이단 사설에 현혹되지 않는다.

제8장

루터와 칼빈의 기독론과 삼위일체론

종교 개혁자들은 '오직 성경으로', '오직 은혜로', '오직 믿음으로'를 주창하며 교회의 개혁과 신학의 쇄신을 도모하여 중세의 교권주의, 공로주의, 성상 숭배, 스콜라주의 및 신비주의에 가렸던 예수 그리스도를 교회가 전통적으로 믿어온 대로 성육하신 하나님의 아들이요, 구세주로 이해하고 중보자로 높였다. 그리고 성례를 받음으로 성령의 은혜를 자동적으로 받는다는 사상을 배격하고 성령께서 자의로 말씀과 더불어 일하시는 분으로 이해함으로써 성경의 교리와 그리스도를 더 풍성하게 이해할 수 있었다.

종교 개혁자들은 바울 사도의 말씀처럼 "예수 그리스도와 그가 십자가에 못 박히신 것 외에는 아무것도 알지 않기로" 하였다(고전 2:2). 예수를 믿음으로 말미암아 은혜로 의롭다 함을 받는 것은 하나님과 올바른 관계를 회복함이다. 그것은 예수의 삶과 죽음과 부활을 통하여 하나님께서 이룩하신 것을 믿는 종교 개혁자들의 믿음에는 차이가 없다.[1]

---

1) Jaroslav Pelikan, *Jesus Through the Centuries* (New Haven and London: Yale University Press, 1985), 158.

루터와 칼빈의 삼위일체론

루터와 칼빈은 성경의 말씀을 따라 신학을 전개하고 그리스도에 대한 이해를 논하지만, 초대 교회의 전통적이며 정통적인 삼위일체 교의와 기독론 교의를 견지한다. 니케아의 삼위일체 신조와 칼케돈의 신조는 그들이 관심을 가지고 집중적으로 논의한 예수 그리스도의 직능과 칭의 교리에 대한 언급에는 없으나 이 두 전통적 신조를 두 종교개혁자는 자신들의 기독론뿐 아니라 모든 신학의 근거로 확신한다.

비록 루터와 칼빈은 니케아 신경에 사용된 '호모우시오스'가 성경에서 발견되는 말이 아니므로 그런 말은 좋아하지 않았지만 세르베투스(Michael Servetus)와 브란드라타(George Brandrata) 등 반삼위일체론자들과 유니테리안들에 맞서 삼위일체 교리를 변증하기 위하여 성경과 니케아 신경에 호소할 때는 그런 용어가 문제되지 않았다. 특히 칼빈은 니케아의 삼위일체 교의가 철저하게 성경에 근거한다는 것을 교부 시대 이후 어느 신학자보다도 더 확실하게 강조하였다.[2]

루터는 하나님에 대한 인식이 그리스도 안에서와 그리스도를 통하여서만 가능하다고 말한다. 하나님은 본질적으로 살아서 끝없이 일하시는 의지이시며, 그의 창조 활동은 영원히 계속된다. 하나님은 전능하시며 만물을 주관하시며 계시지 않은 곳이 없으신 분이시다. 마귀도 하나님의 권세 아래 있으나, 하나님 자신은 악의 근원자(Urheber des Bösen)가 아니다. 악의 근원자는 악한 자(der Böse)이다. 사과나무의 좋고 나쁜 것은 나무의 질에 달린 것이지 심은 자에 달린 것이 아닌 것과 같다고 예를 들어 말한다. 그러면서도 그런 질문은 어려운 것이라고 하면서 세상에 존재하는 악의 문제는 하나님의 비밀에 속한다고 말한다.

루터의 신관의 특징 중 하나는 하나님을 은닉된 하나님(Deus absconditus,

---

2) Jaroslav Pelikan, *The Christian Tradition 4: Reformation of Church and Dogma(1300-1700)*, 322.

사 45:15)과 계시된 하나님(Deus revelatus)으로 구분하는 것이다. 은닉된 하나님이라는 개념에서 루터는 인간의 강퍅한 죄, 죽음, 마귀를 허용하시는 그런 부분은 인간이 이해할 수 없는, 즉 하나님을 접근할 수 없는 면이라고 한다. 계시된 하나님은 성육된 하나님, 십자가에 달리신 그리스도 안에 계신 하나님이시며, 설교를 통하여 자신을 나타내시며 경배를 받으시려는 것이 하나님의 뜻이라고 말한다.

루터는 어거스틴을 따라 하나님은 삼위 안에 하나이시라는 삼위일체론을 분명히 말한다. 각 위가 마치 다른 위는 계시지 않는다는 듯이 온전한 하나님이시며, 하나님이 일하시는 데서 삼위의 각 위가 일하신다. 그런데 루터는 지적인 논리로 삼위일체를 논증하려고 하기보다는 일상의 설교에서 늘 삼위일체론을 따라 말한다. 하나님의 말씀이 곧 그리스도이다. 그러나 그것은 성령을 통하여 효능을 발휘한다고 말하거나, 교회는 하나님의 백성이고, 그리스도의 몸이며, 성령의 전이라는 식으로 말한다.

루터에 비하여 칼빈은 보다 지적으로 신론에 접근한다. 우리의 정신 속에 하나님에 대한 직관, 종교의 씨앗이 있다고 한다. 그래서 칼빈은 우주 속에 계시된 하나님에 관하여 말하고, 하나님께서는 자신을 우주 속에 나타내셨으나 인간은 죄로 눈이 어두워 하나님을 알지 못하므로 하나님께서 성경에 당신 자신을 계시하신다고 한다. 계시된 말씀에서 하나님을 창조주 하나님으로, 삼위일체 하나님으로 인식한다.

루터는 구원론적인 관심에서 그리스도를 통하여 만물을 지으신 창조주 하나님께 접근하는 반면에, 칼빈은 보다 인식론적으로 창조주 하나님께서 계시를 주셨으나 우매하여 깨닫지 못한 인간에게 말씀을 주시고 중보자 아들을 주시는 구원의 하나님으로 알고 접근한다.

신론에 대한 이러한 이해 차이는 루터교회 신앙고백이나 요리문답과 개혁교회의 신앙고백서나 요리문답에 그대로 잘 반영되어 있다. 루터교회의 것은 인간의 죄와 구원과 구속에 대한 고백과 문답에서 시작하는 반면에, 개혁교회는 성경과 하나님, 하나님의 작정, 인생의 목적이 하나님을 영화롭게 하는 것이라는 고백과 문답으로 시작한다. 루터적인 경향은 경건주의와 부흥주의와 복음주의로 전수되었음을 알 수 있다.

유니테리안들, 즉 반삼위일체론자들은 성경을 통하여 자신을 계시하시는 하나님이 성부, 성자, 성령 삼위일체 하나님이시라는 사실을 부인하고, 다시 말하면 예수 그리스도의 신성과 성령이 인격적인 하나님이시라는 사실을 부인한다. 그들은 다른 말로 하면 초대 교회 시대의 단일신론자(單一神論者)들의 후예이다.

반삼위일체 운동은 재세례파들 가운데 상당히 널리 퍼져 있었다. 1550년에는 베니스에서 반삼위일체론을 지지하는 재세례파들의 대표 60명이 모여 수련회를 갖기도 하였다. 그들은 이탈리아에서 계속 회합을 가질 수 없게 되자 스위스 남부로 자리로 옮겨 거기서 칼빈의 교회를 비판하는 등 자극하였다. 1553년 세르베투스가 처형되고 난 후 폴란드와 지벤뷔르겐(Sieben- bürgen) 등지에서 수많은 반삼위일체론자들이 모임을 가졌다.

그들의 지도자격인 파우스토 소시누스(Fausto Paulo Sozzini〈Socini〉), 1539~1604)는 1578년 「구원자 예수 그리스도」(De Jesu Christo Salvatore)라는 책을 썼으며, 1579년 폴란드로 가서 라코우(Rakow)에 유니테리안(Unitarian) 교회를 세웠다. 1605년 그 제자들은 그의 사상을 담은 라코우 요리문답서를 내놓았다. 그러나 얼마 안 가서 예수회의 탄압을 받았다. 1638년 라코우 학교는 파괴되었으며, 1658년에 아르미니안적인 종파(Socinians)는 폴란드에서 추방되어 일부는 지벤뷔르겐으로, 다른 일부는 네덜란드로 가서 아르미니안파나 메노나이트와 합류하였다.

소시누스는 성경이 진리의 유일한 자료이지만, 오류와 비본질적인 것을 포함하고 있다고 하며, 이성과 상식에 배치되는 것은 하나님의 계시가 될 수 없다고 주장하였다. 삼위일체 교리, 예수 그리스도의 신성, 그의 속죄 사역을 부정하고 율법을 지켜야 한다고 강조하였다. 이러한 소시누스의 사상이 16세기와 17세기에는 별로 영향을 미치지 못했지만 18세기 이후 일어난 자유주의 신학에는 많은 영향을 미쳤다.

루터의 기독론

그리스도의 인격에 대한 이해

루터는 자신의 기독론을 위하여 빌립보 2:5~11 말씀을 본문으로 택한다. 성육하시기 이전에 계시는 이에 관하여 관심을 두기보다는 종의 형상을 입은 예수에 초점을 둔다. 다시 말하면 요한복음 1:1의 로고스에 관한 말씀을 사변하기보다는 당장 구원과 관계가 있는 예수에 대하여 관심을 갖는다. 루터는 삼위일체 교리와 기독론 교리를 기독론적이며 구원론적인 관점에서 본다.

"예수 그리스도는 계시된 하나님(Deus revelatus)이시고 예수 그리스도는 나의 주님이시다"고 고백한다. "그리스도께서는 하나님의 사역을 통하여 죄를 맡아 지시고 우리 인간들을 위하여 하나님의 의가 계시되도록 율법 아래 스스로 죄인이 되셨다."[3]

루터는 또한 451년 칼케돈 공의회에서 기독론 교의를 두고 말하게 된 예수 그리스도의 신성과 인성의 상호 교관(相互交灌, communicatio idiomatum)의 교리에 근거하여 편재설(遍在說, Ubiquitätslehre, omnipresence)을 주장한다. 즉 예수 그리스도의 인성과 신성은 상호 교관하므로 부활 승천하신 예수의 신성과 인성이 어디든지 같이 계신다고 한다.

"만일 내가 그리스도의 인성만이 나를 위하여 고난을 당하셨다고 믿는다면, 그리스도는 내게 좋지 않은 구세주일 뿐이다. 그렇다면 그리스도 자신도 구세주를 필요로 하는 존재일 것이다. 그리스도 안에 있는 신성과 인성은 한 인격(Person)이기 때문에 성경도 이러한 인격의 통일성을 위하여 인성이 경험하는 모든 것을 신성에다 돌리며, 또한 그것이 진리 안에 있다고 말한다. 그러므로 그리스도께서 고난을 받으셨다는 말은 바로 그리스도 그분(person)이 고난을 받고 죽으셨음을 말한다. 그의 인격이야말로 참 하나님이심을 시인해야 하며, 하나님의 아들이 고난당하셨다고 말하는 것이 옳다. 설사

---

3) E. Hirsch, *Hilfsbuch*, 16 이하.

신성은 고난을 당하지 않았다고 어느 정도 말할 수 있다고 하더라도 인성을 가지셨으면서도 하나님이신 인격이 고난을 받으신 것이다."

루터는 칼빈의 소위 분리 기독론(Trennungs-Christologie)에 대항하여 강한 반론을 폈다. 만일 그리스도께서 어떤 한 장소에 신성과 인성의 인격으로 계실 수 없다면, 그리고 다른 곳에서는 인성이 배제된 인격으로 계시다면, 그는 부족한 그리스도에 지나지 않을 것이라고 하면서 그럴 수 없다고 한다. 하나님이 나와 같이 하신다고 한다면 그의 인성도 나와 같이하심을 인정해야 한다고 말한다.[4]

그리스도의 양성(die Naturen)은 구별된다(diescretae). 그러나 상호교관 (communicatio)은 연결(Verbindung, conjunctio)이다. 말하자면 그리스도의 인격은 하나의 인격(eine Person)이지 두 인격이 아니다. 이러한 인격은 곧 하나님이시요 사람이시다. 그러므로 어떤 이는 루터가 단성론적 알렉산드리아 신학이 말하는 가현설 색채를 띤 기독론과 양태론에 기울어지는 경향이라고 평하지만,[5] 유의해야 할 바는 루터의 기독론의 표현이 객관적이며 사변적인 기독론이 아니라 실존적이며 인격적이며 구원론적이면서 찬양과 영광을 돌리는 기독론에 머물려고 한다는 점이다.

그리스 신학과 동방 신학은 '우리를 위한 하나님의 영원한 생명'(vita aeterna Dei pro nobis)을 주제로 하였다. 그럼으로써 인간이 그리스도의 성찬의 몸을 통하여 죽음과 허무로부터 구원을 얻는다고 한다. 즉 그리스도께서 성육하시고 부활하셔서 신적인 불사를 우리 인간을 위하여 가져다 주신 이로 이해한다. 그런가 하면 서방의 라틴 신학에서는 안셀무스의 보상 기독론(Satisfactions Christologie)에서 보듯이 그리스도께서 법적으로 우리의 죄값을 치르시는 이로 이해한다. 즉 그리스도께서는 우리 죄인을 사하시는 모범적인 그리스도로 이해한다. 다시 말하면, 법적인 모방 기독론(juristische Imitations-Christologie)을 말한다.

---

4) WA 26, 325, 35ff; U. Gerber, *Christologische Entwürfe*, Bd. 1: *Von der Reformation bis zur Dialektischen Theologie*(Zürich: EVZ-Verlag, 1970), 31, 재인용.

5) U. Gerber, 같은 책, 31.

이에 반하여 루터는 하나님께서 예수 그리스도 안에서 진정으로 나에게 무엇을 말씀하시는지 하나님 자신에 대한 기독론적이며 구원론적인 질문을 던진다. 신적인 것도 아니고 불멸의 것에 대한 것도 아니며, 법적인 보상설의 신적인 중요성에 관하여 묻지 않고, 하나님께서 그의 말씀이신 예수 그리스도 안에서 인격적으로 취급하시는 일에 관하여 묻는다.

루터는 기독론이 곧 구원론이라고 말한다. "그리스도는 무엇보다도 먼저 그의 사역을 통하여서만 옳게 파악할 수 있다. 나는 그의 사역을 이렇게 이해한다. 그의 사역은 나를 위하여 있었던 것으로 들음에서 난 믿음 안에서 나를 위하여 그리스도 안에 계시된 하나님의 완전한 행사이다."[6]

인격(person)과 사역(works)의 통일성 속에서, 즉 중보자와 중보자직의 통일성 속에서 신앙인은 아버지와 아들, 즉 하나님 아버지와 성육하신 하나님의 하나이심(unio)과 통일성(unitas)을 인식한다. 그리스도의 인격과 사역은 따로 보거나 나중에 생각하여 연결 짓는 그런 것이 아니라고 한다. 그러면서 루터는 그리스도의 사역을 하나님의 사역으로 이해한다. 즉 그리스도는 하나님 자신이라고 한다.

그리스도는 하나님 자신이 로고스 안에서 인간이 되신 바로 그 분이시다. 그래서 그는 탄생에서 죽을 때까지 인성 안에서 일하시는 이로 참으로 현존하시는 분이시다. 알트하우스(P. Althaus)는 루터의 이러한 사상을 가리켜 기독론적이며 구원론적인 신고난설(神苦難說, Deipassianismus, 참조: 성부 고난설, Patripassianismus)이라고 묘사한다.[7]

루터가 말하는 것은 중보자 안에 있는 양성(兩性)을 두고 형이상학적으로 논하는 하나(Einheit)가 아니고 중보자의 인격과 사역이라는 하나 속에서 나를 위하시는 아버지와 아들의 인격적인 하나가 하나님께서 설명하시는 말씀을 통하여 신앙의 확신을 불러일으킨다고 한다.

기독교 역사의 초기부터 오늘에 이르기까지 교회는 그리스도가 하나님이심

---

6) Perfektisches opus Dei in Christus praesens predicatus pro me in der fides ex auditu.
7) U. Gerber, 앞의 책, 25.

을 강조한 나머지 가현설의 경향을 나타내기 일쑤였는데 루터는 그리스도가 참 하나님이시라고 강조하는 만큼 또한 참 사람이심을 강조한다.[8] 반신반인이 아니고 온전한 하나님이시면서 동시에 온전한 사람이시라고 강조한다.

루터는 논리적인 정통주의가 우리의 구원에 불가결하다거나 또 구원에 대한 확신을 주는 것이 아니고, 하나님께서 우리를 위하여 그리스도의 인성 속에 계시하심을 통하여 현존하신다는 것이 구원에 불가결하고 확신을 주는 인식이라고 한다. "나는 예수 그리스도라고 하는 그분을 통하지 않고서는 아무 하나님도 알지 못한다."[9]

루터는 전통적으로 믿어온 양성의 교리를 구원론적이고, 실존적이며 실제적인 것으로, 즉 삶에 필수적인 것이라고 말한다. 말하자면, 하나님은 사람들에게 당신 자신을 인격으로 나타내시되, 사람들이 중보적 인격 안에서 (그의 사역 안에서) 말씀을 통하여, 믿음을 통하여, 신뢰를 통하여 구원 받는 것임을 깨닫도록 나타내신다고 한다. 루터는 전통적인 이해를 따라 하나님의 말씀의 신적인 인격(persona divina)을 본질적으로 신성(natura divina)과 동일시하는 가운데 신적인 인격이 인간적인 인격(persona humana)을 포용한 것이 아니고 인성(naura humana)을 포용한 것이라고 이해한다.[10]

그리스도의 직분에 대한 이해

루터는 '그리스도인의 자유'에서 피력하는 바와 같이 예수님의 직분에 대하여 칼빈과는 달리 접근한다. 칼빈은 그리스도를 그분의 사역에서 출발하여 인격에 접근함으로써 이해하는 반면, 루터는 그리스도의 인격에서 출발하여 그의 사역을 인격과 함께 종합적으로 이해한다. 루터는 예수 그리스도를 표상(exemplum)이요, 징표(sacramentum)로 이해함과 동시에

---

8) Heinz Zahrnt, *Es begann mit Jesus von Nazareth. Die Frage nach dem historischen Jesus*(Stuttgart, 1920), 20; Gerhard Müller, "Luthers Christusver- ständnis", in: *Jesus Christus, Das Christusverständnis im Wandel der Zeiten*(Marburg: N. G. Elwert Verlag, 1963), 46에서 재인용.

9) WA 31/I, 36; Ich weiss von keinem Gott ohne allein von dem einigen, der da heiβ Jesus Christus; Gerber, 앞의 책, 29.

10) WA 39/II, pp. 93f.; Gerber, 앞의 책, 30.

모범자(exemplar)요, 구원자(salvator)로 이해한다. 그러므로 그의 기독론은 그리스도를 모범으로 삼는 기독론(Imitations-Christlogie)은 아니다. 예수 그리스도는 우리 신앙의 모범이 되는 분이시지만 그는 신앙의 중재자시라고 한다.

그리스도의 중요한 직임은 은혜와 죄 사하심을 가르치시고 가난한 자에게 복음을 전파하며 율법을 설교하는 일인데, 가장 중요한 일은 인간을 구속하시는 일이다. 즉 사람을 죄와 죽음과 마귀와 율법에서 벗어나게 하는 일이다. 그는 스스로 죄를 지심으로 하나님의 진노를 진정시키시며(Versöhnung), 그리스도 자신의 사랑과 순종을 통하여 하나님의 의가 우리 사람들에게 미치도록 하신다. 그리스도는 우리를 위하여 죽음을 감수하고 죽음을 극복하신 최선의 제사장이시며 또한 우리의 왕이시다. 그러므로 그는 영원히 통치하신다고 한다.

예수 그리스도는 왕이요, 제사장이시라는 이 두 직능은 전통적으로 '그리스도'라는 칭호에서부터 이해했는데, 선지자직(munus propheticum)은 왕과 제사장의 두 직분에 근거하여 말할 수 있다고 루터는 이해한다. 말하자면, 선지자직은 왕과 제사장직과는 좀 다른 사역으로 간주한다.

칼빈의 기독론

칼빈의 『기독교 강요』 1559년 판은 4권으로 구성되어 있다. 창조, 구원, 성화, 종말론을 포함한 교회론으로 구분된다. 즉 '신론'(De Deo)에서는 창조주 하나님을 아는 지식에 관하여 논하고, '하나님의 아들과 칭의'(De Filio Dei et iustificatione)에서는 그리스도 안에서 하나님을 구원의 하나님으로 인식하는 일에 관하여, '성령과 성화'(De Spiritu sancto et sanctificatione)에서는 우리가 그리스도의 은혜를 어떻게 받게 되며, 그럼으로써 우리가 성장하여 어떤 열매를 맺을 것이며 어떤 결과에 달할 것인가에 관하여, 그리고 '구원의 수단'(De mediis salutis)에서는 하나님께서 우리로 하여금 그리스도와 연합하도록 인도하시며 그 안에 거하도록 하시는 외적인 수단과 도우심에 관하여 논한다.

『기독교강요』 제2권에서는 4단계로 인간과 죄, 율법, 구약, 그리스도와 그의 구속 사역(II, 12-17)에 관하여 논한다. 그리고 그리스도와 구속 사역에 관한 장에서는 6가지로 말하고 있다.

첫째, 하나님의 아들이 성육하신 목적이 영원 전부터 정하신 중보자의 직분을 감당하시기 위함이라는 것을 먼저 강조하고,

둘째, 그리스도께서 그의 육체를 하늘에서부터 가져 오셨다는 재세례파의 메노 시몬스(Menno Simons)의 가현설적인 가르침에 반대하여 그리스도의 인간적인 육체의 참 성질에 관하여 논한다.

셋째, 중보자의 한 인격이 어떻게 양성(兩性)을 지니는가 하는 문제에 관하여 논하면서 세르베투스, 블란드라타 등에 반대하여 그리스도가 하나님의 아들이심은 마리아에게서 태어날 때부터가 아니고 영원 전부터라고 강조한다.

넷째, 우리를 위한(pro nobis) 그리스도의 구원 사역으로서 중보자의 삼직(triplex munus)에 관하여 논한다. 그리스도의 삼직은 루터나 다른 개혁자들과 달리 칼빈에게서 볼 수 있는 특이한 접근이다.

다섯째, 기독론 고백의 구원론적 실제에 관하여, 즉 중보자의 죽으심, 부활과 승천에 관하여 논하고,

여섯째, 공로의 개념이 엄밀하게 본래적인 의미에서 그리스도의 직분에 부합하는 것인지에 관하여 논한다.

칼빈은 아담이 죄를 범하지 않았더라면 그리스도께서 인간이 되지 않으셨을 것이라는 루터파 신학자 오지안더(Osiander)의 논의를 거부하고, 모든 것을 하나님의 경륜에서 설명하려고 한다. 칼빈은 성육에 대한 오지안더나 둔스 스코투스의 사변적인 논의를 거부하고, 성육을 구원 역사적으로, 다시 말하면, 아담으로부터 죄가 있게 되었다는 점과 그리스도 안에서 구원을 얻는다는

인간론적이며 구원론적인 관점에서 파악한다. 그것은 곧 하나님 이해와 예정론으로 돌아가 이해하는 것이다.

칼빈은 초기에, 즉 1536년 판 『기독교강요』에서는 그리스도의 고난과 순종을 안셀무스의 보상 기독론을 따라 이해하였다. 즉 그리스도의 죽음은 형벌로 이해할 뿐 아니라, 우리를 위한 충분한 보상 행위로 이해하였다. 그러나 후에 1543년 판에서는 그리스도의 삼직을 파악하는 데서 이해한다. 그리스도의 인성의 의미는 안셀무스 식으로 볼 수 있으나, 그리스도의 신성의 의미는 아타나시우스의 말씀의 성육으로 이해해야 한다고 말한다.

루터는 그리스도의 신성과 인성이 하나의 인격을 이루고 있다는 점을 강조하면서 전통적으로 견지해 온 '속성의 교관'(communicatio idiomatum)을 그리스도를 이해하는 근거로 삼고 있으나, 칼빈은 하나님의 구원 경륜에 호소하여 그리스도의 삼직에 근거를 둔다. 중보자의 직분을 두고 말할 경우, 그리스도의 신성이나 인성을 나누어 강조할 수 없다고 한다.

칼빈이 그리스도의 양성은 혼합되거나 분리될 수 없다고 하는 점에서는 칼케돈의 신조를 따라 말하는 것이지만, 양성은 그리스도의 중보자직에 비추어 이해해야 한다는 말은 칼케돈 신조를 넘어서 덧붙여 말하는 것이다. 칼빈은 성육하신 영원하신 말씀이나 양성의 실체적인 연합으로 이루어진 신적인 인격에 관하여 말하기보다는, 분리해서 생각할 수가 없는 중보자 예수 그리스도와 그의 중보자로서 직분에 관하여 훨씬 더 많이 언급한다.

루터는 그리스도의 직분론에서 기독론을 전개한 적이 없으나, 멜란히톤은 그리스도를 중보자(Mittler), 구속자(Erlöser), 구세주(Heiland), 왕(König), 제사장(Priester), 목자(Hirte) 등 여러 직명을 들어 말한다. 그러나 칼빈은 중보자의 사역에 관하여 구약에서 말하는 세 직분을 언급하면서 말한다. 칼빈은 『기독교강요』 첫 판과 제네바 교리문답서에는 그리스도의 삼직 가운데 왕직을 먼저 들고 있으나, 1559년 판에서는 두 번째로 들어 말한다. 1545년 이후부터는 선지자직을 첫 번째로 다루고 있다.[11] 그런가 하면 제사장직은 언제나 왕직

---

11) 같은 책, 6.

다음에 들어 말한다. 그러나 정통주의에서, 그리고 역사에서는 일반적으로 예수 그리스도의 선지자직을 먼저 들고 그 다음에 제사장직, 그리고 맨 나중에 왕직의 순서로 논한다.

칼빈은 중보자의 신성과 인성의 양성 개념이나, 또는 양성이 하나를 이루고 있다고 하는 개념을 추상적으로 이해하기보다는 구원 역사적으로 직분의 개념을 통하여 구체적으로 이해하려고 한다.[12] 칼빈은 구약의 선지자, 왕, 제사장의 직분을 따라 그리스도의 삼직을 이해하되, 그리스도의 신성은 이미 율법 안에 현존하셨던 것으로 이해하며, 창조의 중보자로서 하나님의 영원한 로고스의 인격과 구원의 중보자로서 나사렛 예수 그리스도의 우연적 (contingent) 인격을 구분하여 본다. 그리스도를 창조의 중보자와 구원의 중보자로 구별해서 보는 견해는 성령론에서도 볼 수 있다. 즉 온 우주의 창조와의 관련에서 볼 수 있는 섭리자(effector providentiae)로서 성령과 예정의 특별한 섭리자(effector providentiae specialissimae praedesti- nationis)로서 성령으로 구별해 본다.[13] 그리고 이러한 구별은 더 나아가 인간을 창세기 1장에서 보여 주는 피조물로서 인간과 중보자를 통하여, 다시 말하면, 성령으로 중생한 구원받은 인간으로 구별해 보는 데까지 부연한다.

루터는 그리스도의 선지자적 직능을 제사장 직능에 포함시켜 보는데 반하여, 칼빈은 이를 따로 본다. 칼빈은 그리스도께서 가르치시고 기도하시고 말씀을 선포하신 일을 선지자적 직능에 속한 것으로 보며, 선지자적 직능은 그의 지상 사역에 국한되는 것이 아니고, 그리스도로 말미암아 열려진 은혜의

---

12) W. Krusche, *Das Wirken des Heiligen Geistes nach Calvin*, 127 이하.; Gerber, 앞의 책, 8에서 재인용.

13) 이러한 구분은 성령에 대한 존재론적 구분이 아니고 성령의 직능에 대한 구분을 두고 하는 말이다. 우주 창조의 섭리자로서 성령은 일반은총으로 다스리고 주관하시는 성령의 일하심을 두고 하는 말이고, 예정의 특별한 섭리자로서 성령은 그리스도 안에서 우리 사람을 구원하기 위하여 일하시는 성령의 일하심을 두고 일컫는 말이다. 복음주의의 영향을 받은 우리는 주로 구원을 위하여 일하시는 성령에 익숙하나, 하나님의 영역 주권을 강조한 19세기의 아브라함 카이퍼는 성령께서 일하시는 사역을 더 광범하게 포괄적으로 설명한다. 카이퍼에 따르면, 일반은총의 은사들, 이를테면 문학, 예술, 음악이라는 문화 분야에 영감하시는 일 등도 우주 창조의 섭리자로서 성령의 사역에 속한다[Abraham Kuyper, *The Work of the Holy Spirit*, tr. Henri de Vries(Grand Rapids, Mich.: Wm. B. Eerdmans Publishing Co., 1956)].

시대에도 수행하시는 직능으로 이해한다(기독교강요 II, 15, 6).[14]

그리스도와 그의 가르침 안에서 모든 선지자들의 예언이 성취되었을 뿐만 아니라, 성령으로 영감된 성경 말씀의 증거와 그 말씀을 듣는 자들로 하여금 신앙을 고백하게 하는 성령의 역사가 그리스도께서 성취하신 선지자적 말씀 전파와 행하심의 연장이라고 한다. 그리스도께서는 제사장 직능을 현재도 수행하시듯이 선지자의 직능도 계속 수행하신다는 이야기다.

칼빈의 기독론에서 두드러진 특징은 그리스도의 직능을 인식하는 것이면서 동시에 그리스도의 사역을 예정 아래 있는 것으로 보는 것이다. 칼빈의 합리적 사고는 특히 기독론 중에서 '그리스도께서 지옥에 내려가신 것'(descensus ad inferos)에 대한 해석에서 잘 드러난다(II, 16, 8). 그리스도께서 지옥에 내려가셨다는 것은 사도신경에서 고백하는 말씀인데, 우리 번역에는 제외된 부분이다. 칼빈은 여러 가지 설을 소개한 후에 자신은 심리학적으로 이해하려고 한다. 즉 예수의 십자가상에서 당한 영혼의 고난이 곧 지옥이라고 하며, 이 영혼의 고난이 곧 하나님께로부터 버림받으신 것이라고 이해한다(II, 16, 10-11). 칼빈은 그리스도께서 이 고통을 반드시 겪어야 하는 것이었다고 말한다. 만일 그리스도께서 이 고통을 견디지 못하셨다면, 그는 단지 육체를 구원하는 구원자에 지나지 않았을 것이라고 한다(II, 16, 12).

칼빈은 기독론을 그리스도의 직능에서부터 접근하지만, 그리스도의 특별한 존재에 대하여 거듭 논하고 강조하며, 또한 기독론의 전통을 따라 기독론을 구원론적으로 이해한다.[15]

---

14) Carl Heinz Ratschow, *Jesus Christus*(München: Gütersloher Verlaghaus Gerd Mohn, 1982), 54.
15) 같은 곳.

제9장
17, 18세기 계몽주의 신학

계몽사조와 계몽 신학

계몽사조의 생성

17세기 후반에 일어난 계몽사상 운동, 즉 계몽사조는 유럽의 지성인들에게 교회가 지켜 온 전통적인 세계관, 즉 초자연주의적인 세계관을 탈피하고 전통적인 권위에 얽매임이 없이 자율적인 세계관과 인생관을 안겨다 준 사상 운동이다. 계몽사조를 계기로 성경의 권위를 인정하지 않으며 교회의 전통적인 교의를 부정하는 신학과 사상이 대두되었으며 그러한 견해가 점차 큰 세력을 이루게 되었으므로 기독교 교리 역사는 엄청난 전기를 맞이하게 되었다. 교리사 연구에서 역사적인 배경을 아는 것은 언제나 중요한 것이므로 먼저 계몽사조의 생성과 역사적인 배경을 간략하게나마 살펴보기로 한다.

독일에서는 1648년 베스트팔렌 조약이 체결되어 개신교와 로마 가톨릭 간의 30년 전쟁이 그치고 양 교회가 서로 관용하는 시대로 접어들게 되었다. 영국에서는 1688년에 명예혁명과 윌리암 3세의 관용에 대한 칙령이 있은 이후 정부와 국교인 앵글리칸교회는 청교도를 포함한 비국교도를 관용하게 되었다. 그와 동시에 개신교회와 로마 가톨릭교회 역시 지난 16세기와 17세기 초반까지 피차간에 논쟁과 전쟁으로 첨예하게 대립했던 상황에서 벗어나게 되었다. 그리하여 교회는 일반 백성들의 사회와 정치 생활에서 한 걸음 뒤로 물러서게 되었다.

지성인들은 교회가 지켜 온 전통적인 세계관, 즉 초자연주의 세계관을 탈피하고 전통적인 권위에 얽매임이 없이 자율적인 세계관과 인생관을 갖게 되었다. 사람들은 이러한 과정을 가리켜 계몽사조(啓蒙思潮)라고 칭한다. 영어의 'Enlightenment'는 이성의 눈을 떠 밝히 보게 한다는 뜻에서 얻게 된 말이고, 독일어의 'Aufklärung'은 기존의 권위주의적 사고나 세계관을 청산하고 사물을 새롭게 인식한다는 뜻에서 가진 말이다.[1]

계몽사조가 진행됨에 따라 교회는 지적인 일반 백성들의 정신 생활을 지배하던 영향력을 상당한 정도로 상실하게 되었다. 계몽사조는 영국에서 시작되었으나, 그 영향을 크게 받은 나라는 프랑스였다. 프랑스에서는 계몽사조로 인하여 많은 사람들이 유물론과 무신론 사상에 접하고 그런 사상을 수용하였으며, 유럽의 어느 나라보다도 교회와 기독교에 대한 심한 혐오감을 가지게 되었다. 전통과 권위에 대한 이러한 반감과 반발은 프랑스 혁명이라는 급진적인 사회 정치 운동을 초래하였다.

교육을 받은 많은 사람들이 계몽사조의 합리주의 사상을 수용하면서 교회의 가르침에 점차로 등을 돌렸으며, 조상들로부터 물려받은 순전한 신앙은 이성 종교로 채색된 세계관으로 대치되거나 새로운 과학적인 지식으로 말미암아 희석되었다. 교육 받은 많은 사람들이 비록 교회에 등을 돌리고 살았으나 그들의 세계관과 인생관에는 여러 면으로 아직도 기독교적인 요소를 보유하고 있었으며, 일반 백성들은 여전히 거의 전적으로 교회의 지도와 경건을 가르치는 교육의 영향 아래 살고 있었다. 종교를 심하게 부정하는 사람들이 계몽사조 초기에는 그렇게 많지 않았으나 시간이 가면서 점차 불어나게 되었다.

로마 가톨릭교회의 신학은 아마도 교계주의 교회 체제 때문에 계몽사조의 영향을 비교적 덜 입었으며, 서유럽과 멀리 떨어져 있는 동방 교회는 거의 영향을 받지 않았다. 그러나 사상의 자유를 향유하는 개신교 신학은, 특히

---

1) 김영재, 「기독교 교회사」 (수원: 합신대학원출판부, 2006), 548-563.

독일 신학은 새로운 문화와 사상의 흐름에 휘말리게 되어 신학은 정통주의 시대에 달성했던 통일성과 확실성을 상실하게 되었다. 개신교가 여러 지역 교회와 분파로 분열됨으로 말미암아 교회들이 제가끔 신학을 말하게 되면서 그러한 경향은 점차 더 농후하게 되었다.

계몽사조의 뿌리

17세기의 합리주의적 계몽사조는 문예 부흥의 인문주의에서부터 발원한 것이다. 중세 시대에는 교회가 유럽의 문화를 지배하고 있었다. 그러나 11세기에서 13세기까지에 걸쳐 일어난 십자군 운동은 서유럽의 정치와 사회에 큰 변화를 초래하였다. 많은 기사들과 귀족들이 십자군에 출정하여 불귀의 객이 되거나 십자군 출정에 필요한 경비 조달을 위하여 귀족들이 토지를 농부에게나 돈 많은 중산층에게 매각하는 바람에 봉건제도가 붕괴되기 시작하였으며, 봉건 제후들의 지배하에 있던 많은 도시들이 자치적인 도시로 발전하게 되었다. 중산층은 자신들의 경제적인 번영에 중요한 요건이 되는 사회적인 안정을 보장받기 위하여 강력한 중앙 집권적인 군주제도를 선호하였으므로 왕들을 지원하였으며, 왕들은 이러한 중산층의 도움을 받아 더욱 중앙 집권적인 체제를 구축하고 권력을 증대시킬 수 있었다. 십자군 원정이 진행되는 동안에 국가에 대한 사람들의 관심과 충성심이 고양되면서 교황의 권세는 퇴조하게 되었다.

십자군은 유럽의 경제와 문화에도 변화를 가져왔다. 베니스가 주도하는 이탈리아의 여러 도시 국가들은 제1차 십자군이 원정의 길에 오르자 근동의 이슬람 나라들과 교역을 시작하였다. 십자군 원정이 예루살렘을 이슬람으로부터 영구히 해방하는 일에는 실패하였으나 서유럽에 여러 가지 많은 유익을 가져다주었다. 그 가운데도 중요한 것은 서유럽으로 하여금 문화적 지역주의(provincialism)에서 벗어나게 해 준 것이다.

아랍의 학문, 과학, 문학이 서방에 전달되었으며, 그로 말미암아 서방 세계는 동방 세계의 문물에 눈을 뜨게 되었다. 아랍 세계를 통하여 아리스토텔레스의 학문이 소개되면서 서방에서는 그리스의 고전을 연구하게 되었고, 13세기부터는 새롭게 대학들이 설립되었다. 그리고 이러한 대학에서 행해진 고전 연구를 통하여 문예부흥(Renaissance)이 일어났다. 또한 문예부흥으로 말미암아 대학은 교회의 통제를 벗어나 자유롭게 인문학과 자연과학을 연구하고 발표하는 학문의 전당으로 발전하게 되었다.

새로운 대학들은 성당 소속 학당이나 수도원과 비교하여 교육 내용이 그 질과 다양성에서 다를 뿐 아니라, 학교의 구조와 이념에서도 달랐다. 학생 길드의 대학 운영은 곧 국가와 사회, 경제와 문화의 모든 생활 영역에서 하나님 나라의 구현을 이상으로 하던 신앙의 시대와 교회가 문화를 지배하던 중세의 권위주의에 대항하는 혁명적인 도전이었다. 대학은 인간은 만물의 척도라고 하며 자율을 구가하는 인문주의의 요람이 되었으며, 이러한 대학들을 통하여 르네상스는 온 서유럽에 확산되었다.

르네상스 문화는 인간의 세속적인 관심에 가치를 부여하고 인간 중심적인 것을 미화한다는 점에서 세속적인 것이었다. 중세 사람들은 그들의 본성을 따르는 세속적인 행위에 대하여는 죄의식을 가졌었는데, 르네상스 문화는 바로 그러한 죄의식과 자신의 욕구를 억제하는 것으로부터의 해방을 의미하는 것이었다.

문예부흥은 인문주의로 말미암아 문화와 교회에 대응하는 두 가지 다른 경향의 흐름으로 형성되었다. 그 하나는 문화를 지배하던 중세적인 교회의 권위에 대하여 비판하고 반발하여 자율을 구가하는 한편, 인간은 만물의 척도라고 내세우며 인문주의를 고양하고 세속주의 문화를 창달하는 운동이요, 다른 하나는 교황주의 교회를 비판하면서도 교회를 쇄신하려는 종교개혁 운동이다.

자유주의적인 휴머니즘은 인간 사회의 자원은 광대하고 무한하므로 폭력이나 빈곤 혹은 불행이 있을 수가 없다고 했다. 인간의 심성은 이러한 조건들을 치유하며 극복하고 모든 사람들이 자신들 속에 잠재해 있는 탁월함과 아름다움을 개발할 수 있는 자유와 가능성을 가진 사회를 능히 건설할 수 있다고 했다. 르네상스의 이러한 자유주의적인 휴머니즘이 합리주의와 자연신론과 무신론 및 현대의 신학적 자유주의를 낳은 17세기의 계몽사조의 뿌리이다. 르네상스의 자유주의적인 휴머니즘은 종교 문제를 두고 중세 교회의 권위에 대하여 비판하고 대항했으나 계몽사조에 와서는 중세 교회를 계승한 로마 가톨릭이나 종교개혁의 교회를 막론하고 기독교 종교와 교회의 전통을 근원적으로 부정하려는 사상으로 발전하게 되었다.

종교개혁 운동과 반종교개혁 운동이 있었던 16세기와 교파들 사이에 교리 논쟁이 활발했던 17세기의 정통주의 시대에는 아직도 교회의 경건이 지배적인 시대여서 세속주의적인 인문주의는 별로 힘을 쓰지 못하고 있었다. 그러던 것이 계몽사조로 말미암아 자율을 구가하는 인문주의 사상은 교회적인 전통과 좀 더 확실하게 결별을 하게 되었다.

16세기 이탈리아에서 일어난 소시니우스주의(Socinianism)는 르네상스와 계몽사조를 잇는 징검다리 역할을 하였다. 소시니우스주의자들은 로마 가톨릭 신학뿐 아니라 종교개혁 신학에 강렬하게 반발하였다. 그들은 성경의 중요성은 인정한다고 하면서도 말씀을 합리주의적으로 해석하여 이성과 상식에 어긋난다고 생각하는 성경의 교훈들은 받아들이지 않았다. 삼위일체 교리, 그리스도의 속죄, 영적 중생 등을 거부하였으며, 비합리적이라고 생각하는 일체의 신비를 다 제거한 윤리 종교를 내세웠다.

그뿐 아니라 코페르니쿠스(Nicolaus Copernicus, 1473~1543) 케플러(Johann Kepler, 1571~1630) 갈릴레오(Galileo Galilei, 1564~1642)와 뉴턴(Isaac Newton, 1642~1727) 등의 천체 발견으로 자연과학자들은 자연을 정밀한 법칙에 따라 운행되는 하나의 거대한 단일 체계로 보게 되었다. 이들의 발견으로 인한 과학 혁명은 자연과 이성을 앞세운 새로운 종교의 형성을 촉진하였다. 계몽사상은 네덜란드, 영국, 프랑스와 독일 등지의 나라에서 다양하게 발전하였는데 공통적인 것은 지성주의를 추구한 것이며, 지식과 진리를 탐구하는 일에 열의를 가지고 권위에 대한 맹목적인 신앙이나 모든 전통적인 것에 대한 경외심 같은 것을 일축하고 자율적인 지식을 추구하는 것이었다.

내세를 지향하는 금욕적인 생활은 현세와 문화를 즐기는 생활로 바뀌었으며, 창조 세계와 인간의 심성에 대한 비관적인 견해는 거의 무한한 낙관주의로 대치되었다. 낙관주의는 실용주의 사상을 유발하였으며, 발전에 대한 낙관적인 신앙은 국가와 경제, 교회와 교육 등 여러 분야에서 개혁을 불러일으켰다. 종교를 소홀히 하는 한편 도덕을 강조하는 많은 계몽주의 사상가들이 중국의 문화, 특히 공자를 선호하고 이상화하였다. 자연신론적인 신관과 중국의 윤리가 계몽사상에 크게 영향을 미친 것이다.

자연신론(Deism) 혹은 합리주의 신학은 계몽사조 시대의 신학과 철학 사상을 특징짓는 것이지만, 이러한 사상과 신학은 한 시대를 풍미하다가 과거로 살아져 간 사상운동이 아니고 19세기를 거쳐 오늘에 이르기까지 건재하면서 기독교의 전통이나 성경의 권위에 도전하며 여러 비판적인 정신과 신학과 성경관을 낳는 원천이요, 기틀이다.

네덜란드의 암스테르담은 계몽사상의 문서들을 발간함으로써 새로운 사상을 펼치는 근거지가 되었다. 네덜란드는 스페인으로부터 해방을 쟁취한 이후 상업과 교역을 통하여 부강한 나라가 되면서 네덜란드는 문화의 개화기를 맞이하였다. 네덜란드는 유럽의 그 어느 곳보다 일찍이 교회의 관용과 학문의 자유를 성취할 수가 있어서 유럽의 여러 사상가들과 신앙인들의 피난처가 되었다. 유고 흐로티우스(Hugo Grotius, 1583~1645)는 그의 자연 신학과 자연법 사상을 펼 수 있었으며, 데카르트(Rene Descartes, 1596~1650), 스피노자(Baruch Spinoza, Benedictus de Spinoza, 1632~1677)와 피에르 베일(Pierre Bayle, 1647~1706) 등의 사상가들이 여기서 피난처를 얻었다.

영국에서는 17세기 말엽에 계몽사상이 크게 영향을 미쳤다. 크롬웰(Oliver Cromwell, 1599~1658)의 청교도 혁명을 겪으면서 종교적으로는 성공회와 장로교파 및 독립교회 등이 교회적으로 혹은 신학적으로 상호 대립하는 가운데 관용주의(Latitudinarianism) 사상이 배태되면서 합리주의적인 아르미니우스주의자, 소시니우스주의자 등이 운신할 수 있게 되었다. 게다가 1688년 절대주의적인 스튜어트(Stuart) 왕정이 물러가고 정치적인 자유가 보장되면서부터 영국의 자연신론은 기세를 펴게 되었다.

계몽 신학의 추이

17, 18세기 계몽사조 이후의 교리사는 계몽주의와 합리주의 사상을 따르는 사람들에게는 더 이상 성경의 교리에 대한 이해의 역사로서의 교리사는 아니고 신학자들이 기독교에 관하여 논하는 사상을 역사적으로 고찰하는 기독교 사상사이다. 계몽주의 시대에 이르러 중세 시대의 이념, 즉 교회에 근거를 두고 있었던 통일적인 문화는 종말을 고하게 되었으며, 그 결과 국가와 교회가 서로 나뉘게 되었고, 세속적인 문화와 종교적 이념의 분리도 일어났다. 기독교의 여러 교파들은 신앙의 자유를 누리며 제가끔 신앙고백을 가지면서 다른 교파들과 상호 교통을 하게 되었다. 그리고 새로운 정신적 발전의 주도권은 교회 아닌 일반 세속 문화가 갖게 되었다.

종교개혁 이후 약 100년간 루터교와 개혁파 교회의 신학자들은 로마 가톨릭의 주장이나 루터파와 개혁파 상호간의 신학적 주장에 대항하여 제가끔 자파 교회의 신조와 정통 교리를 심화시키고 객관화하는 데 힘을 기울였다. 그런 과정에서 신학은 사변적인 경향을 띠게 되었으며 교회의 생동성은 저하되었다.

교회 역사에서 계몽주의 신학과 어느 면에서는 유사성을 가지면서도 상반되는 경건주의 운동이 계몽사상과 거의 동시대에 태동하게 되었음은 유의할 만한 일이다. 경건주의는 정통주의에 반발하여 일어난 신앙운동이다.

경건주의(Pietism)가 정통주의(Orthodoxism)에 대한 반동에서 교리 없는 기독교를 주창한 점은 계몽주의 신학과 유사하지만, 경건주의는 성경을 하나님의 말씀으로 철저하게 믿으며, 교회의 전통을 소홀히 하며 반문화적인 신령주의 성향은 가졌으나 교회의 전통적인 교의는 그대로 받아들였다는 점에서 계몽주의와는 정반대의 입장에 선 운동이다.

경건주의가 네덜란드에서는 영국 청교도들의 신앙적인 삶에서 영향을 받았으나 독일 루터교의 배경에서 일어난 경건주의는 구원론에 많은 관심을 기울인 루터가 가졌던 그런 신앙을 되살린다는 명분을 추구먼서 중생, 회개, 새 사람의 삶을 주창하며 주관적인 신앙의 체험을 강조하였다. 경건주의 운동은 경건하게 살려는 사람들에게 영향을 미쳐 18, 19세기에 유럽과 미국에서 부흥운동과 각성운동이 일어났다. 부흥운동으로 말미암아 교회는 생기를 얻고 사람들은 구제와 봉사에 힘쓰며 선교의 열정을 갖게 되었다. 그러나 경건주의와 부흥운동은 교회 신학의 주류인 정통주의 신학이 계몽주의와 합리주의에 영향을 받지 못하게 하거나 거기에 기울어진 신학 사상의 확산을 억제하지는 못했다.

합리주의 사상에 영향을 받은 신학자들은 성경을 단순히 고대 문헌의 하나로 보고 성경의 교리와 교회의 전통적인 신앙에 대하여 회의를 품고 비판적인 자세를 취하였다. 초기의 과도기적인 계몽신학은 이성을 계시를 평가하는 기준으로 삼아 계시를 이성으로 확인하고 지지함으로써 비교적 긍정적으로 평가했으나 날이 갈수록 이성과 계시의 조화를 깨뜨리는 방향으로 발전하였다. 그 결과 후기 계몽주의의 신신학자들은 계시, 즉 성경에 근거하는 교리를 무가치한 것으로 비평하였다. 원죄라든지 마귀의 존재에 대한 믿음을 거부하고 지옥의 영원한 형벌에 대한 교리에 의문을 제기할뿐더러, 속죄 및 칭의 교리와 성만찬의 교리에 부정적인 비판을 가하는 등 교회가 믿고 가르쳐 온 교리에 전면적인 비판을 가하였다.

그래서 교리의 역사는 그들에게 이제 더 이상 성경의 교리에 대한 이해의 역사는 아니었다. 이미 이 책 서론에서 언급한 바와 같이 계몽신학자들은 기독교가 아마도 주변 사상의 영향을 받아 생성된 것으로 추정하고 이를 밝히려고 교리에 대한 역사적 연구를 시작한 것이다. 신학자들 중에는 물론 성경의 진리와 기독교 역사에 대한 회의와 비판을 말하는 계몽시대의 합리주의 사상을 극복하려고 시도하는 이들도 있었으나 19세기와 20세기를 거쳐 오면서 기독교 신학은 종교개혁의 전통적인 신앙과는 점점 거리가 먼 방향으로 발전하였다.

그 결과 종교개혁의 복음적인 신앙과 신학의 전통을 보수하는 교회와 그리스도인들은 오히려 소수가 된 반면에, 부정적인 신앙과 사상을 따르는 교회가 다수를 차지하게 되었다. 그리하여 다수를 차지한 교회를 배경으로 한 자유주의 혹은 진보주의 사상을 가진 신학자들이 신학의 흐름과 WCC와 같은 교회연합의 기구를 주도하게 된 반면에, 복음적인 정통 신앙을 가진 신학자들은 점차 좁아져 가는 입지에서 새로운 신학에 대항하여 종교개혁의 신학적 전통을 보수하며 변증하는 일에 최선을 다하게 된 것이다.

계몽사조 이후의 주류를 형성하는 신학은 교회가 전통적으로 관심을 가져온 성경 교리의 주제에는 비판적이거나 혹은 거의 관심을 보이지 않는 반면에, 기독교 생성에 대한 역사적 배경과 "기독교의 창시자인 예수"에 대하여는 관심을 집중적으로 보인다. 따라서 전통적인 여러 주제의 교리들 가운데 예수 그리스도에 관한 교리는 여전히 논의된 것이다. 그러나 종교개혁과 정통주의 시대까지의 신학자들과는 다른 시각에서 기독론을 말한다. 다시 말하면, 성경이 말씀하는 그리스도를 논하는 기독론이 아니고, 성경 밖에서 역사적 예수 그리스도를 찾거나 혹은 역사와는 무관하게 예수로 말미암아 시작된 기독교에 종교적인 의미를 부여하며 논의하는 기독론이다.

따라서 17세기 이후부터의 교리사는 더 이상 성경 말씀에 대한 이해의 역사로서의 교리사가 아니고 신학자들의 사상을 역사적으로 추적하는 기독교 사상사임을 인식해야 한다. 그러므로 우리는 17세기 계몽사조 이후의 기독론은 20세기 후반에 와서 쟁점이 된 종교 다원주의에 이르기까지 신학 전반의 변천을 숙지하는 가운데 고찰하기로 한다.

계몽주의자들의 비판적 성경 연구

영국의 사가요 종교 철학자인 셔버리의 허버트는 자연신론의 선구자였다. 그는 자연신론의 원론격인 *De veritate*(진리에 관하여, Paris 1624)에서 사람은 누구나 다 종교의 본래적 내용인 합리적 기본 진리를 인식할 수 있는 능력을 가졌다고 하면서 자연신론의 5대 강령을 말하였다. 즉 신은 존재하시며,

신은 예배를 받으셔야 하는데, 예배에서 가장 중요한 요소는 덕과 경건이라고 하였다. 그리고 사람은 죄를 후회하고 멀리할 책임이 있으며, 이 세상에서와 저 세상에서 신의 보상과 심판이 있다고 하였다. 허버트에 따르면, 이러한 원리는 모든 종교에 다 공통의 것이라고 하며, 초기의 기독교는 이러한 요소들을 다 소유하고 있었으나, 후기의 기독교는 부패하게 되었다고 한다.

영국의 의사요, 경험론 철학의 창시자인 존 로크(John Locke, 1632~1704)는 자신을 자연신론자로 간주하지는 않았으나 이성과 계시와 성경에 관하여 자연신론과 동일한 견해를 많이 말하였다. 즉 이성이 모든 일에 있어서 마지막 판결자이며 안내자이어야 한다고 말했다. 로크는 특별 계시를 거부하지는 않았으나 기독교의 계시란 자연 계시의 내용을 명백하게 하는 것으로서 기독교 계시로 인하여 자연 계시 진리가 더 직접적으로 이해될 수 있다고 한다. 로크는 또한 이성의 이름으로 기적과 예언 성취의 부당성을 주장함으로써 결국 성경의 영감을 부인하였다. 영감 자체는 이성에 맞지 않는 교리들을 받아들이는 근거가 될 수 없다고 한 것이다.

그 밖에 존 톨랜드(John Tolland, ~1722)와 안토니 콜린스(Anthony Collins, ~1729), 틴달(Matthew Tindal, ~1733), 돈 토마스 울스톤(don Thomas Woolston, ~1733) 등이 모두 이성 종교(理性宗敎) 혹은 자연 종교(自然宗敎)를 주창함으로써 성경이 곧 특별 계시라는 사상을 부인하였다. 콜린스는 구약의 예언을 유대 지성의 독특한 신비적 풍유화(mystical allegorizing)로 보았으며, 유대인들은 예수 탄생 직전에야 비로소 메시아 사상을 갖게 되었다고 한다. 즉 유대인들은 결코 메시아를 기다리지 않았으며, 엄밀히 말하여 성취될 수 있는 예언들도 없었다고 말함으로써 신약을 뒷받침하는 구약이 예언은 아니라고 공략하였다. 콜린스는 다니엘서가 마카비 시대에 쓰인 것으로 주장하여 현대적 비평을 예고하였다.[2]

틴달은 이성과 일치하지 않는 성경의 모든 교훈은 비진리로 보고 내버려야 한다고 한다. 예수님과 사도들은 구원을 사람들이 대부분 들어보지 못한

---

2) 노먼 가이슬러, 『성경 무오-도전과 응전』 (서울: 엠마오, 1990), 23.

168 | 기독교 교리사

신앙에 의존하게 하는 우를 범했다고 한다. 울스톤은 자연신론자들 중에서도 성경을 가장 과격하게 비판한 사람이다. 그에 따르면 성경은 이성으로 이해할 수 없는 것은 배제한다는 정도가 아니라 나름의 풍유적 해석법으로 성경을 멋대로 왜곡되게 해석함으로써 더 극단적으로 성경의 진리에 도전하였다.

울스톤은 예수의 부활은 추종자들이 만들어 낸 조작극이며 사기극이라고 혹평하는가 하면, 대제사장들과 제자들이 비밀리에 합의해서 무덤 문을 닫고 예수의 시체를 사라지게 하고서 후에 부활했다고 거짓 증언을 했다고 한다. 그러나 부활 기록을 풍유화하면, 기독교 유대 문자의 속박에서 해방되어 성령의 자유 세계로 부상하게 된 것을 상징한다고 한다. 울스톤은 후에 영국 정부에 의해 기독교 모독죄로 투옥되어 옥사하였다.[3]

독일 계몽사조의 기초를 닦은 사람은 라이프니츠(G. W. Leibnitz, ~1716)와 그의 제자인 볼프(Christian Wolff, ~1754)였다. 라이프니츠와 볼프는 영국의 존 로크처럼 기독교에 대하여 과격한 비판은 하지 않았다. 계시가 자연 종교의 진리 내용을 보강한다고 하여 성경보다 이성을 우위에 두었으나 성경의 무용성을 주장하지는 않았다. 볼프에 따르면, 성경은 자연 신학을 보조하며, 성경은 입증되어야 할 명제들을 자연 신학에 제공한다. 따라서 철학자는 창안하는 자가 아니라 입증하는 자라야 한다는 것이다. 다시 말하면, 성경은 이성이 발견할 수 없는 진리들을 제시하고, 이런 진리들이 진리로 파악되기 위하여서는 합리적인 입증 과정을 통해 승인되어야 한다고 한다.

이성적 판단으로 수용할 수 없는 것, 즉 기적이라든지, 역사 사건이라고 하더라도 이성으로 설명할 수 없는 것은 무조건 배제한다는 것이 자연신론자나 합리주의자들이 취한 태도인데, 이러한 비판적 시각은 성경책 자체에 대한 비판적 연구로 이어졌다.

성경에 대한 비판적인 연구는 구약학에서부터 비롯되었는데, 일찍이 11~12 세기경부터 모세 오경의 저작에 대한 의문은 부분적으로 제기되었다. 칼슈타트(Carlstadt)는 자신의 저작인 『성경의 정경성』(De canonicis scripturis, 1520)에

---

3) 같은 책, 26.

서 모세가 오경을 자기 이름을 따라 편집했을 수는 없을 것이라고 한다. 신명기 36:5~12에 나타나는 자신의 죽음에 대한 기사를 자신이 쓸 수는 없기 때문이며, 또한 그 부분의 서술(narrative)이 그 이전의 것과 같은 스타일로 기록되었기 때문이라고 한다. 그 후 안드레아스 마시우스(Andreas Masius, ~1574), 이삭(Isaac de la Peyrere, ~1655), 사이먼(Richard Simon)이 모세 오경은 모세가 저작한 것일 수 없고 모세 이후의 저자가 모세가 기록해 둔 글과 그 밖의 자료들을 사용하여 저작한 것이라는 결론을 내렸다.4) 그 가운데서도 페이레르(Peyrere)는 17세기에 이 방면의 연구를 주도했으며, 계몽 시대의 철학자 토마스 홉스(Thomas Hobbs)와 스피노자(Spinoza)도 이에 가세하였다.

홉스는 그의 저서인 『리바이어던』(Leviathan, 1651)에서 이렇게 말한다. "우리로 하여금 이러한 의문을 갖게 한 빛은 그 책들 자체에서부터 우리에게 비쳐진 것이 틀림없다. 그리고 이 빛은 비록 매 책의 저자가 누구인지는 보여주지 않으나 그 책들이 쓰인 시대에 대한 지식을 갖도록 조명해 주므로 유익하다."5)

스피노자는 『신학 및 정치 소고』(Tractatus theologico-politicus, 1670)에서 모세 오경과 여호수아 및 열왕기서 등을 에스라가 저작했을 것이라고 한다. 에스라가 마무리 손질을 잘 할 수 없었기 때문에 연결 부분이 매끄럽지 않거나 서술의 반복이 많이 보이고 상치되는 부분도 있다고 한다.

제믈러의 비판적 성경 연구

독일의 계몽신학자 제믈러(Johann Salomo Semler)는 성경의 정경에 대하여 연구함으로써 성경의 권위에 도전하였다. 그는 성경의 정경성의 근거가 불확실하다고 논증함으로써 성경의 권위를 상대화하였다.6) 제믈러는 말하기

---

4) Otto Eissfeldt, The Old Testament An Introduction, td. by Peter R. Ackroyd (Oxofrd: Basil Blackwell, 1965), 158-170.

5) Thmas Hobbs, Liviathan, Part III, Ch. 33; O. Eissfeldt, 앞의 책, 160에서 인용.

6) Johann Salomo Semler, Abhandlung von freier Untersuchung des Canon, herausgegeben von Heinz Scheible (München: Gütersloher Verlagshaus Gerd Mohn, 1967).

를, 구약성경의 경우 유대인들이라고 하여 성경의 각 책에 대해서 일치하는 견해를 가진 것은 아니었다고 한다. 이를테면 유대에 사는 유대인들 가운데 바리새파 사람들과 사두개파 사람들이 자신들의 종교의 원천이 되는 책에 대하여 견해가 일치하지 않았다고 한다. 게다가 팔레스타인에 살지 않고 이집트라든지, 그리스, 시리아와 이탈리아에 사는 그리스적 유대인들의 경우도 책에 대한 견해가 또한 각기 달랐다고 한다. 유대인들은 여러 세기 동안 구약성경의 경전을 24권 혹은 경우에 따라서는 22권으로 인정해 왔다고 한다.[7]

4세기 이후 적어도 로마와 아프리카와 그 밖의 유럽의 교회는 솔로몬의 다섯 책들과 토비아, 유딧, 마카비를 아직도 그들의 정경으로 인정했다는 것을 시인하지 않을 수 없다고 한다. 그리고 그리스와 알렉산드리아 성경은 처음에 그리스도 시대 이전의 히브리파 사람들이나 팔레스타인에 살던 유대인들의 성경보다 더 많은 책을 포함하고 있으며, 라틴어로 된 정경은 히브리어 정경보다 더 컸다고 한다. 그리고 4세기만 하더라도 학자에 따라, 예를 들어, 오리겐의 경우, 교회의 보편적 견해를 떠나 나름대로 정경을 인정하는 자유를 누린 것을 알 수 있다고 말한다.

그러나 그 이후부터는 자유로운 선택이 허락되지 않았으며, 만일 그런 경우에는 이단으로 정죄되었다고 한다. 그러면서 제믈러는 성경의 내용을 검증할 수 있는 자유는 계속 주어져야 했다고 주장한다. 16세기의 프로테스탄트들은 구약의 외경을 정경보다 못한 책으로 격하시켰는가 하면, 신약의 여러 책들, 즉 야고보서, 유다서, 베드로후서, 히브리서와 요한계시록에 대한 정경성 문제를 놓고 분분한 의견을 진술하였다고 한다.

제믈러는 정경의 의미도 변천을 거듭했다고 한다. 초기에는 그리스도인들의 집회에서 공적으로 봉독되는 책을 가리켜 캐논이라고 했으나(Melito 감독 혹은 라오디기아 회의가 발표한 캐논에서 읽었다고 한다), 후에 외경을 구별하게 되었다고 한다. 신앙 교육과 도덕에 유익한 책을 외경으로 분류하고, 외경

---

7) 같은 책, 15, 16.

역시 하나님께서 주신 책으로 여겼다고 한다. 이를테면 시락, 지혜서, 토비아스를 위시하여 로마의 클레멘트의 편지들, 에브라임서들, 성자와 순교자들의 이야기 등인데, 이러한 책들도 집회에서 봉독되었다고 한다.[8]

초기에 여러 교회와 지역의 감독들은 상호간에 더러는 구술로, 더러는 서면으로 신구약의 책들 가운데서 어떤 책을 정경적 렉션(lection), 즉 예배 시에 봉독하는 본문으로 삼아야 할지를 협의하였다. 397년 카르타고 회의에서는 교회에서 봉독하는 책을 신적인 책으로, 다시 말하면, 정경적인 성경이라고 일컬었다. 즉 창세기, 출애굽기, 레위기, 민수기, 신명기, 여호수아, 사사기, 룻기, 열왕기 4책, 역대상하, 욥, 시편 1책, 솔로몬 5책, 12 소 선지서, 이사야, 예레미야, 에스겔, 다니엘, 토비아스, 유딧, [에스데], 에스드라 두 책, 마카비 두 책과 신약으로는 네 개의 복음서, 사도행전, 13개의 바울 서신, 히브리서, 베드로전후서, 요한 1, 2, 3서, 유다서, 요한계시록이었다.

세뮐러는 연구 끝에 다음과 같은 결론을 내린다.

- 교회 역사의 초기에 어떤 책이 신적인 것인지는 알려지지 않았다.
- 공적으로 봉독된 책일 경우에도 본래부터 신적인 것이라고 할 수 있는 것은 없었다.
- 여러 그리스도인들 그룹에서도 어느 책이 정경이 되어야 할 것인지에 대한 의견이 일치하지 않았다.
- 그래서 일부 감독들은 정경을 두고 드디어 의견을 같이 하게 되었다.
- 아프리카의 가톨릭 측은 로마 교회와 결속된 상태에 있었는데, 이러저러한 여러 책들만 정경으로 봉독하도록 하였다.
- 마침내 점차 성장하게 된 유럽 교회는 로마 교회와 연합한 교회들이 어떤 책을 정경으로 받아들였는지 질의하였다.[9]

---

8) 같은 책, 19.
9) 같은 책, 21.

제믈러는 또한 성경의 영감설에 대한 의문을 제기한다. 유대인은 에스라 느헤미야 등을 두고 기독교인들이 말하듯이 성령께서 직접적이며 초자연적으로 역사하셨다고 말하지는 않는다고 한다.

레싱의 비판적 성경 연구

레싱(1729-1781)은 삭손(Saxon)의 카메츠(Kamez)에서 루터교회의 지적이며 학구적인 목사의 아들로 태어났다. 레싱의 아버지는 아들을 라이프치히에 보내 신학을 공부하도록 했으나 그는 이를 중도에 포기하고 문학과 넓은 지식을 얻는 일에 탐닉하였다. 1749년 재정적 어려움 때문에 대학을 포기하고 베를린으로 갔다. 거기서 그는 대표적인 계몽사상가 니콜라이(Nicolai)와 유대인 모세 멘델존(Moses Mendelsohn) 등을 만나 교우 관계를 갖게 되었다. 1755년 라이프찌히로 가서 3년을 지내다가 1758년 다시 베를린으로 갔으며, 1760년에는 브레슬라우로 갔다. 거기서 그는 '바른헤름의 미나'(Minna von Barnhelm)와 '라오콘'(Laocoon)이라는 미학 분야의 글을 썼다.

레싱이 출판한 최초의 신학적인 글은 카르단의 『히에로니무스의 변증』(*Vindication Hieronymus Cardanus*, 1754)이었다. 이탈리아 르네상스의 철학자 밀라노의 카르단(Jerom Cardan)은 자신의 저작인 *de Subtilitate*(소박성에 관하여)로 인하여 세간에서 비판을 받았다. 기독교를 감히 유대교와 이슬람교 및 이방 종교와 비교했기 때문이다. 레싱은 카르단이 오히려 충실한 그리스도인이라고 하면서 변호하였다. 즉 카르단은 기독교에 유리하게 전개하였으니, 세 가지 종교적 전통에서부터 역사적인 논의를 폈다고 했다. 예수의 삶에서 구약이 성취되었다고 말하고, 예수께서 행하신 기적에 관하여 말하며, 고대 사회에서 기독교의 놀라운 확장에 관하여 말했다는 것이다. 그리고 예수의 윤리적 교훈은 자연적 도덕과 일치한다고 했다.

레싱은 같은 시기에 『어리석은 종교에 대한 변증』(*Vidication of the Ineptus Religiosus*)을 출판하였다. 그것은 17세기의 정통 신학의 근원에 대하여 약간 비꼬는 논증이었다. 함부르크의 루터교 목사인 요한 포크트(Johann Vogt)는 그의 책을 "사악하고 불신앙적인 소책자"라고 비난하였다.

레싱은 제믈러보다 더 비판적이었다. 그는 제믈러의 정경에 대한 자유로운 연구를 다만 냉소적으로 대하였다. 1774년 11월 11일자로 동생에게 보내는 편지에서 자신은 정경에 대한 보다 자유로운 연구를 하겠다는 뜻을 밝혔다.[10]

레싱이 함부르크에 있을 때 동양어 학자 라이마루스(Hermann Samuel Reimarus)가 쓴 『하나님을 합리적으로 경외하는 자들에 대한 변증서』 (Schutzschrift für die vernunftigen Verehrer Gottes)를 라이마루스의 딸로부터 건네받았다. 이것이 바로 유명한 볼펜뷔텔 문서(Wolfenbütel Fragments)이다. 레싱은 볼펜뷔텔 도서관의 사서였다. 레싱은 이 문서가 성경과 기독교에 대하여 너무 심한 비판을 담고 있어서 오랫동안 그냥 간직하다가 저자의 이름을 밝히지 않은 채 하나씩 출판하였다. 그 문서가 말하는 내용에 물론 레싱도 동조했음은 자명하다.

첫 문서는 1774년에 "자연신론자에 대한 관용에 관하여"라는 제목으로 나왔다. 예수는 합리적이며 실제적인 종교 선생이었다고 하며, 누구든지 합리적인 사람으로서 예수의 실제적인 윤리적 교훈을 따르면 기독교인이라고 칭함을 받을 수 있다고 한다. 그러나 그리스도의 교훈의 단순성은 비극적으로 오염되었다는 것이다. 즉 사도들은 메시아에 대한 유대적인 개념과 히브리 성경이 하나님의 영감으로 된 책이라는 이해에서 신비로 가득한 일체 다른 종교로 만들어 버렸다고 한다. 그러므로 합리적인 자연신론자가 용납되어야 한다고 말한다.

둘째 문서는 "만인이 합리적인 근거에서 믿을 수 있는 계시의 불가능성"이라는 제목으로 나왔다. 라이마루스는 하나님께서 각인에게 특별 계시를 주실 수 없다고 따진다. 왜냐하면 기적이 계속적으로 발생하면 자연 질서를 교란할 것이며, 그렇게 되면 하나님께서 스스로 모순을 범하는 결과가 되기 때문이라고 한다. 만일 계시가 있다면 간혹 특별한 개인들에게만 보일 수 있을 뿐이라고 한다. 그렇다면 계시는 증언을 통하여 전달되기 마련인데, 그럴 경우 계시에

---

10) Henry Chadwick, Lessing's Theological Writings(Lodon: Adam & Charles Black, 1956), 18.

대한 신뢰성은 희박해지기 마련이라고 한다. 오경의 기자를 모세로 보는 것은 불합리하며 사도들의 글은 우연의 산물이지 계시된 도그마를 전한 수단이라고는 볼 수 없다고 한다.

셋째 문서는 "이스라엘의 홍해 통과"라는 제목 아래 나왔다. 60만의 전사들이 가족과 그들에게 딸린 물건과 가축을 대동하고 하루 밤새 홍해를 건넌다는 것은 상상하기 어렵다는 것이다. 그것이 사실이라면 전사와 가족의 비율을 1:3의 비율로 계산하더라도 전체 인구가 300만이었을 것이라고 한다. 게다가 30만 마리의 소와 암소며, 60만 마리의 양과 염소 등 이렇게 많은 무리가 10열로 서서 홍해를 건넜다 해도 족히 9일은 걸렸을 것이라고 주장한다.

넷째 문서는 구약의 책들은 종교를 계시하고자 쓰인 것이 아니라고 했다. 구약에는 미래의 생에 대한 교리가 전혀 없다고 한다. 영혼의 불사가 자연 종교의 진리라면, 구약은 전혀 그런 것에 대한 가르침이 없다고 한다.

그리고 다섯째 문서인 "부활 이야기"를 보면 복음서 기자들의 진술이 일치하지 않으므로 신빙성이 없다고 말한다.

성경의 문서설과 그 이후의 비판적 연구

성경을 더 정교하게 비판적으로 한 연구는 성경 책 자체의 구성에 관한 연구라고 할 수 있다. 구약의 문서설은 계몽 시대에 이미 등장하였다. 이를 가리켜 구약의 구문서설(The older documentary hypothesis)이라고 칭한다.

힐데스하임의 목사 비터(H. B. Witter)는 1711년에 출판한 자신의 오경 주석 *Jura Israelitarum in Palaestinam*(팔레스타인의 이스라엘 법)에서 창세기 1:1~2:3에 사용된 하나님의 이름이 창세기 2:4~3:24에 사용된 이름과 다르다는 것을 지적하고, 2:4~3:24에 기록된 내용이 1:1~2:3과 병행을 이룬다고 지적하였다. 아스트룩(Jean Astruc)은 1753년에 창세기 연구서[11])에서 모세는 중요한

---

11) *Conjectures sur les memoires dont til paroit que Moyse s'est servi, pour composer le livre de la Genesis*

두 다른 자료에서, 소위 야웨 문서(J) 및 엘로힘 문서(E)와 10개의 다른 단편 자료들을 토대로 편집했다고 주장했다.[12)

1798에는 일전(Ilgen)은 『예루살렘 성전 서고에 소장된 문서는 그 본래의 상태에서 종교사와 정치사를 수정하는 일에 기여가 된다』[13)라는 자신의 책 중 제1부인 "모세의 첫 책의 문서들"(The Documents of the first book of Moses)에서 창세기에 사용된 문서가 17개에 달했다고 하며, 3인의 저작자가 편집했다고 한다. 그 중 두 사람은 E 문서를, 그리고 한 사람은 J 문서를 사용했다고 한다. 이러한 견해는 50~100년 후에 영향을 미치게 되었다.[14)

이러한 구약의 구문서설에 이어 영국 학자 제디스(Alexander Geddes, The Holy Bible Vol. I, 1792)는 『히브리서 비판적 주석』(Critical Remarks on the Hebrew, vol I, 1800)을 내놓았으며, 독일의 파터(J. S. Vater)는 이를 이어받아 소위 '단편적인 문서설'(The 'fragment' hypothesis)을 말하였다. 제디스는 오경이 수많은 단편적인 글들(fragments)을 모아 편집한 것이라고 가정한다. 그 후 19세기에 이르러 '보조적 가설'(The supplementary hypothesis)이 등장한다. 스탤린(J. J. Stählin)은 『창세기의 비판적 연구』(Critical investigations of Genesis)에서 에발트(Ewald)의 견해를 부연한다. 에발트는 오경에다 여호수아서까지 가산하여 육경(Hexateuch)이 있었다고 가상한다. 블레크(Bleek), 투흐(Tuch), 델리취(Franz Delitzsch), 크노블(Knobel)과 슈래더(Schräder) 등이 이를 지지하는 대표적 학자이다.

19세기 후반에 이르러서는 후펠트(Hupfeld), 딜만(Dillmann) 등은 소위 새 문서설(The new documentary hypothesis)을 내놓으면서 종래까지 주장된 중요한 문서 E와 J에다 다른 문서들을 더 첨가하였다. 그리하여 문서는 P(=Priestly Code), E(=Elohist), J(=Jahwist), D(=Deuteronomy)로 불어났다. 그리고는 나중에는 P, P^1, P^2, P^3, E, E1, E^2, E^3 혹은 J, J^1, J^2, J^3라고 하는 식으로

---

12) O. Eissfeldt, 앞의 책, 161.

13) *The documents of the Jerusalem Temple archives in their original form as a contribution to the correction of the history of religion and politics*

14) 같은 책, 162.

더욱 세분화하였다.

19세기 후반에 역사 비판학이 발전함에 따라 성경이 기록된 역사적인 상황을 중요시하면서 성경의 문서설에 '양식 비판'의 연구가 병행되었다. 신약과 교회사를 연구한 프란츠 (Franz Overbeck, 1837~1905)의 연구를 구약학자인 헤르만 궁켈(Hermann Gunkel, 1862~1932)이 발전시킨 성경에 대한 새로운 역사 비판이다. 구약의 문서설은 신약으로 비화되어 신약의 비판적 연구가 시작되었다.

레싱은 소위 '원복음서 가설'(Urevangeliumshypothese)을 말한 최초의 사람이다.15) 레싱은 자신이 쓴 신학적인 글 가운데 1777~1778년에 쓴 『복음서 기자들을 단순한 인간 역사 기술자로 간주하는 새 가설』(*Neue Hypothese über die Evangelisten als blob menschliche Geschichtsschreiber betrachtet*)16)을 회심의 저작으로 여겼다. 레싱은 첫 세 복음서를 넷째 복음서와 다른 것으로 분류하고, 넷째 복음서는 그리스도의 인격에 관하여 아주 다른 이해를 진술하고 있는 것으로 이해한다. 그것은 팔레스타인의 전통과는 다른 이방인 교회를 위해 신학적 근거를 제시하려는 책으로 이해하며, 첫 세 복음서는 그리스도를 영감에 찬 기적을 행하는 약속된 메시아로 보고 있어서 유대교와의 유대가 더 밀접하다고 한다.

복음서 기자들은 모두 아람어 복음서에 근거하고 있다는 가설을 말하였다. 이러한 발언은 후에 나오게 된 Q문서설의 원판이라고 할 수 있을지 모르겠다. 이 아람어 복음서는 사도들의 직접적인 회상을 서술한 것으로서 유대인 그리스도인들과 그들의 후계자들, 즉 에비온파(Ebionites)들에 의하여 보전되었다고 한다. 이것은 그 후 에비온파 회중들이 간직하게 되었으며 교부들이 이를 바리새인의 복음서라고 불렀다고 한다. 채드윅(Henry Chadwick)에 따르면, 레싱의 연구 내용의 역사적인 근거나 비평이 어디에 근거한 것인지

---

15) Feine-Behm-Kümmel, *Einleitung in das Neue Testament*, 15. Auflage (Heidelberg: Quelle & Meyer, 1967), 17.

16) Lessing's Theological Writings, 앞의 책, 65-81.

알 수 없지만, 넷째 복음서를 공관복음과 구별해서 본 최초의 시도였다고 한다.[17]

여기서 암시를 받은 아이크호른(J. G. Eichhorn)은 『첫 세 복음서』(*Über die drei ersten Evangelien*, 1794)를 써서 세 복음서 기자들이 각기 다른 원복음서(原福音書, Urevangelium)를 사용하였다고 주장한다. 그러다가 자신의 『신약개론』(*Einleitung in das NT I*, 1804)에서는 아람어로 된 하나의 원복음서가 있었고, 여기서 9개의 다른 복음서들이 기록되었으며, 이것들이 바로 현 복음서 기자들이 사용한 자료들이라고 하여 자신의 처음 주장을 수정하였다.

이러한 원복음서설은 단편적인 문서설로 이어졌다. 파울루스(H. E. G. Paulus)는 마태복음과 누가복음은 예수께서 사역하신 날들에 관하여 기록한 것에서 나왔다고 한다.

슐라이어마허는 『누가복음서의 비판적 연구』(*Über die Schriften des Lk., ein kritischer Versuch*, 1817)에서 이러한 가설을 받아들여, 본래 얘기한 사람들, 즉 사도들과 얘기를 들은 사람들에게 이미 예수의 말씀과 행위가 기록된 단편들이 있었다고 추정한다. 그리고 1832년에 쓴 『신약의 첫 두 복음서에 대한 파피아스의 증언』(*Über die Zeugnisse des Papias von unserm ersten beiden Evangelien*, 1832)에서는 마태복음이 사도들에게서 유래한 예수의 언설집(言說集)을 수용했다고 한다. 그로 말미암아 언설 자료(Redenquelle)가 복음서 연구의 또 하나의 관심사가 되었다.[18]

신약에 대한 비판적인 연구는 '전통 가설'(die Traditionshypothese), '용도 가설'(die Benuzungshypothese), 두 문서설(Zweiquellentheorie)에다 양식 비평(die Formgeschichte)을 거쳐 20세기 중반에는 편집비평(Redaktionsgeschichte)으로 발전하였으며, 20세기 후반에는 내러티브비평(narrative criticism)으로까지 발전하였다.

19세기말과 20세기를 지나면서 고고학의 발전으로 신구약성경의 주변

---

17) Henry Chadwick, 앞의 책, 195-196.

18) Feine-Behm-Kümmel, 앞의 책, 18.

세계에 대한 발굴 작업과 발견을 통하여 새로운 지식을 획득하면서부터 신구약의 배경에 대하여 더 많은 것을 알게 되었다. 그리하여 구약 연구의 경우 이스라엘의 역사를 재구성하는 작업도 진행되었다. 그런가 하면 제1차 세계 대전 이후 칼 바르트로 말미암아 역사적인 비판에도 불구하고 변증법적 신학을 통하여 성경을 하나님의 말씀으로 새롭게 그 의미를 보려는 운동이 일어났다.

이 운동은 자유주의 신학을 부정하고 정통주의를 지향한다는 의미에서 신정통주의 신학이라는 이름을 얻었다. 그러나 긍정과 부정의 논리를 따르는 변증법 신학의 속성 때문에 이들의 신학은 양극화의 길을 가게 된다. 하나는 전통적인 정통주의에는 이르지 못하나 다소 긍정적인 경향을 지향하는 신학으로, 다른 하나는 종래의 자유주의적인 비판을 새롭게 더 심화시키는 경향으로 치닫는 신학으로 발전하게 되었다. 일체의 성경 비판학을 거부하는 경건주의적이며 근본주의적인 복음적인 교회는 교회 운동과 선교에는 활발하나 소위 신학의 마당에서는 소수파로 밀리게 되었다.

제1차 세계 대전이 일어나기 직전에 나일의 동쪽 강안 아마르나(Amarna) 폐허에서 설형 문자로 된 토판이 발견되었다. 그 이후 팔레스타인, 페니키아, 시리아 남부 지방에서도 가나안어로 쓰인 토판들이 발견되어 이스라엘 백성이 가나안을 점령할 당시 상황을 알아 볼 수 있게 해 주었다.

1929년 이후 프랑스 학자들이 시리아의 북부 연안 지방의 라스 에쉬 샤마라(Ras esch-Schamra)의 언덕에 위치한 우가리트(Ugarit)에서도 토판들을 발견하였다. 거기에서는 구약성경에 빈번히 나오는 바알, 아세라, 엘(El) 등의 이름을 발견할 수 있었다. 바움가르트너(Walter Baumgartner, 1887~1969)는 라스 에쉬 샤마라와 구약의 관계를 밝히는 일에 관심을 기울였다. 그 이후 중부 유프라테스의 오른쪽 강안에 있는 도시 마리(Mari)에서도 프랑스 학자들이 2만 5천의 설형 문자판을 발견하여 족장 시대의 배경을 엿볼 수 있게 되었다.

알트(Albrecht Alt, 1883~1956)는 이스라엘 역사를 새롭게 이해하였다. 종전에는 아브라함, 이삭, 야곱 등 족장들의 이야기를 순전히 전설(Saga)로 이해하였는데 유목민의 부족을 이끈 역사적인 인물로 이해한 것이다. 그들은 어떤 한 지방과 관계하는 지방신(바알)이 아닌, 이동하는 족장들과 함께 동행하는 신을 예배하였다고 한다.

그러나 알트는 모든 것을 성경을 따라 이해하지는 않는다. 이를테면 이스라엘의 가나안 점령(die Landnahme)만 하더라도 성경과는 달리 이해한다. 즉 이스라엘 백성이 가나안으로 들어올 때는 평화적으로 왔으나 그 후에 평지민들과 갈등 관계에서 싸움을 하기에 이르렀다고 한다. 그리고 구약의 기사는 역사적인(historisch) 것이 아닌 것이라고 본다.

알트의 제자 마르틴 노트(Martin Noth, 1902~1968)는 이스라엘 12지파의 조직에 관하여 말하면서 12지파가 정치적인 연합 공동체이기 이전에 법궤를 중심하여 하나님을 공동으로 예배하는 종교적 유대 가운데 살았다고 한다. 이것은 그리스와 이탈리아에 있던 '암픽티오니'들(Amphiktyonien), 즉 이웃한 부족들의 동맹들과 비슷한 것이라고 말한다. 노트는 1950년에 「이스라엘 역사」(Geschichte Israels)를 내어 놓았다. 그는 이스라엘의 주변 민족과의 유사성을 말하는 한편 이스라엘의 하나님 신앙의 특이성도 말한다.

아이스펠트(Otto Eissfeld, 1887~1973)는 1934년 「구약개론」(Einleitung in das Alte Testament)을 내놓았는데 문서 비평적 분석에 따라 오경(Pentateuch) 대신에 여호수아를 포함시켜 육경(Hexateuch)으로 볼 수 있다고 말하였다. 알트와 함께 궁켈과 벨하우젠의 방법을 따르며, 특히 프란츠 오버베크에게서 배운 궁켈의 양식비평(Formgeschichte)사를 인정한다.

폰 라트(Gerhard von Rad, 1901~1971) 역시 육경을 인정하고 여호수아에서 보는 역사도 이스라엘의 신앙에서 보고 편집된 것이라고 하며, 구약의 역사서는 본격적인 역사서라기보다는 이스라엘의 신앙고백이라고 한다. 그는, 바르트가 말하듯이, 특정한 역사적(geschichtliche) 사건 안에 나타나는 비역사적인(unhistorische) 하나님의 계시가 이스라엘 역사 속에 나타났다고 본다. 알트나 아이스펠트와 더불어 변증법 신학의 관점에서 구약을 이해하려고 한 대표적인

구약 신학자이다. 우리나라에서는 김정준(金正俊)이 폰 라트를 소개하고 구약
연구에 그의 방법을 적용하였다.

그밖에 히브리어 원본을 회복하려는 연구가 있었다. 19세기에 이미 카이로
의 에스라 회당(Esra-Synagoge)에서 중세 후기에 나온 사본보다 몇 백 년
더 오래된 사본을 발견하였다. 중세 후기의 회당에서는 권위 있는 사본을
만들어 옛날 사본을 이에 맞추어 수정한데다가 오래 사용한 사본은 소위
게니자(Geniza)에다 성대하게 매장을 하였기 때문에 더 오래된 사본을 볼
수 없었는데, 카이로의 회당에 속한 게니자에서 오래된 사본을 발견하게
되었다. 파울 칼레(Paul Kahle, 1875~1964)는 이 사본의 도움을 얻어 본문
수정(text revision)에 착수하였다.

구약에 대한 이러한 역사적인 문서 연구를 통하여 구약학자들 가운데
여러 사람들이 구약 신학에 대한 관심을 갖게 되었다. 처음에는 구약 종교를
여러 종교 가운데 하나로 이해하다가 기독교적인 구약 이해를 진지하게
고려하기 시작하였다. 다시 말하면 신약의 예수가 구약의 성취라는 점을
재인식한 것이다.

아이히로트(Walter Eichrodt, 1890~1978)의 『구약신학』(Theologie des Alten
Testaments)은 그러한 관심에서 나온 책이다. 구약의 신앙 세계는 구약의
구성적 특이성을 주변 종교를 참작하면서 보아야 하며, 신약과의 관계를
고려할 때 그 깊은 의미를 파악할 수 있다고 한다. 쾰러(Ludwig Köhler,
1880~1956)의 『구약신학』(Theologie des Alten Testaments)도 이런 방향에서
쓰인 대표적인 책이다. 피셔(Wilhelm Vischer, 1895~1988)는 『그리스도에 대한
구약의 증언』(Das Christuszeugnis des Alten Testaments)에서 책 제목에서 기대
할 수 있는 것과는 오히려 역행하는 방향으로 신약이 구약의 순전한 해석인지
를 물어 양식 비평의 연구에 더 열을 올리게 하였다.

복음서가 예수의 전기가 아니라면 그 구조와 내용은 무엇으로 이해할
것인가 하는 것이 관심사가 되었다. 칼 슈미트(Karl Ludwig Schmidt, 1891~1956)
는 1919년에 『예수전의 구조』(Der Rahmen der Geschichte Jesu)[19]를 펴내어

마가복음, 마태복음, 누가복음이 이어 쓴 보고서가 아니라 짤막한 이야기를 종교적, 변증적, 선교적 관심에서 엮어 채운 것이라고 주장하였다.[20] 디벨리우스(Martin Dibelius, 1883~1947)는 1919년에 『복음서 양식 비평』(Die Formgeschichte des Evangeliums)의 초판을 내고 1933년에는 증보판을 내었다. 디벨리우스는 복음서 기자들이 저자이기보다는 단순히 조각들을 수집하여 엮은 편집자일 뿐이라고 한다.

불트만(Rudolf Karl Bultmann, 1884~1976)은 1921년에 『공관복음 전통의 역사』(Geschichte der synoptischen Tradition)를 출판하였다. 불트만은 복음서가 기록되기 이전에 전수되어 온 것들이 문서이든 구전이든 간에 거기에는 독립적인 공동체들의 삶의 정황에서 신앙하는 것이나 바라는 것이 투영된 양식들이 있을 수 있다고 전제하고 이를 잠언, 주의 말씀, 기적 이야기, 설화, 전설 등으로 분류한다. 전수되어 오던 이러한 자료들이 팔레스타인의 초기의 공동체에서 자신들의 신앙을 변증하고 반론에 대하여 논박하려는 목적에서, 그리고 교회가 예언적인 정신으로 생동성을 유지하고 그들의 신앙을 더 널리 전하기 위하여 수집하게 되었다고 한다.[21]

일부 학자들은 종교사학파와 양식 비평의 영향을 받아 구약의 마지막 시기에 나온 책들과 후기 유대교를 참작하면서 신약을 연구하였다. 빌러벡(Paul Billerbeck, 1853~1932)은 네 권으로 된 『탈무드와 미드라쉬를 통해 본 신약 주석』(Kommentar zum Neuen Testament aus Talmud und Midrasch)을 내놓았으며, 게하르트 키텔(Gerhard Kittel, 1888~1948), 유리우스 슈니빈트(Julius Schniewind, 1893~1948), 에른스트 로마이어(Ernst Lohmeyer, 1890-1946) 등도 이러한 관점에서 연구를 한 사람들이다. 드디어는 신, 구약을 합작하는 연구서가 나왔으니, 그것이 바로 키텔의 편집으로 1933년에 나온 『신약

---

19) Karl Ludwig Schmidt. Der Rahmen der Geschichte Jesu: literarkritische Untersuchungen zur ältesten Jesusuberlieferung, (Berlin: Trowitzsch, 1919).

20) Heinrich Zimmermann, Neutestamentliche Methodenlehre, (Stuttgart: Verlag katholisches Biebelwerk, 1982), 129.

21) 같은 책, 130.

사전』(*Das Theologische Wörterbuch zum Neuen Testament*)이다.

제10장
19세기 독일 신학

교회와 사회의 사상적 배경

19세기에 들어서서 독일에서는 계몽사상과 함께 두 가지 중요한 사상적인 흐름이 있었다. 하나는 관념론(觀念論 혹은 理想主義, Idealismus)이고 다른 하나는 부흥 운동(Erweckung)이다. 그러나 어느 것도 계몽사상을 충분히 극복하지는 못했다. 그리하여 19세기의 시작과 더불어 개신교회에서도 결국 두 사상운동의 흐름을 보게 되었다.[1]

부흥 운동은 신령주의적인 경향을 띤 18세기 경건주의의 부활을 의미하는 것이었는가 하면, 관념론자들은 그들의 발을 세상 속으로 깊숙이 딛고 있어서 부흥 운동에 참여한 사람들과는 대조를 이루었다. 관념론자의 특징은 문화를 즐긴다는 자신들의 말과 같이 문화에 관심을 보였다. 그들에 의하면, 문화는 절대 정신(Geist)의 자기 발현이요 발전이다.

피히테(Fichte)와 뜻을 같이한 사람들은 자신들의 조국을 생각하면서 정치적인 자유와 함께 내적인 자유, 즉 그들이 쟁취하기 위하여 투쟁해 온 지고(至高)

---

1) Jan Rohls, *Protestantische Theologie der Neuzeit* Bd. 1 & 2(Tübingen: J. C. B. Mohr Siebeck, 1997). Jan Rohls는 제1권에서는 19세기의 신학을, 제2권에서는 20세기의 신학을 900쪽에 달하는 각 권에서 광범하게 다루고 있다.

의 것, 즉 인간의 내면에 있는 신적인 것을 잊게 될까 봐 두려워하였다. 그들에게는 조국을 위한 투쟁이 곧 하나님을 위한 투쟁이었다. 그러므로 자신들의 신앙을 위해서도 전쟁은 반드시 이겨야 했다.

관념론자들과는 달리 부흥 운동에 참여한 슈톨베르크(Stolberg)는 프러시아와 프랑스 간의 전쟁[普佛戰爭]의 와중에 독일 국민의 내적 순화를 위하여 차라리 전쟁에서 패하기를 바랐다. 전쟁의 패배는 물론 관념론자들에게 회의에 빠지는 계기가 될 수 있었다. 프랑스 혁명의 정치적 이념은 이 땅 위에 정의와 자유의 천국을 실현하는 것이었다. 그러나 멕켄(Mecken)에게는 그것이 하나님을 거스른 무엇을 달성하려는 신기루에 지나지 않았다. 그에 의하면, 인간은 전통을 통하여 신성화된 질서에 그대로 머물러야 한다.

그러므로 부흥 운동은 군주들과 제후들의 호응을 받았으며 마침내 족장주의(Patriarchalismus)를 불러일으켰다. 예컨대, 독일 북부의 뷔르템베르크에서는 절대주의 시대의 여건들이 그대로 남아 있었으며, 백성들은 정부가 옛날과 같이 신성한 법을 가진 것으로 알고 지지하였다. 이런 곳에서 부흥 운동에 참여한 사람들은 정치적으로 민주적 자유주의에 기울었다.

관념론자들이 생각하는 자유가 바로 인간 안에 내재하는 신적인 것이라고 한다면, 이 자유를 위해서는 정치적인 일에 관심을 보이기 마련이다. 따라서 관념론에 심취한 사람들은 정치적 자유주의를 위한 선구자가 될 수밖에 없었다. 그리하여 관념론자들은 부흥 운동에 가담한 사람들과는 정치적으로 서로 다른 이념을 가짐으로 피차 대립하게 되었으며, 또한 이러한 대립은 독일 정치에 큰 부담을 안겨주었고, 이러한 정치적 대립은 유감스럽게도 사회적 대립으로 비화하였다.

귀족들과 농부들은 부흥 운동에 참여했으며, 교육을 받은 사람들과 중산층 시민들은 정치적 자유주의를 추구하였다. 신앙의 균열은 결국 국민 간의 균열을 가져 왔다. 부흥 운동은 소시민들의 지지를 받았으나, 여하튼 영적 각성에 초점을 둔 부흥 운동에는 관념론과는 달리 문화적인 관심과 관여가 결여되었다. 그러므로 백성들 간의 균열은 또한 문화적 균열을 초래하였다.

부흥 운동에 참여한 신학자들은 "하나님께서는 역사의 주인이시다"고 말하면서 종교와 문화를 엄격히 분리해서 보고, 인간에게 자신의 힘으로 완전에 이르게 되는 발전하는 능력이 있다는 생각을 거부하였다. 이에 반하여 관념론자들은 "하나님께서 역사의 주인이시다"는 말은 인정하나 부흥신학자들과는 달리 더 넓은 의미로 이해하였다. 즉 역사의 목적은 세계 안에 있으며, 종교적 발전은 전체 역사의 일부에 지나지 않는다고 보았다.

다시 말하면, 역사의 발전은 보편적 사상의 발전이어서, 종교와 문화는 대등한 것으로 문화의 발전이 곧 하나님의 자기 계시의 발전이라고 한다. 따라서 관념론을 따르는 교육 받은 사람들은 기독교를 종교로 가지면서도 자신들의 발전을 기하겠다는 생각이었다. 그리고 기독교와 교회를 동일시하지 않는 경향이 널리 만연하면서 많은 사람들이 교회와 결별하였다. 이렇게 결별한 사람들의 수는 이미 교회 밖에서 활동하는 경건주의자들의 수보다 훨씬 많았다. 여하튼 19세기 초 독일 교회에 이러한 두 가지 움직임이 있었다고 아는 것은 그 이후의 교회 역사와 신학을 이해하는 데 크게 도움이 될 것이다.

1835년경에 이르러서는 비교적 넓은 층의 사람들이 부흥 운동을 통하여 생동하는 신앙을 갖게 되었다. 그런데 관념론자들이 바라던 바와 같이 독일 해방 전쟁 역시 종교적 열정을 불러일으켰음은 사실이다. 그런 면에서 1835년대의 독일 사정은 19세기 초와는 판이하였다. 만사를 피상적으로 본다면, 독일은 계몽사조의 산물인 무신론에서 구원을 받아서 기독교적인 방향으로 나아갔다고 생각할 수도 있다. 그러나 이러한 기대와는 반대로 19세기는 '하나님 없는 세기'가 되었다. 게다가 지식층이 지향하는 바는 새로 형성된 산업 노동자가 지향하는 것과는 본질적으로 차이가 났다. 독일의 정신 생활의 변화를 들자면 먼저 철학의 세속화를 들 수 있다.

철학의 세속화는 관념론의 와해, 즉 관념론 자체의 내부 붕괴에서 비롯되었다. 헤겔 학파의 좌파와 우파의 분열은 헤겔 자신의 변증법에 따른 당연한 귀결이라 할 수 있다. 엥겔스(Friedrich Engels)는 좌파와 우파의 이러한 분열을 헤겔처럼 보수적으로 이해하지 않고 영원한 변화의 원리, 즉 후에 러시아에서 일어나게 된 것과 같은 혁명적인 것으로 이해하였다. 헤겔의 변증법 사상 체계는 유신론으로 발전함과 동시에 무신론으로 발전하였다. 먼저 무신론으로 발전한 사상가를 들자면, 슈트라우스, 바우어, 포이에르바흐, 마르크스 등 급진파들이다.

슈트라우스(David Friedrich Strauß, 1808~1874)는 헤겔이 신화(Mythus)를 표상(表象, Vorstellung)과 개념(Begriff)으로 구별하는 것을 모방하였다. 슈트라우스에 의하면, 헤겔 자신은 표상의 역사적 구원사실(Heilstatsachen)들이 신화에 제물로 바쳐진 것이라고 한다. 다시 말하면, 역사적 구원사실이 신화화되었다는 뜻이다. 그에 반하여 슈트라우스는 역사적 구원사실 속에서 자유롭게 조성된, 즉 저절로, 무의식중에 조성된 신화들을 볼 뿐이라고 한다. 슈트라우스는 성경에 나타나는 신인(神人, Gottmensch)에 관한 역사적 서술은 인간성에 관한 유형의 언설(Gattung)로 이해할 뿐이다. 말하자면 슈트라우스는 기독교 신앙을 인본주의적인 이념으로 바꿔 버린다.

브루노 바우어(Bruno Bauer, 1809 ~1882)는 처음에 헤겔파의 우파에 속했다가 얼마 후에는 반대 입장을 취하였다. 종교에 대한 헤겔의 이해가 사실은 종교를 방해하는 것이라는 논의로 출발하여, 헤겔은 인간의 자의식을 하나님의 자리에다 두었다고 하면서, 바우어 자신은 기독교의 탄생이 주관적 정신, 즉 자의식의 발전에서 나온 것이라고 말한다. 다시 말하면, 종교는 인간의 자의식의 산물이라는 것이다. 하나님은 존재하지 않는다고 하며, 복음서의 기록은 로마 제국이 몰락해 가는 와중에 나온 신학적 창작품 이외에 아무것도 아니라고 한다. 바우어는 1840년의 『요한복음서 비평』(*Kritik der evangelischen Geschichte des Johannes*)과 『공관복음서 비평』(*Kritik der evangelischen Geschichte der Synoptiker*)에서 전통적 이해를 완전히 묵살한다. 예를 들면, 메시아는 종교적 의식의 이상적 산물일 뿐 참다운 의미의 개별적 인격으로는 존재하지 않았다고 한다.[2]

포이에르바흐(Feuerbach, 1804~1872)는 1823년에 신학을 시작하였으나 신

---

2) Schmidt, 위의 책, 195.

학보다는 철학에 관심을 더 두었으며 헤겔에게서 배웠으나 그를 비판하였다. 헤겔의 관념주의를 감각주의(Sensualismus)로 발전시켰다. 정신(또는 영, Geist)은 변증법적 발전에서 명제가 될 수 없다고 하며, 자연 또한 정신을 통하여 생겨난 것이 아니라고 한다. 그는 사물에 대한 의미 있는 관찰이 곧 철학의 출발점이라고 한다. 이러한 발언에서 그는 이미 기독교에 반대하는 경향을 보인다. 포이에르바흐는 육체를 경시하는 것을 비난하면서 또한 불사(不死)에 대한 생각에도 도전한다. 그러나 가장 큰 문제점은 종교에 대한 이해이다.

포이에르바흐는 종교의 본질은 느낌(Gefühl)이라고 한다. 이러한 느낌은 우리 안에 있을 뿐 아니라 동시에 우리를 초월한다는 것이다. 다시 말하면, 우리와 구별되면서 또 우리와는 독립된 힘(Macht)으로서 우리를 초월하는 것이라고 한다. 느낌은 우리의 가장 고유한 본질이면서 우리에게 신적인 감동을 주는 것과는 다른 본질이라고 한다. 이로 미루어 보건대, 신의 초월성은 다만 그렇게 보이는 것일 뿐이며, 신은 결코 인식의 대상이 되는 본질일 수 없다고 한다. 느낌, 즉 종교에서 중요한 느낌이 주관적인 것이라면, 느낌의 본질이 아닌 그 어떤 것, 즉 신도 객관적일 수 없다고 하며, 따라서 종교는 인간의 근원적 본질에 대한 욕구를 인식의 대상으로 만든 것에 지나지 않는다고 한다.

그러므로 신인식(神認識)은 말하자면 곧 자의식인데, 사람들은 다만 그것을 의식하지 못하고 있을 뿐이라고 한다. 포이에르바흐는 종교가 인간의 으뜸가면서도 간접적인 자의식이라고 한다. 즉 종교는 인간이 자신에게 이르는 우선적인 우회로라고 하는데, 이것이 바로 포이에르바흐의 환상주의(Illusionismus)이다. 신앙의 모든 대상들은 인간 정신의 피조물로서 인간의 소원이 믿음의 대상이 되고 의인화된 것이라고 말한다. 신은 인간이 우상화한 실체이며 자연과 법의 모든 굴레에서 해방된 마음이므로, 종교의 발전은 인간 정신을 의식하는 방향으로 발전하느냐에 달렸으며, 신을 부정할수록 그것이 인간에게는 긍정적인 것이 된다고 한다.

마르크스(Karl Marx, ~1883)는 헤겔의 제자였으나 포이에르바흐의 사상을 계승한다. 마르크스는 이상(Idee)과 실제를 조화하려는 헤겔의 생각이 실현되지는 못했으나, 이상은 실제와 조화가 된다고 하면서 헤겔의 명제를 완전히 뒤엎어 놓았다. 즉 마르크스는 정신(Geist = 영)이 물질을 규정하는 것이 아니고 물질이 정신을 규정한다고 한다. 이와 같이 마르크스는 유물론에 귀착함으로써 세계와 인간의 관계에도 이를 적용한다.

헤겔이 세계를 긍정하는 것은 그의 보수주의의 뿌리인데, 그것은 자신의 기독교적 신앙에서 나온 것이라고 한다. 그러나 마르크스가 현존하는 것들에 대해 신랄하게 비판한 것은 기독교의 창조 사상에 대항하는 프로메테우스식 반항에서 나온 것으로, 자기 자신을 믿는 인간의 무신론만이 새 세계를 창조할 수 있다고 한다. 따라서 인간이 주인이 되는 세계가 되려면 종교의 파괴가 앞서야 한다는 것이다. 종교를 비판하는 데 필요한 철학적인 전제를 마르크스는 포이에르바흐가 신학을 인간학으로 환원시킨 데서 발견한다.

그러나 마르크스는 거기서 한 걸음 더 나아가 도대체 인간이 왜 피안의 세계를 바라보는 것일까 하고 묻는다. 포이에르바흐는 그러한 성향이 인간의 본성이라고 말하는가 하면, 마르크스는 그것을 인간의 자기모순이라고 한다. 이러한 인간의 자기모순은, 마르크스에 따르면, 경제 관계에서 비롯하는 것이고, 이 자기모순을 극복하고 제거하려면 사회적 관계의 변혁이 불가피하다고 한다.

마르크스가 비판하는 바에 따르면, 사회의 발전에는 가장 높은 질서의 법칙이 지배한다. 인간의 기술을 통하여, 즉 자연의 힘을 물품 생산에 이용하는 인간의 능력을 통하여 생산 관계가 결정된다고 한다. 생산 관계의 변동 하나하나가 산업 구조의 변화와 사유재산과 권리의 질서에 변화를 초래하며, 따라서 사회 구조의 변화를 초래한다고 한다. 그것이 바로 인간의 정신적 자세를 형성한다고 한다. 즉 인간의 형성이 생산 관계의 양상에 의존한다는 말이다.

그러나 인간은 자기 자신을 위하여 불가피하다고 말하는 자기 소원(疏遠), 즉 자신의 노동력을 팔아서 자신의 인격 전체가 아닌 자신의 한 부분에만 충실을 기하는 자기 소원을 지양해야 한다고 한다. 마르크스는 이러한 인간의 자기 분할은 노동자를 생산 수단의 소유자로 만듦으로써 극복할 수 있다고 한다. 이것이 곧 보다 나은 생활 조건을 위한 노동자 계급의 투쟁을 위한 매력 있는 철학적 전제이다. 마르크스의 이론은 수백만의 노동자들을 마르크스주의자로 만들었고 기독교와 교회를 대항하는 사람들로 만들었다.

쇼펜하우어(Athur Schopenhauer, 1788~1860)는 헤겔과 다른 면에서 사상계에 영향을 미쳤다. 헤겔이 세계의 근원을 이데아(Idee)라고 한 반면에, 쇼펜하우어는 의지(der Wille)가 세계의 근원이라고 한다. 의지는 모든 현상의 근원이 되는 힘이며, 무기질의 자연에서 무의식중에 의지가 일어나서 가장 높은 단계의 천재(天才)에까지 이른다고 한다. 여기서 쇼펜하우어가 낭만주의의 천재 숭배를 받아들인 것을 알 수 있다.

쇼펜하우어는 관념론을 주의설(主意說, Voluntarismus)로 대치하였으며, 동시에 관념론적 낙관론을 비관론으로 대치하였다. 왜냐하면 그의 생각에는 '의지로써 원하는 것'(Wollen)은 괴로운 것이다. 다시 말하면, 의지는 현존(Dasein)의 원인이며 동시에 현존케 하는 자이면서 동시에 모든 고난과 고통의 원천이기 때문이다. 쇼펜하우어에게는 행복이라는 것이 없다. 구태여 있다면 고통의 잠정적 멈춤만 있을 뿐이다. 이러한 고난을 벗어나는 구원이란 살려는 의지를 부인하는 것일 뿐이라고 한다. 그런데 한 개인의 생애를 통해서는 이러한 부정에 도달하지 못한다고 한다.

그리하여 쇼펜하우어는 붓다와 마찬가지로 영적인 순례를 요청하기에 이른다. 쇼펜하우어는 기독교를 소박하게 있는 그대로가 아니라 합리주의적인 혹은 관념론적이며 지성적인 표현을 통하여 알게 되었기 때문에, 기독교를 고질적인 정신박약자에게 맞는 형이상학이라고 하면서 거부한다. 마르크스와 엥겔스의 공산당 선언이 있던 1848년에 경험한 좌절과 실망 가운데서 쇼펜하우어의 철학은 기독교 신앙과는 전혀 다른 하나의 세력이 되었다.

니체(Friedrich Nietzsche, 1844~1900)는 쇼펜하우어의 영향을 받은 것 같지 않으나, 그도 기독교를 반대하는 소리를 드높이 외쳤다. 그는 기독교 신앙이 문화를 거스른다는 선입견에서 기독교를 반대한다. 기독교 윤리는 미, 지혜, 권력, 화사(華奢), 모험 등, 신사도를 무시한다고 하며, 기독교 신앙은 본래부터 퇴폐적이라고 한다. 이웃 사랑이란 파렴치한 것이며, 정절은 자연을 거스르는 것이고, 참회는 사람이 자기 일 하나도 감당하지 못한 것을 드러내 보이는 것일 뿐이며, 불사(不死)를 믿는 믿음은 이기주의의 극치라고 한다. 또한 생을 자의로 포기하는 것은 본래 기독교 신앙의 결과에서 온 것이 틀림없다고 한다. 기독교 신앙을 제대로 가진다면 생을 자의로 포기해야 하지만, 기독신자들은 그러기에는 너무 나약하며, 인종 개량에 방해가 되는 족속이라고 한다.

니체는 생을 영위하는 가장 고상한 원리는 권력에의 의지(der Wille zur Macht)이며, 권력에의 의지야말로 생을 낳고 유지하며 고양하기 때문에 선이라고 한다. 니체는 힘 있는 인간, 즉 초인을 찾아 외침으로써 여러 세기 동안 전수되어 온 '허위'를 극복하려고 한다고 말한다. 그는 유럽에 허무주의가 다가오는 것을 본다. 허무주의는 하나님을 믿는 기독 신앙이 퇴락함으로 말미암아 도덕도 없어져 모든 것이 허용되는 상황을 가리키는 말이다.

그런데 니체 자신이 이러한 허무주의자이다. 그는 그 사실을 수긍하면서 쇼펜하우어가 말하는 전생(轉生) 또는 윤생(輪生)과 같은 회귀에 대한 사상에서 이를 다시금 극복하려고 한다. 무를 향한 자유는 자유의 영원한 회귀가 반드시 있어야 한다는 자유를 원하는 필연성으로 향한다고 한다. 따라서 시간 세계의 운명은 니체에게 영원한 운명도 된다. 니체는 이 점을 수긍한다. 그러므로 니체에게는 자라투스트라(Zarathustra)가 신과 무를 극복한 자가 된다. 그리스어 발음을 따라 영어로 조로아스터(Zoroaster)라고 표기하는 자라투스트라는 B.C. 6~7세기경 세계의 기원을 이원론으로 가르치는 조로아스터교의 교조이다. 니체는 『그러므로 자라투스트라는 말했다』(*Also sprach Zarthustra*)에서 자신의 주요한 사상을 말한다.

니체의 이러한 반복설은 잘 알려져 있지 않은데, 그것은 우연한 일이 아니다. 하나님을 대항하는 그의 싸움은 허무할 뿐이다. 그는 모든 가치를 전도하는 것을 찬양한다. 말하자면 죄의식의 무의미함을 증명함으로써, 선과 악의 피안에서 무죄를 다시 얻음으로써 갖게 된다는 모든 가치의 전도를 찬양한다.

1938년 야스퍼스(Jaspers)는 「니체와 기독교」(*Nietzsche und das Christentum*)에서 니체를 여태까지 사람들이 생각했던 것과는 달리 기독교에 보다 호의적이었던 것으로 해석하려고 한다. 이러한 평가가 설사 니체 자신을 두고는 옳은 평가였다고 하더라도, 니체가 역사적으로 다른 사람들에게 미친 영향으로 보면 기독교에 큰 해를 끼친 것이라고 말하지 않을 수 없다.[3]

19세기 초반의 사상가들은 주로 사상과 신앙, 철학과 기독교 간의 조화를 위하여 노력하였다. 그러나 19세기 후반에 이르러 실증주의(實證主義, Positivism)가 등장하면서 많은 사람들이 불가지론에 빠지게 되었다. 19세기의 이름 있는 사상가들은 거의 하나같이 기독교를 거부하였다. 그러나 키에르케고르는 예외였다.

키에르케고르(S ø ren Aaby Kierkegaard, 1813~1855)는 20세기에 와서 그 사상의 가치를 인정받게 되었으며 영향력을 발휘하게 되었다. 키에르케고르는 객관적 기독교 진리를 학적으로, 즉 역사적으로 밝히기 위해 경주하는 모든 노력을 긍정적으로 보지만, 그러한 방법으로는 진리의 개연성에 근접할 수 있을 뿐이므로, 그것은 또 다른 방법으로, 헤겔이 했던 것처럼 사변을 통하여 기독교 진리를 드러내려고 하는 노력이나 별로 다를 바 없다고 여긴다. 그리하여 그는 헤겔의 정, 반, 합의 방법이 아닌 긍정과 부정을 오가는 '파라독스', 즉 이율배반의 변증법으로 기독교 진리에 접근하려고 하였다.

19세기 후반에 나타난 반기독교적인 경향은 철학과 기독교에 대한 19세기 초반의 관념론의 종합에 대한 반명제라고 이해해야 좋을는지도 모른다. 여하튼 19세기 후반에 와서 유럽의 지성인들이 반기독교적 경향으로 빠진 것을 보면 부흥 운동은 대체로 지성인들에게 별 영향을 주지 못한 것임을 알 수 있다.

---

3) 같은 책, 475.

슐라이어마허의 신학

슐라이어마허는 기독교 사상사에 한 큰 획을 그었다. 계몽사조 이후 합리주의자들이 기독교를 이성으로는 받아들일 수 없는 종교로 치부하는데 대하여 슐라이어마허는 합리적 논리를 따르는 이해가 기독교를 받아들일 수 있는 열쇠가 아니라고 말하면서 합리적 논리 대신 느낌으로 받아들일 수 있다고 말한다. 이렇게 슐라이어마허가 기독교를 가장 값진 종교로 평가한다는 점에서는 기독교를 부정적으로 비판하는 합리주의자들과 다르지만, 전통적인 교의를 존중하지 않거나 폐기하는 점에서는 별 다른 점이 없다.

슐라이어마허는 성경 가운데 규범적인 것으로 인정할 수 있는 것은 신약성경뿐이며, 구약성경이 정경 가운데 발견되는 것은 그것이 가진 신약성경과의 역사적 연관성 때문이라고 한다. 그러나 성경의 권위는 믿음에 대한 기초 구실을 할 수 없으며, 그 대신에 믿음은 성경 이전에 이미 존재하였다고 가정하며, 계시는 인간 안에 하나님께서 와 계심(臨在)을 뜻하는 경건한 자아의식과 동일한 것이라고 인식한다. 성경의 자명성과 믿음을 창조할 수 있는 말씀의 능력 등에 관한 사상은 그에게서 일체 찾아볼 수 없다.

슐라이어마허의 느낌의 신학

슐라이어마허(Friedrich Daniel Schleiermacher, 1768~1834)는 친첸도르프 계열의 경건주의 가정에 태어나 기독교 신앙에 적극적인 분위기에서 자라는 한편, 칸트의 비판적인 정신을 배우면서 자랐다. 그러다가 성년이 되어 고향을 떠난 다음 경건주의 신앙과도 결별하였다. 그 후 그는 낭만주의와 스피노자와 피히테의 영향을 받아 종교에 대한 자기 나름의 새로운 명제를 추구하였다. 그것은 칸트의 비판을 극복할 수 있는 것이어야만 했다. 슐라이어마허는 그것을 '사색'(Denken)에서 찾는 것이 아니고 '느낌'(Gefühl)과 '관조'(觀照, Anschauung)에서 찾는다.[4] 그런 점에서 그는 헤르더(Johann Gottfried Herder,

---

4) 슐라이어마허가 말하는 'Gefühl'을 흔히 '감정'(感情)으로 번역하나 느낌으로 번역하는 것이 옳은

1744-1803)나 피히테(Immanuel Hermann Fichte, 1796-1879)와 유사하다.

헤르더는 만물이 신에게서 유래되었기보다는 유기체의 성장에서 시작되었다고 보고 토속적인 시와 민화(民話)에 더 관심을 가졌으며, 피히테는 자아인식은 자아를 직관하는 것이라고 하며 직관을 강조하였다.

슐라이어마허는 유한자 안에 무한자를 깨닫게 되는 근원적인 소지가 개별적 자아에게 있다고 한다. 즉 사람은 유한자 안에 비취는 무한자의 실체의 온전한 반영과 반사를 깨닫는다는데, 느낌과 관조를 통하여 깨닫게 된다고 한다. 이때 느낌은 능동적으로 감지하는 것이고, 관조는 슐라이어마허에게 신에 해당하는 우주를 알게 하는 지식 수용 능력이다.

슐라이어마허는 1879년의 유명한 초기의 작은 책자, 『종교론: 종교를 경멸하는 교양인에게 부치는 글』5)에서 이 느낌에 관하여 말한다.

> 나는 무한한 세계의 품에 안겨 있다. 나는 이 순간 무한한 세계의 영혼이다. 왜냐하면 나는 세계의 온 힘과 무한한 생명을 마치 나 자신의 것으로 느끼기 때문이다. 이 순간 무한한 세계는 나의 몸이다. 왜냐하면 나는 그 세계의 근육과 사지에 그것이 마치 내 자신의 것인 양 융화되고 있기 때문이다. 그 세계의 신경이 나의 감각과 나의 예감을 향하여 마치 내 자신의 신경인 양 움직여 오기 때문이다.

느낌의 본질적인 내용은 무한자와 동일하게 되는 것이며 충분한 조화를 이루는 것이라고 한다.

슐라이어마허는 『기독교 신앙론』(Der christiliche Glaube)6)에서 위에서

줄 안다. 독일어의 'Gefühl'은 영어의 'feeling'에 해당하는 말로서 'Emotion' 또는 독일어 'Gemüt'(심정)라는 말과 구별해야 한다. '감정'은 emotion에 해당하는 말이다. 느낌은 우리의 의식의 안팎에서 일어나거나 전달되는 자극을 감지하는 것인 반면에, 감정은 그러한 것을 느낄 수 있게 하는 감성의 바탕을 의미하거나 느낌으로 일어나는 희로애락 등의 심정을 의미한다. 슐라이어마허가 말하는 소위 '절대 의존 감정' 역시 피안의 무한자에게 의존적인 상태에서 피동적으로 사로잡히는 심정을 말하므로 '절대 의존의 느낌'이라고 해야 할 것이다. 아래 각주 7의 인용문 참조.

5) *Die Reden über die Religion an die Gebildeten unter ihren Verächtern* (Hamburg: Meiner, 1961).

6) F. D. Schleiermacher, *Der christliche Glaube*, 1 & 2(Berlin: Walter de Greyter & Co., 1960).

말한 『종교론』에서처럼 신조는 기독교적 경건한 마음의 상태에 대한 파악이라고 말한다. 슐라이어마허가 말하는 느낌은 우리의 심정(Gemüt)이 모든 명상의 피안에 있는 절대자에게 부단히 사로잡히는 것이다. 그것을 일컬어 절대의존의 느낌이라고 한다.[7].

하나님은 인과 관계를 통하여 인간을 결정하시므로 하나님에 대한 전적의존 느낌은 자연의 인과 관계를 통하여 인간에게 결정되는 것이라고 한다. 이렇게 말함으로써 슐라이어마허는 경건한 느낌과 과학적 세계관에 차이가 없다고 하며, 계몽사조 이후 제기된 하나님과 세계의 관계, 종교와 과학의 관계, 하나님과 나와의 관계에 대한 의문에 답하려고 한다.

슐라이어마허는 종교를 자기 나름대로 이해할 뿐 아니라, 『기독교 신앙론』에서 종교와 철학적 사고의 조화를 꾀한다. 『기독교 신앙론』은 두 가지 특징을 지니고 있다. 즉 소극적으로는 모든 형이상학적 사변을 거부하는 한편, 적극적으로는 하나님에게서 나온, 하나님과 더불어 사는, 인간이 얻을 수 있는 신비에 찬 삶을 확인하는 일이다. 이러한 삶은 과학적인 지식 위에 세워지는 것이 아니고, 심정(Gemüt) 깊은 곳에서 느끼는 경험, 즉 우리 안에 있는, 틀림없이 하나님의 존재로 의식하는 그러한 경험에 세워진다고 한다.

슐라이어마허는 종교를 느낌이라 서술하고서 모든 인식과 행동을 종교적 측면에 속한 것이라고 말한다. 그가 말하는 느낌은 세계의 무한성의 근원이 되는 통일성 및 전체성과 통하는 것이며, 신이 세계를 통하여, 단지 세계를 통해서만 우리에게 역사해 오는 것임을 감지하는 느낌이라고 한다.

슐라이어마허가 보는 종교와 문화

종교는 하나님과 관계를 가지는 것일 뿐 아니라, 세계와도 항상 관계를 가지는 것이라고 한다. 말하자면, 순전한 과학적 지식과 행위 영역에서 파악되는 인식이 종교적 느낌을 통해서만 순수하고 완전한 윤리적 인식으로 승화된다

---

7) Und das Gefühl, um das es hier geht, sollte inhaltlich ein jenseits aller Reflexion stehendes Ergriffenwerden des Gemüts von dem Unendlichen sein, so also das "der schlechthinnigen Abhängigkeit."

고 한다. 종교와 문화라는 두 영역은 독자적으로 존속한다. 만일 하나님을 모든 지식의 은닉된 최종적 근본으로 생각지 않는다면, 또한 종교적 느낌이 우리의 탐구와 행위에 동반되지 않는다면, 종교와 문화라는 두 영역에서 최종적인 완성은 없다는 것이다.

슐라이어마허는 문화와 하나님의 나라를 밀접하게 보고 문화의 발전을 신학의 가장 중요한 요건으로 본다. '문화개신교'(Kulturprotestantismus)가 신학적인 근거를 바로 이러한 견해에다 두고 있다. 이러한 이해에 따르면, 종교가 영원한 진리를 전하는 것도 아니고 그럴 수도 없다. 종교적 관조와 느낌만이 본래적으로 그리고 개인을 위하여 필요한 것이며, 따라서 순수한 것이 된다.

하나님과 갖는 순수한 관계에 관하여 경건주의가 제기하는 질문을 슐라이어마허는 결정적 판단의 표준으로 본다. 이런 점에서 슐라이어마허는 자연종교에 대하여 일반성을 지닌 것으로 알고 있는 계몽주의의 이해나 종교에 관한 합리주의적 이해를 다 철저하게 거부한다. 그러면서 종교는 언제나 개인적인 것이고 그런 뜻에서 긍정적이라고 한다.

슐라이어마허는 교회의 형성에 대한 질문에서 19세기의 종교사학과 종교 심리학의 연구를 위한 기초를 놓았다. 슐라이어마허는 이로부터 긍정적인 역사적 종교가 창설자의 어떤 특정한, 본래적 경험에서부터 탄생한 것이라고 보므로, 그것을 추적하는 것이 신학의 주된 과업이 될 수밖에 없다고 한다. 다시 말하면, 신학적 가르침은 이차적이라는 말이다. 그리고 보면, 계시라는 개념도 아주 주관적으로 파악될 수밖에 없는 개념이다. 즉 우주에 대한 관조는 본래적이며 순수한 것이라는 생각이다.

슐라이어마허는 기독교의 본질, 신적인 것을 간파하는 가운데 먼저는 멸망을 방지하기 위하여 사랑 가운데서 종말적인 것으로 들어가는 능력으로 간주한다. 그러므로 기독교를 구원의 종교, 즉 인간의 역사적인 삶 속에 결정적으로 작용하는 힘으로 묘사한다. 우리는 이러한 힘을 통하여 보다 차원이 높은 영적이며 정신적인 인간성으로 고양된다고 한다. 여기서 구원자의 인격(Person)에 관한 문의가 중요하게 부각된다고 한다.

슐라이어마허의 기독론

슐라이어마허는 이 구원자는 교회의 증언에만 의존해야 하므로 역사적으로는 거의 알 길이 없다고 한다. 따라서 중요한 역할을 하는 것은 구원의 느낌이다. 이 구원의 느낌이 우리로 하여금 구원자를 본래 하나님으로부터 나신, 육신이 되신 하나님의 말씀으로 알게 한다고 한다. 슐라이어마허는 『종교론』에서 『신앙론』으로 가면서 그리스도를 중재의 중심점으로 점점 더 높이 평가한다.

그러나 슐라이어마허는 전통적인 기독론으로 되돌아가지는 않는다. 그는 종래의 전통적 기독론을 믿을 수 없는 교의로 치부하고 새로운 이해를 시도한다. 슐라이어마허는 예수를 집중으로 조명한다면서 기독론적 교의나 신약에 기록된 그리스도의 복음을 배제한다. 그러면서 무엇보다도 관심을 두는 것은 예수의 인격의 중심이라고 하며, 그것이 곧 예수의 자의식이라고 한다.

슐라이어마허는 전통적 기독론에서 말하는 '그리스도의 신성'을 '예수에게 있는 하나님과의 내적 유대'라는 말로 대치하고, 가능한 한 그리스도의 신성과 하나님의 아들이라는 개념을 언급하지 않는다. 그 대신에 성경에서 발견하는 이름들 가운데 둘째 아담이라는 명칭을 택하여 예수를 사람의 본래적인 원형(Urbild)이라고 한다. 그것은 슐라이어마허가 말하는 특유의 개념이다.

예수의 구원의 효능은 그가 우리의 연약한 하나님 의식을 강화하거나, 슐라이어마허의 표현에 따르면, 하나님을 의식하는 힘 속으로 우리를 받아들이는 데 있다. 그럼으로써 예수는 우리로 하여금 새롭게 자기를 이해하고 세계와의 관계를 갖게 한다고 한다. 그리고 구원의 효과는 예수에 의하여 조성된 교회를 통하여 중재된다고 한다.

슐라이어마허는 자신의 기독론에서 형이상학적 표현을 지양하고 예수의 인격에 살아있는 경건의 연대를 시도하는데, 이야말로 기독론을 비신화화하려는 최초의 대단한 시도라고 할 수 있다. 그러한 시도를 위하여 모든 관심을 인간 예수에게 두는 반면에, 예수가 하나님의 아들이시라는 점에는 전혀 관심을 두지 않는다. 다시 말하면, 인간 예수가 인간의 모범일 뿐 아니라 종교적임을 시사하는 인간의 원형이라는 것이 바로 슐라이어마허 특유의 기독론이다.

슐라이어마허의 삼위일체론

슐라이어마허의 신학 체계는 전통적 교의학에 대한 철저한 변형을 의미한다. 삼위일체 교리는 헤겔의 경우와 마찬가지로 별로 언급하지 않으면서 교회의 전통적 교리에 수정을 가하라고 제언한다. 슐라이어마허는 삼위일체 교리를 두고는 자신의 견해가 사벨리우스의 견해와 가장 가깝다고 스스로 말한다. 하나님은 나뉠 수 없는 하나의 본질이며, 성자와 성령은 다만 이 본질을 나타내는 여러 계시의 형태들에 지나지 않는다고 한다. 성령은 또한 신자들의 모임을 활기 있게 해 주는 군중의 마음과도 같은 것이라고 한다. 종말론의 교리는 '예언적 교훈'이라 부르고, 영원한 저주라는 개념은 기독교적 느낌에 상반되는 것이라고 하여 거부한다.

슐라이어마허 이후의 독일 신학

관념론과 슐라이어마허의 유산을 받은 독일 신학은 대체로 세 가지 유형의 신학으로 분류된다. 신학의 주요 관심사는 여전히 신앙과 과학의 관계에 대한 것이었으며, 게다가 계시에 관한 문제와 신앙과 역사의 문제, 구원에 대한 확신의 문제도 토론의 주제가 되었다.

사변 신학

사변 신학(the speculative theology)을 대표하는 신학자로는 다우프(Karl Daub, ~1836)와 마르하이네케(Philipp Marheinecke, ~1846)를 꼽는다. 마르하이네케는 계시신학자로 자처하면서 성경을 규범으로 인식하고 신앙고백서들을 신앙의 척도로 여기는 가운데서 우리에게 주신 하나님의 계시를 설명하려고 한다. 이 하나님의 계시를 설명하되 학적인 형식을 따라 설명하려고 한다. 다시 말하면, 마르하이네케는 기독교에서 자신을 설명하는 이데아가 신적이며 동시에 인간적 진리라고 하는 헤겔의 철학적 방법을 따른다.

다우프는 계몽사조에 반대한다는 동기에서 헤르더나 슐라이어마허와 관계가 있는 것으로 보지만 신학적 방법은 전혀 다르다. 신앙의 문제를 두고 경험이나 체험보다는 객관적 진리를 중요시하여 절대적 가치를 가진 진리는 주관적이거나 역사적 혹은 경험적인 데 근거하지 않는다고 한다. 진리인 것은 그것이 성경에 있기 때문이거나 혹은 우리가 경험할 수 있기 때문이 아니고, 그것이 진리이기 때문에 성경에 있으며, 경험을 통하여 우리가 그것을 확인하는 것이라고 한다. 그러면 진리를 확인하는 길은 어디에 있는가 하는 질문에 그것은 사변적 사고를 하는 필연성에 있다고 다우프는 말한다.

다우프는 셸링의 영향을 받아 개신교의 신학의 기초를 자신의 『신학서론』(Theologumena, 1806)[8]과 『기독교 교의학 개론』(Einleitung in das Studium der christilichen Dogmatik, 1810)에서 논의한다. 다우프는 하나님의 인격을 파악하는 일에 정력을 쏟으며, 교회의 전통적 교리, 즉 그 가운데서도 삼위일체 교리를 사변적 필연성으로 환원시켜 설명하려고 한다.

셸링(Friedrich von Schelling, 1775~1854)은 자연을 거대한 기계로 보던 계몽주의의 자연관을 지양하고 자연이 스스로 역동적으로 발전하는 유기체로 봄으로써 낭만주의의 사변적 자연 신학의 길을 열었다. 그리하여 로렌즈 오켄(Lorenz Oken) 같은 이는 자신의 『자연철학』(Das Lehrbuch der Naturphilosophie, 1809)에서 정신(Geist)은 단지 자연의 순수한 상징이라고 하며 자연을 하나님의 계시로 파악할 수 있다고 한다.

---

8) *Theologumena, sive doctrinae de religione christiana, ex natura Dei respecta repetendae, capita potiora.*

복구 신학

자신들을 시대 정신에 완전히 맡김으로써 기독교 신앙 가운데 특정한 본질적 요소들을 포기하려고 하는 '자유 신학'에 반하여, 복구 신학(Restoration Theology)은 초기의 기독교 전통으로 되돌아감으로써 본래 대로 교회 교의를 지키려는 신학이다. 1817년 루터의 종교 개혁 300주년을 계기로 이 운동은 활기를 더 띠게 되었다. 이 운동에 참여한 신학자들은 루터가 자신들의 후견자라고 주장하였다. 그러나 루터 신학과 개혁 신학 간의 차이점은 별로 중요하게 생각하지 않았다. 그래서 교의학 분야보다는 역사 신학과 성경 지식에 더 많은 관심을 기울였다. 이들 가운데 '반복 신학'(repristination theology)의 대변자를 들자면 헹스텐베르크(Ernst Wilhelm Hengstenberg, ~1869)와 필립피(Friedrich Adolf Philippi, ~1882)다. 필립피는 1854~1879년에 6권에 달하는 『교회 신앙 교리』(Kirchliche Glaubenslehre)를 썼다. 헹스텐베르크는 성경에 문자적으로 충실한 부흥 신학을 국가적인 재건 사상과 연결하였다. 이들은 초기 개신교 신학의 회복에 관심을 기울이는 한편, 기독교 교리의 관념론적 변형은 물론 과학 지식을 신학에 적용하는 일도 용납하지 않았다.

중재 신학

중재 신학(Vermittlungstheologie)은 슐라이어마허와 더불어 시작된 전통을 이어서 성경적인 믿음과 근대 과학 정신 간의 결합이 가능하도록 중재하는 것을 과업으로 하는 신학 운동으로서 1827년부터 나오기 시작한 간행물 「신학 연구와 비평」(Theologische Studien und Kritiken)과 더불어 시작되었다. 이 학파는 기독교와 과학 혹은 문화를 중재할 뿐 아니라 다양한 신학적 사상들도 중재하는 것을 목적으로 삼았다.

니취(Karl Immanuel Nitsch, ~1868)는 슐라이어마허의 종교 이해를 받아들이는 한편 종교를 이해하는 인식론적 가능성도 모색하였다. 도르너(Isaak August Dorner, ~1884)는 헤겔의 철학적 사고의 도움을 얻어 기독론에 대한 새로운 해석을 시도하였다. 아우구스트 트베스텐(August Detler Christian Twesten)은 슐라이어마허에 충실하면서도 교회의 전통적 교리를 자신의 선생과는 달리 긍정적으로 설명하려고 하였다.

토마시우스(Gottfired Thomasius)는 기독론에서 전통적 양성론을 충실히 견지한다고 하면서도 그리스도께서 성육신하실 때 자기를 비워 비하하셨다는, 즉 세상에서 인간으로 계시는 동안은 신성을 잠정적으로 포기하셨다가 부활 승천하시면서 다시 회복하셨다고 하는 소위 '케노시스'(Kenosis) 기독론을 말하였다.

리츨에서 제1차 세계 대전까지의 독일 신학

이 시대의 역사적 배경과 시대적 특징을 말하면, 자연 과학과 기술의 발달, 경제 사회의 산업화, 인구의 증가와 유동인구의 도시 집중화, 노동의 집약과 시민들의 복지 증진이 있다. 산업 혁명에 뒤졌던 독일이 이제 와서는 경제적으로 어느 국가에도 뒤지지 않게 되었다. 비스마르크를 통하여 통일을 이룩한 독일은 강력한 통일국가로 인정을 받게 되었으며, 독일도 당시의 세계적 경향이었던 세계 경제와 식민주의 정치에 참여하여 한몫을 차지하였다.

독일이 빌헬름 2세 때 경제와 군사력에서 정치적 성공을 거두었다고 하나 독일의 정신적 힘의 바탕과 독일 민족의 단합은 결여되어 있었다. 급속한 경제 부흥은 정신적 빈곤을 초래하였으며, 결과적으로 경제적이고 군사적인 힘이 발전한 반면에 국내 정치와 외교 정치에서 취약성을 드러내는 불균형의 관계가 형성되었다.

독일이 밖으로는 경제적 발전으로 말미암아 다른 나라로부터 질시를 받게 되었지만, 안으로는 혁명의 조짐을 보이게 되었다. 독일이 직면한 위기를 극복하기 위해서는 내적인 거듭남이 필요했다. 그러나 독일 국민의 넓은 층의 정신을 지배해 온 기독교와 관념론적 현실의식이 독일 국민을 교육할 힘을 잃은 마당에 어디서 소생하는 힘을 찾을 것인가 하는 것이 문제였다.

리츨의 신학

알브레히트 리츨(Albrecht Ritschl, 1822~1889)은 신학자의 자질로 보나 신학적으로 미친 영향으로 보아서 슐라이어마허에는 비견할 수 없는 인물이다. 슐라이어마허에 비하면 리츨은 별로 혁명적이거나 급진적 신학자는 아니지만, 여러 방면의 독창적 신학자들이 모색한 것을 종합하고 중재하였다는 점에서 중요한 신학자이다.

그는 신학생으로서 먼저 조직 신학으로부터 시작하여 교회사를 거쳐 신약을 공부하였으며, 교수로서는 신약에서부터 시작하여 교회사, 조직 신학을 연구하고 강의하였다. 첫 저서는 『마르키온의 복음서와 누가의 정경적인 복음서』 (*Das Evangelium Marcions und das kanonische Evangelium des Lukas*, 1846)이다. 이 제목으로 리츨은 본(Bonn)에서 '교수 자격 과정'(Habilitation)을 이수하였다. 당시 그는 아직 튀빙겐 학파의 견해를 좇고 있었다. 1850년경에 쓴 『초기 가톨릭교회의 생성』(*Die Entstehung der altkatholischen Kirche*)에서도 페르디난트 바우르의 이론을 답습하였으나, 1851년의 『공관복음서 비평에 대한 현황』(*Über die genenwärtigen Stand der Kritik der synoptischen Evangelien*, *Theologische Jahrbücher*, 1851)에서는 마가복음이 최초로 쓰였다고 말하면서 바우르와 견해를 달리하였다. 리츨은 자신의 전공 분야에서 바우어를 극복함으로써 교회사 강의에서 새로운 자료들을 구사하였으며, 종교관과 세계관에서 새로운 기초를 확보하였다.

리츨은 성경 연구를 계속하면서, 또 철학과 역사에 대한 시야를 넓히면서 훈데스하겐(Hundeshagen)이 쓴 『독일 개신교』에서 감명을 받았고, 슐라이어마허에게서도 신학적 영향을 상당히 많이 받았다. 그는 성경과 교회를 중심으로 하는 아버지의 영향을 받아 신학 사고도 독자적으로 하였다.

1853년과 그 다음해에도 교의학을 읽으면서 그는 하나님의 역사적인 계시에 눈뜨게 되었으며, 무엇보다도 예수 그리스도를 신학의 중심으로 생각하게 되었다. 리츨의 신학적 목표는 옛 교의학의 경직된 형식 속에서 자란 결과로 계시와 성경에 대한 이해가 교의학보다 우위에 있다는 원칙을 시인하는 견지에서 교의학을 쓰는 일이었다. 다시 말하면, 당시 여러 갈래의 신학적 방향을 극복하고 하나로 종합하는 일을 자신이 해야 할 과업으로 생각하였다.

리츨은 마침내 조직 신학에 더 비중을 두게 되었는데, 신학의 중요한 주제를 다룬다는 뜻에서 『칭의와 사죄에 관한 기독교 교리』[9]를 썼다. 리츨은 연구에 지장을 받을까 하는 염려에서 교회에서 직임을 맡는 것도 사절하였다.

리츨이 신학적으로 기여한 바는 조직 신학과 역사 신학을 연결했다는 점을 먼저 들 수 있다. 성경과 교의와 교회사에 대한 오랜 연구 끝에 두 권에 달하는 역사 연구서를 썼으며, 제3권에서는 조직 신학적 생각을 역사적 자료를 통하여 정리하고 있다. 리츨은 자신의 신학이 개신교 교회가 이교적이 며 신비적인 가톨릭의 유산과 경건주의적이며 낭만주의적이고 또한 개인주의 적이고 합리주의적이며 심미적인 자의식에 찬 근대 신학에서 해방되어 기독교 의 본질에 충실을 기하는 정화조 역할을 할 것을 희망하였다.

첫째로, 리츨은 사변적 합리주의(speculative Rationalism)를 배격한다. 그리 하여 기독교를 일반적인 세속적 세계관과 조화시키려는 중재 신학을 반대한 다. 형이상학을 무조건 다 부정하는 것은 아니지만, 관찰하는 주관자를 고려함 이 없이 사물 자체를 인식할 수 있다는 전통적 인식론은 잘못된 것이라고 거부한다. 아리스토텔레스 이후 형이상학에서 논의하는 '신'은 종교에서 말하는 인격적 '신'과는 아무 관계가 없으며, 형이상학은 세계의 통일성이라든 지 또는 세계 자체에 대한 이해나 어떤 내용 없는 개념으로 인도할 뿐이라고 말한다.

이 점에서 리츨은 비록 칸트 학파는 아니었으나 칸트의 영향을 받은 것이다. 리츨은 그렇게 말함으로써 정통 신학에서 종교적 개념으로 말하는 절대자의 개념을 부인한다. 예를 들면, 프랑크(F. H. R. Frank)가 말하는 '자기 자신을 통하여 존재하는 존재'(Durchsichselbstsein), 혹은 '자신 안에 스스로 존재하는 존재'(Insichselbstsein), 혹은 '존재 자체인 존재'(Seinselbst- sein)와 같은 존재의

---

9) Albrecht Ritschl, *Die christliche Lehre von der Rechtfertigung und Versöhnung*(Nachdruck des Ausgabe Bonn 1882-1883; Hildesheim New York: Olims, 1978).

절대성에 대한 서술을 거부한다.

리츨은 말하기를 하나님은 절대자인 '자신 안에서'(An sich, dem Absoluten) 우리를 만나는 것이 아니고, 우리와의 관계 속에서, 즉 그의 일하심 속에서 우리에게 자신을 계시하시며, 우리를 만나 주신다고 말한다. 그리하여 정통적 견해와는 달리 하나님의 존재에 대한 인식보다는 사랑을 더 강조한다. 우리 영혼의 실제도 영혼의 활동에서 인식할 수 있다면, 하물며 빛 가운데 계셔서 아무도 접근할 수 없는 하나님이시라면 더욱 그럴 것이 아닌가 하고 말한다. 다시 말하면, 리츨은 하나님을 근본적으로 사랑이라고 생각한다. 즉 하나님은 사랑의 속성을 가진 전능자나 자존자이기보다는 전능의 속성을 가진 사랑이라고 생각한다.

둘째로, 리츨은 슐라이어마허의 주관주의를 배격한다. 슐라이어마허가 종교를 심리적인 것과 관련지어 생각하는데 반하여, 리츨은 종교를 인간의 실제에서 파악하려고 한다. 슐라이어마허가 말하는 절대 의존 느낌이란 주관적이며 모호하고 불확실한 낭만주의적인 감상에 지나지 않는다고 한다. 종교를 전적 의존의 느낌으로 이해하는 것은 결국 영과 자연을 구별하지 못하는 입장을 영구화하는 것이며, 그것은 윤리적 견해를 대변하기보다는 심미적 견해를 대변하는 것이기 때문에 자비와 용서를 옳게 평가하는 마음을 가지지 못한다고 한다. 리츨은 자신의 신학적 주된 관심은 기독교 본질에 대한 이해라는 것이다.

기독교는 유일신론적이며 온전히 영적이며 윤리적인 종교요, 하나님 나라를 이룩하시며 구속하시는 기독교 창시자의 삶을 근거로 하는 종교이며, 하나님 자녀의 자유 안에서 성립하는 종교라고 한다. 그것은 사랑에서 비롯된 행위를 대동하며, 이러한 행위는 인류의 윤리 체계 위에 서 있고 하나님 나라 안에 있는 자녀라는 축복에 근거한다고 한다.[10]

여기서 가장 중요한 점은 리츨도 기독교를 역사적 예수 위에 기초한 것으로 본다는 점이다. 그리스도의 인격은 그의 사역과 불가분리의 것이며 우리

---

10) A. Ritschl, *Rechtfertigung und Versöhnung* III, 13 이하.

신앙의 모든 내용을 위하여 중심이 되는 계시요, 따라서 인식의 근거라고 한다. 그는 구약의 배경에 근거하여 초대 교회와 그리스도의 교회가 증언하는 예수를 본다. 다시 말하면, 역사적으로 연구하여 발견하는 '예수의 생애'에 근거하는 것이 아니고, 예수 그리스도에 의하여 세워진 교회 안에 있는 그의 위치로부터 발견하는 것이라고 한다.

셋째로, 리츨은 신비주의의 결점은 형이상학의 결점과 같은 것이라고 간주한다. 신비주의자들이 용해되어 들어가고자 하는 그러한 우주적 존재는 기독교의 하나님은 아니다. 그러므로 기독교적 신비주의는 결국 다른 종교의 신비주의와 다를 바가 없다고 한다. 신비주의는 중보자와 역사를 배제하려고 하며, 하나님과 인간의 의지를 뛰어 넘으려고 하고, 기독교를 기독교 이상의 어떤 것에 이르는 수단으로 여길 뿐이라고 한다. 그러면서 경건주의가 세상을 부정하는 수도원 식 생활을 이상으로 여기고 그런 생활로 들어가고자 하는 것은 세상을 도피하는 신비주의와 다를 바가 없다고 한다.

리츨은 객관적 진리를 철저하게 추구한다는 시각에서, 20세기의 칼 바르트와 마찬가지로, 경건주의를 감정에 호소하는 주관주의라고 혹평하는 대표적인 신학자이다.

넷째로, 리츨은 정통주의, 특히 루터교 정통주의의 견해에 맞서는 견해를 취한다. 정통주의는 잘못된 형이상학을 채택함으로 말미암아 그리스도와 인간 자신과 죄와 화해(reconciliation) 또는 교회에 대한 잘못된 개념을 낳게 되었다고 한다. 특히 하나님과 인간의 관계, 그리고 하나님의 공의와 심판과 사죄 등을 법적 범주 안에서 이해한다는 점에 동의하지 않는다.

리츨은 기독론을 말하면서 그리스도의 신성은 객관적 교리가 아니고 그리스도를 우리를 위한 하나님으로 평가하며 우리의 구원을 위하여 그를 의지하고 높이는 교리라고 한다. 그러면서 자신의 기독론을 그리스도의 인격과 사역을 하나로 융합하는 교리라고 한다. 신적인 것이 역사의 형식 안에 있는 것으로 이해되어야 함에도 불구하고 그리스도의 양성 교리는 신적인 것을 늘 역사적 형식의 배후에, 혹은 역사 위에 두려고 하기 때문에 취약성을 내포한다는 것이다. 그래서 리츨은 자기가 말하는 그러한 '취약성을 지닌 전통적 그리스도의 양성 교리'를 넘어서려고 한다. 이런 점에서 리츨은 19세기 기독론의 일반 추세였던 '아래서 위로'(von unten nach oben)의 견해를 피력한다. 다시 말하면, 그리스도를 이해하려면 그의 역사적 생애로부터 시작해야 한다고 한다. 그렇지 않으면 형이상학적인 결함에 빠진다고 한다.

헤르만의 신학

헤르만(Johann Wilhelm Herrmann, 1846~1922)은 20세기의 변증법 신학자들을 가르치고 그들에게 많은 영향을 미친 신학자들 가운데 한 사람이다. 1879년부터 1917년까지 마르부르크에서 주도적인 신학자로 교수하였다. 그는 리츨에게 동조한다고 공언한 최초의 신학자로서 리츨 학파에서 가장 영향력이 있는 조직 신학자이다. 마르틴 라데(Martin Rade)와 함께 「신학과 교회」(*Zeitschrift für Theologie und Kirche*, 1907~1916)라는 신학지를 편집하였다. 칼 바르트와 불트만을 위시하여 제1차 세계 대전 이전에 유학한 미국의 많은 신학자들도 헤르만의 강의를 듣고 영향을 받았다.

헤르만이 평생을 두고 관심을 보인 문제는 현대 과학의 세계에 기독교 신앙이 어떻게 가능한가 하는 것이었다. 헤르만은 신학에서 형이상학이 배제되어야 한다고 리츨보다 한층 더 강하게 주장한다. 기독신자의 신앙의 대상은 세상 지식의 영역에 있는 것이 아니라고 하면서 과학과 철학의 방법론적 지식으로는 하나님의 실재를 절대로 파악할 수 없다고 한다. 말하자면, 헤르만은 칸트의 이론에 충실한 사람으로서 칸트보다 더 철저하다.

헤르만은 칸트가 이성의 한계를 규명하면서도 도덕의 형이상학을 시도한 것과 종교에 의미를 부여한 것도 합리주의의 마지막 흔적이라고 하여 거부하면서 칸트는 인간의 의지와 행동을 역사적인 존재의 과정에 두고 보지 못했다고 한다. 헤르만은 형이상학을 철저하게 거부함으로써 계시자의 객관성과 계시를 경험하는 인간의 주관적 진리 탐구의 진실성 사이에 불가분의 통일이 있다고 주장하는 한편, 사변적 종교 철학과 정통주의가 신앙의 개념을 지적인 개념으로 만드는 것이라고 하여 반대한다.

헤르만은 하나님의 존재를 증명하려는 신학자들의 노력과 신(神)이라는 그리스적인 개념을 적용하는 일에, 그리고 자연 신학이니 계시 신학이니 하여 신학에다 제목을 붙이는 일에 공격을 가하는가 하면, 그리스도께서 하나님이며 동시에 사람이라고 하는 기독론의 양성 교리를 비판한다. 그리고 주지주의적 정통주의와 교리를 내세우는 교파주의에 반대한다. 전체의 기독교 교리들 가운데 어떤 한 교리 자체가 아무리 옳다고 하더라도, 그것이 하나님께서 실제로 우리를 위하여 존재하신다는 충분한 확신을 주지는 못하며, 신앙 사상은 비록 그것이 성경에서 나온 것이라고 하더라도 사람을 그리스도인으로 만들지는 못한다고 한다.

교리나 성경뿐 아니라 예수의 가르침에 단순히 의존하는 것은 율법주의의 한 형태이므로, 루터가 율법으로부터의 자유를 위하여 끊임없이 씨름했듯이 우리도 거기에서 자유로워져야 할 것이라고 한다. 헤르만에 따르면, 교리든지 성경이 확언하는 주장이든지 심지어는 예수의 복음에 이르기까지, 모두가 신앙을 위해서는 변하는 모래와 같은 기초에 지나지 않는다고 한다.

왜냐하면 이러한 것들은 하나님의 실재(Realität)가 아니기 때문에 그럴 뿐 아니라, 그것은 일단 과학적인 역사적 연구의 대상으로 다루어져야 하기 때문이라고 한다. 그런데 과학적인 역사 기술(historiography)은 실역사적(historisch)인 판단에 따라 그럴 수도 있다는 개연성(probability)을 제공해 줄 뿐이라고 한다. 역사적 증거가 종교적 확실성의 근거가 될 수 없는 것은 신앙이 두려움과 떨림이라는 진리일 가능성에 근거하기 때문이라고 한다.

예수의 역사적(geschichtlich) 출현은 개연성의 영역에 속하는 것이므로 신앙이 도전해야 할 세계의 일부에 지나지 않는다고 한다. 헤르만에게 있어서 믿음의 토대는 신뢰 또는 의지하는 태도에 있다고 하는데, 그것은 성경의 말씀을 통하여 예수의 내적인 삶의 영상이 어떤 사람에게 사실적인 것이 되었을 때 생겨나는 것이라고 한다. 이처럼 헤르만은 사람들의 주의를 역사적인 것에서 그리스도와 인격적 만남(Begegnung)이라는 영원한 체험 쪽으로 돌리려 하였다. 이러한 그의 사상은 기독교는 무엇보다도 역사적 실재라고 말하는 하르낙과 대조를 이루는 동시에 또 다른 신비주의의 성격을 띤다.

마르틴 캘러의 신학

캘러(Martin Kähler, 1835~1912)는 할레 대학교에서 조직 신학을 오랫동안 가르친 신학자이다. 그는 예수전 연구에 대하여 부정적인 비판을 가하였으며, 특히 헤르만과 여러 차례 지상 논쟁을 벌인 것으로도 유명하다. 1892년에 『소위 ‘실역사적’ 예수와 성경이 말하는 역사적 그리스도』라는 책을 첫 출판한 후 1896년에 2쇄를 냈다.[11] 그 서문에서 사람들이 ‘historisch’와 ‘geschicht-lich’를 종래에는 서로 대치할 수 있는 말로 사용해 왔으나, 두 말은 구별되어야 한다고 주장한다.

‘Historisch’는 역사를 학문적이며 비평적으로 분석하여 얻는 역사적 과정과 결과를 말하는 것으로서, 그것은 출발에서부터 신앙의 전제를 제거하고 인과의 법칙과 인간의 경험에서 얻는 심리학적 유추를 적용하는 반면에, ‘geschichtlich’는 시초부터 “예수는 주님이시다”라는 고백에 근거하고, 예수의 복음서 역사(Geschichte)에서 신적인 것을 인적인 것에서 분리해 낼 수 없다는 인식에서 나온 역사적 이유를 함축하는 말이라고 한다. 그러면서 실역사적(historisch) 예수의 생애를 추구하는 운동은 결코 가망이 없는 일이라고 한다. 독일어의 ‘Geschichte’는 ‘사실로서의 역사’(history)와 ‘사실 여부와는 무관한 이야기’(story)를 다 함축한다.

소위 원시 기독교의 보고서 이면을 통해 역사적인 예수를 탐구하겠다는 사람들은 먼저 성경이 말하는 그리스도를 교의가 말하는 그리스도와 구별한다는 그럴 만한 동기에서 출발하지만, 예수의 실제 삶을 재생하려는 시도는 실현 불가능하다고 캘러는 말한다. 왜냐하면 예수의 전기를 쓰기 위한, 현대의 역사학 수준에 흡족할 만한 자료가 우리에게는 없는 실정이고, 다만 여러

---

11) Martin Kähler, *Der sogenannte historische Jesus und der geschichtliche, biblische Christus*, neu herausgegeben von E. Wolf, dritte Auflage, chr. (München: Kaiser Verlag, 1961. zweite Auflage 1956).

다른 전통에 속하는 단편적 자료(fragments)들만 널려 있는 들판만 있을 뿐이라고 한다. 그러므로 거기서 예수의 생애에 대한 어떤 확실한 기록을 가려내는 일이란 불가능하다는 것이다.

예수의 전기를 쓰는 사람들은 심리학적 유추와 본래적으로 인식하는 종교적 및 윤리적 견해들에 근거하여 소위 역사적 예수를 창출할 뿐이라고 한다. 이렇게 쓰인 전기라면 그것은 과학적 전기가 아닌 환상을 그린 것에 불과해서 예수의 전기를 쓰는 사람들은 또 하나의 다른 교의(Dogma)로 전통적 교의를 대치할 뿐이라고 한다.

그렇다면 인간이 창작해 내는 현대적 전기에 등장한 예수는 비잔틴의 기독론이 말하는 그리스도보다 조금도 나을 바가 없으므로 둘 다 인간적인 '주의'(主義)나 다름없다고 한다. 즉 현대의 것은 역사주의이고 비잔틴의 것은 영지주의에 불과할 따름이라는 것이다.

캘러는 'Historie'와 'Geschichte'를 구별하여 믿음이란 역사적인 것뿐만이 아니라 '역사를 초월하는 어떤 것', 즉 영원한 것과 관계가 있으며, 이 영원한 것은 인간의 구원에 결정적인 것으로서 성경이 증거하는 역사적 사건들 가운데 계시되었다고 한다. 이러한 그의 견해는 양식 비평의 가능성을 예고한 것이며, 나아가 '케리그마'(kerygma) 신학의 사상적 기틀을 마련해 준 것이라고 이해하기도 한다. 양식 비평을 수용하는 성경해석학자들은 복음의 참 본질이 겨냥하는 바가 복음 전파를 돕는 일이며, 아울러 그 본질은 기독교 공동체에서 통용되는 그리스도에 관한 가르침에 따라 결정된다고 주장한다.

그러나 캘러의 생각은 양식 비평이나 케리그마 신학의 가능성을 암시하는 것이 아니다. 그에 따르면, 기독교 신앙에 중요한 것은 역사적 배경에서, 즉 성경상의 역사적 그리스도 안에서 발견될 수 있는 것이지, 헤르만이 주장하는 바처럼 그리스도의 내적인 삶에 있다거나, 하르낙이 단언하듯이, 그리스도의 가르침에 내포된 특정한, 영원한 종교적 개념 속에 있는 것은 아니라고 한다.

하르낙의 역사주의

하르낙은 기센(Gießen), 마르부르크와 베를린에서 교수하였다. 1899~ 1900 년의 겨울 학기에 베를린 대학교에서 기독교란 무엇인가 하는 유명한 강의를 하였다. 그의 강의는 이를 받아 적은 한 학생의 노트를 토대로 「기독교의 본질」(*Das Wesen des Christentums*)이라는 책으로 출판되었다. 이 책에서 다루는 중요한 문제는 역사적인 예수에 관한 문제이다. 문제의 제기는 다음과 같은 질문에서 나온다.

역사적 연구가 역사상의 예수를 드러내 보여줄 수 있는가? 만일 보여줄 수 있다면 어떤 유의 역사적 연구로 그것이 가능한가? 이 예수가 현대의 신앙과 문화를 위하여 도대체 무슨 소용이 있는가? 역사적 연구가 신앙에 무슨 도움이 되는가? 역사에서 신앙을 위한 어떤 안전한 근거를 발견할 수 있는가?

1890~1910년에 이르는 20년간의 세월에 많은 신학자들이 역사적 예수를 추적하는 문제를 두고 씨름하였다. 정통파 신학자들은 이러한 추적을 회피하 거나 그러한 운동에 저항하였다. 과학적 역사 연구를 통하여 진정한 예수가 발견될 수 있을지 하는 의문에 대하여 19세기 후반에는 많은 사람들이 긍정적 으로 대답하였으나 그들은 결국 복음서에서 현대적인 예수를 창출했을 뿐이 다.

캘러는 그것은 있을 수 없는 일이라고 말하나, 헤르만은 한편 긍정하면서 또 한편으로는 부정한다. 바이스(Johannes Weib, 1863~1914), 브레데(William Wrede, 1859~1900), 슈바이처(Albert Schweitzer, 1875~1965) 등은 여러 측면에서 긍정적으로 대답하나, 그렇게 해서 발견된 예수가 현대인의 신앙에 무슨 도움이 될 것 같지는 않다는 의문을 표한다.

하르낙은 역사적인 예수가 발견될 수 있다고 할 때 그것이 현대인의 신앙에 도움을 줄 수 있느냐 하는 질문에 대하여 비교적 분명하게 긍정적으로 답한다. 하르낙은 역사에서 발견할 수 있는 사실들이 신앙의 근거가 되고 규범이 된다고 확신하는 리츨과 비슷한 견해를 가졌다. 하르낙은 역사가로서 1세기의 계시와 동시대의 그리스도인들의 확신 사이에 무리 없는 연속성이 있었음을 어렵지 않게 인정할 수 있다고 하면서, 불변의 가치를 지닌 기독교의 본질을 탐구하는 일에 정열을 쏟았다. 그에 따르면 예수와 성경은 현대의 문화나 도덕과 적극적인 관계가 있다고 하면서, 역사적인 연구는 이를 밝히려는 것이라고 했다.

'기독교가 무엇이냐' 하는 질문은 순전히 역사적 의미로만 대답할 수 있는 것이며, 그 질문에 답하기 위하여 역사학의 방법과 역사의 실제 과정을 연구함으로써 얻는 삶의 경험을 이용한다고 하르낙은 말한다.

또 말하기를 기독교를 이해하려면 예수와 그의 복음에서 출발해야 하지만, 예수의 말씀과 행적에만 국한할 수는 없다고 한다. 왜냐하면 예수의 인격의 이모저모는 그것들이 미친 영향을 보아서 알 수 있으므로 그의 제자들에게 미친 영향과 결과를 보아야 한다는 것이다. 따라서 예수의 제1세대 제자들을 포함하여 이러한 정신을 가지고 생활한 모든 사람들이 내놓은 산물을 보아야 하며, 이 모든 것을 두고 역사가는 무엇이 영구적 가치를 지니고 있는지 알아야 하고, 무엇이 가장 중요한 것인지 분간해야 한다고 한다. 복음은 여러 면으로 보아서 최초의 형태와는 같지 않고, 오히려 역사적 형태를 달리하면서 영구적 타당성을 지니는 그 어떤 것을 함축하게 되었다고 한다.

하르낙은 예수의 교훈을 세 가지로 분류한다. 즉 하나님의 나라와 그 나라의 임하심, 아버지 하나님과 인간 영혼의 무한한 가치, 차원 높은 의와 사랑의 계명이라고 한다. 예수는 전통적인 요소의 찌꺼기들이 제거된 '하나님의 나라'를 선포하셨는데, 거룩하신 하나님이 각 개인의 마음을 현재뿐 아니라 미래에도 다스리실 것을 선포하셨다고 한다. 하나님의 나라는 개인의 영혼 속에 들어와 그것을 지배한다고 한다. '하나님 아버지와 인간의 영혼의 무한한 가치'는 복음 중의 복음으로서 '현대인의 사고방식과 감정'에 가장 가까운 것이며, 모든 인간이 하나님의 아들이 된다는 것은 인간에게 주어진 선물이면서 동시에 과업이라고 한다. 복음의 윤리적인 메시지에서 예수는 의를 율법주의와 외적 형식으로부터 해방시키시고, 또 사물의 핵심을 집중해서 조명하심으로써, 그리고 도덕 원리의 유일한 근거요 동기인 사랑을 발견함으로써 종교와는 관계가 먼 것으로부터 해방시키신다고 한다.

하르낙은 오랜 역사 연구를 통하여 초대 교회 주변의 사회와 정치와 문화가 기독교에 어떻게 영향을 준 것인지를 밝힌다. 그러나 그 역시 역사 연구에 먼저 전제를 설정하고 있음을 지적할 수 있다. 하르낙은 기독교 교의는 복음이 헬레니즘 문화의 토양에서 자란 산물이라고 규정하고 기독교의 전통적 교의의 정당성에 대하여 의문을 표한다. 그래서 교회 공의회에서 작성된 교의뿐 아니라 사도신경까지도 의문을 품어야 한다는 것이다. 나중에 가서는 개신교회가 종교 개혁의 전통에 충실하다면 구약을 구태여 정경으로 받아들여야 할지도 고려해야 하며, 신약만 정경으로 받도록 새롭게 결정해야 한다고 한다. 왜냐하면 구약은 그리스도를 나타내 보여주지 않고 있기 때문이라는 것이다. 이와 같이 말함으로써 하르낙은 영지주의자 마르키온과 비슷한 견해를 나타냈다.

리츨 이후의 독일 신학

1870년대 이후, 즉 리츨 이후 독일 신학의 특징은 역사주의로 발전한 것이다. 역사에 대한 관심과 연구는 교회사 분야뿐 아니고 성경 신학에까지 미쳤다. 먼저 바울 드 라가르데(Paul de Lagarde, 1827~1891)와 오버베크는 비판적 시각에서 역사 연구에 새로운 연구와 방법론을 제시하였다.

바울 드 라가르데는 아랍어, 시리아어, 콥틱어, 그리스어, 라틴어 등 해박한 어학 지식을 통하여 초대 교회의 문헌 연구에 많은 기여를 하였다. 그는 본문 비평에 힘쓰면서 어의학과 종교사와 교회사의 지식을 동원해서 신약을 연구하였다. 바울 드 라가르데에게 신학은 곧 종교사 지식이었다. 그는 복음서를 고차원의 종교로 평가한다. 왜냐하면 복음은 하나님께 이르는 길로 인도할 뿐 아니라 하나님 자신과 살도록 이끌어 주기 때문이라고 한다. 그러나 예수 그리스도에 대한 그의 이해는 전통적 신앙고백과는 거리가 멀다. 하나님의 독생자라는 교의는 인간은 곧 창조주의 생각이라는 사실에 대한 상징적

표현일 뿐이라는 것이다.[12]

오버베크는 원문서(Urliteratur) 내용과 원역사(Urgeschichte)의 개념을 처음으로 말하고 문서 내용의 양식(Form)에 관하여 언급함으로써 성경 연구의 새로운 방법, 즉 양식 비평을 유발하였다. 그는 신학자들이 옛날의 문서 내용이나 자료를 자신의 입장에서 현시대적인 신학으로 이해하는 것은 잘못이라고 한다. 다시 말하면, 문서 내용을 배태하게 된 당시 역사적 상황을 고려해야 한다는 것이다.

오버베크는 또한 교의를 탈피한 소위 "세속적인 교회사"(profane Kirchengeschichte)를 추구하였다. 그는 기독교를 반대할 의사는 없고 오히려 존중한다고 했으나, 결과적으로 그의 방법을 따른 학문적 신학 연구는 기독교를 매장하는 결과를 가져왔다.

19세기말의 종교사학파

문화에 대한 의식과 비평과 자연 종교에 대한 새로운 관심이 독일 관념론과 접합이 되면서 신학은 신앙과 생활의 관계, 신앙과 생활의 일치에 관하여 관심을 갖는가 하면, 기독교 신앙과 자연종교의 관계를 묻고 기독교 신앙이 역사와 철학에 어떤 비중을 갖는지를 물었다. 이러한 관심에서 종교사학적 신학 운동과 종교심리학과 종교 철학 운동이 일어나게 되었다.

종교사학적 연구의 풍조에 먼저 편승한 것은 성경학이었다. 종교사학적 연구는 헤르더에서 시작되어 드 라가르데에게서 새롭게 기초가 다져졌다. 새로운 것은 이제 신약 연구를 위하여 그리스나 헬레니즘적 배경은 물론 후기 유대교의 배경도 심도 있게 연구하게 된 사실이다. 발덴스페르거(W. Baldensperger)는 그가 출판한 『후기 유대교의 메시아 대망에 비추어 본 예수의 자의식』[13]을 1903년에 3판을 내면서 『유대교의 메시아적-묵시적

---

12) Stephan-Schmidt, *Geschichte der evangelischen Theologie in Deutschland seit dem Idealismus*(Berlin, New York: Walter de Gruyter, 1973), 279.

대망』(*Die messianisch-apokalyptischen Hoffnungen des Judentums*)으로 개명하여 출간하였다.

요한네스 바이스는 『하나님의 나라에 관한 예수의 설교』(*Die Predigt Jesu von Reiche Gottes*, 1892, 1902)를 내놓았다. 그 밖에 다른 이들도 의 연구를 받아들여 예수의 종말론적 사상에 관심을 가지고 후기 유대교가 원시 기독교에 어떤 역할을 한 것인지 규명하려고 하였다. 슈바이처(Albert Schweitzer, 1875~1965)는 1906년 이후 이러한 연구 결과를 종합하여 『예수전 연구의 역사』(*Die Geschichte der Leben-Jesu-Forschung*)를 씀과 동시에 예수의 종말론적 상(像)에 대한 비판적인 생각을 폈다.

신학자들은 중동 지역의 고대 문명에 대한 고고학적 발굴을 통하여 성경 주변의 세계에 더욱 눈을 돌리게 되었다. 1887년에 발굴한 엘 알마나 토판(El-Almarna Tablet)이라든지 1901년에 발굴한 하무라비 법전 등으로 말미암아 신학자들은 성경 주변의 세계와 종교사에 관심을 가지면서 구약을 이스라엘 역사 이전의 중동의 세계에 비추어 보는가 하면, 신약을 연구하면서는 예수 안에 나타난 하나님의 계시가 원시 기독교의 신앙 양식(종말론, 기독론, 성례론 등)을 형성하는 일에 성경 외적 요소들이 어떻게 도움을 주게 되었는지 고찰하려고 하였으며, 이러한 관심과 연구로 기독교를 혼합 종교로 이해하려고 하였다.

종교사학파는 리츨과 드 라가르데가 가르친 괴팅겐에서 출범하였는데, 많은 신학자들이 이에 가담하였다. 할레와 키일(Kiel)에서 가르친 아이히호른(Albert Eichhorn, 1856~1926)은 『신약의 성만찬』(Das Abendmahl im Neuen Testament, 1898)을, 브레슬라우의 브레데는 『복음서에 담긴 메시아 비밀』(Das Messiasgeheimnis in den Evangelien, 1901)을 써서 출간했으며, 궁켈은 『사도 시대의 일반적 시각과 바울의 가르침에 따라 본 성령의 사역』[14]과 『태초와 종말 시기의 창조와 혼돈 - 창세기 1장과 계시록 12장에 대한 종교사학적

---

13) *Das Selbstbewußsein Jesu im Lichte der messianischen Hoffnungen seiner Zeit*(1888).

14) *Die Wirkungen des heiligen Geistes nach den populären Anschauungen der apostolischen Zeit und nach der Lehre des Paulus*(1888, 1909³).

연구』15)를 썼다.

부세트(Wilhelm Bousset, 1865~1920)는 『유대교에 반하는 예수의 설교』(*Jesu Predigt im Gegensatz zum Judentum*, 1892)와 『신약과 유대교와 초대 교회의 전승에 나타난 적그리스도』(*Der Antichrist in der Überlieferung des Judentums, des N. Testaments und der alten Kirche*, 1895)을 썼다. 요한네스 바이스와 슈바이처(Albert Schweitzer) 역시 이 학파에 속하며, 종교사학파의 주도자는 궁켈과 부세트였다.

궁켈은 구약 연구에 '삶의 정황'(Sitz im Leben)을 고려해야 한다고 하면서 문서 내용의 양식과 종류를 검토하고 식별하고 평가하는 방법을 도입하였다. 말하자면 '문서 내용의 양식과 종류에 대한 역사적 연구'(die Form und gattungsgeschichtlichen Forschung)를 지향하였다. 부세트는 종교들의 비교를 통해 신약과 초대 기독교의 역사를 연구하였다.

종교의 역사에 대한 종교사학파의 연구는 자료에 충실하기보다는 많은 상상력을 동원하여 해석하며 창작하는 방면으로 치중하였으며, 성경 연구에도 본문에 충실하지 못한 약점이 있었다. 바이스는 하나님의 나라에 대한 예수의 가르침은 이미 임박한 현 시대의 종말에 이르러 현실로 나타나게 된 종말론적 하나님의 통치를 마음속에 그린 것으로 입증하려고 한다.

슈바이처는 이에 동조하여 예수의 전 생애는 단 하나의 목적을 성취하기 위하여 계획된 것으로 해석한다. 그것은 다름 아닌 현 세계 질서의 붕괴를 촉진하고, 그렇게 하여 하나님의 나라를 속히 임하게 하는 것이라고 한다. 예수의 재림과 하나님 나라의 임박한 도래에 대한 기대가 성취되지 않게 되자, 기독교 복음의 내용은 점차 수정되기에 이르렀다고 하는데, 슈바이처의 연구만 하더라도 성경의 본문에 충실한 것이 아니라고 많은 신학자들은 인정한다.

---

15) *Schöpfung und Chaos in Urzeit und Endzeit, religionsgeschichtliche Untersuchung über Genesis 1 und Apokalyptus 12*(1895).

제11장

20세기 변증법 신학

제1차 세계 대전은 인간의 무한한 발전 가능성에 대한 기대와 꿈을 말하던 낙관주의에 큰 실망과 좌절을 안겨주었다. 세계 대전은 신학적 사고에도 지대한 변혁을 가져왔다. 성경을 하나의 문서로 취급하고 구약의 역사를 일반 종교사의 하나로 다룸으로써 기독교를 일반 종교처럼 취급하여, 성경의 복음 내용을 하나의 윤리적 교훈 이상의 가치를 인정하지 않으려는 것이 19세기에 주류를 이룬 신학적인 경향이다. 이것은 인간이 무한히 발전할 수 있다는 낙관주의에 근거한 것이다.

이와는 달리 인간의 이상향에 대한 꿈이 무산되자 사람들은 다시금 성경 말씀에 주의를 기울이게 되었다. 종교 개혁의 신학을 재발견하는 일에 관심을 기울이는 동시에, 19세기의 신학자들 가운데서도 성경의 말씀을 하나님께서 주시는 말씀으로 이해하려고 노력하는 일반적 신학 경향에 역행하는 신학자들에게 사람들은 주의를 기울였다. 특히 덴마크의 실존주의 철학자인 키에르케고르가 그런 각광을 받았다.

인간학으로 실추된 신학에 새로운 활로를 모색하고 가능성을 제시하고자 한 신학 운동과 더불어 소위 20세기의 현대 신학이 시작된다. 이 새로운 신학 운동을 변증법 신학(Dialektische Theologie) 혹은 위기 신학(Theologie der Krise)이라고 칭한다. 스위스의 산갈리아에서 목회하던 무명의 젊은 목사 칼 바르트가 1919년에 『로마서 주석』을 내어놓음으로써 신학 사상사에 새로운 전기가 마련되었다. 바르트의 『로마서 주석』이 나온 것을 일컬어 신학자들의 놀이터에 난데없이 떨어진 폭탄으로 비유하기도 한다.

스위스의 젊은 목사인 투르나이젠(Eduard Thurneysen), 브루너(Emil Brunner)와 독일의 소장학자 고가르텐(Friedlich Gogarten)과 불트만이 이에 참가하여 새로운 신학 운동을 주도하였다. 그들은 1923년 자신들의 새로운 신학을 발표하는 신학지 『츠비셴 덴 차이텐』(Zwischen den Zeiten)을 발간하여 19세기의 신학을 비판하며, 변증법 신학을 전개하는 일에 같은 목소리를 냈다. 신학지는 계속 간행되다가 1933년에 폐간되었다.

변증법 신학자들은 신학지의 폐간과 함께 공동의 보조를 취하던 것을 그만 두고 각자 나름대로 자신의 신학을 발전시켜 갔다. 1933년은 나치, 즉 민족사회주의가 득세하여 히틀러가 정권을 장악하고 1932년에 조직된 '독일 그리스도인들'(Deutsche Christen)을 통하여 교회를 지배하려던 해였다. 신학 운동에서 그들이 맞춘 공동 보조는 교회와 정치라는 실제 문제를 만나자 깨지고 말았다.

변증법 신학자들이 편 공통의 주장은 19세기의 추상적 이론에 치우친 '대학 강단의 신학'(Schuldogmatik)이 자신들의 설교에 전혀 도움이 되지 않는 데서 그들이 배운 신학을 반성하고 "무한한 하나님의 말씀을 유한한 인간의 언어를 통하여 전파"할 수 있도록 하는 신학을 모색하였다. 다시 말하면, 그들은 19세기의 자유주의가 '하나님과 인간', '계시와 이성', '교회와 문화'를 관념론적인 철학 방법으로 조화시키려는 역사주의적 사고에 대하여, 이러한 양자들이 서로 종합되거나 조화될 수 있는 것이 아니라, 서로가 대치되며 모순되고 대조를 이루는 관계에 있다고 지적한다.

그리고 키에르케고르가 사용한 변증법의 논리를 사용하여 바르트는 '하나님과 인간의 무한한 질적 차이: 하나님은 하늘에 그리고 너 인간은 지상에'(unendlicher qualitativer Unterschied: Gott im Himmel und du Mensch auf

Erde)라고 표현한다. 그리하여 하나님의 계시와 인간적 이해의 관계를 긍정적 상호 관계에서 보지 않고, 긍정(肯定)과 동시에 부정(否定)을 함께 보는 변증법 신학을 전개함으로써 그들은 자신들의 신학을 19세기의 자유주의와 구별할 뿐 아니라, 루터주의적이거나 칼빈주의적인 정통주의와 다르다고 밝히면서 '신정통주의'(新正統主義)를 내세웠다.

초기의 신정통주의는 그 말이 함축하는 바와 같이 자유주의를 반대한다는 의미에서 '반자유주의 신학'이라고도 하였다. 그러나 신정통주의가 정통주의가 아님은 물론이다. 차른트의 견해에 따르면, 바르트의 신정통주의 신학이 자유주의보다는 정통주의 쪽에 더 가깝다고 한다.[1] 그러나 신정통주의 신학자들이 각자의 신학을 발전시키면서부터 그 양상은 달라졌다[2].

정통주의 신학자들은 바르트의 신학도 자유주의의 부류에 속하는 것으로 본다. 또한 바르트 자신도 82세의 나이로 임종을 앞두고 스스로 자유주의자라고 말한 것은 흥미 있는 일이다.[3]

불트만은 사실을 낳는 말씀이요, 선포의 말씀인 케리그마와 이 케리그마를 통하여 만나는 실존에 관심을 갖는다. 예수는 우리를 신약의 복음 안에 있는 케리그마 밖에서는 어디서도 만나 주지 않으며, 케리그마 이면에서는 아무도 역사적 예수에게 접근할 수 없다고 한다. 불트만에게는 그리스도의 인격과 사역에 관한 전통적 교리나 기독론의 교의를 가지고는 기독론을 말한다는 것이 일체 불가능하다.

20세기의 대표적인 변증법 신학자로는 칼 바르트, 불트만, 브루너(Emil

---

1) Heinz Zahrnt, *Die Sache mit Gott*(München: R. Piper & Co. Verlag, 1967), 151.

2) 신정통주의 신학은 독일에서는 '반자유주의'(反自由主義)를 표방하고 일어난 변증법 신학으로서 좌에서 우로 향하는 신학운동이었다. 그러나 그것이 한국에 도입이 되자 좌로 향하는 신학운동이 되었다는 것에 유의해야 한다. 소위 고전적 자유주의가 없었던 우리나라에서는 신정통주의가 대결하게 된 신학은 자유주의 신학이 아니고 정통주의 신학 또는 신학적 보수주의였다. 신정통주의가 독일에서는 '반자유주의'라는 기치를 들고 출발했으나, 그것이 우리나라에서는 출발에서부터 '반정통주의' 성향을 띠게 되어 자유주의에 문호를 개방했을 뿐 아니라, 시간이 경과함에 따라 '반정통주의적' 자유주의 신학운동으로 표면화되고 발전하게 되었다. 김영재, "자유주의 신학과 한국 교회", 「목회와 신학」 27(1991년 9월): 34-42.

3) Karl Barth, *Letzte Zeugnisse*(Zürich, 1969), 35; Gerhard Wehr, *Karl Barth: Theologe und Gottes fröhlicher Partisan*(Gürersloh: Gütersloher Verlaghaus Mohr, 1979), 18에서 재인용.

Brunner, 1889~1966), 고가르텐(Friedlich Gogarten, 1887~1867), 틸리히(Paul Tillich, 1886~1965) 와 그들의 신학을 간단히 살펴보기로 한다.

칼 바르트

칼 바르트는 1886년 5월 10일 바젤에서 신학 교수인 프릿츠 바르트(Fritz Barth)의 장남으로 태어났다. 그의 외조부 역시 목사였으며, 그의 요절한 동생 피터(Peter Barth) 역시 신학자로서 칼빈 연구가였으며, 다른 동생 하인리히(Heinrich Barth)는 철학자였다. 신학자 가정에서 자라난 칼 바르트는 베른에서 중고등학교(Gymnasium)를 나온 후 베른 대학에서 신학 공부를 시작으로 하여 베를린과 튀빙겐과 마르부르크로 전전하며 하르낙과 헤르만에게서 배우고 많은 영향을 받았다.

하르낙이 초대 기독교와 교리 연구에서 추구한 것은 예수 그리스도가 아니라, 복음서 속에 계시된 하나님 아버지(Nicht der Sohn, sondern der Vater allein gehört in das Evangelium hinein)와 인간 영혼의 무한한 가치였다. 이에 반하여 바르트는 그리스도의 의미를 발견하려고 하였고, 그 어느 신학자보다도 그리스도 중심의 신학을 말하였다. 그것은 자신의 선생과 대조를 이루는 일이다.

바르트는 마르부르크에서 헤르만에게서 배우면서 그의 『윤리학』(Ethik, 1901)을 읽었다. 마르부르크로 오기 전에 이미 헤르만의 책에서 '영원한 운동'에 대한 자극을 받게 되었다고 회고한다. 또한 헤르만의 『그리스도인의 하나님과의 교제』(Verkehr des Christen mit Gott)라는 책에서도 많은 감명을 받았으며, 1886년에 헤르만이 쓴 글에서 중요한 암시를 받았다. 즉 신약의 증거는 신약의 교회에서 발생하였으며, 교회에 의하여, 또 신약의 교회가 소유하고 있는 것으로부터 발전한 삶을 통하여 부가적으로 덧붙여진 것이며, 그것과 비슷한 사실이 각 개인에게도 일어난다고 하는 내용의 글이었다. 그것은 기독교 신앙에 실존적 순간의 의미가 있다는 것을 시사하는 말이었다.

불트만도 헤르만의 강의를 들으면서 그와 같은 암시를 받았다고 한다.

1909년 마르부르크에서 공부를 마친 바르트는 프랑스어 지역인 제네바에서 독일어를 사용하는 교회의 조목사(Vikar)로 2년간 목회 수습을 한 다음 1911년 25세의 나이로 스위스의 산갈리아 마을 자펜빌(Safenwill)에서 목사로서 교회를 섬기기 시작하였다. 자펜빌은 본래 농촌이었으나 바르트가 마을 교회로 부임했을 때는 그 마을이 산업화된 마을로 변모한 지가 불과 이삼십 년밖에 되지 않았을 때다.

바르트는 이곳에서 목회하면서 사회주의와 노동조합 운동에 관여하였다. 정치와 사회에 참여할 목적이 아니라 실제로 자기 주변에서 접하는 사람들을 구체적으로 돕기 위해서였다. 그런데 이런 일에 어느 누구도 그에게 조언을 해 줄 수 있는 사람이 없었다. 대학에서 신학을 공부할 때 어느 한 교수도 이런 일에 대하여 도움이 될 만한 말을 해 준 이가 없었다.

바르트는 산갈리아 골짜기를 두셋 지나 다다를 수 있는 이웃 마을에서 목회하는 투르나이젠(Thurnysen)과 자주 만나 목회와 설교 문제를 두고 의견을 나누곤 하였다. 바르트는 친구들과 교환하는 편지에서 표현했듯이 목회에 전적으로 심혈을 기울였으며 힘을 다해 설교를 준비하였다. 매주 하는 설교 준비를 통하여 바르트의 신학은 성장하였다. 바르트는 "나의 신학 전체가 근본에서부터 목회자를 위한 신학이다"고 술회한다.[4]

1921년 바르트는 괴팅겐에서 조직 신학을 맡는 교수로 초빙을 받았다. 이어 1922년에는 뮌스터 대학교에서 명예박사 학위를 받음과 동시에 그 대학에서 교의학과 신약 신학을 맡아 가르쳐 달라는 요청을 받았다. 바르트는 1930년부터 1935년까지 본(Bonn)에서 조직 신학 교수로 있었으며, 그후 1962년 3월 1일 정식으로 은퇴할 때까지 바젤 대학에서 신학 교수로 봉직하였다. 그의 강의에서는 그가 책에 쓴 것 이상으로 많은 것을 얻을 수 있었으므로 강의를 수강한 수많은 신학도들이 많은 감명을 받았다고 한다.

바르트의 로마서 주석은 19세기의 역사적 비판학적 방법에 대하여 새로운

---

4) K. Barth, *Letzte Zeugnis*, 19; G. Wehr, *Karl Barth*, 21.

성경 해석학의 방법을 제시하였다. 바르트는 정통주의의 영감설과 자유주의의 역사 비판적 방법 중 어느 하나를 택하라면 영감설 쪽을 택할 것이라고 하면서도 그럴 필요가 없음을 기뻐한다고 말한다.

> 성경 연구의 역사 비판적 방법은 나름대로 그 권리를 갖는다. 그것은 언제나 피상적일 수 있는 성경 이해를 제시하기 때문이다. 그러나 만일 내가 역사 비판적인 방법과 성경 영감설 간에 양자택일을 하라면 나는 후자를 택할 것이다. 영감설은 더 크고 깊고 중요한 권리를 갖는다. 왜냐하면 영감설을 두고는 다른 모든 성경 연구 방법이 무가치하기 때문이다. 나는 이 두 가지 중에서 어느 하나를 택하지 않아도 됨을 기쁘게 생각한다. 나의 모든 관심은 역사를 통하여 영원한 영이신 성경의 영을 통찰해 보는 것이다.[5]

이렇게 해서 바르트는 역사적 비판의 역사 의식과 정통주의 영감설을 적극적으로 종합하는 '역사 비판적 영감설'을 제시한다. 바르트에 따르면, 바울은 자기 시대의 사람들에게 말했지만, 그가 말한 것은 당 시대의 사람들에게만 말한 것이 아니고, 모든 시대의 사람들에게 말한 것이라고 한다. 바울이 과거의 삶의 정황을 넘어서 모든 시대의 삶의 정황에 대하여 선포한 사실(=내용 Sache)은 어제나 오늘이나 본질에서 항상 동일하다고 한다.

그러나 정통주의 입장에서 보면, 바르트는 성경에 대한 자유주의적 비평 태도를 여전히 견지한다는 점에서 반틸(Van Til)이 지적한 대로 '신현대주의'(New-Modernism)에 속한다. 바르트는 성경의 무오성을 인정치 아니한다. 전 성경은 오류가 있는 인간의 책이요, 성경에서 무오한 부분을 찾으려 함은 '자의적이요, 불복종일 뿐'이라고 말한다.

바르트의 새로운 발견은 "하나님은 하늘에 있고, 너는 땅에 있다"는 표현인데, 이것은 이미 키에르케고르가 언급한 "시간과 영원의 무한한 질적 차이"(unendlicher qualitativer Unterschied von Zeit und Ewigkeit)라는 인식과 상통한다. 바르트는 이러한 하나님과 인간의 무한한 질적 차이의 관계를 철학자들이 인식론적으로 이해하려고 한 데에 위기가 있다고 하며, 이러한

---

5) Karl Barth, *Der Römerbrief*(Zürich: Theologischer Verlag, 1922, 1984), 5(초판 서언).

인간 인식의 위기를 그 '근원'(Ursprung)이라고 명명한다.

바르트는 로마서 주석에서 역사적-비판적인 질문은 무시한 채 성경이 말씀하는 내용이 인간에 내재하는 종교성 및 윤리성과 어떻게 일치하는 것인지를 모색한다. 종교라는 주제는 로마서 주석 전체를 통하여 볼 수 있는 주제이다. 바르트는 종교는 본질적으로 하나님을 인간과 혼동하는 것이라고 한다(Verwechselung Gottes mit dem Menschen). "하나님 자신은 하나님으로서 인식되지 못하고 있다. 하나님이라고 불리는 것은 진실로 말하자면 인간 자신이다"고 말한다. 바르트는 이렇게 말함으로써 19세기의 포이에르바흐가 말한 극단적 비판을 받아들인다.

그런가 하면 바르트는 또한 여러 종교의 '비신'(非神, Nicht-Gott)을 예수 그리스도 안에서 자신을 계시하신 하나님과 구별한다. '종교'의 '신'은 죽지 않고 알려지지 않은 하나님을 인간이 파악할 수 없음에도 불구하고 파악하려는 결과이며, 인간에게 부여된 '죽음의 선(線)'(Todes-linie)을 넘어서는 것이다. 따라서 '종교'는 하나님과 인간 사이에 놓인 간격을 깨닫지 못하는 인간이 하나님에 대하여 범하는 모독이라고 한다. 그러면서도 '종교'는 인간의 가장 고상한 최종적 가능성이라고 한다. 인간이 종교 안에서 하나님께 대하여 자신이 못된 존재라고 표명한다면, 인간은 그렇게 함으로써 자신의 전 인간 존재에 임한 심판을 표현하는 것이라고 한다.

그리고 보면 '종교'는 구원(Erlösung)이 아니고 오히려 인간의 문제를 최종적으로 첨예화한 것에 지나지 않는다. 이러한 가운데 하나님을 파악하려다 보면 인간은 오히려 하나님을 잃고 자기의 종교 안에 혼자 남게 될 뿐이라고 한다. 너희들의 신은 '비신'(非神)이고, 정신과 자연 사이에서 나온 분열된 인간의 자기 반영의 산물일 뿐이라고 한다. 인간들의 종교의 '비신'(非神)은 하나님 없는 인간의 정황을 여실히 나타내 보여주는 것이다. 그러므로 '종교'와 '무신론'은 피차 같은 기반에 서 있기 때문에 상통한다고 한다. 자유주의 신학은 성경을 종교로부터 해석하려고 하는 데 반하여, 바르트는 종교를 성경에서부터 해석하려고 한다.

종교에 대한 바르트의 이러한 비판은 궁켈과 벨하우젠(Julius Wellhausen, 1844~1918) 같은 종교사학파들이 기독교를 단지 근동 아시아 종교사의 일부로 해석하는 데에 반대하여 하나님의 계시의 독특성과 초자연성을 다시 발견하려는 것이었다. 그런데 종교에 대한 바르트의 비판은 현실에 안주하는 교회를 향해서도 적용된다. 교회가 당면한 위험은 교회가 하나님의 계시를 직접 가지기 원하기 때문에 계시가 영원성에서 시간성으로 주어지게 되고 교회는 가지적(可知的)이며 자명한 것으로 된 장소, 곧 '조직된 종교'가 된다고 한다.

바르트는 하나님의 계시를 긍정과 부정의 진술, 다시 말하면 변증법적 전개 과정에서 파악한다. 계시는 드러내는 것보다 더 많은 것을 은폐한다는 변증법적 이해에서 완전히 순수한 사건으로, 즉 비역사적 사건으로 파악된다고 한다. 다시 말하면, '정'과 '반'의 더 높은 통일 양식인 '합'으로 종합하는 헤겔의 변증법이 아니고, 긍정에서 부정으로, 부정에서 긍정으로 전환되는 키에르케고르의 '파라독스'[逆說 또는 二律背反]의 변증법으로 파악된다고 한다. 바르트는 자유주의의 내재 사상을 반대하고 하나님의 초월을 주장하며, 하나님의 계시, 즉 예수 안에서 나타내 보이시는 계시를 주장한다. 그러나 바르트의 계시 이해는 정통주의의 계시 이해와는 다르다.

바르트는 로마서 주석에서 예수 그리스도 안에서 보이시는 하나님의 계시에 관하여 말한다. 그것은 곧 어떤 역사적인 인간에게 시간과 영원, 사물(Ding)과 원천(Ursprung), 인간과 하나님을 연결하는 숨겨진 선(線)으로서 기능을 부여한다. 따라서 예수의 영원의 자질(die Ewigkeitsqualität)은 실역사적(historisch)으로는 인식할 수 없다고 한다. 예수의 영원의 자질은 역사(Geschichte) 안에 있는 초자연적 역사(또는 초역사적인 역사)이므로 인식이 불가능하다. 그것은 하나님의 비실역사적(unhistorischer) 계시에 근거를 두고 있는 까닭에 역사에서 인식할 수 있는 범위 밖에 있으며, 우리가 알 수 있는 그 어떤 영역으로도 설명될 수 없다고 한다.

이 계시는 곧 '부활'이다. 다시 말하면, 부활은 곧 역사적 예수가 그리스도로 나타내 보이는 계시라고 한다. 이 '비역사적'이며, '인식할 수 없는'(unanschauliche) 그리스도로 보이신 예수의 계시가 중요한 주제이다. 이 계시가 역사에서 볼 수 있는 범위 안에서는 그냥 문제(Problem)요 신화로 이해될 뿐이다. 이런 증거를 성경이 보여주며, 성경에 근거를 둔 신학은 성경과 함께 보아야 한다는 것이 바로 이 주제이다.

바르트는 근본부터 예수의 '부활'에 관한 증거를 신학의 기초로 삼고 있다. 죽은 자들 가운데서 사신 예수의 부활은 위로부터의 점(點)과 이에 대응하는 아래로부터 통찰을 서로 접합하게 하는 전기(轉機)라는 것이다. 부활은 곧 계시이며, 예수를 그리스도로 발견하는 것이며, 예수 안에서 보이시는 하나님의 나타나심[現顯]이요, 하나님에 대한 인식이라고 한다.

부활은 하나님께 영광을 돌리는 것으로서 예수 안에는 우리에게 알려지지 않고 또 우리가 인식할 수 없는(unanschaulichen) 것이 있음을 예상하여 예수를 시간의 궁극적 목적, 파라독스, 원역사(Urgeschichte), 승리자(Sieger)로 인식하게 하는 필연의 진입(der Eintritt der Notwendigkeit)이라고 한다. 부활에서 성령의 새로운 세계가 육체의 낡은 세계와 접촉한다고 한다. 마치 탄젠트(tangent)가 원에 닿음 없이 접촉하듯이, 성령의 세계는 육체의 세계와 닿지 않는 가운데서 육체의 세계를 접하는 경계(境界), 새로운 세계와 접촉한다고 한다.[6]

바르트는 말하기를 부활은 주후 30년에 예루살렘 성문 앞에서 일어난 사건이며, 부활이 그곳으로 '진입했기'(eintrat) 때문에 발견되고 인식된 것이라고 한다. 예수께서 자신을 계시하시고 메시아로 발견되는 한에 있어서, 그는 이미 부활의 날 이전에 하나님의 아들로 세우심을 받은 것이며, 부활의 날 이후에도 역시 하나님의 아들이심에는 변함이 없다고 한다.

바르트는 초기에 시간과 영원, 하나님과 인간 사이의 무한한 질적 차이를 늘 새롭게 강조하였다. 계시는 인간과 시간의 항구적 위기로 인해 다가온다고 하며, 모든 인간의 경건이나 도덕은 아무것도 아닐 뿐 아니라, 위로부터

---

6) Aber sie berührt sie, wie die Tagente einen Kreis, ohne sie zu berühren, und gerade indem sie sie nicht berührt, berührt sie sie als ihre Begren- zung, als neue Welt.

인간에게 임하는 하나님의 말씀의 요청에 대한 속수무책의 불신(不信)이라고 한다. 예수 그리스도에 대한 바르트의 이해도 이런 변증법 신학 구조에서 이루어진다.

위에서 본 바와 같이, 바르트의 신학적 논리 전개는 변증법적이다. 변증법적인 하나님 이해의 진정한 의미는 하나님의 계시에 대한 인간적, 신학적 진술의 비적합성(Unangemssenheit)을 드러내는 데 있으며, 변증법적 전개(Bewegung)가 변증법적 자기 지양(自己止揚) 속에 해소됨에 따라 하나님의 계시 자체를 말하게 하는 데 있다고 한다. 인간적, 신학적 진술이 무너질 때 하나님 자신이 비로소 말씀하신다고 한다.

그러나 바르트의 변증법적 역설의 신학은 모든 신학의 정언적 명제를 거부하는 회의론과 가치 부정론에 빠진다. 반(反)이 정(正)보다 더 강하며, 하나님의 계시는 '은폐됨'이 '드러남'보다 더 강하게 지배하며, 은혜보다는 심판, 내재보다는 초월이 강조되는 것이라고 한다.

바르트가 하나님의 초월성을 지나치게 강조한 결과 이러한 사상이 초절주의(超絶主義)라는 비판을 받는 것은 당연하다. 그는 하나님을 '타자'(他者)로 강조하여 하나님을 묘사할 수 없게 한다. 계시의 이해도 만남(Begegnung)을 강조함으로써 철학적이요 다분히 주관적이다. 바르트의 신학을 한편 '말씀'의 신학이라고 하나 역사 속에서 하나님의 뜻을 나타내는 역사적 연속성을 거부하는 것이라면, 그것은 이미 사람이 청종해야 할 하나님의 말씀을 중심으로 하는 '말씀'의 신학에서 이탈한 변증법의 구심점을 중심으로 맴도는 '방법의 신학'인 것이다

바르트는 계시를 변증법적으로 이해함으로써 계시를 세계사적 사건 속에 있는 역사적 사건으로 보지 않고, '원역사'(Urgeschichte), '비역사적 사건', '비시간적 시간'(unzeitliche Zeit), '비공간적 장소'(unräumlicher Ort)로 묘사한다. 이러한 계시 개념은 정통신학에서 말하는 하나님께서 역사 속에서 나타내 보여주시는 구체적 사건으로서 계시의 개념과는 다른 역설적인 개념이다. 이러한 개념은 칸트가 말하는 물자체(Ding an sich)의 개념으로 환원되고

만다. 그러고 보면 기독교의 하나님은 '초절적인', '알려지지 않는 하나님'인 것이다

에밀 브루너

브루너(Emil Brunner, 1889~1966)는 1998년 스위스에서 출생하였으며 1925년 취리히 대학의 교수가 되었다. 저서로는 「종교적 인식에 있어서의 상징」 (*Das Symbolische in der religiösen Erkenntnis,* 1913), 「경험, 인식, 신앙」(Erlebnis, Erkenntnis u. Glaube, 1922), 「음악과 말씀」(*Die Musik und das Wort,* 1924), 「종교개혁과 낭만주의」(*Reformation und Romantik,* 1925), 「개신교 신학의 종교 철학」(*Religionsphilosophie evangelischer Theologie,* 1926), 「중보자」(*Der Mittler,* 1927), 「하나님과 사람」(*Gott und Mensch,* 1930), 「계명과 질서-윤리」 (*Das Gebot und die Ordnung* 〈*Ethik*〉, 1932), 「자연과 은총」(*Natur und Gnade,* 1934) 등이 있다. 만년에 갈수록 사회 문제와 교회에 관한 책을 썼음을 알 수 있다.

브루너는 바르트와 투르나이젠에 동조하여 새 신학을 위하여 함께 출발하였다. 브루너는 계시의 변증법을 하나님과 인간의 모순에 둔다. 투르나이젠과 함께 그는 성경이 말하는 하나님의 피안성(彼岸性, Jenseitigkeit)은 형이상학과는 차이가 있다고 강조한다.

형이상학에서는 첫째로, 인간이 그에게로 다가가는 하나님에 관하여 말한다고 한다. 말하자면 그 신은 인간 정신 속에 내재하는 자질에 바탕을 둔 인간이 인식하는 길의 결과요, 종착점이다. 그러나 성경의 계시에 근거한 신앙으로는 그러한 신은 하나님이 아님을 안다. 왜냐하면, 시작은 없이 종말뿐인 모든 것, 우리에게 찾아오지 않는 모든 것, 자기 스스로를 먼저 좌정하고 이 시초의 것(in dieses Erste)에 우리를 받아들이지 않는 것, 따라서 자명한 존재로 우리에게 자신을 증명해 보이지 않는 것은 하나님이 아니며, 그러므로 증명할 수 없는 존재자는 하나님이 아니기 때문이라고 한다.

둘째로, 형이상학은 역사(Geschichte) 안에서 자신을 알려 주는 '초역사적인 것'(Übergeschichtliches)을 알지 못한다. 피안의 하나님에 관한 이야기(Rede)와 형이상학은 개념상으로는 서로 관계가 있는 것 같으나 비슷한 개념에서 정반대의 것을 말한다고 한다.

브루너는 어떤 특정한 역사(Geschichte)에 진입하는 피안의 하나님의 계시 이외에 또 다른 계시가 있음을 말한다. 그는 복음을 자연적인 인식, 즉 신적인 법과 연결시켜 그렇게 말한다. 이 관계는 하나님의 창조자로서의 존재에 근거하며, 인간은 피조물로서 본질상 하나님의 말씀을 깨닫는다고 한다. 즉 인간임과 하나님의 말씀 간에는 본체론적인 관계(eine ontologische Beziehung)가 성립되고 있다고 한다.

브루너는 말하자면 이중 계시를 말한다. 첫 단계의 자연 계시는 예수 그리스도 안에서의 둘째 단계의 계시를 알게 하고 그 둘째 계시 안에서 지양된다고 한다.[7] 바르트가 그리스도의 계시만을 인정하고 '오직 그리스도 안의 계시'를 주장함에 반하여 브루너는 '창조의 계시'(Schöpfungs-offenbarung), 즉 '자연계시'(Offenbarung in der Natur)를 기독교 신학의 계시 개념의 중요한 부분이라고 주장한다. 하나님께서 행하시는 곳에는 그가 행하시는 것에 대하여 자기 본질을 인(印)치신다. 그러므로 세계의 창조는 곧 하나님의 계시요, 하나님의 자기 전달이라고 하며, 이 명제는 이교적이 아닌 기독교적 기본 명제라고 한다.

브루너는 인간의 이성은 인간 안에 있는 신적인 것의 한 부분으로 본다. 그리고 자연 계시가 있으면 자연 신학도 성립한다고 한다. 브루너는 그러면서도 그가 말하는 자연 계시와 특별 계시의 관계는 로마 가톨릭 신학의 가르침과는 다르다고 한다. 즉, 자연 계시에서 시작하여 더 차원이 높은 성경적인 계시로 발전한다는 로마 가톨릭의 가르침과는 달리 변증법적인 대립 관계에서 이해한다. 그의 이러한 견해는 하나님께서 그가 지으신 만물 가운데 계시하지

---

7) Es gibt eine 'doppelte Offenbarung', wobei die erste natürliche auf die zweite in Jesus Christus hin orientiert und in ihr aufgeghoben ist.

만 사람이 죄로 말미암아 인식하지 못하므로 자연 계시는 있으나 자연 신학은 성립하지 않는다고 하는 정통주의 신학의 견해와는 다르며, 로마 가톨릭의 이해와는 같지 않으나 보다 근접한 것으로 이해할 수 있다.

브루너의 자연 신학의 길은 바르트의 순수한 변증법적 착상과는 대조적으로 복음이 의미 있게 이해되기 위해서는 자연적 인간의 책임성과 언어성(言語性)이라는 형식적 구조에 접촉점을 가진다고 주장한다. 브루너의 이러한 주장이 변증법 신학에 근거한다면 자기모순이지만, 그는 이러한 자기모순 속에서도 변증법 신학에서 도외시된 창조의 질서, 일반 계시로서의 신적 관계의 접촉점을 다시 문제시한 점은 공헌이라고 할 수 있다.

브루너의 기독교 자연 신학의 길은 바르트가 설교의 '내용'(Was)에만 관심을 가지고 이 내용이 전파되는 구체적 상황의 '방법'(Wie)을 등한시한 데 반하여, 말씀과 상황을 연결하는 '설교의 방법'(Wie der Verkündigung)을 중요시한다. 종교 철학에 관심을 갖는 영국의 신학자들이 브루너의 이러한 주장을 환영한 것은 물론이다. 신학자의 과제는 단지 고의적 명제를 고안하는 일에 만족해서는 안 되며, 주어진 구체적 상황에 있는 사람들, 즉 교회 문 앞과 교회 밖에 있는 사람들, 혹은 전혀 종교적 관심이 없는 않은 사람들과 대화해야 하며, 현대 문명의 성숙성과 비기독교적 삶의 양태와 대화해야 한다고 한다.

브루너는 이러한 과제를 수행하는 신학을 '논쟁의 신학'(eristische Theologie)이라고 부른다. 그것은 '기독교적 대화법'(christliche Sokratik)으로서, 철학적 대화법처럼 사람에게 진리를 캐묻는 방법이 아니고, 사람으로 하여금 사고하도록 일깨워 자신의 비진리를 적나라하게 드러내게 함으로써 신에 대한 자신의 문제를 바로 이해하도록 가르치는 방법이라고 한다.

이러한 브루너의 기독교적 자연 신학의 길은 바르트에게는 '최종의 무관심'이며 '크나큰 유혹이요, 오류의 원천'이다. 바르트는 여전히 복음의 사실인 내용에만 관심을 둔다. 신학과 인간 생활에 있어서 하나님과 그의 말씀, 그의 행위, 그의 통치가 문제시된다면, 언어와 형식에의 질문은 확실히 우리 자신이 이 문제에 그처럼 부딪쳤다는 사실처럼 중요하며, 그 질문은 지양된,

그리고 항상 지양될 변두리 문제로서만 문답하게 되며, 신에게 던져진 염려로서만 존재할 수 있는 것이라고 한다.[8]

프리드리히 고가르텐

고가르텐(Friedrich Gogarten, 1887-1867)은 예나(Jena), 브레슬라우(Breslau), 괴팅겐(Göttingen)에서 교수하였다. 저서로는 「종교적 사상가 피히테」(*Fichte als religiöser Denker*, 1914), 「종교와 민속」(*Religion und Volkstum*, 1915) 등이 있다.

고가르텐은 바르트와 밀접한 관계를 가진 신학자로서 변증신학자 그룹이 발간하는 신학지(*Zwischen den Zeit*)에 이름(誌名)을 붙인 장본인이다. 1920년에 쓴 그의 글들은 바르트와 같은 입장을 취한다.

> 우리는 파멸로 가는 것을 본다. 우리는 너무 깊이 인간적인 것 속으로 빠져들었다. 그 결과로 우리는 하나님을 잃었다. 그분을 잃었다. 그렇다. 정말로 잃어버린 것이다. 우리 안에는 하나님께로 향하는 생각조차 없다. 모두가 인간의 세계에서 맴돌 뿐, 거기서 벗어나지 못한다. 이제 우리는 이 사실을 안다. 그리고 이것을 알기 이전에는 우리가 아무것도 모르는 듯이 살았다.
> 우리는 아직도 하나님을 생각할 수 없다. 그가 어떤 분이신지, 우리에게 없을 수 있는 존재인지 아직도 우리는 분명히 알지 못한다. 사람들은 더 이상 우리를 속일 수 없다. 그리고 우리는 우리 자신을 더 이상 속일 수 없으며, 인간의 것을 하나님의 것인 양 할 수 없다. 우리가 이렇게 많은 것을 얻었으나 우리가 신뢰를 보낼 수 있는 것은 아무것도 없다. 왜냐하면 모든 생각과 말과 행동에 하나님의 것과 인간의 것이 범벅이 되어 섬광을 발하는 것은 우리로 하여금 너무나 오래도록 괴로워하게 만드는 우리의 불쌍한 처지일 뿐이기 때문이다.

이러한 발언은 성경의 증거를 당시의 역사주의 방식으로 역사의 발전 속에다 묻어버리고는 되돌아서서 인간 속에 내재하는 신 의식을 파악하려는

---

8) K. Barth, Nein: Antwort an E. Brunner: in *Formatio* 12. Jahrgang(1963), 642, 앞의 책, 42.

'신(新)개신교'(Neuprotestantismus)를 비판하여 한 말이다.

고가르텐은 바르트와 마찬가지로 복음서가 보도하는, 시간 안에 일어난 사건을 일반적인 진리나 어떤 본질적인 필연성으로 변모시켜, 그 결과로 하나님의 계시를 인간 정신의 종교적 욕구에 상응하는 원리로 바꾸어 버리는 일에 대하여 반대한다. 그리고 신개신교는 구개신교, 그 중에서도 종교개혁과 아무런 관계가 없는 것임을 밝히 말한다. 그러나 고가르텐은 역사 비판적인 방법을 바르트보다는 좀 더 긍정적으로 보고 관심을 기울인다.

고가르텐 역시 키에르케고르의 긍정-부정의 변증법을 자신의 신학 방법론으로 취하고 있다. 그의 '가시적-불가시적'(sichtbar-unsichtbar)이라는 말은 바르트의 '인식할 수 있는-인식할 수 없는'(anschaulich-unanschaulich)과 '역사적-비역사적'(historisch-unhistorisch)이라는 말과 상통한다. 그러나 바르트의 생각과는 차이점이 있다.

바르트의 '역사적-비역사적'의 개념은 '역사적'(historischen) 예수 안에 나타난 하나님의 비역사적인 계시를 말한다. 바르트의 변증법은 다름 아닌 계시의 변증법(Offenbarungs-Dialektik)이다. 그와 반면에, 고가르텐의 '가시적-불가시적'이라는 개념은 피안에서 오는 어떤 특정한 역사(Geschichte)에 가치를 부여하는 것은 아니다. '역사의 변증법'(die Dialektik der Geschichte)은 '역사적인 것'(Geschichtlichen)과 '초역사적인 것'(Überschichtlichen) 사이에서 진행되는 것이 아니며, 그것은 또한 형이상학적인 일과는 관계가 없다고 한다. '하나님의 영원성에 관한 말'은 '영원성의 내용'(was Ewigkeit ist)을 말하는 것도 아니고 '하나님의 본질'을 말하는 것도 아니라고 한다. '가시적인 것과 세상의 시간적인 것'은 '불가시적이며 불변하는 세계'의 변증법적 대상이 아니라고 한다.

바르트는 피안의 하나님의 변증법적인 계시가 특정한 역사 속으로 언제나 반복적으로 진입한다고 하는데, 고가르텐은 그런 것이 아니고 인간의 하나님과의 관계는 비변증법적이라고 한다. 고가르텐이 말하는 것은 '계시의 변증법'이 아니고 '역사의 계시'(die Offenbarung der Geschichte)와 연관된 '인간 실존'의 변증법이다. 하나님에 관한 지식이 우리 자신에 관한 지식에 침전되는 것이라면, 하나님에 관하여 변증법적으로 얘기할 수 있어야 한다고 한다. 그러나 이 변증법은 실존(Existenz)으로부터 투영된 것이지 특정한 역사에 나타난 피안의 하나님의 계시로부터 투영된 것은 아니라고 한다. 인간 존재는 바로 '하나님의 면전'에서 인간 실존의 변증법으로 자신을 인식할 수 있다고 한다. 실존의 변증법(Exisitenzdialektik)은 지평(Horizont)이라고 하는데, 고가르텐이 하나님에 관한 성경적인 이야기를 그 아래서 꺼내는 지평이다.

따라서 고가르텐은 키에르케고르의 변증법에 있는 하나의 축(軸), 즉 하나의 특정한 역사 속에 나타난 하나님의 계시의 '파라독스'라는 축을 벗어난다. 그리고 이런 식으로 '파라독스적'인, 그리고 이런 의미에서 변증법적인 신앙의 실존을 그 본래적인 관계에서 분해하여 버린다. 그리하여 실존의 변증법은 실존철학에서와 비슷하게 그 자체를 위하여 존재하는 실존의 변증법으로 변모하고 만다. 후에 고가르텐은 하이데거(Martin Heidegger)의 실존철학의 영향을 받아 실존의 변증법을 더 공고히 한다. 그리하여 성경적이며 신학사적인 형이상학은 이제 그에게 있어서는 역사(Geschichte)의 '피안'으로서의 하나님에 관한 얘기와 같은 의미를 가진다.

변증법 신학자들이 시초에는 '하나님의 계시'를 주제로 삼는 데서 공동 제목을 가졌으나 그 이해 양식에 있어서는 위에서 보는 바와 같이 다른 방식으로 접근한다. 고가르텐은 인간학적 방향을 계속 유지하는 가운데 하나님의 말씀을 계시를 받는 인간적인 인격체와의 관계에서 파악하려고 한다. 바르트는 이것을 가리켜 19세기 자유주의의 자연 신학으로 되돌아가는 것이라고 비난한다.

고가르텐은 "하나님의 법이 우리에게는 독일 국민의 법에 일치한다."는 '독일 그리스도인들'(Deutsche Christen)의 신학선언문을 작성한 슈타펠(Wilhelm Stapel)의 발언에 찬성하고 독일 민족사회주의, 즉 나치 사상에 동조하여 1933년에 '독일 그리스도인들'(Deutsche Christen)에 가입하였다. 이에 이르러 변증신학자들의 신학이 제가끔 얼마나 다른 방향으로 발전하게 되었는지 드러났다. 바르트는 자신의 신학대로 슈타펠의 발언에 반대하는 견해를 표명하고 고가르텐과는 정반대로 처신하였다.

> 나는 슈타펠의 문서를 복음에 대한 반역으로 생각한다. 이 문서는 18, 19세기 자유주의 신학이 정립된 하르낙-트뢸취 시대의 것보다 더 철저하고 구체적이므로 한층 더 나쁘다.9)

「츠비셴 덴 차이텐」을 중심으로 공동의 보조를 취해오던 변증신학자들의 신학이 실제 문제에 부딪히면서 완전히 서로 다른 방향으로 분열하게 된 것이다.

루돌프 불트만

불트만(Rudolf Karl Bultmann, 1884~1976)은 1884년 8월 20일 독일의 비펠슈테데(Wiefelstede)라는 작은 마을에서 루터교 목사인 아르투어 불트만(Arthur Bultmann)과 그의 부인 헬레네(Helene, geb. Stern)의 장남으로 태어났다. 아버지인 아르투어는 조부가 선교사로 일하던 서아프리카의 시에라 레온(Sierra Leone)에서 태어났다. 외조부도 목사였다. 불트만은 목회지를 옮기는 아버지를 따라 이곳저곳으로 옮기다가 1903년 튀빙겐에서 신학 공부를 시작하였다.

자신의 간단한 자서전(*Karl Barth-Rudolf Bultmann, Briefwechsel*, 1922~1966)에서 말하는 대로 불트만은 베를린과 마르부르크에서 두 학기씩 공부하였다. 베를린에서 공부하는 동안에는 극장과 음악회, 미술관을 자주 방문하였다. 그가 특별히 고맙게 여기는 교수로는 튀빙겐의 교회사 교수 칼 뮐러(Karl Müller), 베를린의 궁켈과 하르낙, 마르부르크의 신약신학자 윌리커(Adolf Jülicher)와 바이스를 든다.

---

9) 바르트의 Abschied von "Zwischen den Zeiten"(츠비셴 덴 차이텐과의 결별), Anfänge 1, II 317, 김영한 39.

1907년 올덴부르크의 중고등학교(Oldenburg의 Gymnasium)에서 1년 동안 가르치면서 목사 시험을 치르고 조교 자리를 얻어 마르부르크로 갔다. 1910년 마르부르크의 바이스(Johannes Weiß)에게서 박사 학위를 마치고 1912년 윌리커의 지도 아래 교수 자격(Habilitation)을 취득하여 마르부르크에서 강사(Dozent)로 가르치다가 1916년 브레슬라우의 대학에 특별 교수로 초빙되었다. 1920년 기센(Gießen)에 교수로 갔다가 이듬해 1921년 마르부르크로 돌아와 평생을 그곳에서 교수로 지냈다.[10]

불트만은 1923년 「츠비센 덴 차이텐」(Zwischen den Zeiten)지에다 '자유주의 신학과 최근의 신학운동'(Die liberale Theologie und die jüngste theologische Bewegung)을 써서 변증법 신학 운동에 가담하였다. 그리고 얼마 후 '신약학을 위한 변증법 신학의 의미'(Die Bedeutung der dialektischen Theologie für die neutestamentliche Wissenschaft) 등 많은 논문을 써서 자신들의 신학지에 기고하였다.

불트만은 이 새로운 신학 운동에 참여하면서 자신이 젖어 있던 자유주의 신학에서와는 달리 기독교 신앙이 종교사의 한 현상이 아닌 것으로 이해한다. 다시 말하면, 기독교 신앙은 트룈치(Troeltsch)가 말하듯이 종교적 선험(religiösen a priori)에 근거한 것이 아니라는 사실과, 따라서 신학은 기독교 신앙을 종교사나 문화사의 한 현상으로 보면 안 된다고 인식하게 된다.[11] 그는 신학적 동기를 계속해서 이렇게 말한다.

---

10) 불트만의 중요한 저서에는 다음과 같은 것들이 있다. 「신약이 말하는 계시의 개념」(Der Begriff der Offenbarung im Neuen Testament, 1919), 「계시와 구속사」(Offengarung und Heilsgeschichte, 1940): 이 안에 "New Testament und Mythologie"〈신약과 신화〉가 수록되어 있다. 「요한복음」(Das Evangelium des Johannes, 1941, 1968[19]), 「고대 종교와 초기 기독교」(Das Urchristentum im Rahmen der antiken Religionen, 1949, 1954[2]), 「신약 신학」(Theologie des Neuen Testaments, 1953, 1968[6]), 논문집 「신앙하는 것과 이해하는 것」(Glauben und Verstehen, — Gesammelte Aufsätze I, 1933, II 1952, III 60, IV 67(Kerygma und Mythos 수록).

11) Karl Barth - Rudolf Bultmann Briefwechsel 1922-1966, herausgegben von Bernd Jaspert(Zürich: Theologischer Verlag Zürich, 1971), 319.

이러한 관점에서 새로운 신학이 차이가 나는 것은 옳게 보이는 것 같았다. 즉 기독교 신앙은 인간을 만나주시는 초월하시는 하나님의 말씀에 대한 응답이요, 신학은 이 말씀과 이 말씀을 알게 된 인간을 파악하는 것이 과업이라는 것을 알게 되었다.[12]

불트만은 초기에 바르트에게 영향을 받고 그의 의견에 동조하였다. 하나님은 인간의 전적인 지양(止揚)이며, 인간의 부정이요, 인간에 대한 문제 설정이고, 인간에 대한 심판이라고 말하고, 계시는 모든 인간적 문화, 종교, 사상에 대한 심판이며, 따라서 하나님의 계시는 모든 인간적 안일과 안주에 대한 위기로 파악한다는 점에서 불트만은 바르트의 견해에 동조한다.

그러나 불트만은 곧 자기 방향을 개척해 나아갔다. 그는 이러한 판단에도 불구하고 '자유주의' 신학을 폐기하지 않고, 오히려 자신의 신약 연구를 위하여 자유주의 신학이 사용하는 역사 비판적 연구 방법을 따르며 그 전통을 더 발전시켰다. 이렇게 하여 그는 디벨리우스와 함께 양식 비평(Form-geschichte)의 새로운 경지를 개척하였다.

그 이후 불트만은 마르부르크의 동료 교수인 하이데거의 실존 철학을 접하면서부터 새로운 것을 생각하게 되었다. 그는 실존 철학이 주는 개념으로 인간의 실존을 고려하고, 또 신앙인의 실존을 고려하면서 말할 수 있다는 생각을 갖게 되었다. 신학을 위하여 철학이 필요하다는 생각과 노력으로 불트만은 바르트와는 점점 더 반대 방향으로 가게 되었다. 그러면서도 불트만은 말한다. "나는 그럼에도 불구하고 그(바르트)에게서 배운 사실에 대하여 늘 감사하는 마음이 있다. 나는 우리의 관계가 끝날 지경에 이르렀다고는 믿지 않는다."

한편, 불트만은 신학적 방향에서 고가르텐과 공통성이 있다는 것을 점점 더 분명히 알게 되었다고 한다.

"신학을 더 풍성하게 하기 위하여 철학이 필요하다"는 말은 곧 신학, 혹은 복음을 현대인의 언어로 이해할 수 있게 해석한다는 말이다. 그리하여

---

12) 같은 책, 319-320.

불트만은 신앙을 이해하되 루터처럼 신조에 대한 맹목적 순종이나 불합리한 것을 받아들임으로 이해하는 것이 아니라고 하며, "신앙은 이해할 수 있어야 한다"고 주장한다. 이와 같이 불트만은 '신앙의 이해'를 강조함으로써 루터의 개혁적 사고방식을 현존재에 대한 철학적 사고로 변형시킨다. 따라서 신약성경에서 말씀하는 계시의 말씀에 대한 이해를 강조함으로써 불트만은 자연과학적 세계상(世界像) 속에 살고 있는 현대인의 성경 이해를 위하여 신약의 계시 말씀을 비신화화(非神話化)하기에 이른다.

불트만은 성경 본문을 해석할 때 역사적인 본문에 대하여 학적으로 두 가지를 질문할 수 있다고 한다. 첫째로는 실역사적(historisch)으로 질문하는 것인데, 그것은 역사 안에서 방법론적으로 말하여 객관적으로 파악할 수 있는 것에 대한 이해를 돕는 것이라고 한다. 다시 말하면, 연대기적으로 기술할 수 있는 과거의 사건에 대한 이해를 돕는 것이다.

이와는 달리 불트만이 특별히 강조하는 것은 역사적인 본문 속에 인간의 실존을 말할 수 있게 해 주는 가능성(den in ihnen zur Sprache kommenden 'Möglichkeiten' menschlicher Existenz)에 관하여 역사적 본문이 무엇을 묻고 있는지를 다루는 일이라고 한다.

역사적인 본문은 넓은 의미에서 자연에 대한 기술과는 달리 특이성이 있다고 한다. 말하자면, 인간 자신이 역사의 일부이기 때문에 본문은 그 안에서 실존의 가능성을 말하고 있다는 것이다. 그러므로 본문이 묻는 것은 '대화'(Dialog)로서 말씀의 의미로 처리되어야 한다. 질문을 던지는 사람은 대화의 소재가 되는 '실존 가능성'(Existenzmöglichkeiten)을 회피하려고 해서는 안 되며, 본문에서 말씀하는 것 가운데 들을 수 있는 것은 들으려고 해야 한다. 그러면 중립적인 관찰자의 역할에서 이러한 본문을 그냥 스쳐 지나가지는 않는다. 만일 질문하는 자가 그렇게 시도한다면, 인간의 실존에 대한 이해를 늘 갖게 되고 그것을 절대적인 것으로 생각하게 될 것이라고 한다.

불트만은 그것을 함부로 다루지도 않을 것이며, 역사적인 본문으로 들어가는 길을 차단하지도 않을 것이라고 한다. 그리고 역사적인 본문에 대한 질문을 하지 않으면, 본문에서 얘기할 수 있게 만드는 '실존의 가능성'을 함부로 처리하지 말아야 한다. 그렇게 하지 않으면 결국 어떤 인간의 이해를 따라 본문을 해석하게 된다. 그러면 그러한 해석은 역사(Geschichte)가 가진 본래의 본질과 역사적 본문의 특이성을 왜곡한다. 역사적인 본문 이해에는 실역사적(historische)인 혹은 심리학적인 질문이나 본문을 소원하게 하는 그 어떤 일반적 질문 방법도 부적당하다고 말한다. 사람들은 흔히 자신의 실존을 아무렇게나 다룰 뿐 아니라 본문에서 만나는 실존의 가능성마저도 함부로 다룬다는 것이다.

이와 같이 말함으로써 불트만은 소위 19세기의 딜타이(Wilhelm Dilthey)와 슐라이어마허의 '해석학'을 결과적으로 신학에 새롭게 도입한 셈이다.[13]

불트만은 실존적 해석을 따라 신앙을 새로운 실존 이해로 파악하면서 현대인의 세계상은 자연과학과 기술에 의하여 이해되는 합리적이고 피안적인 세계상인 반면에, 신약의 세계상은 신화적인 세계상으로 본다. 신화(Mythologie)란 비세계적인 것과 신적인 것이 세계적인 것과 인간적인 것으로, 피안의 것이 차안의 것으로 나타나는 것이라고 한다.

예컨대, 신적 피안성은 공간적인 거리로 생각되는 표상 양식이라고 한다. 성경이 말하는 삼층천, 귀신을 내쫓는 일, 십자가의 대속, 예수의 죽음과 부활, 새 하늘과 새 땅이라는 새 창조 등이 영지주의적 구속 신화와 후기 유대교적 묵시 문학의 신화에서 유래한 요소로 형성된 것이라고 한다.

불트만은 현대인으로 신약의 증언을 받아들이게 하려면 먼저 성경이 함축하고 있는 복음의 비신화화 작업이 우선되어야 한다고 말한다. 그것은 19세기의 자유주의 신학이 수행한 비판적 환원법(eine kirtische Recducktions- methode)이 아닌 비신화화의 방법으로 해야 한다고 한다. 불트만은 자유주의 신학은 결정적 구속 사건인 예수 그리스도를 단지 하나의 종교적이고 윤리적 모범이나

---

13) Eberhard Hübner, *Evangelische Theologie in unserer Zeit*(Bremen: Carl Schünemann Verlag, 1966), 47.

선생 혹은 상징으로만 이해함으로써 신약의 복음의 본질을 왜곡했다고 비난하고서 신약의 선포가 타당성을 가지려면, 그것을 비신화화하는 길 외에 다른 길이 없다고 한다.

불트만은 신약성경의 해석을 위해 신약의 모든 신화를 객관화하는 표상 내용으로 간주하며 질문하는 대신에, 어떠한 실존 이해가 신화 속에 표현되는지에 관해서 묻는다. 신약성경은 죄를 한편으로는 낯선 숙명으로, 다른 편으로는 그의 숙명이 객관적 힘들에 의하여 좌우되는 우주적 존재로, 또 한편으로는 신앙으로 이미 현재 획득한 은사로 표상한다고 한다. 그리고 비신화화의 과제를 위해서는 신화를 비판적으로 제거하는 것이 아니라 실존론적으로 이해해야 한다고 한다.

야스퍼스와 틸리히는 초월(Transzendenz)에 관하여 실제로 단지 '암호'(暗號, Chiffre)나 '상징'(象徵, Symbol)만으로 표현될 수 있다고 하여 비신화화론 작업을 반대한다. 왜냐하면 신화의 의미를 밝히는 실존론적 해석조차도 직접적 진술이며, 이 진술은 피안적 차원에 머물고 말기 때문이라는 것이다. 그러나 이들이 신화의 상징적 해석을 중시하고 신화론적 표상 세계를 무비판적으로 수납하는 데 대하여 불트만은 강력한 반대를 표명한다.

여하튼 불트만의 비신화론의 작업은 신약성경의 신앙에 있는 역사적 연관성을 배제하고, 신앙의 역사적 근거를 신화적 표상에서 찾게 함으로써 기독교 진리를 결국은 이해하기 어렵게 만든다.

폴 틸리히

틸리히(Paul Tillich, 1886~1965)는 1924년부터 마르부르크, 드레스덴, 라이프치히에서 교수를 역임하였다. 1929년 프랑크푸르트의 철학 교수로 부임하여 '종교적 사회주의'(Religöser Sozialismus)의 주도적 인물로 역할하다가 나치 정부에게 교직을 박탈당한 다음 미국으로 건너갔다. 말하자면, 독일어 신학권 밖으로 나간 셈이다. 그러나 제2차 세계 대전 후에는 영어로 쓴 그의 신학을 수정 보완하여 독일어로 옮긴 저서에 의해 독일에도 알려지게 되었다. 1962년에 '독일 출판계의 평화상'(Friedenspreises des deutschen Buchhandels)을 받았을 정도로 그의 신학은 널리 인정을 받게 된다. 틸리히는 '츠비셴 덴 차이텐' 지를 중심으로 하여 활동한 변증법 신학자 그룹에 속하지 아니한 변증법 신학자였으나 그들과 사상적으로는 가깝다고 할 수 있다. 그 중에서도 고가르텐과 불트만의 노선에 가깝다고 본다.

틸리히도 '파라독스' 논법으로 논리를 전개한다. 그 특유한 개념은 '비제약된 것-제약된 것'(Unbedingte-Bedingte, the unconditioned-the conditioned)이다. 이 양 개념은 그의 모든 저서를 통하여 일관되게 나타난다. 틸리히는 '비제약된 것'을 '큰 계명의 추상적인 번역', 즉 "우리 하나님 여호와는 오직 하나인 여호와시니 너는 마음을 다하고 성품을 다하고 힘을 다하여 네 하나님 여호와를 사랑하라"는 크고 첫째 되는 계명의 추상적인 번역으로 이해한다.[14]

틸리히는 모든 것을 성경에 조명해서 보려고 하며, 바르트와는 달리 변증법을 특정한 역사에 보이시는 하나님의 계시에 대한 해석으로 보지 않는다. 틸리히의 변증법은 다른 기능을 띤다. 1925년에 그가 말한 정의에 따르면, 계시는 비제약된 것이 제약된 세계로 들어오는 진입이라고 한다. 그런데 비제약된 것과 제약된 것 간의 거리는 지양되지 않는다고 말하는데, 그것은 두 개념의 논리적 귀결이긴 하다. 그리고 보면 틸리히의 변증법이 성경적 계시 이해는 배제하므로 신학적 의문을 야기할 뿐이다.

틸리히의 '비제약된 것과 제약된 것'의 개념은 인간 예수의 계시성을 '제약된 세계'의 부분이라고 보지도 않으며, 그렇게 보는 것을 허용하지도 않는다. 틸리히는 불트만과 마찬가지로 종래의 기독론의 내용을 우리 시대의 사람들이 이해할 수 있는 것으로 바꾸고자 한다. 그런데 틸리히의 변증법에서는 예수가 '비제약된 것'의 상징일 뿐이다. 그의 변증법은 자유주의자들이 예수를 종교적이며 윤리적인 모범 인물로 보는 것보다는 나은 편이지만 바르트가 자신의 계시 변증법에서 말하는 수준에는 훨씬 못 미치는 편이다.

---

14) P. Tillich, *Systematische Theologie*, I(1956), 18; Hübner, 앞의 책, 83.

다시 말하면, 틸리히는, 첫째로, 성경의 이야기와 예수 자신은 계시성을 갖지 않았다고 말한다. 그러면서 둘째로, 예수 안에 계시가 일어난다고 하는데, 그것은 역사와 창조 세계에 일반적으로 일어나는 그런 계시라고 한다. 예수는 제약된 세계에 속하며, 비제약된 것을 나타나게 하는 중개자(Medium)일 뿐이라고 한다. 그런 의미에서 예수는 비제약된 것의 '상징'이라는 것이다. 예수는 이러한 가능성을 모든 존재하는 사람들과 나눈다고 한다.

제12장

계몽사조 이후의 기독론

17, 18세기 계몽사조의 합리주의 신학으로부터 20세기까지의 신학을 개관하는 가운데 기독론은 신학자들이 가장 관심을 둔 주제임을 알게 되었다. 그들의 기독론을 좀 더 알기 쉽게 요약해 보는 것이 좋을 줄 안다.

계몽사조의 합리주의 사상은 신학에도 영향을 미쳐 그런 사상에 젖은 사람들은 성경을 단순히 고대 문헌의 하나로 보고 성경의 교리와 교회의 전통적인 신앙에 대하여 회의를 품고 비판적인 자세를 취하였다. 성경의 진리와 기독교 역사에 대하여 회의하고 비판하는 계몽시대의 합리주의 사상을 극복하려는 시도도 있었으나 19세기와 20세기를 지나오면서 기독교 신학은 종교 개혁의 전통적인 신앙과는 점점 거리가 먼 방향으로 발전하였다. 그리하여 그러한 부정적인 신앙과 사상을 따르는 교회가 다수를 점하게 된 반면에, 종교 개혁의 복음적인 신앙과 신학의 전통을 보수하는 교회와 그리스도인들은 오히려 소수가 되었다.

기독교를 이성으로만 파악하려다 기독교에 대한 비판에서 헤어나지 못하는 계몽사조의 합리주의자들에게 슐라이어마허는 종교는 느낌으로 파악한다면서 느낌의 신학을 말했다. 슐라이어마허는 기독교를 나름대로 변증한다는 의도였으나 기독교를 가장 고상한 종교로 재해석함으로써 전통적인 신학과는 다른 신학을 말한 것이다. 말하자면, 슐라이어마허는 오직 성경만으로 신학적 사고의 근거를 삼고 전통적인 교의를 존중한 종교 개혁의 신학과는 다른 방향으로 신학을 이끌어갔다.

계몽사조의 합리주의자는 전통적인 신학에 같은 합리적인 논리로 대결하고 성경과 교의를 비판하거나 부인하는 일에 철저한 반면에, 슐라이어마허는 전통적인 신학을 느낌의 신학으로 재해석하고 변환하는 작업을 진행함으로써 자유롭게 신학을 하는 자유주의 신학의 길로 향하는 문을 열었다.

슐라이어마허 자신이나 그 뒤를 이어 그의 신학을 따르거나 혹은 반발하여 그를 극복하려는 자유주의 신학자들이나, 혹은 자유주의 신학과 그것이 말하는 역사주의를 반대하고 그 신학을 지양하려 한 20세기의 변증신학자들도 전통적인 교의나 종교 개혁의 신학으로 회귀하는 일은 거의 없었다. 계몽사조 이후 성경과 교회의 교의를 비판하며 자유롭게 신학을 하는 신학자들은 성경 말씀의 내용보다는 기독교의 본질에 더 많은 관심을 가졌으므로 나름대로 예수 그리스도를 논의해 왔다. 예수 그리스도의 역사성과 전통적인 기독론에 대하여 대체로 비판적이며 부정적으로 접근했으나 여하튼 기독론은 그들의 관심의 대상이었다.

그러나 삼위일체 교리는 그들의 관심 밖에 있어서 오랫동안 논의되지 못했다. 예수 그리스도의 신성을 인정하지 않으면 삼위일체 교리를 시인할 수 없을 뿐더러 그런 교리에 대한 흥미도 잃게 마련이다. 삼위일체 교리는 예수를 그리스도요, 하나님의 아들로 믿을 때 논하거나 시인할 수 있는 교리이다. 삼위일체 교리는 20세기에 이르러 말씀의 신학을 말한 칼 바르트가 반갑게도 다시금 언급하였다.

슐라이어마허는 삼위일체 교리에 대하여 별로 언급하지 않았으나 자신의 삼위일체를 사벨리우스처럼 이해한다고 말하는데, 바르트는 삼위일체 교리가 자신의 신학의 기초라고 하고 많은 지면을 할애하여 논하면서도 그 역시 양태론적으로 이해하는 것을 엿볼 수 있다.[1] 삼위일체를 이해함에 있어서

---

1) 김영한, "개혁신학의 삼위일체론", 차영배 외 삼위일체론과 성령론 (서울: 태학사, 1999), 295

유신론적인 논리로 접근하면 단일신론적인 양태론 이해에 머물 수밖에 없으며, 이를 반성하고 비판하면서 양태론을 벗어나려고 하면 몰트만처럼 삼신론에 빠지게 된다. 그리고 삼신론을 피하려다 보면 양태론에 빠지게 마련이다.

느낌의 신학을 말하는 슐라이어마허는 종교는 언제나 개인적인 것이고 그런 뜻에서 긍정적이라고 한다. 교회의 형성에 관한 질문에서 슐라이어마허는 19세기의 종교사학적인, 그리고 종교 심리학적인 연구를 위한 기초를 확립하였다.

슐라이어마허는 긍정적인 역사적 종교가 그 창설자의 어떤 특정한, 본래적 경험에서부터 탄생한 것으로 보기 때문에 그것을 추적하는 것이 신학의 주된 과업이라고 한다. 다시 말하면, 신학적인 가르침은 이차적인 것이라는 말이다. 그러고 보면 계시라는 개념도 아주 주관적으로 파악될 수밖에 없는 개념이 된다. 그래서 그는 우주에 대한 관조는 본래적이며 순수한 것이라고 하면서 계시에 의존하기보다는 관조를 통한 진리 이해를 시도한다.

슐라이어마허는 기독교를 구원의 종교로 보고 구원자의 인격(Person)에 관하여 의문하는 것이 중요하다고 본다. 그러나 구원자에 관해서는 교회의 증언에만 의지해야 할 뿐이고 역사적으로는 알 길이 없으므로 중요한 역할을 하는 것은 구원의 느낌이라고 한다. 슐라이어마허는 느낌을 통하여 신을 알듯이 그리스도를 알게 된다고 하는데, 기독론적 교의나 신약에 담긴 그리스도의 복음은 배제하면서 우리의 관심사는 예수의 인격이며, 그것은 곧 예수의 자의식이라고 한다.

슐라이어마허는 전통적인 기독론에서 말하는 그리스도의 신성을 "예수에게 있는 하나님과의 내적 연대"로 대치한다. 슐라이어마허는 가능한 한 그리스도의 신성과 하나님의 아들이라는 개념을 언급하지 않는다. 대신에 성경에서 발견하는 명칭들 가운데 둘째 아담이라는 명칭을 택하여 예수를 사람의 본래적인 원형상(Urbild)이라고 한다. 그것은 슐라이어마허가 말하는 특유의 개념이기도 하다.

이하; 이상직, "칼 바르트의 삼위일체론", 같은 책, 371 이하.

슐라이어마허는 자신의 기독론에서 형이상학적인 표현을 지양하고 예수의 인격과의 살아있는 경건의 유대(Verbundenheit)를 갖기를 시도하는데, 이야말로 기독론을 비신화화하려는 최초의 대단한 시도라고 할 수 있다. 그러한 시도를 위하여 인간 예수에 모든 관심을 모으는 한편, 예수가 하나님의 아들이심에는 전혀 관심을 두지 않는다. 다시 말하면, 인간 예수가 인간의 모범일 뿐 아니라 종교적인 것을 부여하는 인간의 원형상(Urbild)이라고 한다.

슐라이어마허가 죽고 난 이듬해 슈트라우스가 「예수의 생애」(*Das Leben Jesu*, 1835)를 출판하였다. 슈트라우스는 이 책에서 복음서의 역사 연구에 신비적으로 고찰하는 방법을 적용한다. 슈트라우스는 공관복음서에서 예수의 상을 얻을 수 없을 뿐 아니라 그것이 의미도 없다고 하며, 예수 이야기 전체가 신비에 싸여 있기 때문이라는 것이다. 그래서 그는 역사적 예수에 대하여 신학적으로 전혀 흥미를 갖지 못한다.

슈트라우스는 슐라이어마허의 기독론을 비판하고 순전히 사변적인 헤겔을 따른다. 그리하여 신인(神人)이 아니라 신인적인 것이 인간 사상의 가장 고귀한 이데아라고 하며, 바로 그 가장 고귀한 이념인 신인적인 것이 기독론의 대상이라고 한다.

19세기 중엽에 거의 모든 신학자들이 역사적 예수를 추구하는 운동에 참여하였다. 그로 말미암아 '예수의 생애'라는 이름의 저서들이 쏟아져 나왔다. 관념론 철학, 그 가운데서도 사변 신학은 헤겔 철학의 영향을 받아 예수보다는 기독론적 해석에 더 많은 관심을 가졌으며, 기독교의 교리와 예수의 인격을 구분하였다.

이러한 추세에 반발하여 에어랑겐의 토마시우스(Gottfried Thomasius)는 전통적인 양성론을 다시 조명한다는 것이 전통적인 양성론을 수정한 '케노시스' 기독론을 말했다. 그리스도의 신성이 인성을 받아들여 단일한 인격이 되었다는 전통적인 기독론과는 달리 그리스도가 지상에 계실 때 자신의 로고스 신성을 포기하고 자신을 비워 지내다가 부활 승천하시면서 신성을 다시 회복했다는 식으로 설명한다.

19세기 후반에 슐라이어마허의 자유주의 신학을 계승하여 윤리적인 기독교를 주창한 알브레히트 리츨은 슐라이어마허가 하나님과 부단히 내적 연결을 갖는 것이 예수의 인격에 결정적 요소라고 말한데 반하여, 하나님과의 교제에서 이루는 그리스도의 윤리적 행위를 결정적 요소라고 한다. 예수의 직능의 목적은 하나님의 윤리적 주권을 이 세상에서 실현하는 것이라고 한다.[2]

리츨은 세상으로부터 해방되는 자유와 형제의 사랑이 이 세상에서 실현을 보려는 하나님 나라의 지표이며, 예수는 이 목적을 위하여 봉사하고, 예수로 말미암아 존재하게 된 교회 역시 그것이 목적이라고 한다. 리츨은 예수의 고난과 죽음이 속죄를 위한 것이라는 이해를 거부한다. 리츨은 그리스도의 신성의 개념을 인정하는 듯 언급하나 전통적 기독론에서 말하는 '영원 전에 아버지에게서 나신 참 하나님'이란 뜻으로 이해하지 않는다.

헤르만은 신학에서 형이상학이 배제되어야 한다고 리츨보다 한층 더 강하게 주장하며, 과학과 철학의 방법론적 지식으로는 하나님의 실재를 절대로 파악할 수 없다고 하며, 예수의 역사적(geschichtlich) 출현은 개연성의 영역에 속하는 것이므로 신앙이 도전해야 할 세계의 일부에 지나지 않는다고 한다. 그러면서 헤르만은 사람들의 주의를 역사적인 것으로부터 그리스도와 인격적 만남(Begegnung, encounter)이라는 영원한 체험 쪽으로 돌리도록 말한다. 이러한 사상은 기독교는 무엇보다도 역사적인 실재라고 말하는 하르나과는 대조되는 동시에 또 다른 신비주의의 성격을 띤다.

할레 대학교의 마르틴 캘러는 헤르만을 비판하는 한편 예수전 연구에 대하여서도 부정적인 비판을 가하였다. 사실로서 역사(Historie)와 의미를 함축하는 역사(Geschichte)를 구별한 마르틴 캘러는 소위 원시 기독교의 보고서 이면에 있는 역사적 예수를 탐구하여 예수의 실제 삶을 재생한다는 것은 실현될 수 없다고 단언한다. 복음서 이외에는 전혀 자료가 없는 데서 그런

---

2) Albert Ritschl, *Rechtfertigung und Versöhnung* III(1888²). 420f. 재인용. Hans Graβ "Die Christologie der neueren Systematischen Theologie" in: *Jesus Christus, Das Christus Verständnis im Wandel der Zeiten*, 앞의 책, 114.

시도를 한다면, 전통적 교의를 또 다른 교의로 대치할 뿐이라고 한다.

캘러는 역사적 예수나 예수의 윤리적이며 종교적 인품이 신앙의 근거가 되는 것이 아니고 신약 전체의 말씀이 증거하는 그리스도, 즉 부활하셔서 높이 들리신, 살아계신 주 예수 그리스도가 신앙의 근거라고 말한다. 모처럼 전통 기독론에 충실한 견해로 들리지만, 한편에서는 이러한 그의 발언을 두고 그가 말하는 신앙은 예수 자신을 믿는 신앙이 아니라 예수 그리스도를 말하는 신약의 복음을 믿는 신앙을 말하는 것이라고 받아들여 양식 비평이나 케리그마 신학의 가능성을 미리 암시한 것이라고들 말한다. 여하튼 그의 생각은 기독교 신앙에서 중요한 것이 역사의 배경에서, 즉 성경상의 역사적인 그리스도 안에서 발견될 수 있는 것이지, 헤르만이 주장하는 것처럼 그리스도 의 내적인 삶에 있거나, 하르낙이 단언하는 바와 같이, 그리스도의 가르침 속에 내포된 특정한, 영원한 종교적 개념 가운데 있는 것은 아니라는 이야기이 다.

19세기 말엽과 20세기 초에 목소리를 높였던 종교사학파(宗敎史學派, Religionsgeschichte)는 기독론을 해체하고 신앙고백은 내용 없는 껍데기로 공동화(空洞化)하기에 이른다. 종교사학파를 대표하는 학자 중 한 사람인 트뢸치는 기독교를 가장 발전한 최고의 종교라고 하면서, 그리스도를 종교적 제의(Kult)의 중심이라고 이해한다. 원시 기독교 공동체는 종교적 욕구를 따라 그리스도를 예배하기 위해 모임을 갖게 되었으며, 역사의 진행에 따라 여러 형태의 모임이 있게 되었다고 한다.

역사주의를 지향하는 19세기의 자유주의 신학을 거부하고 말씀 신학을 강조한 것이 20세기 칼 바르트의 변증법 신학인데 변증법 신학이 하나님의 말씀 신학이라고 하나 정통 신학으로 복귀한 신학이 아닌 새로운 신학이다. 그래서 신정통 신학이라고 칭하기도 한다. 변증법 신학에 따르면, 하나님의 말씀은 사람들을 그들의 실존에서 만나고 사람들로 하여금 자신들이 아무것도 아닌 존재임을 깨닫게 한다고 한다.

바르트는 예수 그리스도를 우리가 사는 세계의 지평을 위로부터 내리

자르는 수직선이라고 이해한다. 사람이 스스로 하나님께 이르지 못하듯이 예수 그리스도에게도 직접 다가가는 길은 없다고 말하기도 한다. 그리스도 안에 있는 계시는 역설적인 사실(paradoxes Faktum)이다. 왜냐하면 계시는 우리의 죄와 연약함에 밀착한 가운데 살며 십자가에서 그 정점에 이르는 한 인간에게 일어나기 때문이라고 한다. 그런데 실역사적(historische) 인식이나 종교적 경험으로 이 예수께 접근하려는 모든 시도는 거부될 뿐이라고 하면서 60년 전의 키에르케고르의 역설의 논리를 따라 말한다.

키에르케고르는 예수 그리스도, 즉 신인(神人)은 직접 인식할 수 있는 그런 존재가 아니라고 강조하여 말한다. 그의 존재는 인식할 수 없는 종의 형상 속에 숨어 있는 존재이다. 그러므로 그의 생애를 목격한 증인이라는 사람들은 이미 제자가 아니며, 역사적 연구 방법으로 그에게 다가가려는 사람들은 시초부터 오류를 범하는 것이며, 예수에 관하여 그런 식으로 알아낸 것은 충격과 불쾌감을 주는 것일 뿐이라고 한다. 그러면서 키에르케고르는 예수의 삶의 낮아지심을 언급하면서 겸손하신 그분이 신인이라고 한다. 키에르케고르는 이 예수에 관해 말하면서 역사적 사건들을 낱낱이 서술하는 것은 중요하지 않으며, 신앙의 결단을 위하여 하나님이 비천한 종의 형상이 되셨다는 사실에 대한 간증으로 충분하다고 한다.[3]

그러나 후기의 바르트는 역설의 기독론에서 전통적 기독론으로 전향하는데 그것을 쇄신하는 방향으로 발전시킨다. 위에서 잠시 언급했듯이, 바르트는 삼위일체 교리야말로 자신의 신학의 기초라고 하면서 기독론도 삼위일체론에 그 근거를 둠과 동시에 계시에서 출발한다. 즉 기독론은 위로부터 임하는 삼위일체의 제2위의 하나님이 사람이 되신 데서 시작된다고 한다. 아들의 신성은 자명하다. 그는 전적으로 진정한 하나님이시다. 왜냐하면 하나님 자신이 아니고서는 아무도 하나님을 계시할 수 없기 때문이라고 한다. 바르트는 19세기의 신개신교, 즉 자유주의 신학이 예수를 제의(Kult)로 추상화한 것은 부당한 처사이며 그것은 다른 신학일 뿐 아니라 다른 신앙이라고 정죄한

---

3) Hans Graß 앞의 글, 같은 책, 118.

다(K.D. I, 1, 144).[4]

바르트는 한번 사실화된 말씀, 즉 예수 그리스도는 거듭 반복적으로 일어나는 말씀 안에 현존한다고 한다. 그러나 예수 그리스도와 그에 관한 복음은 분명히 구별한다. 이 예수 그리스도가 누구냐 하는 것을 두고 기독론의 상세한 부분을 전통적 교의를 따라 진술한다. 그런데 바르트가 나사렛 예수를 실역사적 인물(historische Gestalt)로 서술하지만, 이 예수가 바르트의 말대로 우리에게 다가오는 예수와는 어떤 관계에 있느냐 하는 물음에 대하여는 분명하게 이해하기에는 어렵게 말한다.

바르트는 창조론에서 성경의 창조 기사는 전설(Saga)로서 역사(Geschichte)이며 신화(Mythos)는 아니라고 한다. 그리고는 창조의 역사(Geschichte)는 비실역사적(unhistorisch)이라고 하고, 또한 모든 역사(Geschichte)는 비실역사(Unhistorie)이지만, 그렇다고 실제적인 역사(wirkliche Geschichte)가 안 되는 것은 아니라고 한다(K.D. III, 1, 83).[5] 이러한 역사 개념은 전통적인 신학의 역사 이해로는 파악할 수 없는 개념이다. 바르트의 설명이 우리로 하여금 예수 그리스도를 이해하기 어렵게 만드는 것은 자신의 이러한 역사관과 관련이 있으며, 삼위일체 이해가 양태론적인 점도 이해하기 어려운 그의 그리스도 이해와 무관하지 않다.

불트만은 사실을 낳는 말씀이요, 선포의 말씀, 즉 케리그마와 케리그마를 통하여 만나는 실존에 관심을 갖는다. 예수는 우리를 신약의 복음 안에 있는 케리그마 이면에서는 어디서도 만나 주지 않으며, 아무도 케리그마 밖에서는 역사적 예수에게 다가갈 수 없다고 한다. 불트만에게는 그리스도의 인격과 사역에 관한 전통적 교리나 기독론의 교의로 기독론을 말하는 것은 일체 불가능한 일이다.

---

4) 같은 곳.

5) C. H. Ratschow, *Jesus Christus*, 142. Ratschow는 이 책에서 종교 개혁자 Luther, Calvin, Melachton의 기독론을 논하고는 바로 20세기의 신학자들, 즉 Werner Elert, Paul Althaus, Paul Tillich 및 Karl Barth의 기독론을 논하는 것이 인상적이다. 17세기 계몽사조 때부터 19세기 자유주의에 이르기까지 에비온적이거나 영지주의적인, 혹은 역사주의의 비판적인 시각에서 논하는 기독론은 기독론으로 인정할 수 없다고 선언하는 것으로 보인다.

틸리히는 예수를 계시의 중보자 이상으로 만들려는 시도는 기독교를 여러 종교들 가운데 하나로 실추시키는 것일 뿐이라고 말한다. 인간 예수 자신에게 계시성을 부여하거나 중보자를 계시자의 자리에 올리는 것은 '제약된 것'을 '비제약된 것'으로 올려놓는 것이며, 그러면 그것이 곧 우상 숭배라는 것이다. 틸리히는 예수가 하나님 아래 있는 참인간이라고 강조함으로써 신약이 말하는 중요한 관점에서 이탈한다. 그가 기독론을 전통에 맞게 말하려고 노력하기도 하지만 신약의 말씀에는 미치지 못한다. 하나님과 피조물, 예수의 사람이심과 하나님이심을 '제약된 것' 혹은 '비제약된 것'이라는 이분화 개념으로 환원하여 사고하면, 성경이 말씀하는 구체적 개념을 추상화하기 마련이다.

17세기의 계몽사조의 합리주의 신학자들이 성경의 권위에 도전하면서 전통적 기독론을 거부한 데 대응하여 슐라이어마허는 기독교 교회의 지체가 되는 길은 예수를 구원자로 믿는 것밖에 달리 도리가 없다고 한다. 슐라이어마허를 위시하여 오늘에 이르기까지 여러 신학자들이 제가끔 기독론을 재정립하려고 했으나 새로운 신학의 기독론은 미궁에 빠져 결국은 탈기독교적인 종교 다원주의로 발전하게 된다.

제13장
종교 다원주의

　1960년대 이후 한국의 자유주의 신학자들은 토착화 신학을 비롯하여 세속화 신학, 해방 신학, 정치 신학, 민중 신학 등 끊임없이 새로운 주제의 신학을 소개하며 모색해 왔다. 종교 다원주의는 민중 신학 이후 자유주의 신학자들이 부쩍 관심을 갖는 또 하나의 색다른 주제이다. 보수적인 대다수의 한국 교회 목사들과 신학자들은 토착화 신학을 비롯하여 계속 새롭게 일어나는 자유주의 신학 운동에 대하여 주로 냉담한 반응을 보이면서도 부분적으로는 긍정할 만한 측면이 없지 않음도 인정했으나, 종교 다원주의에 이르러서는 자유주의 신학자들과 서로 대화할 수 있는 공통적 근거가 완전히 상실되었음을 절감한다. 한국 감리교회에서도 종교 다원주의 문제를 두고는 이변이 일어났다.

　1930년에 남, 북 감리교 선교 교회가 통일된 하나의 교회로 출발하면서부터 한국 감리교회는 자유주의적 신앙선언문을 채택하였다. 이로써 교회에서 자유주의 신학을 주도하는 신학자들이 자유롭게 운신할 수 있었다. 그러한 감리교회가 종교 다원주의 문제를 두고는 더 이상 관용을 베풀지 않고 그러한 사상을 주창하는 신학자들을 면직이라는 엄한 벌로 치리하였다.

　감리교회는 경건주의적 부흥 운동을 바탕으로 생성되고 성장해 온 교회이므로 교리 없는 기독교를 주창했던 경건주의자들처럼 교리 문제에는 관심이적으므로 자유주의를 용납했던 것으로 이해한다. 그러나 신학자들의 신학과 목회자들의 실천 사이에는 역시 괴리가 있음을 알 수 있다. 목회자들이 주도하는 연회(年會)는 자유주의 신학이 기독교의 틀 안에 있는 한에는 그것을 관용할 수 있었으나, 종교 다원주의를 두고는 이제 자유주의 신학이 기독교 신학의 틀을 벗어나는 것이므로 더 이상 관용할 수 없음을 보여준 것이다.

사실 종교 다원주의는 기독교에서 성경의 교리를 잘못 해석함으로써 잘못된 길로 빠지는 이단들과는 비교도 되지 않을 만큼 뚜렷한 목적의식 아래 기독교의 역사와 교리의 체계를 온통 부정하는 탈기독교적(脫基督敎的)인 사상이다. 종교 다원주의자들의 사상을 탈기독교적이라고 비판자들이 규정하기 이전에 그들 스스로 그렇게 주장한다. 그들의 말로는 기독교가 종교 다원주의를 통하여 기독교적이 되게 한다는 말로 표현하지만, WCC의 선교 신학을 말하는 '하나님의 선교'(missio Dei) 이후 이미 다른 종교에도 기독교적이라는 말을 적용해 왔으므로, 그러한 말은 역시 탈기독교화라는 말과 다르지 않다.

그러므로 종교 다원주의를 비판적으로 보는 입장에서는 너무나 분명한 결론을 내다보게 되는 것이어서, 그리고 종교 다원주의에 대하여는 이미 보수적이며 복음적인 신학자들이 그들의 논문과 저서에서 잘 소개하고 비판하고 있으므로 새삼스럽게 이러한 주제를 다루는 것은 진부하다는 생각도 든다. 그러나 한편 다른 종교들이 엄연히 존재한다는 것을 인식하며, 특히 우리 한국 교회와 그리스도인들이 다원 종교 사회에 살고 있음을 인식할 때, 다른 종교를 어떻게 이해하고 평가해야 할 것인지에 대하여 늘 대답해야 하는 것이 현안이다.

이러한 문제를 의식하여 나름대로 답하는 것이라고 생각하여 종교 다원주의가 말하는 사상의 내용을 다시금 점검하면서 여러 종교 가운데 기독교가 어떤 의미를 갖는지 재확인하고자 한다.

종교 다원주의가 등장하게 된 경위

종교의 다원화 혹은 종교 다원주의라는 말은 서양에서 1960년대 중반부터 사용하기 시작하였으며, 이에 관심을 가진 학자들이 1970년대에는 많은 글을 쓰고 책을 내기 시작하였다. 지리상의 발견 이후 기독교의 전통과 문화에서 살아오던 유럽인들은 지구상에 여러 다른 문화와 종교들이 있음을 알게 되었으며, 타종교의 존재를 의식해 왔다. 그러다가 20세기 후반에 이르러 그들의 사회에서 여러 타종교와 실제로 접하고 부딪히면서 타종교인들과 함께 살아가야 하는 상황에 처하게 되었다. 1960년대 이후 미국에는 아시아인들이 대거 이민을 하게 되었고, 서유럽에서는 영국과 독일, 네덜란드 등의 나라에 아시아 및 회교권의 여러 나라의 많은 노동자들이 취업하게 되었다. 그러면서부터 미국과 유럽의 사회는 종교 다원화 사회로 변모하게 되었다.

그 바람에 학자들 간에는 타종교에 대하여 실제적인 관심을 갖는 사람이 생기게 되었다. 제1,2차 세계 대전을 겪으면서 서구 문명의 한계점과 몰락을 의식하는 사상이 일어났는가 하면, 또한 여러 가지 사회 문제를 해결하지 못함에 따라 기독교와 서구 문화를 동일시하는 사람들 가운데 동양의 문화와 종교에서 삶의 의미와 해결점을 찾으려고 시도하는 이들이 생겼다. 이러한 상황에서 종교 다원주의가 태동하게 된 것이다.

게다가 종교 다원주의에 결정적으로 기여한 것은 에큐메니칼 운동과 그 신학이다. 기독교 교파 간의 연합을 꾀하는 에큐메니칼 신학이 세계의 평화와 질서 등 사회 문제에 관심을 갖는 것이다 보니까 타종교와의 대화와 공존을 자연히 중요한 과제로 다루게 되었다. 타종교와의 대화는 이미 1961년 뉴델리 총회에서 제안되었으며, "우주적 그리스도" 혹은 "익명의 그리스도"를 강조하는 말이 나오게 되었다. 이 총회에는 러시아의 그리스정교의 대표들을 비롯하여 루마니아, 불가리아, 폴란드 대표들이 참가함으로써 개신교적 성격이 많이 바뀌었음을 보여주었다.

1969년 3월 WCC의 주최로 제네바 근방의 까르티니(Cartigny)에서 22명의 회교도와 기독신자들이 모임을 가졌다. 1970년부터는 본격적으로 타종교와의 대화를 효과적으로 추진하기 위하여 기독교와 타종교의 대화국(對話局)을 신설하고 본격적으로 '대화의 신학'을 발전시켰다.[1] 1973년 방콕에서 에밀로 까스트로(Emilo Castro)는 전통적 선교의 개념에 종막을 고하고 세계 선교의 새 여명은 아프리카 문화를 긍정하고 인도의 종교 전통을 널리 보급하는 것이라고 발언했다. 1975년 나이로비 총회에서는 영성의 문제를 두고 각 문화의 전통적 경건과 극단적 성령 운동의 체험, 동양의 신비주의 등 다양한 종교 요소를 인정하고 받아들이는 혼합 종교의 성격을 여실히 보여 주었다.

그밖에 아시아와 아프리카에서는 기독교를 서양의 종교라고 배격하는 한편 고유의 종교를 찾고 고수하자는 문화적, 종교적 복고주의와 신민족주의(Neo-Nationalism)가 만연하면서 본토의 자유주의 신학자들이 이에 호응하여 기독교의 토착화를 모색하기 시작하였다. 이러한 운동과 함께 현대 사상의 특징인 상대주의와 민주화 운동 및 하나의 국제화를 지향하는 시대적 조류에 편승하여 종교 다원주의자들은 그들의 사상이 마치 신학 사상의 자연스러운 추이인 것으로 주장한다.[2]

종교 다원주의의 문제점

종교 다원주의가 위에서 지적한 바대로 여러 가지 외적 동기에서 일어난 것이므로 사회적 상황에 따라 일어난 해방 신학이나 정치 신학 혹은 민중 신학 같은 상황 신학과 비슷한 특징을 띤다. 종교 다원주의는 타종교와의 대화를 의식하는 가운데, 기독교의 유일성을 주장하지 않고 타종교를 존중해야 한다면서, 타종교도 종교로서 기독교와 동등한 가치를 지니며 구원의 종교가 될 수 있다는 전제로 출발한다. 그리고는 이와 같이 먼저 내세운 전제와 같은 결론으로 되돌아가는 것이어서 논리학적으로 말하면 종교 다원주

---

1) 전호진, 『종교 다원주의와 타종교 선교전략』(서울: 개혁주의신학협회, 1992), 51.
2) 같은 책, 51 이하 참조.

의 이론은 같은 말을 되풀이하는 반복 논리(tautology)이다.

그러므로 종교 다원주의는 어떤 합리적 논증에 근거하기보다는 맹목적 신념에 근거한 것이라고 말해야 할 것이다. 그리고 종교 다원주의도 기독교 신학에 속한다고 하지만, 그것이 성경에 근거를 두지 않음은 물론이고 기독론을 언급할 때 이외에는 별로 성경을 참고하는 일도 없을 뿐더러, 기독교의 교리나 역사적 전통은 거의 무시하고 있어서 기독교 신학을 이미 벗어나 있다고 할 수밖에 없다.

기독론을 말할 때는 성경을 인용하지만 사상과 행위의 규범이 되는 하나님의 말씀으로 알고 존중하는 가운데 인용하는 것이 아니고, 나름대로 신학적 목적을 가졌거나 편견에서 출발하는 사상들이 다 그렇듯이, 그들의 전제에 맞추어 부분적으로 인용하고 해석할 뿐이다. 그리고 기독교를 포함한 종교를 논함에서 종교의 특수한 내용을 두고 논하기보다는 구조나 현상을 두고 논하기 때문에 논의가 변증적이며 피상적이다.

종교 다원주의자들이 주로 관심을 쏟아 중요하게 다루는 신학의 주제는 기독론이다. 다른 종교에도 진리가 있으며 구원이 있다고 해야 할 것이 아닌가 하는 바람과 억측에서 출발하는 종교 다원주의자들은 기독교의 유일성을 부정하거나 희석하는 것을 목표로 정하고 있다. 그러나 그 일에 걸림돌이 되는 것이 곧 그리스도의 유일성이므로, 종교 다원주의자들은 기독론을 신학적 방법을 동원하여 공략하면서 새로운 기독론을 시도한다고 선포한다. 종교 다원주의 신학을 모색함에 있어서 학자들에 따라 '신 중심주의' 혹은 '그리스도 중심주의'를 추구한다고 하지만, 종교 다원주의의 관건은 결국 기독론으로 귀결되는 것임을 인식한다.

종교 다원주의를 주창하는 신학자 가운데서 니터(Paul Knitter)는 『오직 예수 이름으로만』(No Other Name?)에서 신 중심 신학을 위한 새로운 기독론을 피력하면서 자신의 저서의 주요 관심들 가운데 하나는 신약 성서의 '상황'(context)이나 예수에 관한 과거의 교리적 진술과는 전혀 다른 인간 경험의 '구조'(texture)에 있어서 전혀 새로운 진보가 있었다는 것을 제시하려는 것이라고 한다.

니터가 말하는 구조란 모든 문화 및 역사적 업적의 상대성에 대한 새로운 역사 의식과 다원주의에 대한 새로운 의식, 그리고 특별히 수많은 사람 가운데 새로운 형태의 통일을 추구할 필요성에 대한 보다 분명한 인식 등이 포함된다고 한다. 이러한 새로운 구조에서 예수를 새롭게 이해하지 않고 새로운 기독론의 가능성에 자신을 개방하지 않는 것은 곧 과거를 우상 숭배적인 '신앙의 집적물'(集積物)에 한정시키는 위험에 처하게 하는 것이라면서 그리스도에 대한 새로운 해석을 시도하지 않고 전통적 신앙고백을 고수하는 것은 우상 숭배라고 한다.[3]

니터는 헹엘(Martin Hengel), 쾨스터(Helmut Koester) 및 로빈슨(James Robinson)과 같은 이들의 급진적 연구에 힘입어, 신약성경이 말하는 유대교적 칭호에서 그리스적 칭호에 이르기까지의 그리스도론의 발전 과정에 대한 획일적인 견해와 같은 것은 오늘날 거의 포기되었다고 선언한다.[4] 좀 더 구체적으로 말하면, 니터는 신약성경의 그리스도론이 그 시대의 문화적 유산에 속하는 자료에서 형성되었다는 설을 그대로 받아들여 최초의 예수 전승에는, 정확히 말해, (예수 안의) 신성의 의식이라고 칭할 수 있는 증거는 없다고 한다.

다시 말하여, 니터는 예수 전승에 신과의 선재적(先在的) 관계에 근거한 아들임을 의식한 것이라고 말할 수 있는 것에 대한 사실상의 증거는 없다는 견해를 수용한다.[5] 그러면서 그는 예수에 대한 신약성경의 모든 이미지들이 예수가 누구였으며, 그리스도인과 세계에 대하여 무엇을 의도했는지에 대하여 모든 것을 말해 주지는 못하므로 예수에 대한 신약성경의 증거를 절대화해서는 안 된다고 한다.

그리고 신약성경에서 그리스도론이 계속 진보하고 있는 것을 보아서,

---

3) 폴 F. 니터, 『오직 예수 이름으로만?』, 邊鮮煥 역(서울: 한국신학연구소, 1997), 276.

4) 같은 책, 281.

5) 같은 책, 286.

그리스도론을 출현시킨 주요 배경 가운데 하나가 되는 다른 문화 혹은 다른 종교들과의 대화를 종교 다원주의를 위하여 이용할 필요가 있다고 한다. 초대 공동체들이 발견한 예수의 의미는 유대인이나 이방인들이 이미 발견한 것에 의존하고 있으므로, 종교 다원주의 신학자들은 힌두교, 불교, 이슬람교와 개방적이고 비판적인 대화를 통하여 예수를 그 종교들과 그 신앙인들에게 보다 의미 있게 해 주기 위하여 예수의 새로운 이미지로 인도해야 한다고 하며, 이러한 노력은 첫 두 세기 동안 그리스도인들이 했던 작업의 계속이라고 한다.

이처럼 니터는 교회가 지켜 온 그리스도에 대한 전통적 신앙고백을 폐기하면서도 예수의 유일성에 대하여 언급하는데, 그리스도인이 예수의 유일성을 인정하는 가운데 타종교의 타당성을 보다 더 잘 인정할 수 있다고 주장한다. 그러면서 그는 예수의 유일성에 대한 새로운 해석을 내린다. 즉 예수를 묘사하기 위하여 사용된 '하나의 그리고 유일한'이라는 표현은 철학과 과학과 교리의 언어에 속하는 것이 아니라 고백과 간증의 언어에 속한다고 한다.

예수에 대하여 말하는 신약성경의 저자들이 사용한 용어는 분석적인 철학자들의 용어가 아니고 정열적인 신자들의 언어이며, 과학자들의 언어가 아니고 연인들의 언어라고 한다. 즉 그것은 크리스티 스텐달이 지적한 것같이 종교적 언어인 사랑의 언어이며 애무의 언어라고 한다. 예수를 '유일한 이'로 묘사하는 배타적 기독론의 언어는 마치 남편이 부인에게 "당신은 이 세상에서 제일 아름다운 여인이야 …… 당신은 내게 유일한 여인이야!" 하고 말하는 언어와 매우 흡사하다는 것이다.[6] 이와 같이 니터는 견강부회한 해석으로 예수의 유일성에 대한 말씀과 고백을 관용어(慣用語) 정도로 격하시켜 상대화함으로써 교회가 전통적으로 이해해 온 유일성을 부정한다. 성경의 말씀을 존중하지 않고 예사롭게 보아 넘기면서 예수의 유일성에 대한 말씀은 장황하게 임의로 주석하는 것은 합리성을 상실한 접근이다.

니터는 또한 파니커(Raimund Panikker)의 말을 인용하면서 이렇게 말한다.

---

6) 같은 책, 294.

"그리스도인이 '예수는 그리스도이다'라고 믿고 있긴 하지만 …… 그렇다고 이 말이 곧 '그리스도는 예수이다'라는 것과 동일시되는 것은 아니다." 그러므로 예수는 '최고의 이름', 즉 항상 '모든 이름 위의 이름'(빌 2:9)인 그리스도의 구체적인 역사적 이름이라고 한다. 그래서 그리스도인은 "모든 종교는 일정한 방식으로" 이러한 그리스도를 "인식하고 있다"는 점을 수긍할 수 있으며, 또한 마땅히 수긍해야 한다고 말한다. 모든 이름 위의 이름, 즉 그리스도는 라마(Rama), 크리슈나(Krishna), 이스바라(Isvara), 푸루샤(Purusha), 타타가타 (Tathagata) 등 많은 역사적 이름으로 나타날 수 있다고 한다.[7] 이렇게 말할 때 니터는 파니커와 함께 논리적 비약을 감행한다.

"예수는 그리스도이시다"라는 말은 '예수 그리스도'라는 명칭이 초대 교회의 고백에 근거한 말이라는 것은 이미 불트만이 설명한 말인데,[8] 교회는 기독론에서 나사렛 예수가 곧 그리스도이시고 하나님이시며 동시에 사람이시라고 고백하므로 "여호와는 하나님이시다"고 하는 말이나 "하나님은 여호와시다"고 하는 말이 서로 같듯이 주어와 술어를 바꾸어도 변함이 없는 것으로 알아 왔다. 바울은 '그리스도 예수'라는 호칭을 '예수 그리스도'에 못지않게 자주 사용하고 있다. 로마서의 경우만 하더라도 '예수 그리스도'를 18회 썼는가 하면 '그리스도 예수'를 13회나 쓰고 있다(롬 3:24; 6:3, 11, 23; 8:1, 11, 34, 39; 15:5, 16, 17; 16:3).

그러므로 "예수는 그리스도이다"라는 말을 유(類)는 속(屬)의 술어는 될 수 있어도 주어는 될 수 없다는 논리학의 공식에 대입하는 것은 옳지 않다. 그리고 "모든 이름 위의 이름"은 모든 인간 위에 있는 주님이시라는 뜻으로 이해하는 것이 상식이다. 그것을 아무런 증거도 없이 구태여 그리스도의 구체적인 역사적 이름으로 이해하는 것은 억측이며 논리의 비약이다.

사마르타는 남인도교회의 장로이며 WCC의 대화 프로그램 담당자로 일한 사람인데, 그는 신만은 유일하게 절대자로 인식하고 모든 종교들을 상대적인

---

7) 같은 책, 254.

8) Kittel의 *Dictionary of the New Testament* 참조.

것으로 간주하게 될 종교간의 만남의 모델을 추구한다면서, 그리스도에 관하여 언급하기를 "신은 성육신에서 그 자신을 상대화한다"는 점을 잊지 않아야 한다고 말한다.[9] 종교 다원주의자들은 예외 없이 그리스도의 유일성을 상대화한다.

종교 다원주의는 자유주의 신학의 귀결점

기독교의 유일성, 즉 그리스도의 유일성을 부정하거나 희석하는 작업은 별로 당혹해 할 일이 아니다. 그것은 종교 다원주의가 대두되기까지 오래 전부터 진행되어 온 작업이다. 종교 다원주의는 18,19세기에 제믈러, 라이마루스(Hermann Samuel Reimarus) 등 계몽주의 신학자들에 의하여 자유주의 신학이 태동되면서부터 그 움은 텄다. 당시는 타종교의 존재를 의식하는 일이 오늘과는 달랐지만, 성경을 문서화하고 상대화함으로써 기독교를 내부로부터 비판하고 와해하는 작업은 이미 시작되었다.

제믈러는 하나님의 말씀과 성경을 구별하고, 경건과 신학을 구별하여 역사적·비판적 성경 연구의 자유를 구가했는가 하면, 라이마루스는 자연신학을 지지하면서 기독교는 허구에 근거하여 출발하였다는 극단론까지 폈다. 즉 예수의 부활을 설명하면서, 그는 제자들이 예수의 시체를 훔쳐 놓고는 거짓말을 했다고 하며, 예수가 본래는 정치적인 메시아였으나 허무하게 죽고 나자 제자들이 그를 비정치적인 메시아로 선전했다는 것이다. 예수의 부활을 부정하는 그의 방법은 현대 신학자의 것에 비하면 고전적이고 직설적이다.

그 이후 합리주의적이며 자유주의적인 신학자들은, 교회가 451년 칼케돈 공의회에서 받아들인 예수 그리스도께서는 참 하나님이시며 참 사람이시라는 신앙고백을 폐기하고 그리스도에 대하여 새롭게 해석하는 일을 신학의 과제로 삼았다. 19세기의 자유주의 신학자들에게 영향을 준 대표적인 기독론은

---

9) 니터, 앞의 책, 257.

칸트(1724-1804)와 슐라이어마허(1768-1834)의 것이다. 칸트는 그리스도를 인간의 체험 속에 보편적으로 내재하는 이성의 현현으로 이해하여 관념화하고 이상화함으로써 역사적 예수가 필연적이 아니라고 했다. 이에 반하여 슐라이어마허는 종교를 절대 의존의 느낌에 근거하는 것으로 보고 그리스도를 남달리 절대 의존의 느낌을 가진 사람으로 봄으로써 그리스도를 이해하려고 하였다. 슐라이어마허는 19세기의 종교사학적인, 그리고 종교 심리학적인 연구를 위한 기초를 확립하였다. 슐라이어마허는 계시라는 개념도 아주 주관적으로 파악될 수밖에 없는 것이라고 하면서 우주에 대한 관조는 본래적이며 순수한 것이라는 생각을 폈다. 칸트는 이성을 통하여, 슐라이어마허는 절대 의존의 느낌을 통하여 기독교를 인간의 보편적인 것들에 근거하는 것으로 봄으로써 종교적 상대주의로 향하는 문을 열었다.[10]

19세기의 자유주의 신학을 대표하는 리츨은 첫째로 사변적인 합리주의 (speculative Rationalism)를 배격하였다. 그는 아리스토텔레스 이후 형이상학에서 논의하는 '신'(神)은 종교에서 말하는 인격적인 '신'과는 아무 관계도 없다고 말한다. 형이상학은 세계의 통일성이라든지 또는 세계 자체에 대한 이해나 어떤 내용 없는 개념으로 인도할 뿐이라는 것이다. 리츨은 이렇게 말함으로써 정통 신학에서 종교적 개념으로서 말하는 절대자의 개념을 부인한다. 리츨은 신비주의와 슐라이어마허의 주관주의를 모호하고 불확실한 낭만주의적 감상주의라고 배격하는 한편, 정통주의(Orthodoxy), 특히 루터교 정통주의의 견해에 반대하는 입장을 취한다. 정통주의는 잘못된 형이상학을 채택함으로 말미암아 그리스도와 인간 자신과의 화해(Versöhnung) 또는 교회에 대한 잘못된 개념을 낳게 되었다고 한다. 특히 하나님과 인간의 관계, 하나님의 공의와 심판과 사죄 등을 법적인 범주에서 이해한다는 점에 동의하지 않는다.

리츨은 기독론을 말하면서 그리스도의 신성은 객관적 교리가 아니고, 그리스도를 우리를 위한 하나님으로 평가하며, 우리의 구원을 위하여 그를

---

10) 해롤드 카워드, 종교 다원주의와 세계 종교 , 오강남 역(서울: 대한기독교서회, 1993), 50.

의지하고 높이는 것이라고 하면서, 자신의 기독론을 그리스도의 인격과 사역을 하나로 융합하는 교리라고 한다. 그리스도의 신성과 인성의 양성(兩性) 교리는 신적인 것이 역사의 형식 안에 있는 것으로 이해되어야 함에도 불구하고 그것을 늘 역사적인 형식의 배후에, 또는 역사 위에 두려고 하기 때문에 취약성을 내포하고 있다고 하는데, 리츨은 그러한 취약성을 지닌 전통적 그리스도의 양성 교리를 넘어서려고 한다. 이런 점에서 리츨은 19세기 기독론의 일반적인 추세인 '아래서 위로'(von unten nach oben)의 견해를 피력한다. 다시 말하면, 그리스도를 이해함에서 역사적인 생애에서부터 시작한다는 것이다. 19세기의 많은 신학자들이 예수전 연구에 열을 올린 동기를 설명하는 말이기도 하다.

슈트라우스는 슐라이어마허가 죽은 이듬해에 비판적인 견해로 『예수의 생애』(Das Leben Jesu)를 써서 출간하였다. 그는 역사적인 구원 사실에서 자유롭게 조성된, 즉 저절로, 무의식중에 조성된 신화들을 볼 뿐이라고 하여 기독교 신앙의 근원을 역사에서 찾을 수 없다고 논의하였다. 슈트라우스는 그가 쓴 『예수의 생애』에서 복음서의 역사 연구에 신비적으로 고찰하는 방법을 적용하였다. 그는 공관복음서에서 예수의 상을 얻을 수 없을 뿐 아니라, 예수 이야기 전체가 신비에 싸여 있으므로 그러한 노력은 아무 의미도 없다고 한다. 그래서 그는 역사적인 예수에 대하여 신학적으로 전혀 흥미를 보이지 않는다.

슈트라우스는 슐라이어마허의 기독론을 비판하고 순전히 사변적인 헤겔을 따른다. 그리하여 신인(神人)이 아니라 신인적인 것이 인간 사상의 가장 고귀한 이데아라고 하며, 신인이 아니라 인간 사상의 가장 고귀한 이념인 신인적인 것이 기독론의 대상이라고 한다. 그는 성경에 나타나는 신인에 관한 역사적 서술은 인간성에 관한 전설(Gattung)로 이해함으로써 기독교 신앙을 인본주의로 바꿔버렸다.

헤르만은 하나님의 존재를 증명하려는 신학자들의 노력과 신(神)이라는 그리스적 개념을 적용하는 것과 자연 신학이니 계시 신학이니 하여서 신학에다 제목을 붙이는 일에 공격을 가하였다. 헤르만은 리츨보다 신학에서 형이상학이 배제되어야 한다고 한층 더 강하게 주장하며 과학과 철학의 방법론적 지식으로는 하나님의 실재를 절대로 파악할 수 없다고 하며, 예수의 역사적(geschichtlich) 출현은 개연성의 영역에 속하는 것이므로 신앙이 도전해야 할 세계의 일부에 지나지 않는다고 한다. 그러면서 그는 사람들의 주의를 역사적인 것에서 그리스도와의 인격적인 만남(Begegnung)이라는 영원한 체험 쪽으로 돌리도록 말한다. 이러한 그의 사상은 기독교는 무엇보다도 역사적 실재라고 말하는 하르낙과 대조를 이루는 동시에 또 다른 신비주의적 성격을 띤다.

헤르만은 기독론의 양성 이론을 비판하는 한편, 지성주의적 정통주의와 교리를 내세우는 교파주의에 반대한다. 전체의 기독교 교리들 가운데 어떤 교리가 아무리 옳다고 하더라도 그것이 하나님께서 실제로 우리를 위하여 존재하신다는 충분한 확신을 주지는 못한다고 한다. 신앙 사상은 비록 그것이 성경에서 나온 것이라고 하더라도 사람을 그리스도인으로 만들지는 못하며, 교리나 성경을 의존하는 일뿐 아니라 예수의 가르침에 단순히 의존하는 것은 율법주의의 한 형태이므로, 루터가 율법으로부터의 자유를 위하여 끊임없이 씨름했듯이 우리도 거기서 자유로워져야 할 것이라고 한다.

헤르만에 의하면, 교리라든지 성경이 확언하는 주장이나 심지어는 예수의 복음에 이르기까지, 그것들 모두 신앙을 위해서는 변하는 모래와 같은 기초에 불과하다고 한다. 왜냐하면 이러한 것들은 하나님의 실재(Realität)의 사실이 아닐 뿐 아니라, 그것은 일단 과학적 역사적 연구의 대상으로 다루어져야 하기 때문이라고 한다. 그런데 과학적 역사 기술(historiography)은 실역사적(historisch) 판단에 따라 그럴 수도 있다는 개연성을 제공할 뿐이라고 한다. 역사적 증거는 종교적 확실성의 근거가 될 수는 없고, 신앙은 두려움과 떨림으로 진리일 가능성이 있다는 것에 근거하기 때문이라는 것이다.

19세기 말에서 20세기로 접어드는 기간에 문화에 대한 의식과 비평, 자연 종교에 대한 새로운 관심 등이 독일 관념론과 접합되면서 신학은 신앙과 생활의 관계와 일치에 관하여 관심을 갖는가 하면 기독교 신앙과 자연 종교의 관계를 묻고 역사와 철학에 어떤 비중을 갖는지를 물었다. 이러한 관심에서 종교사학적인 신학 운동과 종교 심리학과 종교 철학 운동이 일어나게 되었다.

1870년대 이후, 즉 리츨 이후의 독일 신학의 특징은 역사주의로 발전하였다. 하르낙은 기독교를 이해하려면 예수와 그의 복음에서 출발해야 한다고 하면서도 복음은 여러 면으로 볼 때 최초의 형태와는 같지 않다 하고서 기독교에 대한 역사주의적 연구에 충실하였다.

역사에 대한 관심과 연구는 교회사 분야뿐 아니고 성경 신학에까지 미치게 되었다. 바울 드 라가르드(Paul de Lagarde, 1827~1891)와 오버베크는 비판적인 입장에서 역사 연구에 새로운 연구와 방법론을 제시하였다. 오버베크는 양식 비평의 길을 열었으며, 바울 드 라가르드는 신학을 종교사로 환원시킴으로써 성경 연구에 종교사학적 연구 방법을 도입하였다. 그의 신학은 곧 종교사의 지식이었다. 복음은 하나님께 이르는 길을 인도할 뿐 아니라, 하나님 자신과 살도록 이끌어주는 것이라고 하여 복음서를 고차원의 종교로 평가한다. 그러나 예수 그리스도에 대한 이해는 전통적 신앙고백과는 거리가 멀다. 하나님의 독생자라는 교의는 인간이 곧 창조주의 생각이라는 사실에 대한 상징적인 표현일 뿐이라고 한다.[11]

종교사학적 연구의 바람을 먼저 탄 것은 성경학이다. 종교사적 연구는 헤르더에서 시작한 것이 바울 드 라가르데에 의하여 새롭게 기초가 다져진 것인데, 신약 연구를 위하여 그리스나 헬레니즘적 배경은 물론 후기 유대교의 배경도 농도 있게 연구하게 된 것이 새로운 점이다. 발덴슈페르거(W. Baldensperger), 바이스(Johannes Weiß) 등이 이에 참여했으며, 그밖에 다른 이들도 의 연구를 받아들이고 예수의 종말론적 사상에 관심을 갖고서 후기 유대교가 원시 기독교에 어떤 역할을 한 것인지를 규명하려고 하였다. 슈바이

---

11) Stephan-Schmidt, *Geshichte der evangelischen Theologie in Deutschland seit dem Idealismus*(Berlin, New York: Walter de Gruyter, 1973), 279. "Das Dogma vom eingeborenen Sohn Gottes bringt das Bewusstsein zum symbolishchen Ausdruck, dass die Menschheit ein unmittelbarer Gedanke des Schöffers ist."

처(1875-1965)는 1906년 이후 이러한 연구 결과를 종합하여 『예수전 연구 역사』(Die Geschichte der Leben-Jesu-Forschung)를 씀과 동시에 종말론적 상을 가진 예수로 기술한 것에 대하여 비판적인 생각을 피력하였다.

종교의 역사에 대한 종교사학파의 연구는 자료에 충실하기보다 많은 상상력을 동원하여 해석하고 창작하는 것이었으며, 성경 연구에도 본문에 충실하지 못한 약점을 지니고 있다. 요한네스 바이스는 하나님의 나라에 대한 예수의 가르침은 이미 임박한 현 시대의 종말에 이르러 하나의 현실로 나타나게 된 종말론적 하나님의 통치를 마음속에 그린 것이라는 사실을 증명하려고 하였으며, 슈바이처는 이에 동조하여 예수의 전 생애는 단 하나의 목적을 성취하기 위하여 계획된 것으로 해석하였다. 그것은 다름 아닌 현 세계 질서의 붕괴를 촉진시키고, 그럼으로써 하나님의 나라를 속히 임하게 하는 것이라고 하였다.

예수의 재림과 하나님의 나라의 임박한 도래에 관한 기대가 성취되지 않자, 기독교 복음의 내용은 점차 수정되기에 이르렀다고 하는데, 슈바이처의 연구만 하더라도 성경의 본문에 충실하지 못하다는 것을 많은 신학자들이 인정한다. 1890년에서 1910년에 이르는 20년간의 세월 동안 많은 사람들은 역사적 예수를 추적하는 문제를 두고 씨름하였다. 정통파 신학자들은 이러한 추적을 회피하거나 그러한 운동에 저항하였다. 과학적인 역사 연구를 통하여 진정한 예수가 발견될 수 있느냐 하는 의문을 놓고 19세기 후반의 많은 사람들은 긍정적으로 대답하였다. 그러나 그들은 결국 복음서에서 현대적인 예수를 창출한 것이다.

에른스트 트뢸치(Ernst Troeltch, 1865~1923)는 종교사를 진화론적 시각에서 보고 그것은 완전을 향해 전진하는 보편적인 인간 운동으로 이해하였다. 예수 그리스도는 하나님과 동일시될 수 없다는 것이며, 다른 위대한 종교 창시자들과 동등한 선상에서 취급되어야 한다는 것이다.[12]

계몽사조 이후의 자유주의 신학은 기독교의 본질에 대하여 의문을 제기하고

―――――――――――――――
12) 헤롤드 카워드, 『종교 다원주의와 세계 종교』, 오강남 역(서울: 대한기독교서회, 1993), 51.

그리스도에 대한 신앙과 교리를 와해한 부정적인 토대 위에서 20세기 후반에 들어와 타종교와의 대화 및 공존이라는 새로운 과제를 놓고 종교 다원주의를 출범시켰다. 종교 다원주의는 신학적인 자유주의가 도달하게 마련인 종착점 이기도 하다.

종래의 자유주의가 기독교의 교리와 신앙에 던진 회의와 와해 작업까지도 기독교의 신앙과 교리를 다룬다는 의미에서, 그것이 비록 부정적 작업이기는 하지만, 기독교의 테두리 안에 있었던 것으로 간주할 수 있다. 그러나 종교 다원주의는 다른 종교도 적극적 의미에서 동등하게 다루고 있으므로, 이제 그것은 기독교 신학의 틀을 벗어나 기독교가 믿는 하나님 아닌 다른 새로운 신을 찾아 방황하는 길로 들어선 것이다. 보수적이며 복음주의적인 신학자들 이 경계해 온 칼 바르트와 니버, 브루너 등 신정통주의자들의 신학이 종교 다원주의를 대항하고 비판함에 있어서 공동 전선을 펼 수 있는 강력한 우군으 로 간주하게 되었다니, 그것은 곧 자유주의 신학이 그 세력을 강화하여 종교 다원주의 사상으로 발전하게 된 것이다.

1919년 칼 바르트의 등장 이후 신정통주의 변증법 신학이 한동안 그들이 목적한 대로 자유주의 신학에 제동을 거는 것 같았으나, 변증법 신학의 변증법적 발전이 결국은 자유주의 신학을 더 강화시켜 주는 결과를 낳았다. 처음에 19세기의 자유주의에 대항하는 일에 보조를 같이 하던 변증법 신학자들 가운데 고가르텐처럼 자유주의로 다시 복귀한 이가 있는가 하면, 불트만처럼 양식 비평을 더 발전시키는 한편 실존주의적 성경 해석을 시도함으로써 자유주의에 더 많은 도구와 가능성을 제공해 주었다.

칼 바르트의 경우는 그래도 시종 일관 자유주의와는 노선을 달리하면서 하나님의 말씀을 강조했으나, 역사주의에 반발하는 나머지 역사적 전통과는 무관하게 하나님의 계시의 현재성을 강조하는 변증법 신학으로 기독교의 교의와 전통을 고려하지 않는 다양한 신학의 발전에 문호를 연 것이다. 보수적인 신학자들은 바르트주의를 새로운 자유주의로 단정하지만, 바르트주 의는 19세기의 자유주의에는 제동을 걸었으나 바르트 이후의 20세기의 새로운 자유주의에는 개방적인 것으로 볼 수 있다.

기독교 교리와 교리사에 대한 왜곡된 이해

하르낙을 위시한 많은 자유주의 신학자들이 기독교의 교리는 역사의 과정을
따라 이교적 사상의 영향을 받아 발전된 것이라고 하나 교리의 역사는 여러
다른 사상의 혼합을 통하여 발전한 것이 아니고 여러 이교적 사상의 공략에도
불구하고 성경의 진리를 점점 더 밝히 발견하는 과정의 발전이었음을 상기해야
한다. 이를테면, 삼위일체에 대한 신앙고백이나 기독론의 신앙고백이 많은
논의와 논쟁을 거쳐 전통적 신앙고백으로 확정되었으나, 이러한 교리들은
주변의 다른 종교 사상에서는 전혀 유사성을 발견할 수 없는 교리이다.
즉 그리스도의 교회는 유대교적 에비온주의나 시리아 등 동방 종교 사상과
그리스 철학 사상의 혼합에서 나온 영지주의와 같은 사상에 반하여 성경에서
가르치는 교리를 따라 신앙고백으로 형성하였다.

속사도(續使徒) 교부들의 문서를 보면 그들의 가르침에는 독창성과 깊이가
결여되어 있고, 교훈이 빈약한 편이며 명확성이 결여된 것을 발견한다. 그러나
그들은 신약성경의 정경성과 완전성을 증거하였으며, 신약성경과 2세기의
변증가들의 사색적 문헌 간에 교리적 연결을 만들어 주었다. 속사도들이
신약성경의 정경성과 완전성을 증언함에도 불구하고 신약성경과 속사도의
가르침 사이에는 큰 간극이 있음을 발견한다. 삼위일체 하나님의 교리에
대한 이해가 속사도에게서는 분명하지 못하고 그리스도를 믿음으로 의롭다함
을 받는다는 칭의 교리가 일체 언급되지 않는 점 등을 보면 성경과 일반의
이해 사이에 있는 간극을 실감할 수 있다.

칭의 교리만 하더라도 그것은 성경이 구원에 관하여 가르치는 가장 중요한
교리이며, 기독교의 진리가 일반 종교와 다르다는 점을 명백히 드러내는
교리임에도 불구하고, 바로 그것이 너무나 특이한 것이기 때문에, 속사도
교부들이 그것을 쉽게 깨닫지 못했던 것이다. 사람들은 종교를 가지며 또한

신을 찾고 구원을 갈구하지만, 구원을 얻는 문제를 두고는 율법주의적 이해를 갖는 것이 보통이며, 성경을 깊이 그리고 옳게 이해하지 못하고서는 율법주의적 이해를 벗어나기 어렵다. 속사도 교부들은, 말하자면, 성경이 가르치는 구원의 교리를 미처 깨닫지 못하고 구원에 대한 일반적인 이해, 일반 종교적인 이해에 머물렀다. 그런데 칭의 교리는 놀랍게도 중세를 거쳐 종교 개혁 시대에 이르러서야 비로소 옳게 깨닫게 된다.

그러므로 기독교 교리는 역사의 흐름과 함께 점진적으로 발전하는 것이라기보다 전 시대의 교리적 지식을 거점으로 하여 성경의 진리를 보다 새롭고 풍부하게 발견하고 체계화하여 발전된 것이라고 말해야 옳다.

종교의 발전을 진화론적으로 이해하는 종교사학파에서는 구약의 종교가 저급한 종교에서 고급 종교로 발전하고, 드디어는 여호와를 믿는 유일신 종교로 발전한 것이라고 말하나, 구약성경에는 그렇게 설명할 수 있는 여지가 보이지 않는다. 구원의 하나님을 경험했음에도 불구하고 늘 자연신을 숭배하거나 우상을 섬기려는 성향이 있어서 틈만 있으면 그러한 성향을 노정할 수밖에 없는 백성에게, 한두 사람의 소위 종교적인 엘리트, 즉 선지자들이 창조주 하나님 곧 구원의 하나님의 신앙을 늘 가르치고 호소하는 것을 우리는 구약성경에서 발견한다.

적어도 성경의 윤리적 계명과 교훈은 성경을 하나님의 말씀으로 믿는 사람이든 안 믿는 사람이든, 모든 사람에게 규범이 되는 말씀이고 누구나 따라야 하는 말씀이며, 모든 사람을 심판하시는 말씀이다. 여태껏 성경에서 가르치는 종교나 윤리 사상을 능가할 수 있는 가르침이 이스라엘 주변의 종교에서는 발견할 수 없다는 것을 누구나 인정할 수밖에 없는 사실이다. 그럼에도 불구하고 유일하고 독특한 성경의 종교 사상이 주변의 저급한 종교 사상의 영향을 받아 형성되었다고 단정적으로 말하는 것은 불합리하다.

그것은 세계가 우연히 생성되었다는 유물론적 세계관이나 생물이 저급한 원생동물에서 고등한 동물과 사람에 이르는 돌연변이를 일으켜 발전하게 되었다고 하는 진화론의 막연한 신념과 같은 것이다. 종교사학파의 주장과 양식 비평은 실제로 그러한 세계관과 방법론에 근거하고 있다. 성경의 가치와 정경성에 대한 설명은 성경이 하나님의 계시의 말씀라는 사실을 믿는 데서만 가능하다.

종교 다원주의가 주장하거나 추구하는 잘못된 이론을 낱낱이 지적하면서 기독교의 전통적 신앙을 변증하는 일이란 피곤한 일이다. 종교 다원주의는 오랫동안 축적되어 온 자유주의의 신학적 전통에 입각해 있기 때문에 그러하고, 성경의 권위를 인정하지 않기 때문에 대화할 수 있는 공통적 기반을 찾을 수 없어서 그러하다. 성경을 정경으로 믿는 신앙을 버리고, 그리스도의 교회가 성경에서 찾아 발견하고 받아들여 고백해 온 삼위일체 교리와 기독론도 폐기한 터이므로 그러하다.

종교 다원주의는 다른 종교에도 구원이 있다고 말하나 그것은 찾아야 하는 미래적인 것일 뿐이며, 새로운 세계적 종교의 구원론이 정작 무엇인지조차 구체적으로 설명 못하고 있다. 예수 그리스도의 십자가와 사죄의 교리는 언급조차 하는 일이 없다. 그것은 자유주의 신학이 오래 전부터 망각한 교리이다.

기독교의 유일성, 즉 그리스도의 유일성은, 종교 다원주의자들이 논의하듯이, "다른 이로서는 구원을 얻을 수 없나니 천하 인간에 구원을 얻을 만한 다른 이름을 우리에게 주신 일이 없음이니라 하였더라"(행 4:12). "내가 곧 길이요 진리요 생명이니 나로 말미암지 않고는 아버지께로 올 자가 없느니라"(요 14:6) 하는 말씀이나 "내 아버지께서 모든 것을 내게 주셨으니 아버지 외에는 아들을 아는 자가 없고 아들과 아들의 소원대로 계시를 받는 자 외에는 아버지를 아는 자가 없느니라"(마 11:26) 하는 말씀 등 일부 구절의 말씀에만 근거하는 것이 아니고, 성경 전체의 말씀과 기독교 신학의 전 구조에 근거한다.

기독교의 예배에서 예배를 가능하게 하는 교리가 곧 예수 그리스도의 십자가의 의미와 화해와 대속의 교리이다. 특히 세례와 성찬은 전적으로 이 교리에 근거한다. 예수 그리스도의 십자가의 의미와 화해와 사죄의 교리는 구약의 언약의 말씀이나 제사 제도와도 연결이 된다. 예언의 성취로서 예수 그리스도에게서 사죄를 위한 화목의 제물 되심을 제거하면, 예수 그리스도의 그리스도이심과 중보자이심은 상실되고 만다. 신약과 구약의 연속성이 단절되며, 신약과 구약이 그 의미를 상실한다.

그러므로 이 교리 하나를 제거하면 신약과 구약에 근거한 기독교의 구조가 다 무너진다. 기독교 종교 자체가 와해되면 이제 종교 다원주의가 다룰 수 있는 종교의 수는 줄어들고, 다만 기독교 이외의 종교를 다룰 수 있을 뿐이다. 그러면 자유주의 신학이나 종교 다원주의가 설 자리도 없어진다. 그러나 아직 기독교의 진리가 건재하며, 진리를 보수하는 교회가 다수 존재하기 때문에 종교 다원주의가 기독교 진리를 두고 반론을 펼 수도 있으며, 다른 종교와의 대화를 운운할 수 있는 여유도 갖는 것이다.

타종교에 대한 그리스도인들의 바람직한 자세

우리는 예수 그리스도는 길이요 진리요 생명이라고 믿는 신앙, 즉 그리스도의 유일성을 믿는 신앙을 종교적 독선이나 배타성이라는 말과는 구별해야 한다. 구약 시대의 이스라엘 백성들은 자신들이 택함을 받은 하나님의 백성이고 다른 백성들은 이방 백성이라고 하여 자신들을 그들과 구별하였다. 그들은 주변의 모든 이방 나라 백성들을 적으로 여겼다. 그래서 그들은 배타적이었다.

그러나 민족을 초월하여 하나님의 백성이 되는 그리스도인들이 그런 선민의식을 가질 이유가 없으며, 만일 가진다면 그것은 잘못이다. 어느 누구도 날 때부터 그리스도인은 아니기 때문이며, 그리스도 안에서 얻는 구원의 복음은 만민에게 미치는 것이기 때문이다. 그리스도인과 비그리스도인의 차이는 한 사람은 먼저 부르심을 받아 믿게 된 사람이고 나머지 사람은 앞으로 그리스도를 믿도록 부름을 받아야 하며 믿음을 가질 수 있는 사람이라는 점의 차이일 뿐이다.

하나님께서 베푸시는 일반 은총을 받아 누리는 일에는 아무 차이도 없다.

그리스도인이든 다른 종교를 가진 사람이든, 모두가 함께 하나님의 일반 은총을 누리며 살고 있음을 인식해야 하며, 서로 도우면서 살아야 한다. 지구상의 모든 인간은 하나님께서 당신의 형상대로 만드신, 잃어버린 하나님의 자녀이며 서로 사랑해야 할 이웃이다. 우리가 사는 나라나 마을이나 공동체를 돌보는 일, 지구의 환경 오염을 극복하는 일은 땅 위에 사는 모든 사람에게 주어진 과제이다. 그런 문제를 두고는 종교와 신앙 불신앙을 불문하고 다 같이 협력할 수 있어야 한다. 세계는 지배와 피지배, 식민주의와 민족주의 시대를 거쳐 지구촌의 공존 공생을 말하는 시대에 이르렀다. 민족 간의 갈등이나 종교적, 인종적 갈등이 완전히 종식된 것은 아니지만, 그것을 극복하는 것이 당위적인 규범이며 선이다.

그리스도인들은 다른 종교에서도 기독교가 가진 보편적인 종교적 진리를 발견할 수 있음을 인식해야 한다. 비록 모든 종교와 인간의 문화가 하나님의 진노하심과 심판 아래 있으나 사람들이 복음을 접하기까지는 하나님께서 비기독교 종교들을 오래 참으심으로 관용하신다는 사실을 인식해야 한다. 세속화 신학(世俗化神學)에 근거를 두고 있으며, 종교 다원주의의 대두와 함께 WCC가 선교 정책의 원리로 삼은 '하나님의 선교'(missio Dei) 사상에서는 모든 종교가 기독교적 진리를 내포하고 있으므로 이를 자각하여 스스로 개발하도록 하는 것이 선교의 과업이라고 한다.

그러나 '모든 종교에서 발견되는 진리'는 종교가 가진 보편적인 진리이지 기독교 특유의 진리는 아니다. 다른 종교에서 발견되는 진리는 윤리적 차원의 요소들과 종교적 진리를 찾는 경건과 문화적 요소들이다. 그러나 기독교 특유의 진리, 즉 삼위일체 하나님, 천지 창조, 인간의 타락, 하나님의 아들 예수 그리스도의 성육, 그의 대속의 죽으심과 부활, 성령의 임하심과 교회의 설립과 보전, 그리스도의 재림과 최후의 심판 등과 같은 종교적인 진리는 다른 종교에서는 발견할 수 없는 교리이다.

우리는 다른 종교들 가운데 어떤 것들은 궁극적인 진리를 찾는 구도(求道), 즉 하나님을 추구하며, 사람이 할 도리를 찾고 실천하려는 노력이라는 점에서는 존중해야 한다. 그러나 그것이 사람들로 하여금 기독교를 받아들이는 일에 걸림돌이 될 수 있다는 것을 인식해야 한다. 그러한 종교들이 시각에 따라서는 일반 은총을 누리는 삶, 정치, 경제, 민주화 등의 측면에서 보다 나은 삶을 성취하는 일에 역기능을 한다고 지적하는 말도 귀담아 들을 필요가 있다.13)

종교 다원주의를 말하는 사람들 가운데는 서양 나라들이 식민주의 정책이나 백인의 우월 의식 등 역사에 나타난 여러 가지 부정적인 문제점들의 원인을 기독교 종교의 유일성 혹은 배타성에다 돌린다. 그러나 그것은 기독교와 서양의 문화를 동일시하는 피상적 관찰에서 나오는 말이다. 소위 기독교 나라들과 심지어는 교회가 많은 모순점을 내포하거나 노출시켜 온 것은 사실이다. 그러나 종교의 가치를 두고 말할 때는 자체에서도 종교가 개혁되어야 한다고 지적하는 그런 문제점을 들어 말하는 것이 아니고 종교가 가르치는 궁극적 진리를 두고 말해야 한다. 다시 말하면, 소위 기독교 문화를 배경으로 한 백인이 우월감을 가졌기 때문에 기독교는 겸손과 사랑을 가르치는 종교가 아니고 우월과 독선을 가르치는 종교라는 식으로 매도하는 논의를 전개해서는 안 된다.

종교 다원주의는 이단인가 하는 질문에 새삼스럽게 그렇다고 답할 필요가 없다. 종교 다원주의 스스로 그보다 더 많은 것을 말하기 때문이다. 기독교 역사에서 이단으로 심판을 받은 사상이나 운동을 합리주의적인 사상과 신비주의적인 사상 혹은 운동으로 분류할 수 있다. 그리스도의 하나님과의 동질성, 즉 그리스도의 신적인 영원성과 동등성을 부인한 아리우스주의, 삼위일체를 단일신론적으로 이해한 사벨리우스 등의 단일신론자들, 그리스도의 인성을 단성론적으로 강조한 네스토리우스주의 등이 전자에 속하며, 종말론적인 신앙에서 신비주의와 열광주의에 빠졌던 몬타누스주의자라든지 중세의 천년 왕국 운동자들이 후자에 속한다.

현대 교회에서는 신비주의와 열광주의적 경향을 가진 잘못된 가르침이나

---

13) 전호진, 앞의 책, 76.

신앙 운동은 즉각 이단으로 단정하는 반면에, 합리주의적인 잘못된 가르침은 자유주의 신학 혹은 현대신학이라는 이름하에 용인되고 있다. 합리주의적 신학 사상은 세상적인 문화와 사회 사상의 발전과 함께 발전해 왔으며, 도덕과 윤리관에서도 세상적인 추세와 병행하여 함께 발전하거나 퇴락한다. 사회에 대하여는 개방적이며 문화와 사회 참여를 내세우기 때문에 사회적인 사상이요, 운동으로 받아들여진다. 그러므로 신비적이며 열광주의적 신앙 운동은 폐쇄적이며, 반사회적이므로 단번에 이단이라는 낙인이 찍히는 반면에, 기독교 역사에서 옛날 같으면 이단으로 정죄 받아야 마땅한 합리주의적 잘못된 교리들은 자유로운 학문적 결실이라고 하여 묵인되는 현실이다.

예컨대, 1950년 중반에 일어나기 시작한 문선명의 통일교의 경우, 그것이 음양설에 근거한 나름의 사상 구조를 가지고 이론을 전개하면서 시작한 바람에 한국 교회는 한참 동안 주저하다가 혼음 사건 등 그 안에서 윤리적 문제가 드러나자 1970대에 이르러 통일교가 이단인지를 규명하기 시작하였다.

그런데 교회는 통일교를 이단으로 정죄하였음에도 불구하고, 통일교의 이론이 한국적 신학의 시도라고 극찬한 서남동은 신학자이기 때문에 건재할 수 있었음을 기억한다. 신학자는 학문의 자유를 향유할 수 있는 특권을 누리는 사람으로 인정받은 것이다. 계몽사조 이후 비판적인 신학과 자유주의 신학은 사회 사상과 함께 발전하여 교회를 점하는 큰 세력을 이루었기 때문이며, 그것이 한국 교회에도 세력을 이루고 있어서 그러하다. 자유주의 신학의 전위(前衛)라고 할 수 있는 종교 다원주의에는 WCC와 자유주의 신학을 영입하는 교회적 큰 세력이 배후에 있다는 것을 인식해야 한다. 한국 교회를 포함한 그리스도의 모든 교회는 그리스도의 교회이기를 위하여 경성해야 한다.

제14장

성경의 권위와 정경화

신약성경의 정경화

그리스도의 교회는 처음부터 구약성경의 말씀을 영감된 하나님의 말씀으로 믿고 기독교의 정경(正經)으로 받아들였다(딤후 3:16). 정경이란 말은 그리스어 '카논'(canon, κανών)의 번역어로서 '척도'(rule)라는 뜻으로 쓰이거나 '목차' 또는 '카탈로그'의 뜻으로 쓰였던 말이다. '카논'이란 말이 기독교 진리와 관련지어 사용되기는 2세기부터였다. 이레니우스는 교회의 전통을 언급하면서 '진리 혹은 믿음의 척도'(ὁ κανών τῆς ἀληθείας τῆς πίστεως)라는 뜻으로 사용했다. '카논'이 기록된 성경을 가리켜 사용되기는 4세기 후반이었다. 비록 '카논'이란 말은 이렇게 오랜 후에 사용되었으나 성경의 권위를 인정하는 사상은 훨씬 오래 전부터 있었다.[1]

신약의 정경화는 오랜 세월에 걸쳐 문서를 선별하는 과정을 통하여 진전되었다. 문서가 교회 예배에서나 공적인 모임에서 낭독될 수 있는 성경으로 적합한지를 선별하는 기준은 그것이 사도의 저작이거나 사도적인 권위를 인정받는 사도의 직제자의 저작인지 여부와 그 정통성이었다. 2세기에 사도들

---

1) J. N. Sanders, "The literature and canon of the New Testament", in: *Peake's Commentary on the Bible*(London and Edinburgh: Thomas Nelson Ltd., 1962), 676.

의 이름을 차용한 문서들이 순환되면서부터는 그 진위를 가리는 표준은 정통성이었다. 사도들의 가르침이 정통이고 그 정통성은 전수되었으므로 사도성이 곧 정통성이요 정통성이 바로 사도성이었다.[2]

정경화 과정을 촉진한 여러 가지 요인들 가운데 '주의 말씀'은 우선적으로 그 권위를 인정받았다. 바울 역시 '주의 말씀'을 언급하며 그 권위를 인정하고 있음을 발견한다(고전 7:10, 9:14, 11:23, 딤전 4:14). 예수께서 친히 당신의 말씀이 구약의 말씀보다 더 권위가 있음을 선포하신다(마 5:21-2, 27-28, 31-32, 33-34, 38-39, 43-44). 그러므로 교회가 예수 그리스도의 말씀을 구약의 말씀과 같이 권위 있는 말씀으로 알게 된 것은 당연한 일이었다. 바울의 서신들은 여러 나라와 지방에 흩어져 있는 그리스도의 교회들이 귀중하게 보관하고 사본을 만들어 돌려보았으며, 2세기 초에 이미 바울의 서신집이 있어서 여러 교회에서 읽혔다.

정경화를 진행하게 된 가장 큰 동기는 이단으로부터 교회를 보호하기 위해서였다. 특히 영주주의자들은 자신들의 가르침이 사도들의 사랑하는 제자들이 사도들에게서 은밀히 전수받은 교훈에서 온 것이라고 주장하는 한편, 자신들이 전수 받은 것이 교회의 전통보다 더 권위가 있다고 주장하였다. 그들은 자신들의 교리를 가르치기 위하여 위경(僞經)인 복음서와 사도행전을 널리 퍼뜨렸다. 이에 대응하여 이레니우스는 사도들의 구전의 전통뿐 아니라 사도들의 저작이 초기부터 교회에서 사용되어 왔다고 강조하였다.

신약의 정경성에 관하여 최초로 말한 이가 영지주의자 마르키온인 것으로 알려져 있다. 그는 구약의 하나님이 예수 그리스도의 아버지라고 믿지 않으며 구약을 경전으로 인정하지 않고 그 대신에 A.D. 144년에 일부를 삭제한 누가복음, 갈라디아서, 고린도전후서, 로마서, 데살로니가전후서, 라오디기아서(에베소서), 골로새서, 빌립보서, 빌레몬 등 10개의 바울의 서신들을 경전으로 받아들였다. 마르키온이 교회의 정경화 작업에 크게 역할을 했다는 견해는 과장된 평가이나 정경화에 자극을 준 것은 사실이라고들 말한다.

---

2) 같은 책.

교회가 신약성경의 정경화를 추진하도록 자극을 준 또 하나의 그룹은 몬타누스파였다. 2세기에 이르러 그리스도의 교회가 계시의 시대는 지내갔다고 하면서 새롭게 계시를 받았다고 하는 주장을 허용하지 않고 금하는 데 반발하여 몬타누스파는 자기들의 선지자들의 예언을 사도들의 가르침보다 더 권위가 있다고 주장하였다. 이에 교회는 계시된 진리 말씀의 한계를 더 엄밀히 정의하지 않을 수 없었다.

4복음서가 언제 처음 한 책으로 편집되어 나왔는지는 확실하지 않다. A.D. 100경에 나온 「디다케」는 마태복음과 누가복음을 알고 있었던 흔적이 있으며, 「헤르마스」에는 마가복음을, 이그나티우스의 편지에는 요한복음을 알고 있었던 흔적을 발견한다.[3]

마르키온과 동시대에 산 파피아스는 사도들의 구전과 기록된 복음서에 관하여 증언하였고, 그의 제자 타티안은 170년경에 이미 요한복음을 인용하였으며, 180년경에는 4복음서에서 편집한 디아테사론(Diatessaron)을 내놓았다. 그것은 당시 교회가 4복음서를 귀중하게 여겼던 것을 입증하는 것인데, 이레니우스에 이르면 4복음서 외에 다른 복음서는 없음을 확인한다.

바울 서신들은 구전의 전통들을 따질 이유가 없었으므로 복음서들보다 더 일찍이 구약에 버금가는 권위를 인정받았다. 로마의 클레멘트와 이그나티우스는 빌레몬서를 제외한 바울 서신들 전부를 언급하는 것으로 보아 바울의 서신집이 있었던 것이라고 추정할 수 있다. 그뿐 아니라 다른 속사도 교부들의 글을 통틀어 보면 히브리서와 목회서신들을 포함한 모든 서신들이 다 언급되었음을 알 수 있다.[4]

이레니우스에 이르면 정경의 가닥이 잡혀가고 있음을 발견한다. 이레니우스는 4복음서와 13개의 바울 서신, 베드로전서, 요한1서와 요한2서, 요한계시록, 헤르마스와 사도행전을 정경으로 여긴다.

---

3) Souter, *Text and Canon of the New Testament* (1954), 147, Peak's Com. 680에서 재인용. Didache viii 2에 주기도를 인용하면서 "주께서 주의 복음서에서 말씀하신 바와 같이 이렇게 기도하라."는 말씀을 볼 수 있다.
4) 같은 책, 681.

2세기 후반에 로마에서 나온 저자 미상의 'Muratorian Canon'은 그리스어로 기록된 원본에서 조잡한 라틴어로 번역된 문서인데, 정경 연구를 위한 귀중한 문헌이다. 첫 부분은 망실되었으나 누가복음과 요한복음을 제3, 제4 복음으로 지칭한 것을 보아서 마태복음과 마가복음을 포함한 4복음을 인정하며, 바울의 13개 서신과 요한1서와 요한2서, 유다서, 요한계시록, 베드로의 묵시를 정경으로 언급한다. 그리고 '베드로의 묵시'를 어떤 이들은 교회에서 봉독하기를 원치 않는다는 말도 덧붙이고 있으며, '헤르마스'는 단호하게 거부되어야 한다고 말한다.

터툴리안은 4복음서와 바울의 13개 서신들, 그리고 사도행전, 요한계시록, 요한일서, 베드로전서와 유다서를 정경으로 받아들이며, 히브리서를 알고 있으나 바나바의 저작으로 생각하며 신약의 일부로 여기지 않는다. 그리고 헤르마스는 그가 몬타누스주의자가 되고 난 이후로는 정경으로 인정하지 않는다.

알렉산더의 클레멘트(?~215경)는 서방 신학자에 비하여 정경으로 받아들이는 폭이 넓다. 4복음서에다 그보다 좀 못한 히브리인의 복음서들과 이집트인들의 복음서를 언급하며, 히브리서는 바울의 저작으로 여긴다. 바울의 13개 서신과 함께 베드로전서, 요한1서와 요한2서, 유다서, 바나바서, 사도행전, 요한계시록을 정경으로 인정하며, 베드로의 묵시, 클레멘트의 첫 편지, 디다케와 헤르마스도 정경으로 간주한다. 그리고 야고보서와 요한3서, 베드로후서도 언급한다.[5]

오리겐(?~254)은 성경학자답게 신약의 책들을 이미 정경으로 인정받은 책과 아직 논란 중인 책으로 분류한다. 인정을 받은 책으로는 4복음서와 13개 바울 서신, 베드로전서, 요한일서, 요한계시록을 들고, 논란 중인 있는 책으로는 베드로후서, 요한2서, 요한3서, 히브리서를 든다. 그리고 사도행전은 인정 과정에 있는 책으로, 야고보서와 유다서는 논란 중에 있는 책으로 분류한다. 오리겐은 클레멘트보다는 엄격해서 헤르마스와 바나바서와 디다케

---

5) 같은 책.

는 성경으로 간주하지 않는다. 오리겐 이후에 동방 교회에서는 요한계시록에 관하여 많은 논란이 있었는데, 4세기의 카이사리아의 유세비우스 역시 요한계시록을 논란중인 책으로 분류한다. 유세비우스에 따르면, 4복음서와 13개의 바울 서신을 포함한 27개의 책들이, 우리가 현재 가지고 있는, 신약 정경으로 된 것은 주후 367년에 교부 아타나시우스가 자신의 39번째 부활절 메시지에서 발표한 이후부터다.

정경의 수용

동방교회에서는 아타나시우스의 정경 목록을 대체로 받아들였으나 구약의 외경을 정경에 포함시키는 여부를 두고 의견의 일치를 보지 못했다. 629년 콘스탄티노플 회의에서 정경의 목록을 확정하려고 했으나 여전히 구약 외경을 정경에 포함시키는 문제 때문에 그 문제는 열어두기로 하였다. 17세기에 칼빈의 영향을 받아 정교회에 칼빈주의 신학을 소개하고 교회의 개혁을 시도한 키릴루스(Lukaris Cyrillus)가 외경은 정경일 수 없다고 선언했으나 그의 교회개혁의 시도와 함께 그의 제언은 받아들여지지 않았다.[6]

서방교회는 동방교회와는 달리 아타나시우스의 정경 선언을 거의 이의 없이 받아들였으며, 구약의 외경은 유익하지만 정경에 포함시킬 수 없다는 의견이었다. 어거스틴은 아타나시우스가 말한 정경을 더 굳히기 위하여 노력했으며, 그의 노력에 힘입어 393년 힙포(Hippo)와 397년 카르타고에서 열린 공의회가 이를 받아들였는데, 순교자 열전은 제외했을 뿐 아니라 교회 예배에서 읽지 못하도록 결정하였다. 인노센트 1세도 405년에 발표한 소위 '겔라시아의 결의문'(decretum Gelasianum)에서 히브리서를 바울의 저작으로 인정하는 것 말고는 카르타고의 결정을 그대로 받아들였다.

서방교회에서 아타나시우스의 선언을 거의 이의 없이 받아들이게 된 것은

---

6) *Die Religion in Geschichte und Gegenwart*, dritte Auflage(RGG3), (Tübingen: J. C. B. Mohr 〈Paul Siebeck〉 1959), Sp 1119.

마르키온 이후 교부들마다 자신들이 정경이라고 생각하는 바를 말해 왔으므로 4세기 중엽에는 거의 일치된 견해에 이르렀기 때문이다. 그리고 노회나 대회에서 정경의 문제를 두고 선별 작업을 하지 않은 점에도 큰 의미를 발견한다. 말하자면, 그것은 교회가 성경에 권위를 부여한 것이 아니고, 교회가 성경이 하나님의 말씀임을 그대로 시인하고 그 권위에 순복한 것을 의미한다.

서방교회는 중세 시대 내내 아타나시우스가 정경으로 선포한 신약성경을 하나님의 영감된 말씀이요 교회의 규범(Norm)으로 인정하였다. 그러나 외경을 포함시키지 않은 문제와 히브리서가 바울의 저작인지 아닌지 하는 문제는 종종 논의의 대상이 되었다. 9세기에 영국과 프랑스 교회에서 위조된 '라오디기아서'를 정경으로 받아들이려는 일에 있어서도 그런 것이 정경에 대하여 재고하는 계기가 되었던 것이다.[7] 이시도르(Isidor), 토마스 아퀴나스, 리라의 니콜라우스(Nicolaus of Lyra) 등이 그런 논의를 제기했으며, 정경으로 인정받고 있는 책들이 모두 다 같은 권위를 가진 것은 아니라는 견해도 말하는 이들이 있었다.

중세 말기에 이르러 문예부흥과 더불어 일어난 인문주의자들로 말미암아 정경의 전통이 흔들리게 되었다. 에라스무스는 히브리서, 야고보서, 요한계시록, 베드로후서, 요한일서와 요한이서에 대하여 회의를 표명했다. 1527년에 소르본느 대학은 이러한 공격에 대하여 정경을 보호하려고 변증하기도 하였다.

루터는 인문주의자들의 비판과는 차원이 다르지만 정경성의 기준에 대하여 새로운 견해를 말했다. 즉, 정경성이 교회의 전통이나 사도적인 저작 여부에 있는 것이 아니고 그리스도를 설교하는 것이면 사도적이라고 했다. 이러한 관점에서 루터는 요한복음, 로마서와 갈라디아서를 높이 평가하는가 하면 야고보서, 히브리서, 유다서와 요한계시록은 낮게 평가하였다. 특히 야고보서를 가리켜 "지푸라기 서신"(recht stroherne Epistel)이라고 폄하하였다. 루터는

---

7) *RGG*³, Sp. 1120.

신약의 책을 개별적으로는 이렇게 비평하면서도 신약 전체를 전수되어온 정경으로 받아들였다.

칼빈은 성령께서 성경 말씀을 사도적이요 참 하나님의 말씀으로 내증하신다고 말한다. 칼빈은 정경을 영감된 하나님의 말씀으로 받아들이는 점에 있어서 루터보다 훨씬 더 적극적이다. 루터는 구약 외경이 정경일 수는 없으나 읽을 가치가 있는 책이라고 말하는데 반하여 칼빈은 외경을 단호히 배제한다.

1442년 플로렌스 회의는 정경을 확정하고 구약과 신약을 주신 분이 같은 하나님이시라 하고 일일이 외경을 포함한 구약과 신약 정경의 이름을 들어 공포하였다. 트렌트 회의는 1546년 하나님께서 계시하신 진리는 기록된 증언들과 구전으로 전수된 것이 교회에 의하여 보존되어 왔다고 선포하였으며, 플로렌스 공의회의 결정을 그대로 받아들였다. 이러한 결정은 1970년의 바티칸 회의에서 그대로 확인하면서 성경의 책들은 교회가 정경으로 공포했기 때문에 정경인 것이 아니고 하나님께서 영감된 책으로 보전해 왔으므로 정경이라고 밝혔다.

개신교 신학자들은 트렌트 회의에 반하여 다른 아무것도 성경의 권위를 증거할 수 없고 오직 성령만이 할 수 있다고 믿는다. 멜란히톤의 제자 켐니츠(Martin Chemnitz, 1522~1586)는 성경의 권위를 인정할 수밖에 없는 세 가지 근거를 말한다. 첫째로 성경은 성령의 영감으로 쓰인 책이라는 사실, 둘째로 사도적인 저자, 셋째로 초기의 교회의 증거가 있어서 성경의 권위를 인정한다는 것이다. 성경의 정경성에 대한 16세기 개신교 신학자들의 이러한 확신은 위에서 본 바와 같이 계몽사조 시대를 맞이하여 제믈러와 레싱이 성경의 정경성에 대한 비판적 연구로 말미암아 와해되기 시작하였다.

정경화의 과정에서, 제믈러가 지적한 바와 같이, 27개의 책 가운데 일부의 책, 이를테면, 요한이서, 요한삼서, 빌레몬서는 오랫동안 신약의 정경에 포함되지 못하기도 하였고, 또한 바나바 서신 등과 같이 탈락된 책들이 정경으로 간주되기도 하였다. 정경으로 인정받은 책들이 그렇지 못한 책들에 포함되어 있었다거나 혹은 정경으로 인정을 받아 오다가 탈락된 책과 함께 정경으로 인정되어 왔다고 하여, 정경의 책들이 정경 아닌 책들과 마찬가지로 상대적인 가치를 지닌다고 말할 수는 없다. 그리고 이단적인 종파가 정경을 달리 인정한 사실 때문에 교부들에 의하여 정경으로 인정받은 책들의 가치 역시 상대적인 것이라고 생각할 수는 없는 법이다. 정경의 책들은 정경으로서 가치를 지녔기 때문에 여러 세대의 많은 교부들과 신학자들이, 위에서 언급한 바와 같이, 오랜 세월에 걸친 선별을 통하여 정경으로 받아들인 것이다.

계몽신학자나 자유주의 신학자들처럼 사도들이 전수한 신앙의 전통에서 이탈하여 예수께서 하나님의 아들이시요, 그리스도이심을 부인한 무리들은 사도 시대부터 존재했다. 에비온파만 하더라도 예수 그리스도의 신성을 부인한 자들이다. 그러므로 성경을 어떤 시각에서 보느냐가 중요하다. 성경이 하나님의 말씀이라는 것을 증명할 길은 없다. 루터가 외적인 교회는 눈으로 볼 수 있으나 내적인 교회, 즉 참 모습의 교회는 오직 믿음으로 볼 수 있다고 말한 바와 같이 성경의 참 모습, 즉 성경이 하나님의 말씀이라는 사실은 오직 믿음으로 인식할 수 있을 뿐이다.

이성을 규범이요, 판단의 척도로 생각하고 초자연적인 능력이나 특별 계시를 부정하는 불신앙에서 출발하면 성경에 대한 비판적 연구 방법을 따르며 그 결과를 받아들인다. 그러나 살아 계신 하나님에 대한 신앙에서 출발하면 성경 내용의 경이로움에 감동을 받게 되며 성경이 영감된 하나님의 말씀임을 시인하고 성경의 권위에 순복하기 마련이다.

성경의 권위

계몽사조 이후 진행된 성경에 대한 역사 비판적 연구는 성경이 하나님의 영감으로 된 말씀이 아니라 단순히 하나의 역사적인 문서나 혹은 여러 종교 가운데 하나인 기독교를 배태한 불합리한 기록을 포함한 문서로 보는 견해로 점점 깊이 빠져들게 하였다. 성경을 그냥 수없이 많은 문서 조각들의 집성 (collection)으로 보는 성경학자들은 조각들을 찾고 분류하고 더러는 재구성하는 것을 성경 연구의 과제로 삼는다. 자료비평(source criticism) 또는 문서비평(documentary criticism)이 바로 그러한 연구이다. 그 후에 나온 양식비평(Formgeschicte, form criticism)은 문서비평의 방법을 그대로 받아들이면서 그 문서들의 배후로 거슬러 올라가 문서들이 기록되기 이전에 있었던 구전을 추적한다.

양식비평은 종교사학파의 종교사 연구에 근거하여 복음서에 투영되고 있는 구전들이 특정한 삶의 정황(Sitz im Leben)에서 생겨났을 것이라는 가정하에 그 양식과 유형들을 분별함으로써 삶의 정황을 포착하고 구전이나 설교의 원형을 추적한다는 것인데, 성경을 분해하고 해부하는 점에서는 문서비평이나 다름이 없다. 슈미트(K. L. Schmidt)는 "문학사에서의 복음서의 위치"(The Place of the Gospels in the history of literature, 1923)란 그의 논문에서 복음서는 민속 문학으로 보아야 하며 복음서 기자들이 예수에 관한 이야기들을 수집하여 마치 신문조각을 스크랩북에 풀로 붙여 놓듯 만든 것이 복음서라고 한다.[1]

양식비평에 이어 나온 것이 편집비평(Redaktionsgeschichte, redaction criticism)이다. 양식비평은 복음서 기자들을 진주로 목걸이를 만들 듯 이야기들을 한 줄로 꿰는 사람으로 묘사하고 있어서, 저자들은 그 이야기 자체를 말하는 데는 거의 기여하지 않고 다만 구조만 제시하고 이야기들을 서로 연결하는 역할만 했을 뿐이라고 하는데 반하여, 편집비평은 누가복음서의 기자 누가가 증언하듯이 복음서 기자들이 자기 나름의 창조적인 저자로 복음서 형성에 기여하고 있다고 보아야 한다는 것이다. 편집비평은 정통신학에서도 수용할 수 있을 같기도 하나 'Redaktionsgeschichte'라고 할 때의 'Geschichte'를 저자들 자신들이 경험했거나 전수 받은 '역사'(Historie)가 아니고 초기 공동체의 삶의 정황, 즉 믿음과 바람이 투영된 '이야기'(Geschichte)로 이해한다. 그것은 양식비평(Formgeschichte)의 경우도 마찬가지이다. 'Formgeschichte'를 '양식사'(樣式史)로 번역하는데 양식비평 학자들이 이해하는 대로 번역하자면 '양식화된 이야기'라고 해야 할 것이다. 독일어 'Geschichte'가

---

1) 데이빗 웬함 · 스티브 월튼, 『복음서와 사도행전』 (서울: 성서유니온선교회, 2007), 85.

영어의 'history'와 'story'를 동시에 함의한다는 사실은 위에서 언급한 바와 같이 마르틴 캘러가 잘 밝힌 바이다.[2] 여하튼 편집비평은 양식비평(Formgeschichte)을 전제로 하는 것이며, 그들이 말하는 대로 그것은 양식비평의 수정과 보완에 불과하다.

어떠한 사상이나 메시지를 담고 있는 작품을 두고 형식이나 구성 자료만 분석하거나 자료 배후의 문서나 구전을 추구하다 보면 그 작품이 가진 사상이나 메시지에 접할 수 없게 된다. 글에서 단어나 문장은 글 전체의 사상을 전달하는 수단에 불과하다. 성경의 한 문장 혹은 한 장을 두고 P, P^1, P^2, P^3, E, E^1, E^2, E^3 혹은 J, J^1, J^2, J^3 하는 식으로 그 문장이나 장을 구성하는 요소를 분석하는 방법과 자세는 성경을 어떤 정신과 혼을 담고 있는 책으로 인정하지 않을 뿐 아니라, 어떤 메시지를 전달하는 고전적인 문서로도 인정하지 않는 방법과 자세이다. 성경의 문장을 세세한 부분까지 파헤치고 분석하는 것은 생체를 시체처럼 해부하여 그것을 구성하는 성분을 분석하는 것이나 다를 바가 없다.

누가는 자신의 복음서 서두에 진술하듯이 다른 기록들 혹은 자료들을 앞에 두고 검토하면서 복음서를 기록한 것이라고 말한다. 그러나 누가는 뚜렷한 목적을 가지고 집필하였다고 진술한다. 그러므로 그가 쓰려던 사건에 관하여 별로 잘 알지 못하는 상태에서 자료를 검색함으로써 비로소 지식을 얻어 저술하기 시작했거나 혹은 그냥 맹목적으로 자료들을 짜깁기하는 식으로 책을 엮은 것이 아니다. 누가가 자료를 참고했다고 하더라도 그런 모든 자료는 사도의 증언을 익히 들었던 누가의 글 속에 용해되었다.

자료를 뒤적이며 수많은 각주를 달아 논문을 쓰는 방법은 현대적인 논문 작성법이지 고대의 것은 아니다. 교부들 역시 저술가들이었으므로, 성경이 오늘의 비판자들이 상상하듯 수많은 파편들로 짜 맞추어 기록되었다는 그러한 가설은 교부들에게 상상도 할 수 없는, 전혀 생소한 말일 뿐이다. 교부들은 성경의 내용에 압도되어, 다시 말하면, 조명하시는 성령의 감동을 받아,

---

2) 위 210쪽 이하 참조.

성경이 영감된 하나님의 말씀임을 인식하고 그것을 정경으로 받아들였던 것이다.

　비판적인 성경 비평에 충격을 받은 보수적인 신학자들이 이에 반발하여 성경이 영감된 하나님의 말씀이라고 변증하고 강조하기 위하여 축자적 영감설(verbal inspiration), 유기적 영감설(organic inspiration) 혹은 만전적 영감설(plenary inspiration)이라는 개념을 말한다. 그러나 성경은 하나님께서, 즉 성령께서 어떤 방식으로 영감하셨는지에 대하여 말씀하지 않는다. 그러므로 영감의 방법과 정도(程度)에 관하여는 사변해야 할 이유가 없다. 하나님의 기적이 어떤 법칙과 방도를 통하여 일어나는지 설명할 수도 없고 반드시 설명할 수 있어야 기적을 인정할 수 있는 것이 아니듯이 성경의 영감도 마찬가지이다. 어설프게 방법에 관하여 설명하다가는 오히려 설득력을 잃게 되고 성경의 영감 문제에 대한 핵심을 놓치게 된다. 그러므로 성경은 그냥 성령의 감동으로 기록된 하나님의 말씀으로 믿고 고백하는 것이면 충분하다. 성경이 영감된 하나님의 말씀이라는 말은 성경을 사람들이, 즉 사도들과 선지자들이 기록하였으나 그것을 특별하신 배려에서 기록하게 하신 이는 하나님이시므로 성경은 사람의 말이 아니고 하나님의 말씀이란 뜻이다.

제15장

한국 교회의 삼위일체론

삼위일체 교리는 기독교의 가장 근본이 되는 교리이므로 이를 논의하는 일은 한국 교회 신학의 방향을 설정하기 위하여 그 기초부터 점검하고 정리한다는 의미에서 필요하다. 주어진 주제를 위하여 우리는 먼저 한국의 여러 교파와 교단 교회의 신앙고백을 살펴야 하는 줄 알지만, 장로교회와 감리교회의 것에 국한하고자 한다. 그것도 삼위일체 교리를 논한 몇몇 유수한 신학자의 저술을 일별하려고 한다.

삼위일체론이 기독교의 가장 중요한 교리이지만 삼위일체 교리에 대하여 언급하는 이들은 의외로 적다. 하나님에 관한 지식을 논하면서 삼위일체 교리를 소홀히 할 수 있는 것인지, 또한 어떤 이유에서 소홀히 하는 것인지를 생각해 보고, 삼위일체 교리가 흔히 난해한 교리라고 말하는데, 왜 그렇게들 생각하는지, 아니면 기독교인들에게 쉽게 설명할 수 있는 길은 없는지를 모색하며, 삼위일체 교리를 올바로 이해하지 못할 경우 어떤 결과가 초래하는지를 논의하고자 한다.

삼위일체 교리에 대한 한국 교회들의 신앙고백

한국 장로교회가 1907년 독노회를 조직할 때 채택한 12신조는 전체적으로 짧은 신앙고백문으로 되어 있지만, 제2조와 제3조에서 하나님에 대한 신앙고백을 하면서 삼위일체 하나님에 대한 신앙고백을 비록 짧으나마 아래와 같이 중요한 전통적 교리를 빠트리지 않고 말하고 있다.

> 제2조: 하나님은 한 분뿐이시니 오직 그만 경배할 것이다. 하나님은 신이시니 자연히 계시고 아니 계신 곳이 없으시며 다른 신과 모든 물질과 구별되시며 그 존재와 지혜와 권능과 거룩하심과 공의와 인자하심과 진실하심과 사랑하심에 대하여 무한하시며 변하지 아니하신다.
> 제3조: 하나님의 본체에 세 위가 계시니, 성부, 성자, 성령이신데 이 세 위는 한 하나님이시라 본체는 하나요, 권능과 영광이 동등하시다.

한국 장로교회의 12신조는 웨스트민스터 신앙고백과 전통적인 교회의 신앙고백을 따라 하나님의 유일하심과 하나님 안에서 삼위가 구별되심을 밝히 말하고 있다.

1930년에 채택된 감리교의 신앙 선언에서도 역시 제1조에서 제3조까지 삼위일체 각 위격의 하나님에 대한 신앙을 개별적으로 고백하고 있다. 그러나 삼위일체라는 말은 사용하지 않고 있으며, 세 위격의 하나이심에 대한 언급은 없다. 말하자면, 성부, 성자, 성령 하나님에 대한 신앙을 고백하고 있으나 전통적인 역사적 신앙고백 형식을 따르지는 않는다. 그래서 삼위일체 교리에 대하여 어떤 신학적 견해를 대변하는 것인지 분명하지 않다. 그 본문을 소개하면 이러하다.

> 1. 우리는 만물의 창조자시요, 섭리자시며 온 인류의 아버지시요, 모든 선과 미와 애와 진의 근원이 되시는 오직 하나이신 하나님을 믿으며,
> 2. 우리는 하나님이 육신으로 나타나사 우리의 스승이 되시고 모범이 되시며 대속자가 되시고 구세주가 되시는 예수 그리스도를 믿으며,
> 3. 우리는 하나님이 우리와 같이 계시사 우리의 지도와 위안과 힘이 되시는 성신을 믿으며,

1784년의 감리교회 종교 강령(the Articles of Religion)은 삼위의 하나이심을

강조하는 면에서 웨스트민스터 신앙고백보다는 철저하지 못하지만, 제2항에 "사람이 되신 하나님의 말씀, 곧 하나님의 아들에 관하여"라는 고백에서, 즉 그리스도에 관하여 고백하면서, "아버지의 말씀이신 성자가 아버지와 동일한 본질을 타고나셨으나……"라고 말하여 성자가 성부와 동일본질이라고 표현한다.[1]

한국 감리교의 신앙 선언문은 감리교의 전통적 신앙고백을 따라 충분히 고백하지 않고 있을 뿐 아니라, 제2항에 "하나님이 육신으로 나타나사"라고 한 말을 보아서는 감리교의 종교 강령과는 달리 양태론적 이해를 표현한 것으로 보인다. 감리교의 신앙 선언문이 자유주의적임은 주지하는 사실이지만, 그러한 자유주의적 경향은 하나님에 대한 신앙고백에서도 나타나 있음을 알 수 있다.

삼위일체 교리에 대한 자유주의적 표현은 1972년에 나온 한국기독교장로교회의 신앙고백 선언에서도 현저하다. 말하자면, 양태론적으로 표현하고 있다.

> 하나님은 하늘과 땅의 창조와 이스라엘의 역사에서 거룩하신 아버지로 나타나셨고 계시의 정점인 예수 그리스도에게서 아들로 나타나셨고 또 예수의 이름으로 모인 교회에서 성령으로 나타나셨다. 우리는 한 하나님을 세 품격에서 만나며 그 하나의 품격에서 다른 두 품격과 만난다.[2]

전반의 문장은 성부 성자 성령은 한 하나님이며 구약과 신약과 교회 시대라는 세 시기를 통하여 계시하신 이름들이라고 말한 사벨리우스의 양태론적 단일신을 고백하는 표현과 흡사하다. 삼위일체에 대한 이러한 사벨리우스적 견해는 한국 교회의 많은 부흥사들과 일반 목회자들이 가지고 있는 견해이기도 하다.

대한예수교장로회 통합측 교회가 1987년에 내놓은 개정판 『헌법』에 새로 작성된 신앙고백서를 수록하고 있다. 새 신앙고백은 삼위일체 교리를 우선

---

1) 이장식 편역, 『기독교 신조사』 II(서울: 컨콜디아사, 1983), 219.
2) 『한국기독교장로회 ― 연혁 · 정책 · 선언서』(한국기독교장로회총회발행, 1978), 24.

중요하게 생각하고 있음이 눈에 뜨인다. 즉 신앙고백의 서문을 "우리는 성삼위일체 하나님의 성호를 찬미하며……"라는 말로 시작하고 있다. 이를테면, '창조주 하나님' 혹은 '전능하신 하나님'이라는 칭호가 있음에도 불구하고 '삼위일체 하나님'으로 호칭하고 있는 것이 인상적이다. 신앙고백서를 내어 놓으면서 붙이는 서문이기에 하나님을 기독교에서만 인식하고 고백하는 '삼위일체 하나님'으로 호칭하여 의미를 부여한 것으로 이해한다.

제1장에는 7개 항에 걸쳐 성경에 관하여 고백하고 있으며, 제2장에서는 하나님의 속성, 삼위일체, 창조주 하나님, 섭리하시는 하나님, 최후의 심판주 하나님 등 5개 항목으로 하나님에 관하여 고백한다. 제2항에서 말하는 삼위일체 하나님에 관한 고백은 이러하다.

> 하나님은 본질에 있어서 한 분이시나 삼위로 계신다. 삼위는 성부와 성자와 성령이시다. 삼위는 서로 혼돈되거나 혼합할 수 없고, 완전히 분리할 수도 없다. 삼위는 그 신성과 능력과 존재와 서열과 영광에 있어서 완전히 동등하시다.
> 성자는 성부에게서 영원히 나시고(요 1:14,18), 성령은 성부와 성자에게서 나오신다(요 15:26). 사람은 성자를 통하지 않고는 성부에게 갈 수 없고(요 14:6), 성부께서 이끌어 주시지 않으면 성자에게 갈 수 없으며(요 6:44), 또 성령을 통하지 않고는 성자를 주라고 말할 수도 없다(고전 12:3). 성삼위는 모든 사역에서 공동으로 사역하시나, 성부는 주로 계획하시고(마 24:36, 행 1:7), 성자는 계획된 것을 실현시키시며(요 1:18, 19:30), 성령은 모든 은총으로 보존하고(엡 1:13) 더하신다.[3]

대한예수교장로회 통합측의 삼위일체 하나님에 대한 신앙고백에는, 한국기독교장로교의 신앙선언문에서 볼 수 있는 바와 같이, 드러나게 양태론적인 표현은 없다. 그러나 하나님은 본질에 있어서 '한 분'이라는 표현은 '한 하나님'이라고 해야 할 것이다. 그것은 12신조에서도 마찬가지이다. 12신조에서는 먼저 제2조에서 하나님의 유일성을 고백하는 것이긴 하지만 '한 분'으로 표현할 경우 삼위일체 교리 이해에 혼란을 초래한다. 우리말로 '분'은 인격체,

---

3) 「대한예수교장로회 헌법」(대한예수교장로회총회출판국, 1987, 1988³), 161.

즉 'person'에 대한 높임말이다. 전통적으로 삼위의 각 위는 영어로 'person'으로 말한다. 그래서 삼위는 "three persons"라고 말해 왔다. 우리말로도 삼위 하나님의 각 위격을 지칭할 때 '분'이라고 하는데, '본질에 있어서 한 분'이라는 표현은 삼위의 각 위를 '분'이라고 할 때와 혼동을 일으키게 한다.[4] 그러므로 삼위 하나님이 본질에 있어서 '한 분'이라는 표현은 양태론적 이해로 쉽게 빠지게 한다는 것을 유의해야 할 것이다.

그 다음의 문장, 즉 "삼위는 서로 혼돈되거나 혼합할 수 없고, 완전히 분리할 수도 없다"는 말은 삼위일체 하나님의 '하나이심'(unity)을 설명하는 말인데, 이 문장은 먼저 말한 "하나님은 본질에 있어서 한 분"이란 표현이 웨스트민스터 신앙고백에서 말하는 "In the unity of the Godhead"라는 개념과는 다른 개념임을 추정하게 한다. 그것은 종교 개혁자들과 그리스도의 교회가 전통적으로 존중해 온 아타나시우스 신경에 볼 수 있는 "삼위가 혼돈되거나 본질이 분리됨이 없이"라는 말과 비슷한 표현인 것 같으나, 아타나시우스 신경에서는 "서로가" 아니라 "본질이" 분리됨이 없다고 말하고 있어서 함축성이 다르다.[5]

또한 "완전히 분리할 수도 없다"라는 표현도 허술하다. 상당한 정도로 혹은 부분적으로는 분리할 수 있다는 말인지 종잡을 수 없게 하는 표현이다. "서로 혼돈되거나 혼합할 수 없고, 완전히 분리할 수도 없다"는 말은 "한 분"이면서 동시에 "세 분"으로 인식하고 보니, 셋이 하나이요, 하나가 셋이라는 수적인 개념을 의식한 데서 나온 표현인 것으로 보인다. 그런데, "완전히"라는 말을 제거한, "서로 혼돈되거나 혼합할 수 없고, 분리할 수도 없다"는 표현은 칼케돈의 그리스도에 대한 신앙고백에서 그리스도께서 신성(神性)과 인성(人

---

4) 삼위를 세 분이라고도 할 수 있겠으나 그런 표현은 삼신론(三神論)과 혼동을 일으킬 수 있으므로 성부, 성자, 성령을 함께 지칭할 때는 삼위라는 말이 적합하다. 참조: 차영배, 개혁교의학 II/I 삼위일체론(신론). (서울: 총신대학출판부, 1982), 239.

5) 아타나시우스 신경에서는 '위격'과 '본질'을 따로 언급하면서 표현하고 있다. Fides autem catholica haec est, ut unum Deum in Trinitate, et Trinitatem in unitate veneremur, neque confudentes personas, neque substatiam separantes. Denzinger-schönmetzer, *Enchiridion Symbolorum Definitionum et Decklartionum,* Editio XXXVI(Freiburg im Beisgau: Verlag Herder KG, 1965), 41.

性)을 가지셨으나 그 인격(person)의 하나이심(unity)을 고백할 때 사용한 말로 우리에게는 더 익숙하다. 이에 해당하는 칼케돈 신조의 본문은 이러하다.

> 그분은 두 본성으로 인식되는데, 두 본성이 혼합되지도 않고, 변화되지도 않으며, 분할되지도 않으며, 분리되지도 않음을 인정한다. 도리어 양성은 각 본성의 특이성을 보유하면서 하나의 인격과 자질로 연합되어 있다. 우리는 두 인격으로 분열되거나 분리된 한 분을 고백하지 않고, 한 분이시며 동일한 독생자이신 성자, 하나님의 로고스이신 주 예수 그리스도를 고백한다.

성 삼위 하나님(the Godhead)의 본질의 하나이심(unity)을 신성과 인성을 가지셨으나 한 인격(person)이신 그리스도의 하나이심을 서술하는 말과 같은 말로 서술하는 것은 바람직하지 않다. 삼위일체의 하나이심과 그리스도의 인격(person)의 하나이심에 대한 이해는 구별되어야 한다.

삼위일체 교리는 성부, 성자, 성령, 세 분의 각 인격(persona)을 사벨리우스가 그리스어 '프로소폰'(πρόσωπον)의 본래의 의미 따라 '가면'(假面) 혹은 '역할'(役割, role)로 이해했듯이 이해하는 것이 아니고, 동방 교회에서처럼 '휘포스타시스'(ὑπόστασις)로, 즉 동일본질의 실체로 이해하는 고백이다. 그와 반면에 기독론 교리는 그리스도께서 신성과 인성의 두 본성으로 인식되나 한 인격이심을 강조하는 고백이다. 다시 말하면, 우리는 그리스도께서 하나님이시면서 동시에 사람이심을 인식하고 고백하지만, 하나님이심[神性]과 사람이심[人性]을 그리스도의 인격이나 사역에서 전혀 따로 구별하여 인식할 수 없다.

그와 반면에 삼위일체 하나님의 경우는, 각 위께서 구원 사역을 함께 하시면서도 서로 역할을 분담하여 하시는 것이라고 인식하므로, 우리는 하나님을 한 하나님으로 고백하면서도 또한 세 분으로, 즉 성부와 성자와 성령으로 구별하여 고백한다. 그러므로 성부와 성자와 성령, 세 분의 하나이심(unity)을 그리스도께서 신성과 인성을 가졌으나 한 인격(persona)이심을 서술하는 경우와 같은 말로 서술하는 것은 적절하지 않다. 그러한 서술은 도리어 삼위일체 하나님에 관하여 양태론적 이해를 벗어나지 못하게 한다.

대한예수교장로회 합동측과 고신측 및 합동측 계열의 장로교회 교단들은 웨스트민스터 신앙고백서를 교회의 신앙고백으로 채택하고 있는데, 신앙고백서 제2장 제3항에서 삼위일체에 대한 신앙고백을 하고 있다. 거기에는 "신성(神性, 혹은 하나님)의 하나이심 안에 삼위가 계시다"(In the unity of Godhead there be three persons)라고 표현하고 있다. 삼위일체 하나님에 대한 고백은 간결한 편이다. 통합측의 새 고백은 웨스트민스터 신앙고백에 비하여 삼위일체 하나님 각 위의 사역하심에 대하여 설명하는 말을 덧붙이고 있다.

삼위일체 교리에 대한 한국 신학자들의 관심

"19세기 이후 현대 신학에서 삼위일체론은 교회의 그리스 철학적 신학 노작의 산물이요, 하나님에 대한 신학자의 사변이라고 푸대접 받아왔다"[6]는 말 그대로 한국의 자유주의적 신학자들은 삼위일체 교리에 대하여 관심을 보이거나 언급하는 일이 별로 없다.

1960년 초반에 윤성범이 토착화 신학을 논하는 과정에서 단군 신화의 "환인(桓因), 환웅(桓雄), 환검(桓儉)은 하나님이다", 혹은 "단군 신화는 'Vestigium Trinitatis'(삼위일체의 흔적)이다"라고 말하여 삼위일체를 언급하였으나, 그것은 삼위일체에 대한 진지한 이해를 위한 것은 아니고 단군 신화가 경교(景敎)와의 접촉에서 생겨났다는 가설을 세우기 위하여 삼위일체 개념을 그 내용의 이해와는 관계없이, 그리고 어거스틴이 추적한 'Vestigium Trinitatis'의 개념을 넘어서서 전혀 다른 방향으로 적용해 본 것에 지나지 않는다. 그러나 윤성범은 단군 신화에서 삼위일체의 흔적을 발견하여 "잃었던 부모를 찾은 기쁨과 흡사한 느낌을 가지게 될 것이다"라고 말하는 것을 보면, 기독교의 삼위일체 교리를 삼신론 정도로 이해하는 것으로 받아들일 수밖에 없다.[7]

---

6) 金敬宰, "신의 삼중적 동태양식", 「神學思想」(1977년 8월호): 458.

7) 「基督敎思想」(1963년 10월호): 14 이하.

조직 신학자들은, 보수적이건 자유주의적이건 간에, 그들의 신론(神論)에서 삼위일체 교리를 대체로 하나님에 대한 변증적 논증에서 시작하고 있다. 하나님의 속성(屬性)을 논한 이후에 삼위일체를 언급하는 경향이다. 이는 서양의 신학자들의 일반적 경향을 따른 것이다.

박형룡은 그의 『교의신학신론』 제1편 "하나님의 실유(實有)"라는 제목하에서 거의 마지막 부분인 제6장에서 삼위일체론을 다룬다.[8] 그것은 헤르만 바빙크가 『개혁주의 신론』의 제6장에서 삼위일체를 논하는 배열과도 비슷하다.

차영배는 『신학서론』에 이어 삼위일체론을 『개혁교의학』 II/1의 단행본에서 다루고 있어서 그만큼 삼위일체 교리를 중시하는 것이 드러난다. 그는 기대한 바와 같이, 이 책의 서언과 서론의 서두에서 삼위일체 교리를 신학 전반의 초석이 되는 신학의 본질적 원리라고 말한다. "이것이 없이는 어떠한 신학도 세울 수 없을 뿐 아니라 이 초석이 잘못 놓였을 때, 신학 전체가 무너지고 만다"[9]고 역설한다. 성령론에 남다른 관심을 가지고 많은 논문을 쓴 그로서는 한국 교회의 현실에서 건전한 성령관에 대한 논구를 위하여서도 삼위일체 교리의 정립이 필수적이며 우선되어야 하므로 그 중요성을 역설하는 것은 충분히 기대할 수 있는 일이다.

이종성은 『신론』[10]에서는 '삼위일체'라는 주제를 논의하지는 않으나 따로 7백여 쪽에 달하는 방대한 단행본에서 삼위일체를 논한다. 삼위일체 교리를 현대 신학자들이 경시해 왔으나, 바르트와 몰트만은 의외로 이를 중시한다는 점에서 저자도 의견을 같이한다고 한다. 그러나 바르트와 몰트만이 이 교리를 유럽 신학의 전통 안에서만 다루고 있는데 반하여, 저자는 그러한 테두리를 벗어나 더 폭 넓게 논구하며, 아시아적 바탕에서 이 교리를 이해하며 설명하려는 노력을 기울였다고 피력한다. 그의 박사학위 논문의 주제 역시 어거스틴의

---

8) 朴亨龍著作全集 II(서울: 한국기독교교육연구원, 1977), 185-237.

9) 차영배, 앞의 책, 서문.

10) 李鍾聲, 神論 (서울: 대한기독교서회, 1980).

삼위일체론에 관한 것이므로, 그는 한국의 그 어느 신학자보다도 삼위일체 교리를 중시하고 관심을 기울여 왔음을 알 수 있다.[11]

김균진은 『기독교조직 신학』[12]에서 기초 신학의 I에서는 제 문제를, II에서는 계시론, III에서는 성서론을 논하고, IV에서 신론을 다룬다. 신론에서 먼저 '성서의 하나님'을 논하고 이어서 두 번째로 '삼위일체론'을 다루고 있다. 그 다음으로 '예정론', '하나님 인식', '하나님의 존재 증명', '하나님의 속성', '무신론과 기독교 신앙' 등의 순서로, 즉 일반적인 저술과는 역순으로 논하고 있어서, 이러한 주제의 배열 자체가 삼위일체 교리를 합리적 논구를 지양하고 출발부터 성경에 계시된 하나님에 관한 말씀을 통하여 이해해야 한다고 역설하는 것을 느끼게 해 준다.

삼위일체 교리는 하나님의 본체에 대한 교리, 즉 하나님 자신에 대한 교리이므로 하나님의 속성의 교리보다 우선적으로 인식되어야 한다. 삼위일체 교리에 별로 관심이 없는 신학교 배경에서 나왔고 거기서 교수하는 신학자로는 의외로 삼위일체 교리에 관심을 보이며, 참신하면서도 건전하게 논구하고 있음을 발견한다.

삼위일체 교리에 대한 논증의 문제점

박형룡은 고전적인 조직신학적 방법으로 합리적이며 유신론적(有神論的) 논구(論究, approach)를 통하여 삼위일체론을 충실히 설명한다. 그에 비하여 차영배는 교리사적 논구에 충실함을 볼 수 있다. 박형룡은 서두에 삼위일체 교리를 제1절 '삼일 교리의 개관'이라는 제하의 제1항에서 '난해한 계시 진리'라는 주제로 논한다.[13] 그리고 제3절 교리적 진술이라는 주제하의 결론 부분인 제7항에서 '신비하나 진리'라는 제목을 붙여 삼위일체 교리를

11) 李鍾聲, 『三位一體論』 (서울: 대한기독교서회, 1991), 서문 참조.
12) 金均鎭, 『基督敎組織神學』 (서울: 연세대학교 출판부, 1984, 1989[7]).
13) 朴亨龍, 앞의 책, 185.

서술한다.

삼위일체 교리를 논함에서 "난해하다"든지 "신비하다"는 말을 미리부터 말하거나 혹은 결론으로 그렇게 말하는 것은 성경에서 바로 출발하여 논구하기보다는 유신론적 논구를 시도하는 까닭에 하게 되는 말이다. 그런데 이러한 말과 논구는 삼위일체 교리를 더 어렵도록 생각하게 만든다. 기독교의 교리가 난해하다면 다 난해하다. 하나님의 창조, 예정과 섭리, 그리스도의 성육, 십자가의 죽으심과 구속 등 그 어느 교리도 믿음으로 받아들이지 않으면 하나같이 난해하다. 그런데 삼위일체 교리를 설명하면서는 특별히 난해함을 상기시키거나 경고하는데, 그것은 그 교리가 다른 교리보다 더 어렵다는 것을 말하는 것으로 이해하게 만든다.

우리는 본래 이성적 추리로는 하나님을 알 수 없다. 창조주이신 하나님께서 당신 자신을 나타내 보여주시지 않으면, 피조물인 우리 인간은 하나님에 관하여 아무것도 알지 못한다. 우리는 하나님을 하나님께서 당신 자신을 나타내 보여 주신 계시의 말씀인 성경을 통하여 알며, 계시해 주신 그 범위 안에서만 하나님에 관한 지식을 논의할 수 있다.

성경에서 자기를 계시하시는 하나님은 삼위일체 하나님이시다. 예수 그리스도를 주님이시요 하나님의 아들로 믿고 고백하는 신앙 공동체인 초대교회는 삼위일체이신 하나님을 인식하게 되었으며, 그것이 가장 큰 관심사였다. 그러나 성경이 말하는 진리는 특이하므로 그것을 발견하고 충분히 이해하여 교의화(敎義化)하는 데는 오랜 시간이 걸렸다.

325년 니케아에서 열린 최초의 교회 공의회는 소위 니케아 신조를 받아들였으며, 381년에는 니케아-콘스탄티노플 신조를 받아들였다. 서방 교회는 예배에서 사도신경으로 하나님 아버지와 아들 예수 그리스도와 성령에 대한 신앙, 즉 삼위일체 하나님에 대한 신앙을 고백한다. 그리고 기독신자가 되고 교회의 지체가 되려는 사람은 누구나 다 성부와 성자와 성령의 이름에 연합하는 세례를 받는다(마 28:18). 그리고 특히 한국 교회에서는 예배를 마칠 때 성부와 성자와 성령의 이름으로 축복을 기원하는 고린도후서 13:13의 말씀을 따르는 축도로 예배를 마친다.

삼위일체 교리는 이와 같이 가장 기본이 되는 교리이며 실제로 친숙한 교리이다. 그럼에도 불구하고, 신학자들은 삼위일체 교리를 난해한 교리라고 말한다. 그 이유는 하나님을 아는 지식을 성경에 기록된 말씀을 따라 얻으려고 하기보다는 유신론적 신관에서 출발하여 하나님에 대한 지식을 얻으려고 하거나 그러한 신관에 맞추어 설명하려고 하기 때문이다.

어거스틴을 비롯하여 안셀무스와 토마스 아퀴나스 등 초대와 중세를 대표할 만한 신학자들이 하나님의 존재에 대한 논증을 시도하였다. 하나님에 대한 유신론적 논증은 사람들로 하여금 다만 막연히 하나님이 계신다고 억측할 수 있게 할 뿐이지 인격적인 살아계신 하나님에 관한 지식을 얻도록 하지는 못한다. 하나님의 존재를 논증한다면서 하나님을 '최고의 선', '만물의 원천', '제일 원인' 등 철학적인 개념으로 환원시켜 설명하는 그런 방법으로 삼위일체 하나님을 논증하려고 하면 옳은 이해나 설명에 도달하지 못할 뿐 아니라, 그러한 시도는 오히려 참된 이해에 방해가 될 뿐이다. 하나님의 존재를 논증하는 일에 익숙한 신학자들은 삼위일체 교리 역시 논증하는 식으로 이해하거나 서술하려고 하기 때문에 난해한 교리라는 말을 하게 마련이다.

어거스틴이 삼위일체의 흔적(vestigium Trinitatis), 즉 삼위일체 교리를 설명할 수 있는 유추를 찾는 일에 많은 시간을 보냈다는 사실은 삼위일체 교리에 대하여 이성적 논증을 시도한 전형적 범례이다. 이종성 교수는 그의 『삼위일체론』에서 어거스틴이 발견하려고 한 'vestigium Trinitatis'를 '삼위일체의 모상(模像)'으로 번역하고, 그것을 삼위일체의 논리적 근거라고 하여 존중하면서, 자신은 이를 넘어서서 보다 광범하게 삼위일체의 모상을 추구하는 일에 많은 노력을 경주했다고 한다. 저자 자신이 그 작업이 특이한 것으로 자부하는 만큼, 우리는 그 점에 대한 평가를 옳게 해야 할 줄 안다. 필자의 견해로는, 그가 많은 노력을 경주했음에도 불구하고, 그러한 시도는 삼위일체 하나님을 이해하는 일에 별로 도움이 되지 못하는 것으로 여긴다. 도움을 주기는커녕 오히려 혼란을 일으킬 것으로 생각한다.

어거스틴은 삼위일체의 모상(흔적)으로 존재, 지식, 의욕이라든지, 마음, 의식, 사랑 혹은 기억, 지각, 의지 등, 인간의 지각 혹은 감정에 관한 추상적 개념에서 삼위일체의 모상을 찾는다. 그러나 어거스틴이 셋을 들어 말하는 유추들은 필연적으로 셋이 한 묶음으로 인식될 수 있는 개념들이 아님에도 불구하고 그는 유사하고 상호 관련된 개념들을 셋씩 하나로 묶는다. 그러므로 그러한 방법론 자체가 타당성을 결여하고 있다고 지적할 수 있다.

그럼에도 불구하고 이종성은 이를 본받으면서 한 걸음 더 나아가 다신교적이며 범신론적인 타종교의 신 개념에서 삼위일체 신관의 모상을 발견한다고 한다. 즉 고대 중국의 3대 신(三大神)으로 꼽힌다는 "상제(上帝), 노군(老君), 황제노군(黃帝老君)"이라는 신들의 이름을 들면서,14) 이러한 것은 그리스도교가 가르치는 삼위일체론과는 질적으로 차이가 있으나, 그 논리 구조에서 삼위일체론과 유사한 점이 있다고 말한다.15) 그리고는 수메르와 바빌론의 "다른 신들보다 특출한 삼신," 즉 "아누(Anu), 엔(Enlil), 에아(Ea)"16), 힌두교의 삼신, 즉 "브라마(Brahma), 비슈누(Vishnu), 시바(Siva)"와 로마의 "3대 신", 즉 "쥬피터(Jupiter), 마르스(Mars), 퀴리누스(Quirinus)"를 삼위일체의 모상으로 들고 있다.17)

이종성이 삼신(三神)으로 꼽는 타종교의 신들은 많은 신들 가운데 한 신들인데, 어떻게 그들 가운데 셋을 골라 삼위일체의 흔적(vestigium Trinitatis)이라고 하는 것인지 도무지 이해가 안 된다. 이종성은 이보다 앞서 반(反)삼위일체론에서는 힌두교의 범신론적인 신관이 반삼위일체론적이라고 말하고 있는 것과는 모순되는 말이 아닌가 싶다.18) 다신론의 많은 신들 가운데 주요한 신 셋을 택하여 삼위일체의 흔적이라고 말하면서, 단군 신화의 삼신을 삼위일체의 모상으로 생각하는 윤성범의 발상을 그가 비판하는 것 또한 모순이다.

---

14) 李鍾聲, 「三位一體論」, 491.
15) 같은 쪽.
16) 같은 책, 492.
17) 같은 책, 493-495.
18) 같은 책, 401 이하 참조.

비슷한 모순된 발언은 박형룡에게서도 발견된다. 그는 이종성과는 달리 이교(異敎)에는 유추가 없다고 말하면서도,[19] "일체에 삼위의 증명"이라는 제하에서는 '다신론의 응원"이라는 제목으로 이렇게 말한다.

> 만대의 철학자들과 만국의 백성들만 아니라, 현금의 식자들 중에서도 채택하는 자 적지 아니한 다신론은 비록 그릇되고 악화한 종교 사상일지라도 신적 성질의 충만과 다양을 추구함에서는 삼위일체 신관에 응수(應酬)한다고 볼 수 있다.[20]

이러한 설명은 삼위일체를 삼신론이나 다신론과 혼동하게 만들 뿐, 옳은 이해에 이르는 데 전혀 도움을 주지 못한다. 인간의 드라마가 투영되는 다신론에서 삼위일체 하나님의 계시성을 찾는다는 것은 말이 되지 않는 일이다. 삼위일체 교리의 이해를 위하여 합리적 논증을 시도하다 보면, 견강부회한 논리를 펴는 실수를 범할 수 있다.

삼위일체에 대한 양태론적 이해 문제

차영배는 이종성이 번역한 웨스트민스터 신앙고백서의 삼위일체에 대한 신앙고백 부분을 오역이라고 지적한다.[21] 여기서는 그 조항의 전반만 보기로 한다.

"In the unity of the Godhead there be three persons, of one substance, power, and eternity; God the Father, God the Son, and God the Holy Ghost."를 "하나님의 본체는 하나이시나 삼위로 계신다. 즉 한 본체와 한 권능과 한 영원성이다. 아버지로서의 하나님, 아들로서의 하나님, 성령으로서의 하나님이시다"라고 번역하고 있다.

---

19) 朴亨龍, 앞의 책, 185.
20) 같은 책, 193.
21) 차영배, 「삼위일체론」, 각주 238.

이종성은 자신의 저서에서도 "하나님의 통일성 안에서 세 위가 있다. 한 본체와 한 권능과 영원성이다"고 하는 부분에서는 오역을 그대로 두고 있으나,[22] 그 다음의 부분은 "아버지 하나님, 아들 하나님, 성령 하나님이다"라고 옳게 번역하고 있다."[23] 웨스트민스터 신앙고백 단행본의 번역만을 두고 말하자면, 그것은 오역이 분명하다. 만일 오역이 아니라고 한다면, 다시 말하여, 그렇게도 번역할 수 있다고 한다면, 그러한 번역은 삼위일체 교리에 대한 양태론적 단일신론적인 이해에서 나온 표현으로 볼 수밖에 없다.[24]

자유주의적인 신학자들은 삼위일체 교리에 대하여 관심을 보이거나 언급하는 일이 거의 없다. 언급한다고 하더라도 양태론적 이해를 벗어나지 못하고 있음은 충분히 알 만한 일이다. 그런데 보수적인 신학자에게서도 양태론적 표현을 발견할 수 있어서 자못 긴장하게 된다. 예를 들어, "이 세 위는 여러 사람의 여러 인격들처럼 전적으로 분리된 세 인격이 아니다. 오히려 이 세 위는 하나님의 본체(本體)가 존재하고 있는 세 형태에 지나지 않는다"라는 표현을 본다. 후반의 문장은 어김없는 양태론적 표현이다.

삼위일체 교리를 철학적 용어를 빌어 설명하려다 보면 양태론적 표현에 빠지는 것을 알 수 있다. "참 반가운 신도여"라는 찬송의 4절 가사인 "여호와의 말씀이 육신을 입어……"라는 말은 가현설적인 표현이다. "육신을 입어"가 아니라 "육신이 되셔"(σαρκοποιήθεις)라고 해야 한다. 이 정도의 표현을 가지고 따지는 것은 지나치다고 할는지 모르나, 그러한 표현은 이미 2세기의 변증가들이 가현설에 반대하여 논의하면서 사용한 말이다. 신학적 용어는 사상을 정확히 전달할 수 있는 말로 다듬어야 한다.

한국의 대부분의 신학자들이 삼위일체의 하나이심을 말할 때의 'unity'를 '단일성'(單一性)으로 번역하는데, 그리스도의 인격(person)의 하나이심을 말할 때는 단일성이라는 말을 사용할 수 있다. 그럴 경우, 그것은 바른 표현이다.

---

22) "하나님의 하나이심 안에 세 분이 계시는데, 한 실체이시며 능력 있고 영원하시다." 즉 세 분이 한 실체이시며 동등하게 능력이 있고 영원하시다는 말이다.

23) 李鍾聲, 앞의 책, 135.

24) 제3장 각주 4 참조.

그러나 삼위일체 하나님의 'unity'를 말할 때는 '단일성'이라는 말보다는 '하나이심'이라는 말로 표현하는 것이 더 나은 것으로 생각한다. 삼위일체 교리를 결과적으로 부정하는 'monarchianism'을 '단일신론(單一神論)'으로 번역하면서 삼위일체의 'unity'를 같은 어간(語幹)과 개념을 가진 '단일성'으로 표현하는 것은 현명하지 못하다. 'unity'는 복수성(複數性)을 전제하는 반면에, '단일성'은 시종 단수성(單數性), 즉 '모노스'(monos) 혹은 '모나드'(monad)를 전제할 뿐이다.

그러므로 '신성의 단일성' 혹은 '하나님의 단일성'이라는 표현은 삼위일체 교리에 대한 단일신론적 이해를 돕는 표현이므로 적절한 말이 못된다. 이런 여러 가지 점으로 미루어 보아 한국 교회에는 삼위일체 교리를 양태론적 단일신론적으로 이해할 수 있는 소지가 마련되어 있을 뿐 아니라 그러한 이해가 만연해 있음을 알 수 있다.

삼위일체 하나님의 실천적 이해

삼위일체 교리는 신학자들만이 관심을 가져야 하고 이해하기를 시도해야 하는 현학적인 논리의 유희가 아니다. 그것은 기독교신자이면 누구나 다 가르침을 받아야 하고, 믿어야 하며, 이해할 수 있는 교리일 뿐 아니라, 또한 실제로 믿고 있는 교리이다. 그럼에도 불구하고 삼위일체 교리를 평신도들에게 어떻게 설명할 것인가 하는 것은 목회 현장에서 당면하는 실제적 문제이다. 목회 현장에서 평신도들에게 삼위일체 교리를 설명하면서 난해한 교리라든지 신비 중의 신비라고 말함으로써 미리 겁을 주는 것은 교리를 배우는 일에 별로 유익이 되지 못한다. 기독교에서 말하는 "신비"는 초절적(超絶的)인 지식을 말하는 것이 아니다. 그것은 우리의 이성으로는 알 수 없는 하나님께 속한 지식이지만, 우리에게 나타내신 바 되었으므로 믿음으로 받아 들일 수 있다. 비록 우리가 그것을 받아들였다고 하더라도, 그것은 우리의 이해를 초월하는 것이므로 하나님의 지식의 부요함을 찬탄하며 고백한다.

목회자가 성경에 충실하다가도 삼위일체 교리에 대한 질문을 받으면, 이를 설명하기 위하여 성경과 교리사적 지식을 동원하기보다는 자연의 유추로 설명하려고 시도한다. 그러나 그것은 바람직한 시도가 못된다.

예수님은 하나님의 나라를 가르치시면서 비유를 사용하셨다. 그러나 하나님의 실체를 비유로 설명하는 말씀은 성경에서 찾아볼 수 없다. 다만 하나님의 이름을 묻는 말에 하나님께서 스스로 답하시는 말씀, 즉 "나는 스스로 있는 자니라"(ehyeh asher ehyeh, 출 3:14) 하는 말씀을 발견할 뿐이다. 그밖에, 예컨대, 이사야 9:6에 하나님께 적용되는 이름이나 유추들은 만물에 대한 하나님의 관계를 설명하는 말이거나, 아니면 하나님께서 인간과 만물을 다스리시고 섭리하시는 역할과 능력을 묘사하는 말일 뿐이다.

창조주 하나님께서 당신 자신을 계시해 주시지 않으시면, 피조물인 우리는 하나님을 알 길이 없다. 이것은 신학의 기본적인 전제이다. 철학적인 막연한 신관이나 다신론적 혹은 범신론적 신관이나 다른 종교의 신관으로 성경에서 당신 자신을 계시하신 하나님을 이해하거나 설명하려고 하면, 그것은 잘못이다. 영원하신 하나님, 창조주 하나님, 물질 세계를 초월하시는 영이신 하나님을 당신이 지으신 사물의 유추를 통한 설명으로는 바르게 이해할 수 없다. 흔히 사용하는 태양의 유추 역시 그러하다. 그러한 설명은 이해에 약간 도움을 주는 것 같으나, 사람들에게 다시금 의문을 일으키게 하거나 잘못 이해하게 할 뿐이다. 즉 단일신론적(單一神論的) 이해로 오도한다.

삼위일체 교리를 삼각형을 그려 설명하려는 시도 역시 안 될 말이다. 그런 설명은 불충분한 정도가 아니라, 불경스러운 일이다. 하나님의 본체의 오묘한 것을 도식화함으로써 쉽게 이해하게 만들 수 있으리라는 생각은 아주 비신학적 발상이다. 셋이 어떻게 하나가 되느냐 하는 의문을 그대로 받아, 그 원리를 수적으로 혹은 기하학적으로 설명하려 하면 설명이 옳게 되지 않는다. 속사도 시대 이후 로고스를 우주구조론(cosmogony)적으로 이해하려고 하던 것을 이레니우스가 구속론적으로 이해함으로써 삼위일체론과 기독론 이해에 전기를 마련한 사실을 기억해야 한다. 그는 당시까지 사람들이 그리스도를 로고스로써 설명하려는 것을 지양하고 그리스도로써 로고스를 설명하려고 하였다.

그러므로 하나님 자신에 관한 지식은 무슨 사색이나 비유를 사용하는 설명을 통해서가 아니고, 하나님께서 계시하시는 말씀을 따라 논구하고 이해하도록 해야 한다. 성경에는 삼위일체라는 단어는 없으나 예수 그리스도의 신성과 삼위일체 교리를 가르치는 말씀은 적지 않다. 삼위일체 교리는 하나님께 찬양하고 예배하는 자세로 고백해야 하는 교리이다.[25)]

우리는 삼위일체 교리가 왜, 어떻게 형성되었는지를 점검해야 한다. 삼위일체 교리를 말하게 된 동기는 예수 그리스도가 참 하나님이시냐, 참으로 하나님의 아들이시냐 하는 질문에서 비롯된 것이다. 초대 교회에서 삼위일체 교리를 두고 논의할 때, 쟁점은 곧 예수 그리스도께서 참 하나님이시냐 하는 것이었다. 삼위일체 교리를 믿는다는 말은 예수 그리스도께서 하나님의 아들이시므로 아버지와 같이 참 하나님이심을 믿는다는 말이다. 삼위일체 교리를 비록 만족할 만하게 설명은 못한다고 하더라도 누구든지 "주는 그리스도시요 살아 계신 하나님의 아들이시니이다"(마 16:16)라고 하는 베드로의 고백을 따라, 혹은 "나의 주시며 나의 하나님이시니이다"(요 20:28) 하는 도마의 고백을 따라, 예수 그리스도께서는 주님이시요 하나님의 아들이시다고 시인하고 고백하면, 그는 실제로 삼위일체 교리를 받아들여 믿고 있음을 알아야 한다.

삼위일체 교리를 부인하는 것은 그리스도를 부인하는 것이다. 사람들은 그리스도께서 하나님의 아들이시라는 사실을 부인하기 때문에 삼위일체 교리를 부인한다. 삼위일체 교리를 먼저 이해함으로써 그리스도를 믿는 것이 아니고, 그리스도를 믿기 때문에 삼위일체 교리를 시인하고 이해하게 된다. 그러므로 그리스도를 부인하는 모든 이단은 단일신론적 신학을 지지한다.

초대 교회의 유대교적 에비온주의적 양자론(養子論)과 영지주의적 가현설

---

25) 李鍾聲, 앞의 책, 544 이하 참조.

(假現說)은 반기독교적인 이단의 전형이다. 영지주의는 그리스의 철학 사상과 동방의 신비주의적 종교 사상이 혼합된 사상이었다. 양태론은 인간의 육체를 옷 입듯 입어서 사람인 것처럼 보였을 뿐이라고 말하는 가현설과 통한다. 합리주의적 그리스도 이해나 신비주의적 그리스도 이해가 서로 통한다. 많은 신비주의자들은 하나님의 아들이 역사 안에 사람으로 나셨음을 믿지 않으며, 이로써 사람으로 나신 예수께서 영원 전부터 하나님의 아들이심을 부인한다. 그들은 예수 그리스도를 그냥 종교적 체험을 위하여 모범으로 삼을 만한 이로 생각할 뿐이다. 금식과 기도와 명상을 통하여 하나님과 접하여 하나가 될 수 있다고 말함으로써 각자가 그리스도와 같이 될 수 있다고 생각한다.

한국 교회는 보수적인 교회에까지 일반화된 양태론적 삼위일체 이해에서 벗어나 바른 이해를 가져야 한다. 양태론적 이해는 신비주의 운동이 준동힐 수 있는 소지를 마련하기 때문이다. '그리스도 중심 신학'을 떠나서 '신 중심 신학'을 거점으로 한다는 종교 다원주의자에게는 기독교의 삼위일체 교리가 완전히 폐기될 수밖에 없는 교리이다. 기독교적 신앙과 신학의 핵심을 떠나 단일신론적 신관을 견지하는 자유주의 신학은 이제 기독교적 신학 세계를 벗어나 '우주론적 기독론'이라는 말에 걸맞게 종교 다원주의의 무중력 세계로 접어들어 표류한다. '우주론적 기독론'이란 종교 다원주의자들이 자신들의 사상적 근거를 두려는 비역사적인 기독론이다.

그리스도의 교회는 성령께서 하나님의 능력이심을 일찍부터 알았다. 그러나 성령께서 인격이심은 그리스도의 신성에 대한 고백을 확정한 다음에야 인식하게 되었다. 성령이 인격이시라는 교리만 해도 성경에 분명히 기록되어 있다. 말씀을 깨닫고 보면, 그것이 진리임을 쉽게 알 수 있다. 예수님께서 친히 성령을 가리켜 보혜사(παράκλητος, 위로자)라고 하심으로써 성령을 인격으로 말씀하신다(요 14:26, 15:27, 16:7, 17:13~14, 참조. 롬 8:26~27). 교부들은 이사야 63:7~14의 말씀을 인용하면서 구약도 성령께서 인격이심을 말씀하셨다고 한다.

기독교의 삼위일체 신앙은 예수 그리스도를 임마누엘 하나님으로, 즉 그리스도시요, 하나님의 아들로 믿는 신앙에서 출발한다. 구원을 약속하시고 이를 성취하시는 하나님은 당신을 아들 예수 그리스도를 통하여 알게 해 주신다. 아들의 소원대로 계시를 받는 자 외에는 아버지를 아는 자가 없다(마 11:17). 즉 아들을 부인하는 자는 아버지를 알 수가 없다. 길이요 진리요 생명이신 아들 예수 그리스도로 말미암지 않고는 하나님 아버지께로 갈 수가 없다(요 14:6). 성령의 감동이 없이는 그리스도를 주라고 시인할 수 없다(롬 8:9; 요 3:5).

성자는 성부에게서 영원 전에 나셨으며, 성령은 성부와 성자에게서 나오신 다는 것이 기독교 서방 교회의 전통적 고백이다. 동방 교회는 성령께서 성자를 통하여 성부에게서 나오신다고 고백하는 점에서 다소 다르나 삼위일체 하나님을 고백하고 있는 점에서는 다를 바가 없다. 성부 성자 성령 삼위의 하나님은 한 하나님이시다.

요한일서에 보면 하나님은 곧 사랑이시라고 말씀한다(요일 4:9, 16). 그뿐 아니라 성경 전체에서 하나님은 사랑이시라고 증거한다. 창조주 하나님께서 는 만물을 당신의 작품이므로 좋게 여기시면서 사랑하기 시작하셔서 비로소 사랑의 하나님이신 것이 아니고 영원 전부터 사랑의 하나님이시다. 성경은 하나님 아버지께서는 영원 전부터 아들을 사랑하시며, 아버지와 아들이 성령 과 더불어 사랑으로 교제(communion)하고 계심을 말씀하시며 우리로 하여금 그것을 깨닫게 하신다. '삼위일체 하나님'은 하나님께서 영원 전부터 사랑으로 충만하신 하나님이심을 함축한다(요 15:9, 17:24).

삼위일체 하나님은 사랑의 하나님이시므로 만물을 창조하셨고 섭리하신 다. 사람을 지으시되 당신의 형상대로 지으시고 만물을 다스리게 하시며 서로 사랑하게 하신다. 성부, 성자, 성령, 삼위일체 하나님께서는 구원을 이루신다. 하나님께서는 사랑의 하나님이시므로 성부 하나님께서 아들을 세상에 보내시고 성자 하나님께서는 순종하심으로 사람을 구원하시기 위하여 고난을 당하시고 십자가에서 당신을 희생하셨다. 성령께서는 우리로 하여금 하나님의 의가 독생자 예수 그리스도로 말미암아 나타나셨음을 믿게 하시며 하나님의 자녀로 거듭나게 하시고 하나님의 자녀로 거룩한 삶을 살아 구원을 이루게 하신다.

유신론적 논증은 철학과 종교에서 성경의 계시의 말씀을 접어 둔 채 신의 존재를 논의하는 논증이다. 즉 자연 만물을 보아서 신이 존재하는 것이 틀림없다고 설득하려는 논증이다. 유신론적 논증은 신의 존재를 막연히 추측할 수 있게 해 줄 뿐이다. 이러한 지극히 제한된 일반적인 유신론적 논증을 삼위일체 하나님을 설명하는 일에 더 연장하여 적용하는 것은 잘못이다. 그것은 아주 불합리한 논리의 비약을 감행하는 것이다.

삼위일체 교리는 성경에서, 더욱이 예수 그리스도로 말미암아 계시된 하나님의 본체에 대한 교리이기 때문이다. 삼위일체 교리는 하나님에 관한 부수적인 교리가 아니다. 하나님의 속성을 논의할 때처럼 술어나 보어로서 의미를 가지는 것이 아니고, 언제나 변함이 없는 주어로서 의미를 갖는다. 즉 우리의 신앙고백과 예배를 받으시는 주격이신 하나님 자신에 관한 교리이다. 그러므로 삼위일체 교리는 논증할 수 있거나 논증을 감행할 수 있는 교리가 아니고 신앙고백과 예배를 요구하는 교리이다.

삼위일체 교리를 이해하거나 설명함에 있어서 유신론적 논증의 한계성을 인식하지 못하고 그대로 적용하면 쉽사리 양태론에 빠지게 마련이다. 한국 교회는 양태론을 극복해야 한다. 그것은 유신론적 논증의 한계점을 충분히 인식하는 가운데 당치 않은 논리의 비약을 피하고, 예수 그리스도께서 하나님의 아들이심을 고백하면서 성경의 말씀을 따라 하나님의 구원 사역과 관련하여 이해할 때 가능하다. 성경이 가르치는 기독교의 구원 교리는, 아니 모든 교리는 온전히 그리고 철저히 삼위일체 교리에 근거하고 있음을 재삼 인식한다. 삼위일체 교리는 만물과 사람을 창조하시고 섭리하시며 사람의 역사를 주관하시고 심판하시며 구원을 베푸시는 성부와 성자와 성령 하나님에 관한 교리이기 때문이다.

제16장
성례론의 역사

    종교 개혁자들은 교회의 표지를 말씀과 성례라고 하였으며, 개혁주의 교회에서는 거기에 권징을 덧붙여 말하였다. 권징이라는 개념은 교회의 조직과 질서, 교인의 성결한 생활을 다 포함해서 하는 말인데, 말씀과 성례가 옳게 선포되고 존중되는 교회에는 권징도 갖추기 마련이다. 말하자면, 교회가 교회다운 교회가 되려면 두 가지 요소, 아니 세 가지 요소를 다 갖추어야 한다. 그 어느 하나든 소홀히 하여 균형을 잃게 되면 다른 요소들도 옳게 유지될 수 없다.

    중세 교회가 미사를 행한 것을 가리켜 중세 교회의 예배는 성례전에 치중한 예배라고 말하기도 하나, 종교 개혁자들은 성례전이 없는 예배라고 지적하였다. 중세 교회는 말씀을 소홀히 한데다가 성찬의 화체설을 받아들여 성찬의 신비성을 지나치게 강조하였으므로 성찬식이 옳은 의미의 성례전이 될 수 없었다.

    12세기부터 평신도들은 성례전에 일 년에 겨우 한번 참례하여 떡만 받았다. 할레시우스(Alexander Halesius, ~1245)는 평신도들에게 포도주는 제외하고 떡만 받게 한 것(communio sub una)을 '콘코미탄시아'(concomi- tantia)라고 하여 떡이나 포도주 그 어느 요소에든지 온전한 그리스도가 있다고 함으로써 교리적 근거를 마련하였다.[1] 다시 말하면, 할레시우스가 이러한 교리로 그런 실천을 정당화한 것이다. 평신도들이 성례전에 참여하지 않는 경우에는 그냥 미신에 찬 눈으로 사제들이 행하는 의식만 구경하였다.

성경 말씀을 높이고 강조한 종교 개혁자들은 예배에서 성경 봉독과 설교를 중요한 요소로 생각하고 예배를 개혁했지만 결코 성례를 소홀히 한 것은 아니다. 그러나 한국 교회는 성례를 소홀히 하고 있다. 그러므로 교회가 신앙함에 있어서 균형을 잃고 있다는 사실을 반성하면서 성례의 중요성을 재인식하기 위하여 성례전에 관하여 성경이 어떻게 가르치는지를 이해해야 한다. 그러기 위하여 우리는 교회사적 전통과 해석을 함께 고려해야 한다.

성례의 뜻

라틴어로 성례(聖禮, sacramentum)는 약속을 지키는 진리를 뜻하는 말인데, 기독교의 저술가들은 이 말을 진리 자체에 대하여 가지는 '확신'이란 뜻으로 사용하였다. 터툴리안은 성례를, 특히 세례의 경우, 병사들이 군대에 입대하면서 자신들의 지휘관 앞에서 하는 맹세에 비유하였다. 칼빈은 이 비유를 인용하면서 사병이 지휘관에게 하는 맹세가 아니라, 지휘관 자신이 사병들을 자기 군대로 받아들일 때 하는 맹세로 이해해야 한다고 하였다.[2] 칼빈의 정의에 따르면, 성례는 단순하면서도 내용을 가진 개념으로서, 하나의 외적 징표인데, 주님께서 그것으로써 우리 마음에 그가 세우신 언약을 인치시어 우리 신앙이 연약하게 될 때 보호하시며, 주님께 대한 우리의 신앙을 천사들과 사람들 앞에서 증언하게 하시는 것이라고 한다.[3]

그리스도교의 성례는 세례와 성찬으로 주 예수 그리스도께서 친히 제정하신 것이다. 세례와 성찬은 예수님께서 십자가에 죽으시므로 우리를 구속하시고, 죽은 자 가운데서 부활하셔서 우리에게 영원한 생명을 주시는 구원의 사실에

---

1) Karl Heussi, *Kompendium der Kirchengeschichte*(Tübingen: J. C. B. Mohr Paul Siebeck, 1976), 230.

2) 오토 베버, 「칼빈의 교회관」, 김영재 역(서울: 이레서원, 2001), 123.

3) 「기독교강요」, IV,14,1.

근거하며, 둘 다 그 구원의 사실과 참 내용을 표상하는 징표라는 점에서 같은 관계에 있다.

세례의 유래와 의미

세례는 죄 씻음을 주시는 정결 의식으로, 다른 종교에서도 비슷한 의식이 있으나, 기독교에서는 신자가 교회의 지체가 될 때 단 한번만 받는 것이 특이하다. 그러나 기독교가 시작될 당시의 이방 종교에서는 세례 의식이 없었다. 기독교의 세례는 세례 요한에게서 비롯한 것인데, 그리스도 이전의 유대교에서 개종자를 받아들일 때 정결 의식을 행했다고 알고 있다. 많은 사람들이 요한에게 나아와 세례를 받은 것을 보면, 세례가 당시의 사람들에게 전혀 생소한 것은 아니었다고 짐작할 수 있다. 구약에는 세례 의식에 대한 말씀은 없으나 세례에 대한 예언적인 말씀은 있다. 즉 세례는 하나님께서 구약의 선지자를 통하여 예언하신 것으로, 새 언약의 시대에 하나님께서 사람을 구원하여 자기 백성으로 삼으시는 징표이다.

일찍이 하나님께서는 거듭 죄를 범하는, 어쩔 수 없는 이스라엘 백성을 위하여, 에스겔 선지자를 통하여 약속의 말씀을 주셨다.

> 맑은 물을 너희에게 뿌려서 너희로 정결하되 너희 모든 더러운 것에서와 모든 우상 숭배에서 너희를 정결하게 할 것이며 또 새 영을 너희 속에 두고 새 마음을 너희에게 주되 너희 육신에서 굳은 마음을 제하고 부드러운 마음을 줄 것이며 또 내 영을 너희 속에 두어 너희로 내 율례를 행하게 하리니 너희가 내 규례를 지켜 행할지라(겔 36:25~27).

세례는 일차적으로 씻는다는 뜻을 함축하는 예식이다(행 22:16; 고전 6:11; 엡 5:26; 딛 3:5; 히 10:22). βαπτίζω(baptizo)는 고전 그리스어에서 '침수(浸水)되다', '가라앉다'라는 의미였으나, 코이네 그리스어 시대에 와서는 '씻다'라는 의미로 쓰였다(막 7:4; 눅 11:38). 그러므로 '침례'를 주장하는 사람들이 우리말

성경에 나오는 '세례(洗禮)'를 '침례(浸禮)'로 고쳐 읽는 것은 옳지 않다. 정결 의식을 가리키는 '세례'(βάπτισμα)는 죄를 씻는다는 정결 의식의 본래의 뜻을 나타내는 말로 옳게 번역한 말이다.

세례를 베풀되 어떻게 베푸느냐, 물을 뿌림으로냐(by sprinkling), 아니면 사람을 물에 잠기게 함으로냐(by immersing) 하는 것은 정결 의식의 방법에 관한 질문으로서 그것은 이차적인 것이다. '침례'는 '세례'와 대칭이 되는 말이 아니다. 다시 말하면 '침례'는 세례 의식의 방법을 표현하는 말일 뿐, 그 본래의 의미를 대변하는 말이거나 그 의미에 대칭이 되는 말은 아니다.

초대와 중세 교회의 세례

신약에 나타난 대로는, 이를테면, 구스 내시가 빌립의 전도를 받고 곧 세례를 받았으며, 예루살렘에 모인 사람들이 베드로의 설교를 듣고 곧 세례를 받았듯이, 누구든지 예수 그리스도를 구주로 받아들이면, 즉석에서 세례를 베풀었으나, 세월이 지나면서 세례식의 관행이 달라졌다. 아마도 헬레니즘의 신비 종교에서 행하는 의식에 대항하느라고 그랬는지 교회는 세례식을 성대하게 거행하였다. 신약에서 볼 수 있는 것과는 달리 세례를 위하여 준비하는 학습 기간도 가졌다. 얼마 후에는 3년의 학습 기간을 거쳐야만 세례를 받게 하였다. 아마도 박해를 견디며 배교하지 않는 철저한 신앙을 요구한 데서 그랬던 것으로 알 수 있다.

지역에 따라서는 수세자가 세례를 받을 때 자기의 죄를 고백해야 했다. 사도들이 전수한 신앙고백에 따라 대답도 해야 하였다. 물에 몸을 완전히 잠기게 하는 세례, 즉 침례를 주거나 물을 뿌려 세례 의식을 행하였다. 일반적으로 흐르는 물에서 베풀기를 더 좋아하였다. 흐르는 물을 곧 생수(living water)로 이해했기 때문이다. 그러나 늘 그렇게 한 것은 아니다. 세례 받기 전에 여자의 경우에는 머리를 풀게 하였으며, 모든 장신구도 빼어 놓도록 하였다.

215년에 히폴리투스가 쓴 『사도적 전통』에 따르면, 2세기 말과 3세기 초에 시행된 세례 문답에 관하여 기록하고 있다. 세례를 받는 사람이 물로 내려가면 세례를 베푸는 사람이 세례를 받는 사람의 머리에 안수하고 물었다고 한다.

"그대는 전능하신 하나님 아버지를 믿습니까?" "믿습니다"라고 대답하면, 머리에 안수하여 물에 잠기게 했다가 일으켜서는 다시금 수세자에게 물었다. "그대는 하나님의 아들 예수 그리스도, 즉 성령으로 말미암아 동정녀 마리아에게서 나시고 본디오 빌라도에게 고난 받으시고 죽으셨다가 사흘 되는 날에 죽은 자 가운데서 다시 살아나셔서 하늘에 오르사 아버지의 우편에 앉아 계시다가 산 자와 죽은 자를 심판하러 오실 예수 그리스도를 믿습니까?" 수세자가 "믿습니다"고 하면, 두 번째로 물에 잠기게 하였다. 집례자가 다시금 "그대는 성령을 믿으며 거룩한 교회와 몸의 부활을 믿습니까?" 하고 물을 때 수세자가 "믿습니다"라고 대답하면, 세 번째 물에 잠기게 함으로써 세례를 주었다.[4]

4세기 말경에 거행된 세례식에 관하여는 암브로시우스의 성례에 관한 글이나 어거스틴의 설교 혹은 예루살렘의 키릴루스의 글 등, 많은 자료를 통해서 알 수 있다. 세례를 받을 사람은 부활절 이전의 여러 주간 전에 등록하여 준비해야만 했다. 축귀(逐鬼, exorcism)를 위하여 매일 교회에 출석해야 했으며, 부활절 전부터는 신경을 외우고 아마도 주기도문도 함께 외었을 것이다. 부활 주일 전 날 토요일에는 교회에서 신앙 문답을 하고 철야 집회에 참석하였다.

수세자가 세례를 베푸는 방으로 들어가면, 사제는 욕조(浴槽)에 축복하는 의식을 행하였다. 집례하는 이는 세례 받는 이로 하여금 옷을 벗게 하고, 귀신을 쫓기 위하여 마지막으로 기름을 발랐다. 그런 다음 세 번 물에 잠기게 함으로써 세례를 베풀었다. 이런 절차가 끝나고 감독에게 가면 감독은 성유(聖油, chrism)를 발라 주었다. 그러면 세례 받는 이는 흰 옷을 입고 회중에게로

---

4) J. N. D. Kelly, *Early Christian Creeds*(1972), 37.

돌아갔다. 그때가 바로 부활 주일 아침 동틀 무렵인데, 세례 받는 이는 이때를 기하여 베푸는 성찬에 참여하였다. 세례식이 이처럼 거창하다 보니 세례가 은혜로 받는 구원의 징표라기보다는 행함으로써 얻는 구원의 징표가 되고 말았다.

이러한 세례식의 관행이 4세기 말과 5세기 초, 어거스틴과 크리소스토무스에 이르자 달라졌다. 세례는 은혜의 성례이기 때문에, 누구든지 신자가 되면 지체 없이 세례를 받아야 한다고 했다. 어거스틴에 따르면 유아 세례는 곧 구원이 하나님의 은혜로 주시는 선물임을 대변하는 징표라고 한다. 그러나 어거스틴 이후 천년 동안 세례는 기독교 예배에서 그 중요성을 상실하고 말았다. 세례는 점차 아이의 출생을 축하하는 사사로운 의식으로 전락하였다. 세례식은 기름 바르는 것[塗油]과 귀신 쫓는[逐鬼] 절차 등 복잡한 의식으로 변모했으며, 세례의 의미는 주로 축귀에 있는 것이라고 생각하게 되었다.

종교 개혁이 일어날 무렵의 중세 교회에서는 세례를 베풀 때 불필요한 일을 많이 하였다. 세례를 베푸는 이가 유아의 눈 아래에다 입김을 불고 십자를 긋고 소금을 입에다 넣어주고 침과 진흙을 귀와 코에 쑤셔 박았다. 가슴과 어깨에다 기름을 바르고 정수리에다가는 성유를 칠하였다. 그리고 세례복을 입히고 두 손에 불을 켠 초를 쥐게 하였으며,5) 혹은 이마에다 재로 십자를 그리기도 하였다.

종교 개혁자들은 이런 잘못된 관행을 쇄신하였다. 루터는 1523년 「독일어로 된 새 세례식 모범」(*Das Taufbüchlein, verdeutscht, aufs neue zugerichtet*)을 발간하였다. 독일어로 번역한 최초의 예배 의식서인데, 세례 의식을 옳게 회복하자는 것이었다. 슈트라스부르크(Straßburg)의 개혁자들은 1524년에 「쇄신의 근거와 이유」(*Grund und Ursache der Erneuerung*)를 내어 놓음으로써 예배와 세례 의식의 개혁을 도모하였다.

---

5) Martin Luther, *Von der Kraft des Wortes*(Siegbert Mohn Verlag, 1960), 120.

종교 개혁자들의 세례 이해

종교 개혁자들은 세례의 일차적 의미가 '씻는다'는 것임에도 불구하고, 복잡한 의식으로 말미암아 세례의 본래적 의미가 상실된 것을 유감으로 생각하고 그 의미를 회복하려고 하였다. 개혁자들에게 세례는 하나이며, 물 세례는 사람을 내적으로 정결케 하는 성령 세례를 표상하는 외적인 징표이다. 세례 요한은 '회개의 세례'를 주면서, 자기는 물로 세례를 주지만 자기 뒤에 오시는 그리스도께서는 불과 성령으로 세례를 주신다고 증거하였다. 우리의 죄를 참으로 사하시고 우리를 정결하게 하시며 변화시키시는 이는 성령이시기 때문에 성령 세례는 참 세례이고 물 세례는 성령 세례를 상징하는 징표로서 의미가 있다.

요한은 예수 그리스도를 가리켜 성령으로 세례를 주시는 이라고 말하여 참 세례를 주시는 장본인이 되신다고 증언하였다. 예수께서는 요한의 세례를 받음으로써 세례의 제도가 하나님께로부터 온 것이라고 확증하셨으며, 죄인을 대신하는 이로서 하나님의 뜻에 순복하셨다. 죄인들을 구원하시는 하나님의 의를 이루기 위하여 순종하신 것이다. 예수께서는 세례를 주시는 장본인으로서 십자가에 달려 죽으시고 부활하심으로 구속 사역을 완성하셔서 우리로 죄 사함을 받게 할 근거를 마련하셨다. 그리고 승천하신 다음 성령을 보내셔서 우리로 하여금 성령으로 세례를 받게 하시는 것이다.

그러므로 물 세례는 성령 세례를 전제하는 것이며 참 세례, 즉 성령 세례를 상징하는 징표이다. 흔히 물 세례와 성령 세례의 순서가 어떻게 되는지에 대하여 의문을 나타내는데, 그러한 물음은 이미 물 세례와 성령 세례가 대등한 의미를 갖는 것으로 잘못 생각하고 묻는 것이다. 물 세례가 성령 세례를 표상하는 징표라면, 그러한 질문은 성립되지 않는다. 세례의 의식을 꼭 침례로 해야 한다고 주장하거나 그 의식 자체를 중요하게 생각하는 것 역시 물 세례가 성령 세례를 표상한다는 이해를 희석시킬 위험이 내포되어 있다.

칼빈에 의하면, 세례는 그리스도인이 되는 데 있어서 "효력을 발생하는 것"(efficiens)은 아니고 다만 하나의 징표일 뿐이다. 그것은 효력을 발생하는 징표(signum efficiens)이다. 믿음이 없이는 세례가 아무것도 아니고, 믿음은 하나의 징표로서 세례를 필요로 하는데 이렇게 양자는 서로 관련이 있다. 믿음이 없이는 기독신자일 수 없음과 동시에 주님께서 제정하신 징표가 없는 믿음도 있을 수 없다고 한다.[6]

유아 세례에 대한 이해

종교 개혁자들은 유아 세례에 대한 어거스틴의 견해를 그대로 받아들였으며, 사도들이 유아 세례를 주지 않았다고는 아무도 믿지 않았다(행 16:25~34, 18:8; 고전 1:16). 터툴리안, 오리겐, 키프리안은 그들의 글에서 그리스도의 교회는 일찍부터 유아 세례를 베풀어 왔다고 밝힌다. 취리히의 종교 개혁자 불링어(Heinrich Bullinger, 1504~1575)는 구약과 신약의 계속성을 인정하는 가운데서 유아 세례의 유효성을 주장하였다. 개혁주의의 많은 신학자들은 언약신학의 관점에서 세례를 할례와 같은 언약의 징표로 이해한다.

신약성경에 유아 세례에 대한 직접적인 언급이 없는 이유는 성인들은 회개하고 세례를 받아 교회의 지체가 되므로 그들의 세례에 대하여는 밝히 말하는 반면에 어린이들은 가정의 품에 숨겨져 있어서 언급되지 않은 것이라고 하는 설명이 있다. 성경에 나오는 '집안'(οἶκος)이라는 말은 어린이를 다 포함해서 하는 말로 이해한다.[7]

---

6) 오토 베버, 「칼빈의 교회관」, 김영재 역(서울: 이레서원, 2001), 127.

7) Joachim Jeremias, *Infant Baptism in the First Four Centuries*(SCM Press, 1960), 19 이하. 고전 1:16, "스데바나 집 사람에게 세례를 주었고"; 행 16:15, "저(루디아)와 그 집이 다 세례를 받고"; 행 1:33, "자기(간수)와 그 권속이 다 세례를 받은 후"; 행 18:8, "회당장 그리스보가 온 집으로 더불어 주를 믿으며 수다한 고린도 사람도 듣고 믿어 세례를 받더라."'ὅλος 'ο οἶκος, πᾶς 'ο οἶκος, ἡ οἰκία ἅπαντες 등의 표현은 어린이도 예외 없이 포함한 온 집안 식구를 가리키는 말이다.

세례 집례 말씀의 의미

세례를 받음으로 우리는 그리스도와 연합한 자가 되고 성삼위 하나님과 연합한 자가 된다. "아버지와 아들과 성령의 이름으로 세례를 주라"(βαπτίζοντες αὐτους εἰς τό ὄνομα τοῦ πατρὸς καὶ υἱοῦ καὶ τοῦ ἁγίου τοῦ πνεύματος, 마 28:19)고 하신 말씀은 "아버지와 아들과 성령의 이름에 연합하는 세례를 주라"고 하는 뜻이다. 이러한 뜻이 영어역(into the name of)이나 독일어역(in den Namen)에서는 그 뜻이 분명하다.

로마서 6:3에 있는, "그리스도와 합하여 세례를 받은 우리는"(ὅσοι ἐβαπτίσθημεν εἰς Χριστον ᾿Ιησοῦν)이라고 할 경우 εἰς + 목적격을 쓰고 있음에 반하여 "이름으로 선지자 노릇하며……"(οὐ τῷ σῷ ὀνόματι ἐπροφητεύσαμεν, 마 7:22)라고 할 경우에는 그냥 여격 명사를 사용하고 있다. 후자의 경우는 "……의 이름을 가지고" "……을 대신하여" 혹은 "……의 권위를 위임 받아"라는 뜻이지만, 세례를 베풀 때의 "이름으로"는 "이름에 연합하는"이란 뜻이다.

초대 교회의 성찬론

성례가 교리 논쟁의 쟁점이 되기는 삼위일체론과 기독론의 논쟁이 있고 난 후 중세에 접어들면서부터였다. 그러나 초대 교회의 속사도 교부들을 비롯하여 여러 시대의 신학자들도 성례에 대한 견해를 피력하였다. 세례에 대한 견해는 대체로 성만찬에 대한 이해 이상으로 실재론적으로 이해한 것으로 보인다. 즉 세례를 통하여 죄 씻음을 받고 죄 사함을 받는다고 본 것이다. 세례를 베푸는 물은 성령의 역사를 통하여 보통 물과는 다르게 된다는 견해가 지배적이었다. 그런데 성례론의 쟁점이 된 것은 세례보다는 성만찬에 관한 교리였다. 사도 이후의 교부들과 알렉산드리아 학파를 제외한 초대 교회의 교부들은 성만찬에 관하여 실재론적 견해를 갖고 있었다. 즉 성만찬의 떡과 포도주가 곧 그리스도의 몸과 피라고 말한 것이다.

'사도들의 교훈'(Didache)은 성만찬을 "영생을 위한 영적 양식"이라고 표현하고 있고, 이그나티우스는 그것을 "불멸의 약", "죽음을 막는 해독제"라고 한다. 가현설(Docetism)은 성찬이 우리의 죄를 인하여 고난당하신 "예수 그리스도의 살"이라는 것을 부정하였기 때문에 비난 받은 것이라고 하였다.

저스틴(Justin Martyr)은 성찬을 가리켜 말하면서, 우리는 그것을 보통의 떡이나 음료로 받지 않는다고 하고, 그것은 인간이 되신 예수 그리스도의 살과 피라고 하였다. 이레네우스는 성만찬을 떡과 포도주로 드리는 희생 제물이라고 하였으며, 교회의 기도를 통하여 성령은 로고스를 떡과 포도주에 결합시키며, 그리하여 그것을 이전과는 다른 어떤 것, 즉 그리스도의 피와 살로 만든다고 하였다.

이와는 대조적으로 터툴리안은 떡을 몸의 표상(figura corporis)으로 보았으며, 몸을 나타내는 것이라고도 말하였는데, 이러한 표현들은 상징주의를 암시하는 말로 이해한다. 오리겐은 상징주의를 말한 대표적인 신학자였다. "성찬에서 몸(σῶμα)은 전형적으로 상징적인 의미에서 그리스도의 몸이며, 성찬을 받는 것은 산 떡이신 로고스를 참으로 먹는 것을 의미하는 것이다." 떡과 포도주는 그리스도와 사도들의 말씀을 상징한다는 것이다. 니코메디아의 유세비우스, 바실리우스(Basil), 나지안주스의 그레고리 등도 오리겐의 영향을 받았고 아타나시우스도 역시 오리겐의 영향을 받았다. 그리고 안디옥 학파는 고린도전서 11:24~34의 말씀을 해석하면서, 성만찬은 그리스도의 죽음을 상징하는 것이라고 하였다. 테오도렛(Theodoret, ~457)은 말하기를 성찬의 떡과 포도주는 물질 그대로 남아 있기는 하지만, 그러나 경건한 마음에는 그리스도의 몸과 피가 된다고 하였다.

동방 교회에서는 변화설을 좀 더 분명히 믿었다는 흔적이 있다. 키프리안은 "감독은 그리스도께서 행한 것을 본받아 교회에서 참되고 온전한 희생을 아버지께 드린다"고 말하여, 교직자들이 제사장임을 암시하였고, 성만찬이 제물(祭物)이 된다고 말하였다. 예루살렘의 키릴루스(Cyrillus, ~386)는 우리가 드리는 예배의 대상은 희생의 제물이 될 그리스도시라고 하고, "이것은 나의 몸이니" 하는 말씀에 비추어 보아 떡과 포도주는 그리스도의 몸과 피로 변한다고 하며, 성령께 드리는 기도를 통하여 이루어지는 변화라고 한다.

또한 닛사의 그레고리(Gregory of Nyssa, ~394)는 떡은 봉헌을 통하여 그리스도의 성체(聖體)가 되며, 그것이 음식의 형태로 우리 몸의 소화 기관에 섭취될 때 죽음의 독소를 제거하는 것이라고 한다. 그는 또한 가시적인 물체(objects)의 성질(nature)에 요소의 변화가 일어난다(being transelemented, μεταστοιχειώσας)고 한다. 크리소스토무스는 이를 새로 빚어진다(being refashioned, μεταρρυθμίζειν)고 하며, 성만찬은 물질의 변형(transform, μεταοχειάζειν)을 통하여 떡은 진정한 그리스도의 몸이 되며, 우리는 그것을 볼 수도 있고 먹을 수도 있다고 한다.[8]

알렉산드리아의 키릴루스(Cyrillus, ~394)는 제단 위에 바쳐진 것이 비록 떡과 포도주의 형식으로 있다고 할지라도(마 26:26~28), 그것은 진정한 로고스의 몸이라고 하여 변화체(變化體)의 개념을 표현한 것이라고 생각한다. 키릴루스는 "이것은 나의 몸", "이것은 나의 피"라는 그리스도의 말씀은 가시적인 떡과 포도주가 그냥 상징이 아니고, 설명할 수 없는 하나님의 능력을 통하여 그리스도의 몸과 피로 변하였음(μεταποίεισθαι)을 뜻한다고 한다.

화체의 교리를 처음으로 체계화한 사람은 다마스커스의 요한(~750)이다. 754년 콘스탄티노플에서 열린 종교회의에서는 성상 숭배를 배격하고 떡과 포도주를 그리스도의 인성의 유일한 상징이라고 선언하였다. 그런데 성상 숭배를 지지하는 다마스커스의 요한은 이러한 결정을 무시하고, 이에 반대하는 주장을 피력하였다. 787년 니케아의 두 번째 종교회의에서는 결국 요한의 주장이 채택되었다. 즉 떡과 포도주는 봉헌을 통하여 그리스도의 몸과 피로 변화된다고 한다(μεταποίουνται εἰς τὸ σῶμα καί τὸ αἷμα τοῦ Χριστοῦ). 요한은 화체의 교리를 설명하기 위하여 μεταβάλλονται라는 단어를 사용하였다. 후에 로마 가톨릭은 μεταποίωσις 대신에 μεταουσίωσις라는 단어를 사용한다. 즉 단순히 변한다는 말 대신에 본체가 변한다는 뜻이다. 동방 교회도

---

8) J. N. D. Kelley, 앞의 책, 444.

이에 동조한다.

서방 교회에서는 개신교와 로마 가톨릭교회의 성만찬론을 대변하는 견해가 유명한 두 교부에게서 유래되었음을 발견한다. 즉 밀라노의 감독 암브로시우스는 성만찬을 희생의 제물로 보고 제단에 그리스도께서 현실적으로 임재하는 것을 뜻한다고 하였다. 암브로시우스는 사제의 봉헌하는 말을 통하여 떡과 포도주가 변한다고 실재론적 견해를 대표하게 되었다.

이에 반하여 어거스틴은 상징설을 대변하였다. "말씀이 물질적인 요소가 되는 것을 통하여 성례가 성립한다. 즉 성례는 보이는 말씀이다." "세례로부터 말씀을 제거하면 물은 단순히 물일 뿐이지 무엇이겠느냐?"고 하여 실재론에 대항하여 성례에서 표지(標識)와 사물(事物)을 구분한다. 그러나 칼(Karl) 왕조 시대에 와서는 사제의 봉헌(consecration)을 통하여 떡과 포도주가 그리스도의 살과 피로 변한다는 것을 일반적으로 믿게 되었다.

중세 교회의 성찬론

9세기의 성찬론

코르비(Corbie) 수도원의 수도사 라트베르투스(Paschasius Radbertus, 약 790~856/59)는 843년에 수도원 원장이 되었다. 그는 자신의 책 『주의 몸과 피』(De corpore et sanguine domini)에서 신자는 성찬에서 마리아에게서 나시고 십자가에 달려 죽으시고 부활하신 그리스도의 몸을 실제로 받는 것이라고 하여 변화설을 말한다. 그런데 라트베르투스는 성만찬에는 상징과 실재 둘이 다 있다고 한다. 즉 변화되었음에도 불구하고 우리가 볼 수 있고 감각할 수 있는 외적인 형상은 그리스도의 몸과 피를 상징하는 것이지만, 임재하는 그리스도의 몸은 실재라고 한다. 라바누스 마루스(Hrabanus Marus, 780~856)는 그리스도의 진정한 몸은 날마다 신적인 능력에 의하여 떡으로부터 창조된다고 하였으며, 성례 시의 그리스도의 몸은 역사적인 그리스도의 몸과는 다르다고 한다.

라바누스는 풀다(Fulda)의 수도원 원장으로 있다가 847년 이후 마인쯔의 대주교가 되었다. 그는 떡과 포도주는 그냥 상징일 뿐이라고 하였다. 라바누스도 변화설을 인정하나 떡과 포도주가 신비적으로, 그리고 성례적으로 (sacramentally) 그리스도의 몸과 피가 된다고 한다.

라트람누스(Ratramnus, ?~868)는 라트베르투스에 대항하여 상징설을 말하였다. 즉 떡과 포도주에 그리스도의 몸과 피가 숨어 있는 것이 아니고, 그것은 그리스도의 영적인 몸이요 영적인 피일 뿐이라고 한다. 성만찬의 떡과 포도주는 그리스도의 죽음을 기념하는 것이므로 신자가 받는 것은 그리스도의 진짜 살과 피가 아님은 물론이지만 그렇다고 단순한 떡과 포도주도 아니라고 하며, 성찬에서 우리는 더 고상한, 하늘나라의 신적인 것을 받는다고 하고, 그것은 믿는 사람만이 볼 수 있고 먹을 수 있는 것이라고 하였다.

성만찬에 대한 두 가지 견해를 두고 경건한 넓은 신자층은 라트베르투스의 성례론을 선호하였다. 그런데 9세기에 이미 화체설(transubstantiation)을 말한 사람들도 있었다. 이를테면, 할버슈타트(Halberstadt)의 하이모(Haimo, ~853)는 물체, 즉 떡과 포도주의 물체는 본질적(substantially)으로 다른 물체로, 즉 그리스도의 몸과 피로 변한다고 한다(substantialiter convertatur in aliam substantiam).[9] 이와 같이 9세기에 성만찬에 대한 논의는 있었으나 아직 교의화되지는 않았다.

11세기의 성찬론

11세기에 이르러 베렌가(Berengar, ~1088)는 반실재론적인 상징주의를 대변하는 교리를 다음과 같이 말하였다.

떡과 포도주는 봉헌을 통하여 그리스도의 몸과 피가 된다. 그러나 실체가 변하는 것은 아니다. 물질의 형상이나 본질이 변한다는 것은 생각할 수 없는 일이다. 떡과 포도주의 겉모양이 변하지 않는다면 실체도 변하지 않는다. 봉헌을 통하여 떡과 포도주는 그리스도의 몸과 피의 성례(sacrament)가 된다.

---

9) Seeberg, *History of the Christian Doctrine* II, 37.

떡과 포도주는 그리스도의 몸과 피를 상징(significant)한다. 그것들은 유사물(similitudo)이요 징표(signum)요 비유(figura)이며 언약(pignum)이다. 그러므로 떡과 포도주는 본래 그것대로 남는다는 것이다. 실체는 변하지 않으나 새 것이, 불가시적인 것이 실재 못지않은 요소를 통하여 천상에 계시는 그리스도께서 전적으로 임재하신다. 그리스도의 몸은 하늘에 계시므로 그를 끌어내린다는 것은 불가능하다. 그러나 사제의 봉헌을 통하여 그리스도의 죽으심을 통한 구원의 능력이 임재하시고 그가 영적으로 임재하신다.

베렌가의 이론은 성만찬에 대하여 다시금 논쟁을 불러일으켰다. 랑프랑(Lanfranc), 랑그레(Langres)의 유고(Hugo), 루티히(Luttich)의 알거(Alger), 트로안(Troanne)의 듀란(Durand), 아베르사(Aversa)의 구아문(Guitmund)이 성찬에 대한 견해를 각기 말하였다. 구아문은 떡과 포도주에 변화(mutatio)가 있게 되는 것인데, 그리스도께서 제정하실 때 말씀하신 그대로, 상징적인 변화가 아니고, 본질적인 변화가 있게 된다고 한다. 유고는 "봉헌의 말씀을 통하여 떡과 포도주의 진정한 실체(substance)는 그리스도의 몸과 피로 변한다(convertitur). 즉 떡과 포도주의 외형은 그대로지만 본질은 다른 본질로 변화한다고 한다(susbstantia in substantiam transeunte). 그리스도의 몸은 편재할 수 없기 때문에 그리스도께서는 그가 원하신다면 지금 이 시간에 지상에 오셨듯이 성만찬에 임재하신다고 한다.

화체설의 교의화

12세기에 접어들면서는 어떤 것이 성례에 속하는 것인지에 관심을 기울였다. 개혁적이고 금욕적인 신학자로 알려진 페트루스 다미아니(Petrus Damiani, ~1072)는 무려 12개의 성례를 말했다. 즉 세례, 견신례, 환자에 기름 붓는 일, 감독의 서품, 왕에게 기름 붓는 일, 교회당 봉헌, 주교좌 참사위원(Kanoniker)의 서품, 수도승의 성별(聖別), 수도원 입소자의 성별, 여수도승의 성별, 혼인을 성례라고 하였다.

현재 로마 가톨릭이 견지하고 있는 7개의 성례는 중세 후기 교의학의 기초를 놓은 피터 롬바르두스가 제의한 것이다. 그는 세례, 견신례, 성찬, 고해[告解聖事], 죽어가는 사람에게 기름을 바르는 의식[終傅聖事], 사제의 서품, 혼인을 성례라고 하였다.

토마스 아퀴나스는 아리스토텔레스의 물질(物質)과 형상(形相)의 이론을 적용하여 '요소'와 '말씀'을 구별하려고 하였다. 물질은 형상을 통하여 그 특성을 보유하므로 은혜를 가져다주는 것, 즉 말씀과 그 수단인 물질과는 구별되어야 한다고 하였다.

스콜라 신학이 진전됨에 따라 은혜의 효능을 성례에다 연결해서 생각하는 경향이 있었다. 그런데 성례가 은혜를 보유한다는 생각은 성례만이 은혜를 가져온다는 생각으로 발전하였다. 롬바르두스에게는 성례가 불가시적 은혜를 가리키는 징표일 뿐 아니라 은혜를 가져오는 징표였다. 중세의 여러 학파 간에, 가령 도미니코 교단과 프란체스코 교단의 성례에 대한 견해가 다소 다르기는 했으나, 성례가 구원을 위하여 필요한 것이며, 그것을 행함으로 효능이 발생한다는 데 대하여는 견해가 일치했다.

1215년 제4차 라테란 회의(Lateran Council)에서 성찬에 대한 견해를 교의화하였다. 성찬 시의 떡과 포도주는 사제가 봉헌의 말을 할 때 하나님의 능력으로 그리스도의 몸과 피로 변한다고 하였다. 그리고 1439년 프로렌스 회의에서는 성례에 대하여 라테란에서 교의화한 것을 재확인하였으며, 1545~1563년의 트렌트 회의에서 성례에 대하여 포괄적으로 정의를 내렸다. 그것은 종교 개혁자들의 견해와는 확연히 다른 견해이다.

종교 개혁자들의 성찬 이해

성찬은 예수 그리스도의 죽으심을 기념하는 의식인데, 떡과 포도주를 나눔으로 의식을 행하는 것이라고 하였다. "나의 몸이니……", "이 잔은 내 피로 세운 새 언약이니……" 하는 주님의 말씀에 대한 해석을 두고 여러 가지 다른 해석이 시도되었다. 중세에 교의화된 화체설, 즉 떡의 본질이 예수 그리스도의 살로 변한다는 것과 성찬식을 행할 때마다 예수 그리스도께서 십자가에서 제물이 되신 사실을 재현한다는 화체설은 로마 가톨릭에서 여전히 견지하는 견해인데, 종교 개혁자들은 이를 하나같이 다 거부하였다.

루터는 1520년부터 화체설을 거부하고, 칼케돈의 기독론 교리를 그대로 받아들여, 그리스도께서는 편재(遍在)하시는 분이시며, 속성의 교관(communicatio idiomatum)을 통하여, 즉 그리스도의 신성과 인성이 상호 교관(相互交灌)함을 통하여 그리스도의 인성이 신성과 함께 편재하므로 성찬에 몸으로 임하신다고 주장하였다[共在說, consubstantiation].

츠빙글리는 이에 반하여 성찬은 예수 그리스도의 죽음을 기념하는 것일 뿐이며, 그리스도의 죽으심을 선언하는 모든 사람들의 감사와 공통적인 기쁨일 뿐이라고 말하는 영적 의미로 해석함으로써 중세 교회의 가르침에 반대하는 극단적 견해를 말함과 동시에 루터의 공재설에도 반대하는 견해를 말했다. 성찬 제정의 말씀 가운데 "이것은 내 몸이다" 혹은 "이것은 내 피다"고 할 때 "…이다(est)"는 "상징하다(significat)"로 이해해야 한다고 했다.

칼빈은 양자를 절충하는 견해를 취하였다. 즉 성찬이 그리스도의 죽음을 기념하는 것이면서도, 그것은 하나님께서 우리에게 말씀과 함께 은혜를 주시는 방편이며 인(印)을 치시는 보증이라고 말하고, 그리스도께서 성찬에 영으로 임재하신다고 말하였다. 칼빈은 떡과 포도주를 먹고 마심으로써 그리스도의 몸과 피를 먹고 마셔서 그와 연합하는 것임을 강조한다.

칼빈이 그리스도와 우리의 연합을 말할 때 그리스도의 영과의 순수한 영적 연합만 의미한 것은 아니고 우리의 몸을 취하신 그리스도와 연합한다고 한다. 칼빈은 그리스도의 육체와 우리 사이에는 무한한 공간적 거리가 있음을 말하고 루터와는 달리 그리스도의 몸의 편재를 부인하면서도 그리스도의 실재적 임재를 말하는 사상에는 찬성하였다. 그러나 그러한 임재는 성령을 통하여 이루어진다고 하며, 성령께서만 그리스도의 몸에 접근하실 수 있다고 한다.

칼빈은 성찬의 거룩한 비밀(sacrament)은 두 가지 의미를 함축한다고 한다.

즉 그것은 우리 앞에 놓여서 우리의 연약한 인식 능력을 도와 불가시적인 것을 볼 수 있도록 해 주는 그리스도의 몸의 징표와 그와 동시에 징표 자체를 통하여 빚어지고 제공되는 영적인 진리라고 한다. 칼빈은 성찬의 징표가 의미하는 것을 지적으로 충분히 인식할 수 있다고 생각하지 않는다.

칼빈은 성례에 대한 중세적인 이해, 즉 중세 후기에 나온 말로 '자체가 효능이 있는 징표'(signum efficax)라고 하여 그리스도의 몸이 우리가 먹고 마시는 것 속에 포함되어 있다는 주장을 배격하는가 하면, 이에 반하여 성례에서 경험하는 것을 단지 하나의 정신적인 것으로 축소하려고 하는 극단적 이해도 배격한다. 우리는 칼빈이 성찬에 대하여 어떻게 말하고 있는지 그의 글을 직접 보기로 한다.

칼빈의 성찬에 대한 어록[10)

칼빈은 추기경 사돌레(Sadolet)에게 보내는 편지에서 성찬에 대하여 다음과 같이 말한다.

"만물의 주님을 우리가 자유롭고 제한을 받지 않으시는 신적이고 영적인 능력을 공간적으로 한정된 육체와 관련된 인성에 가두어 놓으려고 한다면서 성만찬에 대한 우리의 가르침이 잘못된 것이라고 비난을 하십니다만, 참 어떻게 그런 식으로 오해를 하게 되셨는지 알 수가 없습니다. 우리는 그리스도의 신적인 능력뿐만 아니라, 그의 신적인 본질을 따라 그리스도께서는 만물을 충만케 하시며, 전혀 제한을 받지 않으시는 분이심을 평소에도 늘 강조해 왔습니다.

그럼에도 불구하고 추기경께서는 우리가 그리스도의 능력과 그의 신성을 공간적으로 제한 받는 육체의 세계에다 가둔다고 비난하시는데, 어떻게 그런

---

10) Udo Schmidt, *Johannes Calvin und die Kirche*(Stuttgart: Evangelisches Verlagswerk, 1972), 61 이하.

말씀을 하실 수 있습니까? 우리는, 귀하들이 하듯이 성찬에서 주님의 몸을 세상적인 요소에 결부시키려고 하지 않기 때문에 그러시는 것입니까? 그러나 조금이라도 순수하게 올바로 생각하신다면 분별하실 수 있을 것입니다. 즉 그리스도께서 육체적으로 떡에 임재한다는 일은 있을 수 없다는 것과 그리스도의 영적인 능력이 육체적인 것을 통하여 얽매인다는 것은 다른 이야기입니다. 귀하께서는 진실로 말하자면, 우리의 가르침을 잘못된 새로운 가르침으로 몰아붙이실 근거가 없습니다. 우리의 가르침은 교회의 신앙고백에 여전히 확고부동하게 근거하고 있기 때문입니다……

우리는 설교하면서, 성도들이 주님과 교제하는 성만찬에 참여할 때, 주님의 몸과 피를 받는 것이라고 분명하게 강조하여 말합니다. 이 몸은 참으로 생명의 양식이요, 이 피는 참으로 생명의 음료라고 힘주어서 말합니다. 그러므로 성도들이 주님의 몸과 피로 생각되는 물질을 받는 것으로 족하게 여기지 않고, 실제로 그리고 참으로 주님의 몸과 피를 먹고 마셔야 하는 것입니다. 성만찬에서 그리스도의 임재하심을 통하여 우리가 그와 연합하게 되는데, 그리스도의 임재하심을 우리는 조금도 손상되게 말하지 않습니다.

비록 우리가 영화롭게 된 그리스도의 몸이 이 땅의 요소에 내려오시는 일은 없다고 말하거나, 혹은 떡이 그리스도의 몸으로 변화하므로 그리스도 대신에 변화된 떡을 경배하는 일은 꿈에도 생각할 수 없는 일이라고 말하더라도, 우리는 그리스도의 임재하심을 부정하는 것은 전혀 아닙니다. 우리는 성례의 가치와 효용을 지극히 존중합니다. 그리고 성만찬을 통하여 얻는 크신 축복에 관하여 가능한 한 우리는 분명히 말합니다. 이러한 모든 것을 귀하들은 소홀히 하는 줄 압니다. 귀하들은 우리가 누리는 하나님의 은혜를 생각하고 감사함으로 행하는 것을 중요하게 여기지 않으십니다. 귀하들은 백성들이 성례의 영적인 의미를 이해하지 못하면서도 가시적인 징표를 경이롭게 구경하는 것만으로 만족하게 여깁니다.

요컨대, 우리는 귀하들이 말하는 화체설이 잘못된 것이며, 뜻을 모르고 드리는 예배는 잘못된 것이라고 비판합니다. 사람들은 떡과 포도주에 얽매여서 위에 계신 그리스도를 쳐다보지 못합니다. 우리의 이러한 비판이 초대 교회의 생각과 일치한다고 선언합니다."(CR Bd. 33, 400)

성찬 제정에 관하여

주님께서는 우리에게 복음 안에서 주신 언약을 인장으로 확약하시기 위하여 성만찬을 제정하셨다. 성만찬을 통하여 주님께서 첫째로 우리로 하여금 그의 몸과 피에 참여하게 하신다. 성찬에서 참된 영적인 영양이 섭취되는 것을 확실히 알게 하신 것이다. 영광스러운 담보인 성찬을 받을 때, 우리는 구원의 확신을 갖게 된다. 둘째로, 하나님께서 그의 선하심을 우리로 하여금 인식하도록 역사하셔서 우리가 항상 하나님을 높이고 그의 영광을 더욱 더 찬송하게 하신다. 셋째로, 우리가 그리스도의 지체로서 형제의 보살핌과 사랑 속에 살도록 권고하신다(CR Bd. 33, 435/436).

성찬은 위로를 위한 것이다

성찬에서 우리는 유일하고 특이한 위로를 받는다. 즉 성찬은 우리에게 예수 그리스도의 십자가와 부활을 보여주고 그리로 인도한다. 성찬은 주님께서 길 잃은 우리 죄인들을 의인으로 간주해 주시고 받아주시는 것을 입증하며, 죽음에 빠진 우리를 생명으로 이끌어 주고 슬픔과 고통에 에워싸인 우리에게 기쁨을 안겨 준다(CR Bd. 33, 437).

그리스도의 몸과 피

떡이 그리스도의 몸이요, 포도주가 그리스도의 피냐고 하는 질문에 대하여 우리는 이렇게 대답한다. 떡과 포도주는 그리스도의 몸과 피를 대변하는 가시적 표지이다. 떡과 포도주를 우리는 그리스도의 몸과 피라고 한다. 왜냐하면 그것들은 예수 그리스도의 몸과 피를 우리에게 전달하는 도구이기 때문이다. 이 징표를 통하여 우리 눈에는 가려 있을 뿐 아니라 우리의 이성으로는 파악할 수 없는 예수 그리스도의 몸과 연합하는 일이 가시적이 된다. …… 만일 우리가 가시적인 표지를 본다면 그것이 무엇을 가리키는지 또한 누가 그것을 우리에게 주는지를 생각하지 않을 수 없다. 우리가 받는 떡은 그리스도의 몸을 대변한다. 그리고 우리는 그리스도의 몸을 먹으라는 명령을 받는다. 그것은 영원하시고 변함이 없는 진리이신 하나님께서 우리에게 주시는 것이다.

만일 하나님께서 거짓을 말씀하실 수 없고 속일 수 없는 분이시라면, 그분이 성찬에서 보여 주시는 모든 것을 진실로 성취하실 것이 틀림없다. 그러므로 우리는 성찬에서 그리스도의 실제의 몸과 피를 받아야 하는 것이다. 왜냐하면 주님께서 떡과 포도주를 주님과 연합하게 하는 표지로 세우셨기 때문이다. ……그러므로 성찬이 우리에게 축복이 되는 것은, 간단히 말하면, 예수 그리스도께서 성찬에서 우리에게 주어지시기 때문에, 우리는 그를 소유하게 되며, 우리가 마음으로 갈망하는 모든 은사를 그리스도 안에서 충만히 갖게 된다(CR Bd.33 438~440).

한 몸의 지체

우리는 성만찬에서 우리 모두 그리스도의 동일한 몸을 받는다. 그리하여 우리는 모두 그의 지체가 된다. 불일치와 분열이 우리를 지배한다면 우리는 예수 그리스도의 몸을 찢는 죄를 범하는 결과가 된다. 그러므로 우리에게 어느 누구에 대하여 조금이라도 미워하거나 원망하는 마음이 있으면, 더욱이 우리와 함께 한 교회에 속한 같은 그리스도인에 대하여 미워하는 마음이 있으면, 성찬에 참여하는 것을 삼가야 한다. 우리는 주님의 명령을 좇아 우리를 구원하시는 주님께 얼마나 감사하는지를 입으로 고백하고 행동으로 보여줄 마음을 가져야 한다(CR Bd. 33, 443~444).

성만찬에서 그리스도께서는 나에게 떡과 포도주의 표지 아래서 주님의 몸과 피를 받아먹고 마시라고 말씀하신다. 그러므로 나는 주님께서 나에게 주님의 살과 피를 진실로 주시며 나는 그것을 진실로 받는다는 사실을 의심하지 않는다(CR Bd. 30, 1032).

누구든지 우리의 구원이 이 비밀을 통하여 보강되기를 늘 바라는 사람은 믿는 자가 샘터로 이끌림을 받아 하나님의 아들로부터 생명수를 긷는 것보다 더 적절한 일이 없음을 안다. 이 성례의 존귀함은 아무리 찬양해도 다함이 없으니, 그것은 우리가 그리스도의 몸에 연합할 수 있도록 도와주는 것이기 때문이다. 다시 말하면, 그리스도께서 우리로 하여금 하늘나라의 생명 안에서 자기와 온전히 하나가 되게 하기까지 더욱 더 그리스도와 더불어 자라게 해주시기 때문이다(CR Bd. 30, 1035).

한국 교회의 성찬 이해와 성례전

성찬에 대한 칼빈의 견해는, 합리적 이해에 근거하여 성례를 영적인 것이라고만 이해하려는 츠빙글리의 견해와는 다르다. 개혁주의 교회의 전통은 칼빈의 견해를 따름에도 불구하고 칼빈주의를 표방하는 한국의 장로교회는 성찬을 이해함에 있어서 칼빈의 견해보다는 츠빙글리의 견해를 따르는 경향이 있다. 츠빙글리는 성찬이 우리로 하여금 그리스도의 죽음을 기념하게 하는 상징이라고 가볍게 생각하였으므로 예배도 말씀 중심의 예배를 드리도록 하고 성찬은 1년에 네 번 정도 베풀도록 하였다. 츠빙글리의 성찬 이해는 말씀을 중시하고 강조하는 복음주의의 여러 교회들이 따르고 있다.

성찬을 훨씬 더 의미 있는 것으로 이해하는 칼빈은 매 주일 행하기를 원하였다. 그러나 제네바 시에서는 이미 칼빈이 그곳으로 오기 전부터 츠빙글리의 영향을 받아 시행하던 대로 일 년에 네 번 하는 관행을 고수하려 했으므로 칼빈으로서도 어쩔 수가 없었다. 그리하여 이것이 개혁주의교회가 성찬을 대체로 1년에 네 번 행하는 관행으로 되었다. 우리 한국 장로교회의 경우는 일 년에 두 번 정도 성찬식을 거행해 왔으므로 개혁주의교회의 일반적 관례에 도 미치지 못하는 정도이다. 한국에 온 초기의 선교사들이 지역 교회를 일 년에 두 번씩 방문했기 때문에, 그러한 관습이 생겼다는 설명도 있다. 학습과 세례를 받는 기간을 각각 6개월로 하고 있는 데서도 연유한 것으로 이해한다. 그래서 아무런 이의나 반성 없이 그렇게 지켜 온 것이라고 본다.

그뿐 아니라 "구원은 성례를 통하여 얻기보다는 믿음을 통하여 얻는 것"[11]이라고 생각하는 복음주의의 영향을 받아 설교를 중심하는 예배로 만족한 데서도 온 것이라고 생각한다. 성례는 교회론적으로 이해해야 하는데 그것을 구원론적으로 이해하려는 것은 전형적인 복음주의적 사고로서, 믿음과 성례를 대구(對句)로 생각하는 것은 옳지 않다. 미국의 경우, 개척 시대에는 성찬을 자주 행하지 않았으나, 20세기에 들어와 예전 운동이 일어나면서 장로교회에서도 더 자주 성찬식을 행하는 경향이어서 한 달에 한 번씩 행하는 교회도 많다.

한국 장로교회의 예배도 여태껏 성찬은 소홀히 하는 설교 중심의 예배였으나, 이제는 그 약점이 여러 모로 드러나고 있으므로 성례에 대한 여태까지의 이해와 관습을 성례에 대한 칼빈적인 이해를 회복함과 동시에, 성찬식을 거행하는 횟수도 늘려야 한다. 성례를 소홀히 여기는 데서 한국 교회는 여러 가지 약점과 폐단을 안게 되었다. 이를테면, 한국 교회의 예배가 설교 중심 일변도가 된 사실은 예배실의 구조로부터 신자들의 의식 구조에 이르기까지 여러 가지 부정적 영향이 미쳤음을 발견한다.

종교 개혁 이후 교회에 따라 강도상을 강단 중앙에 놓은 것은 말씀 중심으로 단순한 예배를 드린다는 뜻에서 한 것이다. 그런데 한국 교회에서는 강단이 성역화되면서 제단 아닌 강도상이 크고 화려하게 발전하게 되었으며, 예배 공간은 이중적인 것으로 발전하였다. 따라서 설교자의 권위가 본래의 의도와는 달리 높여지게 되었다. 서양 교회에서는 전면에 성찬상과 세례대를 볼

---

11) Donald P. Hustad, *Jubilate! Church Music in the Evangelical Tradition* (Carol Stream, IL: Hope Publishing Company, 1981), 15.

수 있는데, 한국 교회에서는 대체로 성찬상이 또 하나의 강도상으로 이용되고 있다.

성례를 소홀히 하는 설교 중심의 예배가 예배에서 설교를 듣는 순서를 가장 중요하게 생각하게 하였으며, 결과적으로 설교자를 따라 쉽게 이동하는 교인들이 많이 생기게 되면서 대교회의 출현을 보게 된 것이다. 공동체의 귀중함을 배우지 못하는 신자들이 많다 보니까 전체적으로 그리스도인들의 신앙 성숙이 그 만큼 완만해진 것이라고 할 수 있다. 공동체 의식이 결여되면, 즉 교회의 귀중함과 권위를 인식하지 못하면 권징도 옳게 시행되지 못한다.

그러고 보면 한국 교회는 교회의 표지를 상실하는 교회가 되어가고 있다. 교회에서 교인을 징계할 경우, 가장 중한 벌이 출교이고, 그 다음으로 중한 벌이 수찬 정지(受饌停止)인데, 성찬식을 자주 행하지 않는 한국 교회에서는 교인들이 수찬 정지를 징계로 실감할 수 없다. 그러므로 우리는 예배에서 말씀의 설교와 함께 성례를 중시하고, 이를 균형 있게 행해야 할 것이다.

제17장

성령론의 역사

기독교의 교리는 교회 안팎에서 일어나는 이교적인 사상과 이단적인 가르침에 대응하여 신학자들이 성경의 가르침을 옳게 이해하여 변증하고 가르치는 가운데 발전해 왔다. 그래서 시대적인 상황을 따라 기독교의 교리 가운데 어느 특정한 교리가 더 많은 관심에서 논의가 되기도 하였으며, 같은 주제의 교리라도 시대를 따라 강조점이 달리 나타났다. 그러나 한 주제의 교리는 다른 교리와 상관 관계 속에서 논의되고 발전되었다. 성령론도 역시 그러한 배경과 관계에서 논의되고 발전해 왔으므로 논의의 초점과 발전 과정을 초대 교회, 중세 교회, 종교 개혁과 그 이후의 시대적인 구분을 따라 개관하고자 한다.

초대 교회의 성령론

성령의 교리는 삼위일체 교리의 형성과 더불어 윤곽이 잡히기 시작하였다. 삼위일체 교리의 형성은 예수가 참으로 하나님이시냐 하는 물음에서 시작되었으므로 삼위일체 하나님을 고백하는 니케아 신조(325)가 작성될 무렵까지만 하더라도 신학자들은 주로 예수 그리스도의 신성에 대하여 논의했을 뿐이고, 성령에 대하여는 별로 관심을 가지지 못하고 있었다. 그러다가 4세기 후반에 접어들면서 성령이 하나님이심을 말하게 되었다.

니케아 신조를 전후한 기독론은 삼위일체를 중심한 것이었으며, 삼위일체 교리의 윤곽이 드러나게 되면서도 계속 그리스도의 인성과 신성 문제에 관심을 가졌다. 말하자면 그리스도의 인격에 관하여 본체론적인 관심을 가졌다. 성령에 대한 교리를 두고도 그것은 마찬가지였다. 즉 신학자들은 성령의 일하심이나 역할에 대한 관심보다는 성령의 신성에 대하여 관심을 가졌다. 그것이 당시에는 의문점이고 선결 과제였기 때문이다. 성령의 일하심 이나 역할[기능]에 관한 언급이 더러 있기는 하나 그것은 성령의 신성을 입증하기 위한 것이었다.

니케아 신조에서는 하나님의 삼위의 동질성(homoousion)에 관하여 언급하 면서 아들뿐 아니라 성령에 관하여도 언급하고 있으나 단순히 "성령을 믿는다" 는 한마디밖에 없다. 여하튼 4세기 중엽까지는 성령을 인격으로 이해하는 글이 거의 없는 것으로 알려져 있다.[1] 2세기의 변증가들은 성령의 위치와 역할에 대하여 별로 말한 것이 없다. 그들은 성령의 중요한 역할이 선지자들을 영감하는 것이라고 이해하였다.

저스틴(Justin Martyr, ~165)은 이사야 11:2의 말씀[2]을 그리스도께서 오심과 더불어 유대인에게는 예언이 그칠 것임을 가르친다고 해석하고서, 성령은 그리스도의 영이 될 것이고 그의 은사와 은혜를 그리스도인들에게 부어주실 말씀으로 이해하였다. 따라서 성령은 기독교를 최고의 철학이 되게 하는 조명의 원천이라고 했다.[3] 변증가들은 성령을 가리켜 하나님의 영으로서 로고스와 같이 신적인 성품을 가졌다고 한다. 아테나고라스에 따르면 성령은 햇빛처럼 하나님으로부터 유출되어 다시 돌아가는 '유출물'(ἀπορροίαν)이 다.[4]

---

1) Jaroslav Pelikan, *The Christian Tradition 1: The Emergence of the Catholic Tradition*(100-600), 211. (이하 Jaroslav Pelikan을 J.P.로 줄임)
2) 하나님의 신 곧 지혜와 총명의 신이요, 모략과 재능의 신이요, 지식과 여호와를 경외하는 신이 그 위에 강림하시리니
3) Kelley, 앞의 책, 102.

이레니우스는 그리스도의 성육(成肉, Incarnation)을 이해하는 데 하나의 전기를 마련한 신학자이다. 종래의 거의 모든 신학자들이 그리스도의 성육을 우주론적으로나 존재론적으로 이해하려고 했는데, 그는 성육을 구속의 측면에서 이해하고 이를 강조하였다. 삼위 하나님의 역할에 관하여 말하면서, 기독교 이전의 모든 하나님의 현현(顯現, manifestation)은 로고스로 말미암아 된 것이라고 한다. 성령과 아들은 "하나님의 손"으로서 창조와 계시에서 긴밀히 함께 일하신다고 한다. 사람은 먼저 성령께, 다음으로 아들에게, 그 다음으로 아버지께로 다가간다고 한다. 아버지는 결정하시고 아들은 집행하시며 성령은 계속 수행하신다고 한다. 그리고 성령은 특히 성화를 위하여 교회에서 활동하신다고 한다. "만유 위에 계신 아버지가", "만유를 통하여 말씀이", "만유 안에 성령"이라고도 표현한다.

터툴리안은 성령을 인격으로 이해하는 경향을 보였는데, 그것은 아마 몬타누스주의의 영향을 받아 그랬던 것이라고 추정한다. 몬타누스주의에서는 성령의 은사가 교회에 결여되어 있다고 말했는가 하면, 2세기의 몬타누스는 황홀경에서 보혜사(παράκλητος)에 관하여 1인칭으로 "나는 파라클레토스이다"라고 말했다.

4세기 후반에 활동한 에피파니우스(Epiphanius)에 따르면, 몬타누스는 "나는 인간 안에 내려온 전능한 주 하나님이니라." 그리고 이어서 "오신 이는 천사도 장로도 아니요, 나 주 하나님이니라"고 말했다고 한다. 알렉산드리아의 맹인 신학자 디디무스(Didymus, ~398)는 몬타누스에게 내린 다른 신탁(oracle), 즉 "나는 성부와 성자와 보혜사이다" 하는 말을 들었다고 전한다.

이런 점에 근거하여 몬타누스주의에 관하여 말하는 후대의 비평가들은 몬타누스가 자신을 '파라클레토스'와 동일하게 여겼다고 한다. 그리고 예루살렘의 키릴루스는 몬타누스가 뻔뻔스럽게도 자신이 곧 성령이라고 말했다는 것이다. 몬타누스의 이러한 발언은 당치도 않은 이단적인 말이지만, 여하튼 성령을 인격으로 파악한 것이라고 이해할 수 있어서 그런 점에서 특이하다고

---

4) 같은 쪽.

할 수 있다. 아마도 터툴리안은 이러한 배경에서 영향을 받은 것이다.[5]

삼위일체 교리에 대한 관심이 높아지면서 신학자들이 성령에 대한 교리에 관심을 갖게 되자, 나지안주스의 그레고리(Gregogry of Nazianzus, ~389)는 성령의 교리가 없었던 점에 관하여 "구약은 아버지를 드러나게 선포하였으나 아들은 은밀히 선포하였다. 신약은 아들을 드러내었으며, 성령의 신성을 암시하였다"고 설명한다.[6]

이코니움의 암필리오킬루스(Amphiliochilus of Iconium, ~395)는 376년의 노회 서신에서 모세 오경에는 한 분이, 선지서에는 두 분이, 복음서에는 세 분이 나타내 보이셨다고 말한다. 그리고 니케아 신경에서 성령에 관하여 단지 한마디로만 언급하고 있는 사실에 관해서는 당시에 아리우스파로 말미암아 아들의 신성에 대한 문제가 제기되었고, 성령에 대하여서는 아직 의문이 제기되지 않았기 때문이라고 설명한다.[7]

니케아 신경뿐 아니라, 성경에서도 아버지와 아들에 관하여는 분명하게 말하고 자주 하나님이라고 부르고 있음에 반하여, 성령을 하나님으로 부르는 곳은 거의 없다. 아들을 하나님이라고 부르기를 거부하는 이들은 물론 성령을 하나님이라고 부르기를 거부할 뿐 아니라 성령을 가리켜 피조물이라고 한다. 아리우스는 성령을 하나의 본체(hypostasis)로 인정하였으나 아들의 본질이 아버지와 전적으로 다르듯이 성령의 본질도 아들의 본질과는 전적으로 다르다고 생각했는가 하면 성령은 아버지의 원하심에 따라 아들에 의하여 산출된다(produced)고 한다.

그리스도에 대하여 의문을 제기하는 아리우스파에 반대하는 이들 가운데도, 다시 말하면, 그리스도를 하나님으로 믿는 사람들 가운데도 성령이 하나님이시라는 교리에 반대하는 이들이 있었다. 그들은 성령이 피조물일 뿐이며, 천사와는 약간 다른 정도로 사역하는 영들이라고 이해하였다. 또 어떤 이들은

---

5) J.P., 앞의 책, 97 이하.

6) Gregory of Nazianzus, *Epistle*, 58, J.P., 앞의 책, 211에서 재인용.

7) 같은 쪽.

성령은 하나님의 본질보다 열등하지만 피조물보다는 나은 존재라고 말하였다. 성령(τὸ πνεῦμα ἅγιον)은 문법적으로 중성이므로 그렇게 이해해야 한다고 한다. 그런데 성령을 부정적으로 말하는 여러 그룹들이 서로 어떤 관계를 가졌었는지는 현재까지 알려진 문서로는 밝히기가 불가능하다.[8]

성령을 하나님이라고 부르기를 주저한다면, 그것은 아리우스파의 이단을 말로는 부인하면서 생각으로는 인정하는 행위라고 공격할 만한 일이기도 한데, 당시의 정통 신학자와 반아리우스주의자를 포함한 신학자들의 말이나 사상에서도 성령에 대한 명확한 표현을 볼 수 없다.

나지안주스의 그레고리는, 정통을 표방하는 현자(賢者)들 가운데도 성령을 그냥 '활동'으로 이해하는 사람이 있는가 하면, 그냥 피조물로 이해하는 사람, 혹은 하나님으로 이해하는 사람도 있고, 무엇이라고 불러야 할지 모르는 사람도 있다고 한다. 그러므로 그들은 성령을 예배하지도 않으며 그렇다고 그의 영광에 손상이 되게 대하지도 않고 중립적 입장을 취할 뿐이라고 한다. 심지어 성령을 하나님으로 생각하는 사람들 가운데도 마음으로만 정통인 사람이 있는가 하면, 입술로만 하나님이라고 하는 사람들이 있다고 그레고리는 말한다.

아타나시우스는 그리스도가 하나님 아버지와 '동일본질'이시라고 논증하면서 성령이 아들[聖子]에 대한 관계에서 '동일본질'이심을 확언할 수 있는 충분한 증거를 발견한다. 디디무스가 성령을 삼위일체와의 관계에서 '동일본질'이시라고 말한 것은 주목할 만한 일이다. 이를 위하여 그는 이사야 63:7~14의 말씀을 인용한다.

> …… 그들이 반역하여 주의 성령을 근심하게 하였으므로 그가 돌이켜 그들의 대적이 되사 친히 그들을 치셨더니 백성이 옛적 모세의 때를 기억하여 이르되 백성과 양 떼의 목자를 바다에서 올라오게 하신 이가 이제 어디 계시냐. 그들 가운데에 성령을 두신 이가 이제 어디 계시냐. 그의 영광의 팔이 모세의 오른손을 이끄시며 그 이름을 영원하게 하려 하사 그들 앞에서 물을 갈라지게 하시고

---

8) J.P., 같은 책, 212.

그들을 깊음으로 인도하시되 광야에 있는 말같이 넘어지지 않게 하신 이가 이제 어디 계시냐. 여호와의 영이 그들을 골짜기로 내려가는 가축같이 편히 쉬게 하셨도다. 주께서 이와 같이 주의 백성을 인도하사 이름을 영화롭게 하셨나이다 하였느니라(사 63:10~14).

아타나시우스는 이사야 63:10과 14절의 말씀에 나타나는 '주의 영'(יהוה רוח)을 그 증거라고 한다. 그는 이사야 63:9 이하의 말씀을 설명하면서 천사가 아니고 성령 자신이 쉼을 주셨다고 하며, 따라서 하나님의 성령은 천사도 아니요, 피조물도 아니며 삼위 하나님(the Godhead)께 속한 분이시라고 한다. 디디무스도 이사야의 이 말씀은 구약을 믿는 사람은 아버지와 아들과 분리될 수 없는 성령에게서만 은혜를 받는다는 것을 증언하는 말씀이라고 한다. 그래서 성령께 죄를 짓는 것은 이스라엘의 거룩하신 이께 죄를 짓는 것이므로 성령은 곧 하나님이시라고 한다.[9]

아타나시우스는 성령을 피조물이라고 가르치는 투무이스(Thumuis)의 감독 세라피온(Serapion)에 반대하고 키릴루스를 지지하면서 성령에 관하여 덧붙여 말하였다.

• 성령은 삼위일체 하나님의 신성에 속하였으며 그 한 분이시다. 피조물은 무에서부터 왔으며, 성화와 생명을 받아 누리는 자이고 가변적이며 제한되고 늘어나는 존재이지만, 성령은 하나님께로부터 오시며 성화와 생명을 주시고 불변하시며 유일하신 분이시다.

• 삼위일체 하나님은 영원하시고 동일하시며 분할됨이 없으시다. 성령은 삼위일체 하나님의 한 분이시므로 성부와 성자와 동일본질(consubstantial, ὁμοούσιος)이시다.

• 성령은 성자와 밀접한 관계에 거하시며, 성자가 성부에게 속하듯이 성령은 본질적으로 성자에게 속한다. 성령은 아들의 영이시며, 우리를 성화시키시고 깨닫게 하시며 생동하는 활동이시요 은사이시다. 성령은 성자와 함께 창조에 참여하시며(시 104:29, 33:6), 선지자들에게 영감을 주시고 성육

---

9) Didymus of Alexandria, *On the Holy Spirit*, 43; J.P., 앞의 책, 214.

(incarnation)하시는 일에 함께 역사하신다.

아타나시우스는 또한 성삼위가 다 하나이시며, 같은 활동(ἐνέργεια)을 가지시므로 "성부는 말씀을 통하여 성령 안에서 모든 것을 성취하신다"고 말한다.

아타나시우스는 잘못된 성령론에 대항하여 성령께서 성부와 성자와 '동일 본질'이심을 충분히 변증하였으나, 성령에 대하여 보다 완전하게 교리를 말한 이는 갑바도기아의 교부들이었다. 362년 알렉산드리아 노회가 아타나시우스의 교리를 받아들인 이후부터 여기저기서 성령에 대한 관심을 갖고 논의하였다. 성령은 능력이다, 성령은 피조물이다, 성령은 하나님이시다, 성령은 하나님이시기는 하지만 삼위의 신성에는 차별이 있다는 등등 논의가 분분하였다.

나지안주스의 그레고리는 성령과 하나님의 관계는 고린도전서 2:11의 말씀, "사람의 일을 사람 속에 있는 영 외에 누가 알리요 이와 같이 하나님의 일도 하나님의 영 외에는 아무도 알지 못하느니라" 하는 말씀을 인용하여 인간의 영과 인간 자신의 관계와 같다는 유추로 설명한다.

아타나시우스도 고린도전서 2:11의 말씀을 하나님의 불변하심을 증거하는 구절로 인용하였다. 갑바도기아의 바실리우스(Basilius, ~379)는 이 말씀은 바로 아버지와 아들과 성령의 연합을 증거하는 말씀이라고 이해한다. 나지안주스의 그레고리는 하나님께 붙이는 성호(title) 가운데 '나지 않으신' 혹은 '나신'이란 말 이외에 성령에게 붙이지 않는 성호가 무엇이냐고 하면서 '거룩하신'이란 말이 성령에게도 사용되고 있다고 한다. 그리고 '거룩'이라는 말은 성령께서 그러한 속성으로 충만함을 가리킨다고 하며, 성령께서는 거룩하게 된 분이 아닌 거룩하게 하시는 분으로 언급된다고 지적한다.

성령을 하나님께로부터 오시는 분으로 서술하는 것은 "만물이 주에게서 나오고"라고 말할 때와 같이 성령이 피조물이란 의미에서가 아니라, "아들이 아버지에게서"라고 할 때, 아들이 아버지에게서 나심을 가리켜 말함같이 성령의 경우도 그러하다고 한다. 아들의 경우는 나셨음[탄생]을 뜻하지만,

성령의 경우는 요한복음 15:26에 있는 "아버지에게서 나오시는(ἐκπορεύεται) 진리의 성령이……"라는 말씀에 근거하여 '나오신다'(proceeds, est procedens) 고 현재형의 단어를 사용한다.[10] 교회의 신앙고백서나 정통적인 신학자들은 늘 그렇게 고백하고 표현한다.[11]

아타나시우스와 갑바도기아의 교부들은 성령의 은사에 관해서도 짤막하게 견해를 피력한다. 아타나시우스는 성령께서 참여하심으로 말미암아 우리는 하나님의 신성에 짜여 들어가듯 연합된다(by the participation of the Spirit we are knit into the Godhead)고 한다.

바실리우스는 성령에게서 오는 은사를 이렇게 열거한다. 즉 장래에 대한 지식, 신비에 대한 이해, 감추어진 것에 대한 이해, 좋은 은사를 나누는 일, 하늘나라의 시민권, 천사들의 합창에 참예할 수 있는 자리, 끝없는 기쁨, 하나님 안에 거주하는 것, 하나님과 같은 존재로 만들어지는 일, 그리고 최상의 것으로는 신이 되는 일 등이 다 성령께로부터 온다고 한다.

디디무스는 성령은 하나님이 모든 좋은 은사로 충만하시므로 성령은 그러한 초월적인 원천으로 인식되어야 하며, 따라서 육체를 가진 피조물과는 다르신 분, 즉 하나님이심이 틀림없다고 한다.[12]

예루살렘의 키릴루스는 성령의 사역은 성령에게 붙이는 이러한 성호보다도 성령께서 하나님이심을 훨씬 더 명확히 말해 준다고 한다. 성령은 하나님이시니, 왜냐하면 그는 하나님만이 하실 수 있는 일을 하시기 때문이라고 한다. 피조물이 성령께서 새롭게 하시고 창조하시며 거룩케 하시는 행위의 대상이라면, 성령은 피조물과 같은 유의 존재가 아니고 신적인 존재이심이 분명하다.

---

10) J.P., 같은 책, 214-215. 李章植의 『基督教信條史』에 번역 수록하고 있는 여러 신앙고백에서 성령은 성부와 성자에게서 영원하게 '나오신 분으로' 번역하고 있음이 눈에 띤다. 성령이 아버지와 아들에게서 영원히 나오신다는 현재형을 잘못 번역하고 있다. 그것은 잘못 이해한 데서 나온 번역일 수 있고, 또한 잘못된 번역은 잘못된 이해로 오도할 수 있다. 李章植, 『基督教信條史』 I (서울: 컨콜디아사, 1979), 249에 있는 벨기에 신앙고백 제11조; 272쪽의 영국 성공회 신조 제5조; 같은 책 II, 60의 웨스트민스터 신앙고백 제2장 3.

11) Abraham Kuyper, *The Work of the Holy Spirit,* tr. by Henri de Vries(Grand Rapids, Mich.: Wm. B. Eerdmans Publishing Co., 1888, 1956), 16.

12) Didymus, *On the Holy Spirit* p. 4; J.P., 앞의 책, 215.

모든 피조물을 채우시는 이는 모든 피조물과는 다른 존재이시다. 특히 죄인을 의롭다고 하시고 택함 받은 자를 완전케 하시는 분이신 성령은 신적이며 지극히 높은 성품을 가진 존재만 할 수 있는 일을 하신다고 한다. 키릴루스는 성령께서는 살게 하는 능력을 가졌으므로 피조물이 아니고 하나님이심이 틀림없다고 한다. 구원은 생명을 부여받는 것(vivification)뿐 아니고 신성이 되는 것(deification)이며, 그것은 곧 성령의 은사이므로 성령은 하나님이시라고 말한다.

교부들은 또 구원론적으로는 세례를 들어 성령론에 접근하였다. 니케아 신조를 변호하려는 이들은 일찍이 아리우스주의를 공박하기 위하여 마태복음 28:19의 세례 의식의 말씀(the baptismal formula)을 인용하였다. 아타나시우스는 자신의 삼위일체론에 근거하여 말한다. 세례가 행해지면 아버지가 세례하시는 자를 아들이 세례하시며, 아들이 세례하시는 그 사람은 성령으로 말미암아 거룩함을 받는다고 한다.

바실리우스는 성령이 하나님의 신성에 속하지 않는다면 어떻게 내가 세례를 받을 때 성령이 나를 신성으로 만들 수 있단 말인가라고 하면서 성령의 역할이 없이는 구원의 의미가 없어진다고 한다. 중생은 성부와 성자와 성령의 이름에 연합하는 세례(βάπτισμα εἰς τὸ ὄνομα……)를 통하여 일어난다. 여기서 만일 마지막에 있는 성령의 이름이 피조물이라면 하나님의 이름으로 주는 세례가 전적으로 하나님과 연합하는 세례가 될 수 없다고 말한다.[13]

이어서 바실리우스는 세례의 은사뿐 아니라 세례 의식의 말씀 자체가 성령께서 하나님이심에 대한 증거라고 하며, 성령의 이름이 빠지면 세례시의 말씀이 불완전하게 되므로 세례도 무효가 될 수밖에 없다고 한다. 바실리우스는 세례 의식의 말씀에서 성령을 아버지와 아들에 덧붙여 있는 것으로 생각하는 것은 불경스런 일이므로 신앙을 고백할 때나 영광을 돌릴 때 혹은 세례를 위하여 교리를 가르칠 때, 성령께서는 아버지와 아들과 불가분의 관계에 계시다고 말해야 한다는 것이다.[14]

---

13) J.P., 같은 책, 216.

바실리우스는 또 일반적으로 사용되어 온 예전에 따르면, 성령을 아버지와 아들과 동등하게 기술하고 있다고 한다.

> 영광이 성부와 성자와 더불어 성령께 있을지어다.
> 영광이 성부께 성자를 통하여 성령 안에 있을지어다.[15]

바실리우스는 예전(禮典)뿐 아니고 사람들이 옛날부터 불러오던 찬송에도 삼위일체 교리가 그대로 보전되어 있다고 한다.

> 우리는 성부와 성자와 하나님의 성령을 찬송합니다.[16]

서방에서는 힐라리우스가 동방에 체류하면서 아타나시우스와 협력하여 유사 본질(類似本質)을 주장하는 자들을 설득하는 한편 사벨리우스주의를 거부하면서 삼위의 인격을 분명히 구별함과 동시에 삼위의 동실체(同實體)를 주장하였다. 삼위일체를 설명하는 그의 독특한 형식은 "삼위는 하나이시니, 인격의 합일이 아니고 실체의 하나이심이다"(Unum sunt, non unione personae sed substantiae unitate)라는 것이었으며, 성부와 성자의 신성이 분할되거나 분리될 수 없다고 증거하는 성경 말씀으로 이사야 45:14 이하의 말씀을 인용한다.[17]

암브로시우스는 하나(unum sunt)이신 삼위를 말한다. 즉 삼위는 한 실체, 한 신성, 한 의지, 한 사역을 가지심으로 하나이시라고 인식한다. 보편적인 것과 특수한 것을 유추로 들어서 삼위의 하나이심을 설명하는 것은 충분하지 못하다고 생각한다.[18]

---

14) Basil, *On the Holy Spirit*, 10,26; 11,27; J.P., 앞의 책, 217.

15) "Glory be to the Father with [meta] the Son together with [sun] the Holy Spirit"와 "Glory be to the Father through [dia] the Son in [en] the Holy Spirit."

16) We praise Father, Son, and God's Holy Spirit. Basil, *On the Holy Spirit*, 29.73; J.P., 앞의 책, 217.

17) Kelly, 앞의 책, 269.

아겐의 퓌바디우스(Phoebadius of Agen, ~392)는 터툴리안에게서 받은 영향을 더 보수적으로 강하게 반영한다. 성부는 성자 안에, 성자는 성부 안에 계시다고 고백하는 신앙의 척도를 우리는 굳게 지켜야 한다고 말하고, 성부와 성자 두 분 안에 하나의 실체를 말하고, 성령은 하나님으로부터 유래한다면서, 만일 하나님께서 아들 안에 제2의 인격을 가지신다면 성령 안에 제3의 인격을 가지신다고 말한다. 그리고 그들 모두 한 하나님이시며 삼위가 하나(unity, unum)라고 말한다.[19]

동, 서 교회의 '필리오케' 논의

'필리오케'(Filioque), 즉 "그리고 성령은 아버지와 아들에게서 영원히 나오신다"는 서방 교회의 전통적인 신앙고백을 한마디로 표현하는 말이다. 어거스틴은 자신의 삼위일체론에서 '필리오케'를 대단히 중요한 교리로 생각한다(Aug. Trin. 6.10.11).

어거스틴은 삼위의 본질(essence)은 공통적이지만 삼위는 한 분이 다른 두 분과의 관계에서 가지시는 임무(function)에 따라 구별된다고 하며, 하나님의 내적인 본질 안에서 갖는 성령의 특별한 속성은 아버지와 아들에게서 나오는 것이라고 말한다. 삼위일체 안에서 시간의 차가 없지만, 성령의 나오심(proceed)은 아들의 나심(begotten) 후에 있었을 것이라고 한다. 성령은 아버지와 아들에게서 나오시기 때문이라고 하면서 성경이 성령을 일컬어 아들의 영이며 또한 아버지의 영이라고 말한다고 한다.[20] 그러므로 성령은 아버지와 아들에게서 나오신다고 말해야 한다는 것이며, 아버지와 아들은 성령과의 관계에서는 한 '원리'(principium)라고 한다. 어거스틴은 성령이 아들의 영이시

---

18) 같은 쪽.

19) 같은 쪽.

20) "너희가 아들이므로 하나님이 그 아들의 영을 우리 마음 가운데 보내사 아빠 아버지라 부르게 하셨느니라"(갈 4:6). "말하는 이는 너희가 아니라 너희 속에서 말씀하시는 이 곧 너희 아버지의 성령이시니라"(마 10:20).

기도 한데, 왜 아들에게서도 나오신다는 것을 믿어서는 안 된다고 하는지 알 수 없다고 말한다. 후에 동, 서 교회 간에 '필리오케' 문제로 논쟁을 하게 되었을 때 서방측 신학자들은 어거스틴의 이러한 논증을 많이 인용하였다.[21]

동, 서 교회 간에 균열을 가져온 가장 중요한 교리적인 이견은 '필리오케'에 대한 것이다. 서방 교회는 성령이 "아버지와 아들에게서"(ex Patre Filioque) 나오신다고 하는 반면에 동방 교회에서는 아들을 통하여 아버지에게서 나오신다고 주장하였다. 883년 콘스탄티노플의 대주교는 서방에서 온 이들이 '필리오케' 교리를 가르치고 있다고 주의를 환기시키기에 이르렀는데, 실은 동방 교회의 신학자들은 이미 일찍부터 그 사실을 알고 있었다. '필리오케'는 동, 서 교회 간에 오랜 논쟁거리가 되었다.[22]

레오 3세(~816)가 교황으로 있을 때, 감람산에서 한 그룹의 서방 수도사들이 사바(Saint Sabas) 수도원에서 온 요한이라는 그리스 수도사가 프랑크인들이 '필리오케'를 가르친다고 하여 그들을 이단으로 몰아붙인 일이 있다고 보고하였다. 그뿐 아니라 몇몇 연대기에는 767년에 피핀 왕이 로마인들과 그리스인들 간에 삼위일체 교리와 성자 상(像) 문제로 공의회를 개최하였다고 기록하고 있다.[23]

796년 프레유스(Frejus)에서 열린 지역 노회는 니케아 신조의 서방 교회 개정판을 내놓았다.

> 성령을 믿으니, 주님이시요, 생명을 주시는 이신 성령께서는 아버지와 아들에게서 나오시며 성부와 함께, 그리고 동시에 성자와 함께 경배와 영광을 받으심을 믿으며, 선지자들을 통하여 말씀하셨음을 믿습니다. 그리고 하나의 거룩한 사도적인 교회를 믿습니다. 죄 사함을 위한 하나의 세례를 고백하며, 죽은 자의 부활과 장차 오는 세계의 삶을 대망합니다.[24]

---

21) J.P., 앞의 책, 189.

22) Kelly, *Early Christian Creeds*, 358.

23) J.P.-2, 184.

24) 같은 쪽.

9세기에 라틴 신학자들은 자신들의 주장을 변호하기 위하여 이를 인용하였으며 서방 교회의 논의에서는 잘 알려진 문헌이 되었다.[25]

하펠베르크의 안셀무스(Anselm of Havelberg, ~1158)는 온 교회에서 존중히 여기는 신조라고 말하면서 자기 시대의 그리스 신학자들로부터도 반대가 없었다고 말한다.[26] 그러나 포티우스를 비롯한 동방의 신학자들은 니케아 신조와 콘스탄티노플 신조를 임의로 고친다는 것은 있을 수 없는 일일 뿐 아니라, 잘못된 신학에 근거하여 '필리오케'를 삽입한 것이라고 하여 반대하였으며, 그러한 주장을 이단이라고까지 말한다.[27] 그런데 포티우스는 창세기 1장에 나오는 하나님의 영(רוח אלוהים)을 대부분의 전통적인 해석과는 달리 그냥 "하나님께로서 오는 바람"으로 해석한다.[28]

서방은 '필리오케' 교리가 삼위일체의 하나이심과 능력을 잘 드러내는 것이라고 믿으며, 반드시 '필리오케' 교리가 아니라고 하더라도 삼위일체의 하나이심에는 손상이 없다고 여기는 반면에, 동방에서는 그리스 철학에서 말하듯이 제일 원리는 단일하다는 개념에 근거하여 성부께서 삼위일체의 유일한 원천이 되신다는 생각에서 '필리오케'를 반대한다. 그리고 아버지는 나보다 크시다는 그리스도의 말씀을 인용한다.

동방 신학과 서방 신학의 현저한 차이점은 신론에서 볼 수 있다. 동방에서는 하나님의 본체(essence)를 따라 논하는 반면에, 서방에서는 삼위의 관계를 따라서 논하였다. 삼위일체를 논하면서 어거스틴은 성령을 "성부와 성자가 서로 사랑을 주고받게 하는 상호간의 사랑"으로 본다.[29] 성령을 사랑으로 보는 것은 서방의 정통적인 삼위일체론에 속하는 것이라고 인식하게 되었다. 성령은 성부와 성자에게서 나오므로 자신을 나오게 하시는 성부 및 성자와

---

25) Denzinger-Schönmetzer, *Enchridion Symbolorum Definitionum et Declarionum*, Editio XXXVI, 206에도 수록되어 있음.

26) 보다 잘 알려진 캔터버리의 안셈(Anselm of Cantbury, -1109)과는 동명이인이다.

27) J.P.-1, 192.

28) 같은 책, 196.

29) Augustinus, *Trinitatis*, 15.17.27. J.P.-3, 21.

연합하려 하시기 때문에 성령을 사랑이라고 하는 것은 옳다고 한다.

중세 교회의 성령론

초대 교회에서는 예수 그리스도가 하나님이시냐 하는 의문에서 삼위일체 교리가 발견되고 발전하게 되었다. 예수 그리스도가 하나님이시면 사람이심과 하나님이심이 어떻게 성립되는 것인가 하는 의문에서 소위 기독론 논쟁도 있게 되었다. 교회는 451년 칼케돈에서 열린 공의회에서 예수 그리스도는 참 하나님이시요 참 사람이시며, 그의 신성과 인성은 혼합되거나 혼동되는 일이 없으며, 그렇다고 분리되는 것도 아니라는 소위 칼케돈 신조를 채택하게 되었다. 그 이후 신학자들은 그리스도의 의지가 신적이냐 인적이냐, 신적인 의지와 인간적인 의지와는 어떤 관계가 있느냐 하는 사변적인 논의를 벌였다.

7세기에 이르기까지 그리스도의 인격에 대한 존재론적 관심에서 비롯한 논의가 있었으나, 9세기와 10세기에 이르러서는 신학자들이 성례론에 관심을 갖게 됨과 동시에 기독론의 논의에서 예수 그리스도의 사역에도 관심을 갖게 되었다. 예수 그리스도의 십자가의 의미와 사죄와 구속의 교리를 새롭게 발견하고 강조함으로써 구속의 교리 이해는 발전했다. 구속(redemption)의 교리는 중세의 교리 발전 가운데 가장 귀중한 것이라고 평한다.[30] 구원의 서정(the plan of salvation, ordo salutis)을 종교 개혁 시대나 그 이후 시대의 교의 신학에서처럼 아직은 그렇게 세밀하게 다루지는 않았으나, 그리스도의 삶과 죽음과 부활을 구원을 위한 사건으로서 해석하는 보다 명백한 설명들이 있게 되었다.

성령에 관해서는 삼위일체 교리를 논하거나 기독론을 말하면서 언급하는 정도였지만 차츰 구원을 다루면서, 또 은혜의 수단으로 이해하는 성례를 다루면서 성령의 역할에 관하여 기술하게 된 것을 보게 된다. 베르나르의 클래보(Bernard de Clairvaux, 1091~1153)는 삼위일체 교리가 사변적 구상이

---

30) 같은 책, 129 이하.

나 교묘한 논리적 연습의 산물이 아니고 구원론적 필연이며, 그리스도인의 신앙에는 물론이요, 그리스도인의 삶에 불가결한 것이라고 한다.[31] 삼위일체 하나님께서는 사랑하시며, 성령은 성부와 성자간의 불가분의 사랑과 동일시될 수 있지만, 구원의 사랑은 인간으로 성육하신 하나님의 아들 안에 나타났다고 하며, 그분이 바로 믿는 자를 위한 사랑의 원천이라고 한다.

성례를 논함에서도 성례가 유효한 것은 집례자의 공로에 근거하는 것이 아니고 창조주 하나님의 말씀과 성령의 능력에 근거하는 것이라고 한다. 마인츠의 대주교 라바누스 마루스(Hrabanus Marus, ~856)가 지은 찬송 "창조주 영이여 오소서"(Veni Creator Spiritus)에서는 성령의 사역에 대한 중세의 전통적 이해를 일곱 가지로 서술하고 있다. 즉 확신, 회개, 예수를 믿는 믿음, 중생, 매일의 성화, 열심을 다하는 끊임없는 기도, 견인을 말한다.

그러나 이것이 중세 교회의 기독론과 성령론을 대표하는 신학은 아니었다. 성례와 은혜의 수단에 대한 사변으로 인하여 마리아 숭배, 성자 숭배, 연옥설 등이 발전하는 바람에 예수 그리스도께서 구세주가 되시고 중보자 되신다는 신앙이 오히려 가려지게 되었다. 중세의 로마 가톨릭교회가 교회는 성령의 다스리심을 받는다고 역설했으나, 교계주의의 발전으로 교회는 성직자단과 평신도 무리로 구성된 이층 구조로 이분된 교회로 이해하게 되었다.

13세기 초에는 성찬의 화체설과 교직자의 제사장설이 교의화됨으로 말미암아 로마 가톨릭교회는 교계주의 교회로 확립되었다. 그래서 말씀을 가지고 말씀과 더불어 성령께서 성도들에게 직접적으로 역사하시기보다는 성직자들이 집례하는 성례를 통하여 성령의 은혜가 신자들에게 주입되는 것(infusa gratiae)으로 이해하였다. 즉 성령의 은혜가 성례를 통하여 자동으로(ex opere operato) 주입된다는 사상, 다시 말해, 성례 자체가 효력을 발생한다는 사상을 낳았다.

신인 합일(神人合一)을 말하고 지향한 13, 14세기의 신비주의는 소위 영성(靈性)과 경건을 강조하였으나, 그들은 초대 교회의 삼위일체 신론에 근거하여

---

31) 같은 책, 146.

성령을 이해하지 않고, 유출설(emanationism)에 근거한 불건전한 성령관을 가지고 있었다. 전통적인 삼위일체 교리에서는 성령이 유출(emanatio)된 것이 아니고 나오시는(est procedens) 것으로 고백한다. 유출설은 플로티누스 (Plotinus, ~270)의 신플라톤주의, 영지주의, 중세 신비주의 등이 받아들인 우주관이며 우주 생성설이다.

독일의 대표적인 신비주의자 에크하르트에 의하면, 하나님은 피조 세계의 복잡성과 심지어 삼위일체의 개념마저 초월하는 절대자이다. 그는 세상의 기원에 대하여 한편으로는 창조로, 또 한편으로는 유출(emanation)로 설명한다. 유출설에 따르면, 우주는 최고선인 빛으로부터 유출됨으로 말미암아 단계적으로 생성된 것인데, 만물이 빛으로부터 멀어질수록 점점 어두워져 악해진다고 한다. 마지막 모상(模像)인 물질은 악하므로 이 물질 세계로부터 멀리 떠나, 세계혼(世界魂)으로부터 자아 속의 이데아로, 이데아로부터 이성으로 난계직으로 되돌아가서 마침내 만물의 근원인 '그 하나' 또는 '빛'을 관조(觀照)함으로써 '신비적 합일'(unio mystica)이라는 최고의 경지에 이르게 된다고 한다.[32]

그러므로 중세 신비주의자들이 말하는 신과의 '신비적 합일'은 성경과 초대 교회 교부들이 말한 성령으로 말미암는 '신성에 참여하는 것' 혹은 '신격화'(神格化, deification)와는 전혀 다르다. 삼위일체 신관에 근거하지 않는 성령 이해나 성령의 은사의 추구는 신비주의에 빠질 위험성이 있다.

중세에 신비주의적인 영성 추구는 수도원과 스콜라 신학자들에게도 만연하였다. 초기의 신비주의 사상은 주로 인간의 영혼이 황홀(ecstasy)을 통하여 하나님과 연합하는 것이라고 가르쳤으나, 후에 일어난 정적주의(Quietism)적인 신비주의 사상에서는 역시 하나님과 연합하는 것을 목표로 하지만 그것을 다른 방도를 통하여 실현한다고 가르쳤다. 즉 전혀 활동을 하지 않음으로써, 가만히 있어 자기를 비움으로써 하나님과의 연합에 이른다고 했다.

여하튼 이러한 신비주의 운동은 평신도들의 경건 운동에도 많은 영향을

---

32) 차영배, 「성령론」 (서울: 도서출판 엠마오, 1997), 114-115 참조.

미쳤다. 특히 정적주의는 평신도들에게 제도적 교회를 소홀히 여기게 하는 경향을 갖게 하여 그들 가운데는 교회를 대항하는 그룹들도 생겨났다. 13세기에는 그러한 경향이 현저하였다. 정적주의에서는 영혼이 스스로 자체를 아주 비우게 되면 하나님이 스스로 그 영혼 안으로 들어오신다고 하며, 따라서 영혼의 신격화가 이루어지게 되어, 충만한 신비주의자는 하나님의 부분이요 하나님과 같이 된다고 한다.

중세 신비주의에 뿌리를 두고 있는 영성(靈性, sprituality)이라는 개념은 성경이 가르치는 '성령 충만'(fullness of the Holy Spirit)과는 구별된다. 영성을 말하는 그룹에서는 개인적인 묵상이나 명상을 장려한다. 그러나 영성을 추구하는 명상과 성령 충만을 간구하는 기도는 서로 다르다. 명상은 마음을 비움으로써 자신의 영혼이 신적인 세계의 영과 접촉하고 신적인 존재와의 합일을 지향하는 반면에, 기도는 살아계신, 인격적인 하나님께 당신께서 영광을 받으시고 우리의 감사와 찬송을 받으시며 당신의 뜻을 이루시도록, 그리고 당신의 뜻 가운데서 우리의 간구를 들어주시도록 아뢰는 것이다. 영성을 강조하는 이들이 영적인 경험을 강조하고 인격의 완성을 지향하는 점은 성령의 충만을 말하는 경우와 비슷한 것 같으나, 실제의 결과는 다르게 나타남을 본다.

여기서 명상을 부정적으로 말하는 것은 그것이 기도를 대신하는 것으로 간주하는 경우이지 언제나 그렇다는 것은 아니다. 생각에 잠기는 명상은 자연스런 것이고 말씀을 따라 명상하는 것, 즉 말씀 묵상은 성경에서도 언급하는 대로 유익한 것이다.

영성을 말하는 이들은 개인적인 인격의 완성을 강조하며, 제도적인 교회에 대하여 부정적 자세를 취하고 정적주의의 경우처럼 종파 운동으로 이탈하는 경우가 많다. 그러나 성경에서 말하는 '성령 충만'은 교회를 돌아보고 세우는 일을 하도록 전도자들과 성도들에게 오시는 성령의 임하심이요 내주하심이다.

성령께서는 오순절에 제자들에게 내려오셔서 그들로 하여금 예루살렘에 그리스도의 교회를 설립하게 하시고 복음을 전파하도록 하셨으며, 계속 교회를 세우시며 유지하신다. 바울은 성령의 은사를 교회론을 중심으로 하여 말씀하며, 교회에 유익이 되는, 교회를 섬기기 위한 은사라고 말씀한다. 성경이 가르치는 성화도 개인의 인격 수련을 의미하기보다는 성도가 서로 교제하는 가운데 하나님의 거룩한 성전으로 함께 지어져 가는 것을 강조하여 말씀한다.

종교 개혁과 그 이후의 성령론

종교 개혁자들은 교직자, 즉 목사가 제사장이라는 중세 로마 가톨릭교회의 사제주의 사상에 반대할 뿐 아니라 성찬의 화체설과 희생 제물 사상을 하나같이 반대하였다. 종교 개혁자들은 성령의 은혜가 성례를 통하여 자동으로(ex opere operato) 주입된다는, 다시 말하면 그 자체가 효력을 발생한다는 사상을 배격하고 하나님의 말씀이 종교 개혁과 기독교 교리의 기초가 된다고 강조하였다.

칼빈은 성령께서 교회를 다스리신다는 로마 가톨릭의 견해에 동의하는 한편, 성령께서는 말씀과 함께 역사하심을 강조하면서, 말씀 없이 성령을 강조하는 것은 이치에 맞지 않는 일이요, 성령 없이 말씀만 앞세우는 것도 불합리하다고 말한다.[33] 츠빙글리 역시 같은 말을 한다. "하나님께서는 당신의 성령을 통하여, 그리고 당신의 성령의 영감으로 기록된 글을 통하여 가르치신다."[34]

종교 개혁자들은 성례를 가시적인 말씀이라고도 하고 성찬을 예수 그리스도의 몸과 피를 가리키는 표지 혹은 징표로 이해한다. 칼빈은 세례와 성찬이라는 두 성례를 하나님의 언약의 징표로 이해한다. 성례는 하나의 외적인 징표(symbolum)인데, 주님께서 그것을 가지고 우리 마음에 약속하신 언약을 인치셔서 우리 신앙이 연약하게 될 때 보호하신다고 한다. 세례는 그리스도인

---

33) 추기경 사돌레트에게 보내는 칼빈의 편지에서, J.P.-3, 187.
34) Zwinglie, *Reply to Luther's 'Confession concerning Christ's Supper'* ; J.P., 앞의 책, 187.

이 되는 일에 있어서 '효력을 발생하는 것'(res efficiens)이 아니고 하나의 징표일 뿐이지만, '효력을 발생하는 징표'(signum efficiens)라고 한다.[35] 성례는 성령을 돕는 도구에 불과하다. 성령은 성례에 의해 매이지 않으며, 세례 의식 밖에서도 그리스도와 우리와의 연합을 이루실 수 있다고 말한다.[36]

세례와 성찬에 대한 이러한 종교 개혁자들의 이해는 오늘날 성령론을 두고 자주 논의되는 '성령 세례'를 이해하는 데 중요한 열쇠가 된다는 것을 인식한다. 종교 개혁자들은 성례를 징표로 이해함으로써 성례가 성령의 은혜를 자동적으로 동반한다는 사상을 배제하였다. 종교 개혁자들의 이해에 따르면, 물 세례를 받음과 동시에 성령 세례를 받게 된다는 생각이나 그 둘을 구원의 서정에서 같은 선상에 있는 것으로 보고 각자를 개별적으로 경험해야 한다는 생각은 중세적 해석에서 벗어나지 못한 이해이다.

종교 개혁 시대의 신앙고백서에 보면, 초대 교회의 신조의 고백을 따라 성령을 삼위일체 하나님의 한 분으로 고백하며, 성령의 사역에 관하여 보다 자상하게 고백하고 있음을 본다. 1530년에 나온 루터교의 아우구스부르크 신앙고백을 보면, 제1조 '하나님'이라는 조항에서 하나님을 삼위일체의 하나님으로 고백하고 단일신론적 이단들의 설을 배격한다. 또 제2조에서 원죄에 관하여 고백하고, 제3조에서는 하나님의 아들에 관하여 고백한다. 그리고 성령에 관하여는 조항을 따로 두어 고백하지 않고, 제3조 성자에 관하여 고백하면서 성령의 사역에 관하여 언급한다.

> …… 앉아서 영원히 통치하시고 모든 피조물을 지배하시며 자기를 믿는 사람들을 성령을 통하여 성화시키시며 정화하시며 힘을 주시고 위로하시며 또 그들에게 생명과 모든 은혜와 축복을 주시며 또 그들을 악마와 죄로부터 보호하여 주신다.

1537년에 나온 슈말칼덴 신조에도 성령에 관하여는 제1부 1, 2항에서 삼위일체 하나님을 말하면서 언급할 뿐이다. 루터교의 신앙고백을 대표하는

---

35) 오토 베버, 『칼빈의 교회관』, 김영재 역(서울: 이레서원, 2001), 125 이하 참조.
36) 칼빈, 『기독교강요』 IV, xvi, 26-30. 이수영, "칼뱅의 성령론", 「신학정론」 22(1994년 5월): 160.

이 신조들은 그것들이 나올 당시의 상황을 감안하면서 이해해야 한다. 종교 개혁의 교회는 로마 가톨릭과 대치하는 상황 가운데 교회와 직분 또는 성례 문제를 두고 로마 가톨릭의 견해를 배격하는 견해를 피력하는 일에 관심을 두었지 기독교 교리를 아직은 종교 개혁의 시각에서 체계 있게 정리할 수 있는 상황에 있지 않았다는 것을 감안해야 한다.

개혁교회의 대표적인 신앙고백인 1563년의 하이델베르크 신앙교육문답에는 성령에 관한 설명을 위하여 11개 문답을 할애하고 있다. 문53에서 문58까지 "성령을 믿사오니 거룩한 교회와 성도가 서로 교통하는 것과 죄를 사하여 주시는 것과 몸이 다시 사는 것과 영원히 사는 것을 믿습니다"라는 사도신경의 말씀을 문답으로 부연하여 설명하고, 문59에서부터 문64까지는 칭의와 성화에 관하여 설명한다.

칼빈이 쓴 것으로 알려진 제네바 신앙교육문답서에서는 사도신경을 설명하는 문답에서 성령으로 말미암아 우리가 예수 그리스도의 속죄와 구원에 참여하게 된다는 것을 말하고, 문91에서 성령의 사역을 더 밝히 설명한다.

> 성령은 우리 마음속에 사시며 주 예수의 능력을 우리에게 느끼게 한다. 왜냐하면 성령은 우리를 비추어서 주의 모든 은혜를 알게 하며 이것을 우리의 영혼에 인치고 새겨 넣어서 그것을 우리의 속 깊은 곳에 살게 하시기 때문이다. 그는 우리를 소생시켜 새 피조물이 되게 하시며, 우리는 예수 그리스도 안에서 우리에게 보내 주신 모든 보물과 선물을 성령으로 말미암아 얻는다.37)

종교 개혁 시대에 나온 개혁주의 신앙고백서 가운데 벨기에 신앙고백(1561년)과 성공회의 39개 신조(1563)에는 성령에 대하여 고백하는 조항을 따로 두고 있으나, 그 밖의 신앙고백서에서는 예수 그리스도에 대한 고백은 있으나 성령에 대한 고백은 따로 두지 않고 그냥 삼위일체에 대한 고백에서만 하고 있다. 그것은 웨스트민스터 신앙고백서(1647)에서도 마찬가지다. 성령에 대한 본체론적 고백 없이 성도의 구원의 서정에서 말씀과 함께 일하시는 성령의

---

37) 李章植, 『基督敎信條史』 I, 158.

사역을 산발적으로 기술하고 있다. 성령의 인격에 대한 고백 없이 성령의 사역만 고백할 경우, 그것은 삼위일체 하나님과는 무관하게 비인격적 존재로 인식하는 성령 이해에 대비할 변증으로는 불충분하다.

그러나 18세기 이후 여러 차례에 걸쳐 일어난 각성 운동을 경험하고 바야흐로 선교의 시대를 맞이하여 선교에 열정을 쏟게 된 미국 장로교회는 1903년 웨스트민스터 신앙고백을 수정 보완하는 작업을 하였다. 하나님의 사랑과 선교에 관하여 한 장(35장)을 첨가함과 동시에 제34장을 첨가하여 성령께서 삼위일체의 한 분이심과 성령의 사역에 관하여 다음과 같이 고백한다.[38]

① 삼위일체의 셋째 위격으로서, 성부와 성자에게서 나오시며 능력과 영광이 동등하신 성령은 성부와 성자와 함께 믿음과 복종과 또 모든 시대를 통하여 예배의 대상이시다.

② 성령은 주님이시요, 생명을 주시는 분이시며, 자연 안에 어디나 계시며, 사람 안에서 모든 선한 사상과 순수한 의욕과 거룩한 권고의 원천이 되신다. 성령에 의하여 예언자들이 하나님의 말씀을 전하도록 감동을 받으며, 성경의 모든 저자들이 하나님의 마음과 뜻을 오류 없이 기록하도록 영감을 받는다. 복음의 경륜은 특별히 성령께서 맡으신 일이다. 성령은 설득력을 가지고 복음을 위한 길을 준비하시고 복음과 동행하시며, 사람의 이성과 양심에 복음을 역설하시므로 복음의 자비로운 기회를 거절하는 사람들은 변명할 수 없게 될 뿐만 아니라 성령을 거스르는 죄를 짓게 된다.

③ 성부께서는 자기를 찾는 모든 사람들에게 언제나 성령을 주시기를 원하시며, 성령은 구원을 받게 하는 일에 효과적으로 역할하시는 유일한 분이시다. 성령께서는 사람들로 하여금 죄를 깨닫고 뉘우쳐 은혜로 중생하게 하시며, 사람들을 설득하여 믿음으로 예수 그리스도를 받아들일 수 있게 하신다. 그분은 모든 신자들을 그리스도와 연합시키시며 그들 안에서 대변하시며 성화시키시는 이로 내재하시며, 그들에게 양자가 되고 기도드릴 마음을 주시며, 신자들이 성화되어 구원을 이루는 날까지 그들을 보증하는 모든 은혜로운 직책을 수행하신다.

④ 성령의 내재로 말미암아 모든 신자들이 머리이신 그리스도와 굳건히 연합함으로 그리스도의 몸인 교회 안에서 서로 연합된다. 성령께서는 목사들을 그들의 거룩한 직책을 위하여 부르시고 임명하시며, 교회 안의 모든 직분자들에게도

---

38) 같은 책, 144-145. 약간의 어구 수정을 가함.

그들 각자가 맡은 일을 위하여 자격을 부여하시며, 교인들에게 다양한 은사와 은혜를 주신다. 성령께서는 또한 말씀과 복음의 여러 가지 제도에 효능을 주신다. 성령께서는 교회가 드디어 지구를 덮을 때까지 교회를 보존하시고 확장되게 하시며 순화하시다가 종국에는 하나님 앞에서 완전히 거룩하게 만드실 것이다.

종교 개혁 이후 약 백년간을 정통주의 시대라고 하는데, 이 시대에 개신교 신학자들은 로마 가톨릭을 대항하여 개신교의 신앙을 변증하다 보니까 기독교의 객관적 교리 확립에 치중하였다. 17세기에 계몽사조가 일어나면서 교회에는 이에 부응하는 계몽신학이 성행하게 되었다. 계몽신학은 합리주의의 견지에서 성경과 기독교 교리 및 역사를 비판적으로 연구하며 전통적인 기독교 신앙을 부정하는 경향을 보였는데, 19세기의 자유주의 신학은 계몽주의 신학에서 그 유산을 이어받은 것이다. 17세기 후반에 일어난 경건주의 운동은 객관적인 교리 변증에 치중한 정통주의에 반발하여 일어난 운동으로서 성령의 주관적 역사를 강조함과 동시에 신자의 내석인 신앙 경험, 즉 회개와 중생, 새 사람이 되고 새 사람으로 사는 일을 강조하였다.

경건주의가 교리 없는 기독교를 말한 점에서는 계몽주의 신학과 목소리를 같이하였으나 성경을 하나님의 말씀으로 믿으며, 신령주의적인 신앙을 가진 점에서는 계몽 신학과는 정 반대의 입장을 취하였다. 18, 19세기에 경건주의 운동의 영향으로 말미암아 신앙의 부흥 운동, 즉 각성 운동이 일어났다. 그 결과 19세기를 위대한 선교의 세기라고 부를 만큼 선교 운동이 왕성하게 되었다. 이러한 운동은 계몽사조 이후 합리주의 신학과 자유주의 신학이 확산되어 온 사실과는 대조가 된다. 자유주의 신학이 성령론을 거의 망각한 상태에 있음에 반하여, 경건주의에서 시작된 부흥 운동에서는 성령의 역사를 그 만큼 더 대조적으로 강조하였다.

부흥 운동은 실제로 많은 사람들을 그리스도에게로 인도하여 교회에 부흥을 가져 왔으며, 세계 선교의 원동력이 되었다. 미국의 장로교는 부흥 운동에 대한 견해 차이 때문에 18세기 중엽에 부흥 운동을 부정적으로 보는 '올드 사이드'(Old Side)와 긍정적으로 보는 '뉴 사이드'(New Side)로 한 동안 분열되기도 하였으며, 19세기 중엽에도 이러한 신학적 성향 때문에 '올드 스쿨'(Old School)과 '뉴 스쿨'(New School)이라는 이름 아래 다시금 분열되었다가 북쪽에서는 1870년에 다시 연합한 일도 있다.

하나님의 일반 은총을 강조하며 하나님의 주권 사상을 정치와 문화 영역에 더 널리 적용하고 실천한 소위 신칼빈주의(Neo-Calvinism)를 대표하는 화란의 아브라함 카이퍼(Abraham Kuyper, 1837~1920)는 성령의 사역을 더 넓은 의미로 이해한다.

종래에는 성령의 사역에 대하여 주로 교회론과 구원론에 관련시켜 논의해 왔으나, 카이퍼는 성령의 사역을 더 확대하여 천지를 창조하고 만물을 운행하고 보존하시는 일과 창조에서 종말에 이르는 인류의 전 역사와 그리스도의 성육과 그 전후의 전 구속의 역사를 주관하시는 일에 많은 지면을 할애하여 기술한다. 성령께서 권능과 능력으로 창조에 관여하시며 만물을 보존하신다는 사상은 칼빈도 언급한 바가 있다.[39]

칼빈은 그리스도를 창조의 중보자이신, 하나님의 영원한 로고스의 인격과 구원의 중보자이신 나사렛 예수 그리스도의 우연적인(contingent) 인격을 구분하여 보는데, 그리스도에 대한 그의 이러한 견해는 성령론에서도 볼 수 있다. 즉 온 우주의 창조와 관련하여 볼 수 있는 섭리자(effector providentiae) 로서의 성령과 예정의 특별한 섭리자(effector providentiae specialissimae praedestinationis)로서의 성령으로 구별하여 본다.[40]

카이퍼는 이러한 성령의 사역을 훨씬 더 부연하여 말한다. 카이퍼의 성령론은 구원을 중심한 성령의 사역을 강조함과 더불어 일어난 당시의 부흥 운동과 부흥주의 신학에서 말하는 성령론과는 대조를 이루는 것이었다. 미국 프린스턴의 워필드(Benjamin B. Warfield, 1851~1921)도 카이퍼의 성령론에 동조한다. 그러므로 카이퍼의 성령론은 보수적인 개혁주의 신학의 성령론을 대표하게 되었다.

---

39) 이수영, 앞의 논문, 158 이하 참조. 『기독교강요』 I,xiv,20; I,xiii,14: I,xiii,22.
40) Uwe Gerber, *Christologische Entwürfe*(Zürich: EVZ-Verlag, 1970), 8.

1884/5년 한반도에서 선교가 시작된 이후 한국에 들어온 초기의 장로교 선교사들은 대부분 부흥 운동의 영향을 받은 이들이었으므로 구파(Old Side)적 견해보다는 신파(New Side)적 견해를 가졌던 것으로 안다. 한국 교회는 그런 연유로 1904~1907년에 대부흥 운동을 경험할 수 있었다고 볼 수 있다. 그리고 이 초기 선교사들의 성령론은 부흥주의 신학으로 채색된 성령론이었다.[41] 그러나 1930년대 이후 조직 신학 교수로 한국 장로교회에 지대한 영향을 미친 박형룡(朴亨龍)은 비록 자신은 부흥주의적인 배경에서 신앙을 가졌으나 그의 성령론은 카이퍼의 성령론을 따라 정리한 것임을 알 수 있다.

박형룡은 신학의 갈리아격을, 자신이 밝히고 있는 대로, 벌코프(Louis Berkhof)의 조직 신학에 의존하고 있어서 그런 것이라고 이해한다. 그럼에도 불구하고 박형룡은 문화에 대한 개혁주의적 관심은 별로 나타내지 않았는데, 그것은 한국 교회가 아직 기독교적 문화보다는 전도에 우선적으로 관심을 기울여야 하는, 선교 단계에 있는 교회였기 때문에 그런 것이라고 이해할 수 있다. 이런 것을 신학적 일관성의 결여로 지적할 수도 있으나, 신앙과 신학의 수용에서 여과의 과정을 거치면서 무의식중에 상호 관련된 주제가 균형 있게 수용되지 못한 것이라고 보아야 할 것이다.

합리성에 근거하여 체계를 갖춘 정통적인 개혁주의 신학은 합리주의적인 자유주의 신학에 대항하여 정통 신학을 변증하는 일에 충실했으며, 정치와 문화에도 신학적 관심을 보일 뿐 아니라, 카이퍼의 경우 정치와 문화에 적극적으로 참여하는 실천을 보였다. 방대한 체계를 갖춘 개혁주의 세계관은 부흥주의 신학의 편협한 세계관을 압도하는 한편, 자유주의 신학과 기타의 합리주의적 세계관에 대치하여 기독교 진리를 변증한다. 그래서 그 점은 높이 평가할 만하다.

그러나 그것이 교회의 선교적인 부흥에는 별로 기여하지 못했다. 아마도 전체적으로 조화를 갖춘 체계 있는 신학과 교회 부흥 및 선교에 관심을 집중하는 신학과의 차이가 그런 면에서 나타나는 것이라고 할 수 있다.

---

41) 김명혁, "한국 교회와 성령론", 「신학정론」 22(1994년 5월): 173-243 참조.

카이퍼가 칼빈주의 문화 창달을 위하여 활동한 네덜란드 교회의 역사적 상황과 부흥 운동의 설교자 조나단 에드워즈, 찰스 피니, 무디 등이 활동한 미국 교회의 역사적 상황이 같지 않음을 우리는 또한 인식한다.

19세기 후반에 일어난 화란의 문화 칼빈주의 신학은 독일의 자유주의 신학자들이 주창하는 문화 개신교(Kulturprotestantismus)와 때를 같이하여 전개되었으며, 네덜란드는 당시에 국민의 다수가 개혁주의 신앙을 고백하고 있었으므로, 전통적인 개혁주의에 근거하여 그리스도인의 삶을 강조하는 신학을 필요로 하고 있었다. 그와 반면에, 미국에는 여러 민족으로 구성된 국민들이 다양한 전통과 신앙고백을 가진 교회에 속해 있었으며, 합리주의 사상을 가졌거나 종교를 갖지 않은 많은 사람들이 있었기 때문에, 미국은 보다 선교를 필요로 하는 상황에 있었다.

20세기 초에 일어난 오순절 성령 운동은, 오순절파 사람들의 주장에 따르면, 부흥 운동에서 보다 진전된 운동이라고 하지만, 시각에 따라서는 미국의 제2차 각성 운동 이후에 일어난 종파 운동처럼 부흥 운동에서 파생된 과격한 부정적인 운동으로도 볼 수 있다. 즉 완전한 성화를 주장함과 동시에 회심한 그리스도인들은 '제2의 축복'(second blessings)을 받을 수 있고 또 반드시 받아야 한다고 주장하는 완전주의(Perfectionism), 계시록을 극히 주관적으로 해석함으로써 그리스도의 재림과 천년 왕국을 강조하는 천년 왕국 신앙 (Chiliasm, Millennialism)과 시한부 종말론, 모든 인류의 궁극적인 구원을 주장하는 만인 구원론(Universalism), 새로운 계시를 받은 것으로 주장하는 신흥 종교(Illuminism)의 운동이 미국의 제2차 각성 운동 이후에 일어난 운동들이다.

완전한 성화는 존 웨슬리가 설교하던 것이며, 제2의 축복도 그가 언급한 것이다. '제2의 축복' 사상은 오순절파(Holiness-Pentecostal)가 전수 받아 중요한 교리로 강조하고 있으나 오순절 성령 운동은 그 이전의 부흥 운동과는 양상이 다르다. 미국의 제2차 각성 운동의 특징도 회개를 촉구하는 것이었는데, 감리교 부흥 운동의 회개 촉구 역시 아르미니우스주의적이기보다는 사죄와 은혜 교리와 성령으로 말미암는 성화에 대한 엄격한 칼빈주의적인 이해를 재해석한 것이었다고도 말한다. 그렇지 않고서는 서부에서 감리교가 도덕적 힘을 발휘할 수가 없었다고 한다.[42]

부흥 운동이 사람들로 하여금 회개케 하는 운동이며 그들에게 생활의 성결을 촉구하는 운동임에 반하여, 오순절 성령 운동은 방언과 병 고치는 은사를 강조하고 오순절의 성령 강림이 재현되는 것을 역설하는 운동이다. 교회사적으로는 오순절 운동 역시 19세기 후반부터 신학의 좌경화가 심화된 역사적 상황에서 그것에 대한 역반응으로 성령의 일하심을 강조하고 과시하게 된 운동이라고 볼 수 있다.

20세기 후반에 와서 오순절 성령 운동의 확산으로 성령에 관한 교리를 재점검하고 새롭게 연구하는 일이 중요한 신학적 과제의 하나가 되었다. 오순절교회가 '오순절 성령 강림'의 재현을 말하며, '성령 세례'와 '성령의 은사'를 '제2 축복' 사상과 연결시켜 새로운 견해를 피력하므로, 이러한 주제들이 오늘의 성령론 연구의 초점이 되었다.

성령에 관한 교리는 물론 성경에서 얻는다. 그러나 성경의 교리를 연구할 경우에 주관적인 이해를 극복하고 보편타당한 이해를 가질 수 있기 위해서는 성경의 교리에 관한 역사적이며 전통적인 견해에 대한 지식을 가져야 한다. 성령 교리를 두고도 그것은 마찬가지이다.

---

42) Sydney E. Ahlstrom, A Religious History of American People(New Haven: Yale University Press, 1972[1], 1977[7]), 438.

제18장

교회와 교회 조직

교회를 논할 경우 우리가 유의해야 할 점이 있다. 성경에서 배울 수 있는 중요한 주제들을 조직신학에서 신론, 인간론, 기독론, 구원론, 교회론, 종말론으로 분류하며, 모든 주제들의 내용과 그에 대한 정의 및 설명을 오직 성경 말씀에서 찾는다. 그러나 교회론은 예외이다. 교회는 위에서 말한 주제들을 포함하여 기독교 진리를 가르치는 교리와 하나님의 뜻을 따라 살도록 명하시는 하나님의 말씀에 응답하는 신자들의 공동체요, 역사 안에 실재하는 구체적인 조직이기 때문이다. 그러므로 교회를 두고는 성경이 말씀하는 교회에 관한 가르침뿐 아니라 역사 안에 실재하는 교회를 동시에 고려하며 논해야 한다. 이 장에서는 먼저 성경과 역사에서 보는 교회 조직부터 고찰하고 교회의 본질에 관하여 논하기로 한다.

성경과 역사에서 보는 교회 조직

교회는 사람들의 모임이기 때문에 조직(organization)을 전제로 한다. 역사 안에 실재하는 교회들은 성경이 가르치는 교회상을 추구하며 자신들이 그 교회상을 구현하거나 그것에 가장 근접하는 교회라고 생각하지만, 성경이 가르치는 교리에 대한 이해는 주관적일 뿐 아니라 성경은 교회가 어떤 조직이나 형태를 가져야 하는지에 관하여 분명히 말씀하지 않으므로 2000년간 역사 속에 살아온 그리스도의 교회는 몇 가지 유형의 조직을 가진 교회들로 발전하였다.

여러 지역으로 흩어진 교회들을 구성하는 하나님의 백성들은 한 하나님의 백성이지만 민족과 언어, 문화와 역사적 배경의 차이로 기독교 교리 이해를 다소 달리하고 신앙적인 특색을 드러내면서 그리스도의 교회는 분열을 겪게 되었으며 여러 다른 유형의 조직을 가진 교회들로 발전하였다. 교회들 가운데는 무교회주의 그룹과 같이 조직을 갖추고 제도화된 교회를 부정하는 신자들의 모임도 있으나 그러한 모임 역시 어떤 형태이든지 간에 조직과 제도를 불가피하게 갖춘다.

교회를 그 조직을 따라 분류하자면, 로마 가톨릭의 교황교회, 감독교회, 개교회주의(個敎會主義) 유형의 회중교회, 삼독교회와 회중교회의 절충형인 장로교회, 그리고 교직 제도를 부인하는 소위 '파라처치'(para-church)가 있다.

감독교회 제도를 채택하고 있는 교회로 말하자면, 루터교, 영국 성공회, 성공회에서 파생한 감리교회 등이 있으며, 동방 정교회는 로마 가톨릭교회와 마찬가지로 평신도와 교직자들을 구분하므로 사제주의(clericalism) 교회이고 교직자들이 계층별로 구분되고 있는 교계주의(hierarchy) 교회이다. 동방 정교회에는 교황에 버금가는 교회 수장인 총대주교(patriarch)가 있으나 교황과 같은 권세를 가지지 않았다는 의미에서 스스로 감독교회라고 말한다.

개교회주의를 표방하는 교회로는 독립교회들과 회중교회가 있다. 회중교회는 칼빈주의 전통을 따르며 개교회의 독립성을 최대한 존중하는 교회로서 장로교회와 연합할 수 있는 소지를 가진 교회이다. 독립교회는 기타의 개교회주의 교회를 지칭하는 말이다. 장로교회와 개혁파교회는 감독교회와 독립적인 개교회의 절충형의 조직을 가진 교회이다. 감독제도 이외의 교회제도는 주로 종교개혁 이후 생겨난 것이며, 이런 여러 유형의 교회들은 제가끔 사도 시대의 교회를 구현한다는 명분을 내세웠다.

생성되어 가는 초기 교회

성경에 교회에 관한 말씀은 있으나 교회가 어떤 조직과 제도를 가졌는지 혹은 가져야 할 것인지를 구체적으로 밝히 가르치는 말씀은 없다. 사도 시대의 교회로 말하면, 이제 방금 생성되어 바야흐로 성장하기 시작하는 교회이므로 제도 면에서도 조직되어 가는 교회로 반영되고 있다. 그러므로 신약에서 볼 수 있는 실재한 교회의 조직을 이상적이며 본받아야 할 교회 조직으로 생각하는 것은 옳지 않다.

바울 서신에서 가르치는 교회상(像)은 그리스도의 교회가 지향해야 하는 바람직한 교회상이다. 그러나 역사에 실재하는 교회는 온전한 교회를 지향하여 생성되고 성장해 가는 교회이다. 그러므로 다락방 모임이나 가정에서 가진 모임을 교회의 원형이라거나 모방해야 할 이상적인 교회 조직이나 형태라고 말하는 것은 옳지 않다. 교회가 이제 생성되었거나 아직 핍박하에 있을 때 가정에서 모임을 가진 것을 두고 그것을 '가정교회'라고 지칭하며 '가정교회'를 교회 조직의 한 유형으로 간주하는 것은 잘못이다.

신약에 나타난 교회는 조직되어 가는 과정에 있는 교회였다. 교회의 머리이신 예수께서는 열둘을 제자로 삼으시고 사도로 임명하셨다(눅 6:13 이하). 베드로가 "주는 그리스도시요 살아 계신 하나님의 아들이시니이다" 라고 고백했을 때, 예수께서는 "너는 베드로라 내가 이 반석 위에 내 교회를 세우리라"고 약속하셨다. 예수께서 부활하시고 승천하신 후 제자들이 모여 먼저 맛디아를 선출하여 배신한 가룟 유다로 말미암아 결원이 된 12사도의 수를 메웠다. 그들은 오순절 성령이 임하시기 이전에 먼저 교회의 초석이 될 사도의 조직에 관심을 기울였던 것이다. 그것은 교회를 위해서는 조직이 있어야 할뿐더러 사도들이 바로 교회의 기초임을 시사한다(마 16:18; 엡 2:20).

오순절을 전후한 그리스도의 교회는 사도들이 곧 소위 집사요, 전도자요, 장로요, 목회자로서 섬기는 일을 다하였다. 그러나 예루살렘 교회의 교인

수가 불어나자 사도들은 기도하는 것과 말씀 전하는 일을 전적으로 맡아 하기 위하여 교인들을 돌아보는 봉사의 임무를 다할 일곱 사람을 택하여 세웠다(행 6:1~7).

교회가 성장함에 따라 직분은 다원화하기 시작하였다. 안디옥교회에서는 선지자들과 교사들이 있어서 바울과 바나바에게 안수하여 선교사로 파송하였다(행 13:1-3). '선지자'는 초대 교회 당시 전도자를 지칭하는 보통명사이거나 아니면 특별한 임무를 수행하는 직분자의 명칭이었으나 2세기에 이르자 그 이름은 사라졌다. 교회들이 이제는 기록된 주의 말씀이나 사도들의 서신서의 말씀에 의존하였으며 거짓 선지자들을 경계하게 되었기 때문이다. 사도 바울은 전도자로서만이 아니라 교회를 조직하는 이로서 역할을 다하였다. 그는 선교 초기부터 각 교회에서 장로들을 택하여 세웠다(행 14:23).

감독교회로 발전

그리스도의 교회는 2세기에 접어들면서 서서히 감독교회로 발전하였다. 서신서에 이미 감독이라는 명칭이 발견된다. 그러나 바울의 편지에서는 아직 감독과 장로의 직능에 구별이 없다. 사도행전 19:21 이하의 말씀에 성경 기술자가 '장로'(πρεσβύτεροι)로 지칭하는 사람들을 바울이 '감독'(ἐπίσκοποι)이라고 부른 것을 보면 장로와 감독은 같은 직분을 지칭하는 다른 명칭임을 알 수 있다. '장로'는 구약 시대부터 있어온, 공동체의 지도자를 지칭하는 직명인데, 바울은 그들에게 교회를 돌아보는 기능을 상기시키려는 의도에서 장로라고 부르지 않고 감독이라고 부른 것으로 보인다. 목회 서신에 보면 '장로'와 '감독'의 직능에 차이가 있음을 암시하는 듯이 보이는 말씀이 있으나(딤전 1:1-10; 5:17, 19; 딛 1:1-5). 신약성경에 나타난 대로는 장로와 감독에 뚜렷한 구별이 없다.

그러나 2세기에 이르러서는 감독이 장로와는 다른 직분과 직위로 구분되기 시작하였다. 도시에 있는 큰 교회의 목회자이면서 경험이 풍부하고 많은 제자들을 길러낸 장로는 그를 통하여 교육을 받은 장로들이나 그가 시무하는 큰 교회의 선교를 통하여 서게 된 지방의 교회들을 자연스럽게 보살피고 지도하게 되었으므로 그것에 걸맞은 감독이란 명칭으로 불리게 되었으며, 그것이 제도화된 것이다. 이단적인 잘못된 교리에서 기독교 진리를 변호하는 일을 통해서도 감독은 존경을 받고 돋보이는 직분으로 부상하게 되었다. 안디옥의 이그나티우스와 순교자 폴리캅이 그러한 예의 인물이요, 감독이다.

이그나티우스는 자신의 일곱 개의 편지(110~115년)에서 감독과 장로와 집사, 이 세 직분을 확연히 구별하고 있으며, 감독은 교회의 모든 의식과 업무를 관장하는 직분이라 설명하고 감독직의 중요성을 강조한다. 이그나티우스는 또한 교회가 하나임을 강조하고 온 세계의 신자들의 공동체를 '가톨릭 교회'라고 부르며, 교회의 보이지 않는 감독을 곧 그리스도라고 한다.[1] 그리스도의 교회는 예배와 성찬 등 모든 의식의 통일성을 기하고 이를 전수함으로써 교회의 전통을 수립하게 되었다.

2세기 중엽 이후부터는 기독교 세계 어느 지역에서나 감독은 장로와 집사 및 교회를 돌보는 직책으로 인식하게 되었으며, 속사도 교부들을 감독이라고 불렀다. 예를 들면, 이레니우스는 먼저 장로가 되었다가 폰티누스의 후임으로 리온(Lyon)의 감독이 되었다(A.D. 178).

그리스도의 교회는 로마 제국의 국교가 되기 이전부터 교구(敎區)교회로 발전하게 되었으나 국교가 된 이후부터 복음이 신속히 전파되어 교회들이 갑자기 불어나자 감독 한 사람이 여러 지역 교회를 돌보게 되었다. 동방에서는 지역 교회의 교구를 '파로이키아'(paroichia)라고 지칭했으나, 서방에서는 '파로이키아'뿐 아니라, 교구의 크기에 따라 '에클레시아'(ecclesia), '테리토리움'(territorium), '피네스 에피스코파투스'(fines episcopatus), '디오케시스'(diocesis)라는 명칭이 사용되었다. 영어의 'diocese'에 해당하는 '디오케시스'는 5세기 초에 비로소 나타난 말이다.[2] 이것들은 주교구(감독구)에 해당하는 지역구의 명칭이다.[3] 지역 교회의 교구들 중에 주교구가 제일 먼저 형성된

---

1) Ignatius., smyrna, 8, 2.

2) Hubert Jedin, Editor, *History of the Church* Vol. II (The Crossroad Publishing Company, New York, 1986), 231.[*Handbuch der Kirchengeschichte* I~X, (1962-1979)의 번역판]

것이라고 추정할 수 있다. 대도시(metropolitan)를 중심으로 하는 대주교구가 주변의 주교구를 관할하게 된 것인데 동방에서는 주교구를 '에파르키아'(eparchia)라고 했으며 서방에서는 '프로빈키아'(provincia)라고 하였다.

대도시 가운데서도 역사적인 도시의 대주교들은 총대주교(patriarch)라는 이름으로 높임을 받게 되어 기독교 세계는 4세기에 이미 로마, 콘스탄티노플, 안디옥, 예루살렘, 알렉산드리아 등을 중심으로 하는 5개의 총대주교구로 나뉘어 있었다. 그러나 7세기에 이슬람의 침공으로 로마를 중심한 서방교회와 콘스탄티노플 중심한 동방교회의 두 총대주교구만 남게 되었다.

교회의 교구는 정치적인 행정 구역과 비슷한 구도를 갖게 되었다. 총대주교 구에는 대주교(archbishop)가 관할하는 대주교구(archbishopric)가 있고 그 산하에 주교(감독, bishop)들이 관할하는 주교구(감독구, diocese 또는 bishopric)들이 있고, 감독구는 여러 지역교회의 교구(rectory 또는 parish)로 나뉘었다.[4]

그리스도의 교회가 감독제의 교회로 발전하게 된 데에는 위에서 든 바와 같이 교회 자체의 성장 과정에서 갖게 된 요인들 때문에도 그러했지만, 교회가 살던 사회의 정치적이며 문화적인 여건, 즉 공화정치가 아닌 제왕이 통치하는 정치 상황과도 무관하지 않다. 그것은 종교개혁 당시 강력한 중앙집권적인 왕국 교회들이 그냥 가톨릭교회로 남은 사실과 종교개혁의 교회들 중에서도 왕정하에 있었던 영국 교회가 감독 제도를 유지하게 된 사실을 보아서도 알 수 있다. 예를 들면, 영국에서는 17세기 초반에 웨스트민스터 신앙고백을 작성할 무렵 장로교를 국교로 하려는 움직임이 있었으나 제임스 1세는 "No bishop, no king."이라고 하면서 감독을 두지 않는 장로교가 왕정의 존립에 위험을 초래할 수 있다는 이유로 거부하였다. 루터교회가 감독 제도를 택한 데에는 그들의 교회관 때문이기도 했으나 그들의 개혁 운동이 봉건 제후들의 후원과 보호를 받았을 뿐 아니라 그들의 교회가 제후들의 통치를 받는 백성들의 교회였기 때문이다. 제네바에 장로회를 조직할

---

3) 감독을 주교라고도 하므로 감독구도 주교구라고도 칭하였다.
4) 괄호 안의 영문은 영어 명칭임.

수 있었던 상황과는 대조가 된다. 칼빈이 장로교 제도를 도입할 수 있었던 것은 제네바가 공화체제의 자유도시였던 것과 무관하지 않다.

교권주의와 교계주의의 형성

4세기에 접어들면서, 즉 기독교가 공인되고 국교가 되면서부터 교회는 평신도와 교직자 및 수도승이라는 세 그룹으로 나누어지기 시작하였다. 그 이후 여러 세기가 지나는 동안 평신도와 교직자 간의 구별이 점점 뚜렷해져 교회는 두 계층으로 나뉘게 되었다. 교회가 박해하에 있을 당시에는 교직자와 평신도가 다 같이 순교의 영광에 참여하였으며, 순교자로서 구별 없이 존경을 받았다. 그러나 교회가 국가로부터 종교의 자유를 얻으면서부터 순교하는 일이 없어지다 보니까 사람들은 금욕과 수도원 생활을 순교에 대치할 수 있는 것이라고 생각하게 되었다. 즉, 평신도들은 수행할 수 없는 것을 교직자들이나 수도승들이 수행하면서부터 교직자와 평신도 간에 차별이 생기게 된 것이다. 교직자와 평신도는 그 기능과 역할의 차이 때문에 점점 더 간극이 벌어지게 되었고, 교직자들은 존경을 받는 계층이 되어 교권을 행사하게 되었다. 이것이 제도화되었고 로마 가톨릭교회는 그러한 제도와 교회관을 계속 유지하고 있다.

서방 교회에서는 중세로 접어들면서 교직자들은 라틴어로 예배를 진행하였다. 그것이 교회의 통일을 유지하는 데는 도움이 되었다고는 하나 그로 인하여 더 많은 취약점들이 야기되었다. 평신도들은 복음을 이해하지 못하며 성찬의 의미도 모르게 되었다. 성찬식을 행할 때 사제가 떡과 포도주를 봉헌함으로써 그리스도가 제물이 되는 것을 재현하는 것이라고 이해하면서부터 의식은 점점 복잡하게 되었으며, 평신도들은 경이에 찬 눈으로 그냥 구경하는 것으로 성찬에 참여하는 것을 대신하였다. 평신도는 일 년에 한 번 겨우 떡만 받게 하고 포도주는 교직자들끼리만 서로 나누었다. 이와 같이 백성들이 무지함에 그대로 방치되었을 뿐 아니라, 그러한 상황에서 목회자 자신들 역시 아무런 자극도 받지 못해 무식함을 벗어나지 못하는 경우가 허다하였다.

중세에 두드러지게 나타난 현상은 로마 교회가 로마 감독의 우위, 즉 교황권을 주장하는 것이었는데, 서방교회에서는 그 권위를 인정받게 되었다. 교황권은 그레고리 1세(590~604)와 같은 출중한 인물을 통하여 신장되었으며 세속의 왕권(imperium)에 도전하여 사제권(sacerdotium), 즉 교황권의 우위를 주장하기까지 하였다. 이러한 주장은 그레고리 7세에서 정점에 달했다가 점차 사제권의 쇠퇴를 보이게 되었으나 교황들은 상당한 기간 동안 그러한 우위권을 향유하였다. 교황이 정치적인 영향력을 행사하는 일은 오늘날에 와서도 로마 가톨릭교회와 교황이 동경하는 표적이다.

교회의 지도자가 되려면 초대 교회 시대에는 순교를 각오해야 했으나 이제는 오히려 직분자가 됨으로써 원한다면 생활의 안전과 영달을 꾀하며 고위 성직자들은 귀족과 같이 호화롭게 살 수 있게 되었다. 하기는 고위 성직자의 대다수가 귀족 및 왕족 출신들이었다. 그리고 봉건주의 사회의 발전과 함께 교회의 교직도 여러 층의 교직으로 세분되었으며, 교구 목사나 감독이 십일조에서 생계비나 세비를 걷는 것이 봉건사회 제도에서와 흡사하였다.

중세 시대에는 교직자와 평신도 사이나, 고위 성직자와 지역교회 목회자 간에도 구별이 있게 되어 교계주의의 틀이 잡혔다. 인노센트 1세(402~417) 때에 상위의 교직자(clerici superioris)와 하위 직원(inferioris ordinis)으로 구분되었다. 상위의 성직자는 대주교를 포함한 감독(주교), 사제, 집사였는데, 사제와 집사는 감독에게, 감독은 감독회에서 감독들에게 안수를 받아 장립되었다. 이들의 직위는 국가 행정부의 인정을 받았다. 이에 반하여 하위 직원들은 서리집사(sub-deacon), 복사(服事, acolyte), 축귀자(逐鬼者, exorcist), 수위(守衛, porter), 렉터(lector, 성경 읽는 이) 등 그 수가 많고 종사하는 분야가 다양했으나, 지방 교회에는 이러한 직분을 가진 자들이 거의 없었다. 하위 직원들 가운데서 렉터는 성직자 후보생으로 인정을 받았다.

상위 성직자와 하위 성직자 간에는 직위의 차이뿐 아니라, 생활에서와 교권을 행사하는 면에서 현격한 차이가 있었다. 이를테면 감독은 수십 명의 종을 거느리고 한 번 행차할 때 열 명이나 되는 수행원을 거느리는 반면에, 지역 교회 목사 가운데는 구두 수선공의 조수보다 못한 급료를 받고 살아야 하는 이들도 있었다. 이러한 불균등한 관계는 종교개혁 이후 17세기에도 영국 교회에서 볼 수 있는 현상이었다.

중세에도 정치에 관여하고 정치와 결탁한 교황제도의 타락에 반기를 든 개혁운동이 있었다. 수도원 운동과 교회 내에 있었던 분파 운동들이 그런 명분으로 출발한 것이었다. 그러나 수도원 운동이 교회에 근본적인 쇄신을 가져오지는 못하였다. 7세기에 시작된 베네딕트 수도원은 온 유럽으로 확산되어 교회와 사회에 많은 기여를 했으나 점차 부를 축적하면서 9세기에 이르자 초기의 취지와 모습을 상실하였다. 11세기에 수도원의 쇄신을 명분으로 시작한 클루니 운동의 경우 성공적으로 발전하게 되자 기독교 세계 안에 오히려 안일함과 세속화가 가속되었다.

개혁을 표방하고 나선 씨토회(Cistercian), 도미니코회, 프란체스코회 등의 수도원들은 금욕과 청렴, 기도와 경건 등을 강조하면서 개혁을 표방하였으나, 고행을 강조하고 선한 행위를 통하여 하나님의 은혜를 입을 수 있다는 교리를 탈피하지 못하고, 복음을 옳게 이해하지 못하는 신학으로 인하여 교회에 별다른 변화를 가져다주지는 못했다. 성지 순례 혹은 로마 교황청의 순례 등 고행을 강조하는 일은 십자군 원정이라는 대사건을 낳게 하였으며, 고행이나 십자군 원정에 참여하는 것도 돈을 낼 겨우 면제 받게 해 주는 관행이 면죄부를 조장하게 하였다.

12세기에 들어와서는 평신들이 교회 생활에 옛날보다는 더 많이 참여하게 되었다. 그것은 십자군 원정의 산물이며 특히 그로 인하여 발전을 보게 된 도시 문화의 혜택에서 온 것이었다. 봉건주의 제도하에서 농노로 살거나 혹은 농업에 종사하며 자유인으로 살던 사람들이 대거 도시로 이주하여 숙련된 전문인으로 여러 다양한 직업에 종사하게 되었으며, 이들을 통하여 도시 문화는 발전하게 되었다. 이들은 교회 생활에도 여러 방면으로 기여하였다. 이러한 현상은 십자군 원정으로 인한 봉건제후의 몰락과 함께 봉건주의 사회의 붕괴를 초래한 요인이 되었다. 중세 가톨릭교회의 교권주의는 성찬의 화체설과 교직자가 서품을 받아 평신도와는 구별되는 제사장이 된다는 사제주의를 통하여 더 확고하게 되었다.

중세 교회의 모순점과 타락에 반기를 들고 교회의 쇄신과 개혁을 주창한 16세기의 종교개혁자들은 교회 조직의 모순을 지적하고 이의 쇄신을 외칠 뿐 아니라, 보다 근본적인 신학과 교회의 실천 전반에 대한 개혁을 도모하였다. 교회 조직이나 제도는 복음에 대한 이해 및 교회에 대한 신학적인 이해와 밀접하게 관련되어 있기 때문이다.

종교개혁과 교회 조직

종교개혁자들이 주창한 중심 교리는 "오직 성경으로" 신학 이해와 생활의 척도를 삼는다는 것이다. 예수 그리스도를 "오직 믿음으로"만 구원을 얻는다는 칭의의 교리와 함께, 우리의 행위로써가 아니라 "오직 하나님의 은혜로" 구원을 얻는다는 교리와 함께 예수 그리스도만이 진정한 중보자라는 사실을 강조하였다. 성상 숭배를 비롯한 마리아 숭상이나 성자 숭상 및 목사를 제사장으로 이해하는 사상 등, 예수 그리스도만이 중보자가 되신다는 신학을 약화시키거나 가리는 어떠한 교리나 관습도 용인할 수 없다고 천명하였다. 평신도와 교직자를 계층화하여 교회를 2층 구조로 구분하는 사제주의나 교황주의 및 그것을 뒷받침하는 관행에도 반대하였다. 루터가 개혁의 초기에 만인제사장론을 제창한 것은 바로 이러한 동기에서 나왔다.

그러나 루터는 교회의 조직 및 예배를 개혁하는 면에 있어서는 개혁자들 가운데서는 가장 보수적인 입장을 취하였다. 1526년 루터는 예배서를 내놓으면서 「독일 미사」라는 표제를 부치고 있으며, 1530년에 나온 아우구스부르크 신앙고백에서 미사를 그 의미는 다르더라도 시행해야 한다고 말하고 있으나, 1537년의 슈말칼덴 신조에서는 미사라는 말까지 폐기해야 한다고 말한다. 츠빙글리는 급격한 개혁을 단행했다는 점에서 성찬에 대한 이해뿐 아니라 모든 면에서 루터와는 대조적이었다. 칼빈은 중도적인 입장을 취했으나 장로교회의 기초를 놓음으로써 교회 조직을 확실하게 바꾸어 놓았다.

교계주의 교황 교회에 대항하여 개혁의 기치를 든 루터는 교회를 성도의 모임(communio sanctorum)이라는 개념으로 말하고 로마 가톨릭에 대한 반발로 교회를 제도라고 강조하지 않은 것으로 보인다. 그런데 희한하게도 교회의 제도 면을 소홀히 하는 바로 그 점 때문에 오히려 옛 중세 가톨릭의 감독 제도를 그대로 답습하고 예배의식도 소극적으로 개혁하게 된 것이다. 칼빈은 루터와는 달리 교회가 성도의 모임일 뿐 아니라 하나님께서 제정하신 기관 (institution)으로 인식하고 강조하였기 때문에 마침내 로마 가톨릭과는 조직을 달리하는 교회를 생각하게 되었다.

교회의 조직과 제도를 개혁하는 일을 두고 루터와 칼빈이 보인 상이점은 그들의 교회관의 차이와 그들의 목회지와 목회 대상의 차이에서 비롯된 것이다. 루터가 종교개혁 1세대의 개척자였고 칼빈은 선배들의 경험을 자기 것으로 할 수 있었던 종교개혁 2세대에 속한 사람이었다. 루터는 독일의 모든 지역과 농촌 사람들을 목회의 대상으로 여긴 반면에, 칼빈은 이미 개혁이 시작된 독립적 도시국가인 제네바 시에서 목회하였으며, 칼빈이 제네바에 오기 이전에 이미 평신도로 구성된 시의회가 교회의 당회 역할을 하고 있었다는 점도 아울러 고려해야 한다.[5]

중세 시대에, 즉 1220년에 내놓은 왈도파의 신앙고백서의 내용은 지금의 장로교회의 신앙고백과 일치하는 점이 많다. 교회의 직분을 장로와 집사의 두 직분으로 나눈 것과 장로는 회중의 영적인 상태를 살피며, 목사를 도와 주를 섬기는 직분이라고 하는 것이나 목사와 장로의 권세가 동등하다고 하는 등 오늘의 장로교회 제도에 가까운 교회 치리를 말하고 있다. 그러나 장로교 전통의 계속성을 두고 말하자면 오늘의 장로교회의 창시자는 칼빈이다.

칼빈은 장로와 집사가 교직자였던 종래의 제도를 폐지하고 평신도 대표를

---

5) 오토 베버, 『칼빈의 교회관』, 김영재 옮김(수원: 합신대학원출판부, 2008).

장로와 집사로 세움으로써 목회자가 평신도와 더불어 치리하는 교회 제도를 세웠다. 칼빈의 이러한 개혁이 평신도 중심으로 교회를 치리하고 운영하는 모든 교회 운동의 시발이 된 것이지만, 칼빈의 교회관은 여러 독립교회의 교회관과는 달라서 보수적이었다.

루터의 만인제사장론의 영향을 받은 여러 개신교 교파들의 목사관과는 달리 칼빈은 목사직의 중요성을 말하고 있으며 '만인제사장'이란 말이 목사직에 대한 잘못된 이해를 가져올 수 있기 때문에 그런 언급을 하지 않았다. '만인제사장'이란 말은 실제로 교직제도를 부정하는 사상을 유발하였다.

칼빈의 교회관에 따르면, 하나님께서 세우신 기관으로서의 교회 개념이 성도의 모임으로서의 교회 개념에 선행한다. 목사의 말씀 사역이 먼저 있어서 말씀에 응답하는 교회가 있게 되는 것이므로, 칼빈은 교회와 대칭을 이루며 교회를 있게 하는 목사의 직분이 중요하다고 강조한다. 따라서 목사는 개교회에 속하지 않고 목사단이나 노회에 속하며, 노회는 교회의 머리이신 그리스도를 대신하여 선정한 목사를 파송하여 지역 교회의 목사로 세우고 그에게 교회를 맡긴다. 이것이 곧 장로교회의 목사 위임의 의미이다. 한국 장로교회에서 '위임 목사'를 '종신토록 시무할 수 있는 목사'로 잘못 전의(轉義)가 되고 있다. 이러한 오해는 '임시 목사' 제도를 둠으로써 야기된 것이다.

평신도와 교직자 간의 차이 또는 양자 간의 갈등은 역사적으로 문제가 되어 왔다. 목사는 개교회에 적을 둔 교인이 아니고 노회에 속한 이로 구별하는 장로교회의 원칙은 평신도인 장로가 노회뿐 아니라 총회에도 참석하여 회원이 된다는 점에서 찾을 수 있다. 장로교회는 노회를 운용하는 일을 두고, 교회를 전담하는 목사들의 독주하는 견해에 따라 회가 좌우되지 않도록 하기 위하여 세심한 주의를 기울여 왔다. 총회의 구성원을 장로와 목사를 동수로 하는 것 등이 그런 일을 미리 방지하기 위한 하나의 방도이다.

그럼에도 불구하고 말씀 사역을 하는 목사가 교회에 선행한다는 이해 때문에, 목사를 평신도 위에 있는 직분자로 알던 중세적인 교권주의 제도에서 볼 수 있는 그러한 목사와 평신도와의 구분으로 쉽게 빠져드는 경향이 있음을 보게 된다. 특히 오늘의 한국 교회에서는 그러한 현상이 아주 농후하다. 한국의 문화와 재래 종교적인 배경 때문이기도 하고, 성경에 대한 문자적인 이해와 교회사적인 안목과 종교개혁의 전통에 대한 올바른 이해가 결여된 것도 그 이유가 된다.

중세의 교권주의를 분명하고 쉽게 부정하는 길은 개교회주의를 택하든지 혹은 교직 제도를 부정하는 소위 자유 교회를 택하는 길이다. 종교개혁 이후 객관적인 진리를 지나치게 강조하고 사변주의 신학으로 흐른 정통주의에 반발하여, 17세기 말 회개와 중생과 구원을 강조하여 새로운 영적인 운동을 벌인 독일의 경건주의에서는 루터가 로마 가톨릭에 반대하여 그의 개혁 초기에 말한 만인제사장론을 문자적으로 이해하며 이를 강조하였다.

대부분의 경건주의자들이 교직 제도를 전적으로 부정하는 것은 아나나 실제로 그것에 대하여 소극적인 자세를 취해 왔다. 그들은 교회 안에 교회(ecclesiola ecclesiae)를 형성하고, 그들만이 모이는 집회를 위하여 평신도 출신의 설교자를 세운다. 경건주의자들 가운데서도 슈페너와 프랑케를 좇는 사람들은 독일의 개신교회 안에 머물면서 그들 나름의 모임을 갖고 운동을 전개한 반면에, 친첸도르프가 이끄는 헤른후터 게마이네(Hernhuter Gemeine, 영어로 모라비안 Morabian)는 전통적인 교회에서 완전히 분파를 이루는 방향으로 발전하였다.

영국에서 일어난 교파 교회 가운데 교직 제도를 부정하는 플리머스 형제 교단은 모라비안의 영향을 받은 것이다. 일본의 우찌무라(內村鑑三)가 시작한 무교회(無敎會)는 플리머스 형제의 한 형태이며 퀘이커들과 통한다. 우리나라에는 자유 교회라는 이름으로 일찍이 선교가 이루어졌으며 김교신과 함석헌 등이 지도자로서 역할하였다. 그밖에 일어를 해독하는 많은 목사들이 우찌무라와 그의 제자 그로자끼(黑崎)에게서 분리주의 사상의 영향을 받았던 것으로 볼 수 있다.

교회의 조직 및 제도 혹은 교회의 구조에 대한 여러 교회의 유형을 고찰할 때 교회의 조직에 대한 이해는 결국 교회관 및 교회사관과 관계가 있음을 보게 된다. 로마 가톨릭은 교회를 그리스도의 몸이라는 신비적인 유기체로 보고 교회사를 그리스도의 몸의 직접적인 발전이요 성장으로 보아 교회의 전통을 절대시하는 반면에, 신령주의 교회관과 교회사관에서는 로마 가톨릭교회의 교회관이나 교회사관과는 정반대로 교회의 역사와 전통을 일체 무시한 채 성경에서 하나님의 계시를 직접적으로 이해한다는 입장을 취한다.

그러나 루터와 칼빈을 위시한 종교개혁자들은 성경만이 진리 이해와 판단의 근거라고 역설하고 강조하면서도 교회의 역사와 전통을 외면하는 것이 아니고 오히려 그것을 존중하고 늘 성경에 비추어 이해하려고 하였다. 성경의 진리에 대한 보다 나은, 보다 올바른 이해를 갖기 위해서는 교회 역사에 대한 보다 넓은 이해와 교회 전통에 대한 존중은 불가결하다.

교회의 조직이나 제도를 이해함에 있어서 신약 시대의 교회가 감독교회로 발전하여 온 사실을 두고 그리스도의 교회가 감독교회로 되면서 타락하게 되었다고 비판함으로써 감독교회로의 발전이 무조건 교회가 타락의 길을 걷게 된 요인이라고 단정하는 것은 옳지 않다. 위에서 말한 바와 같이 복음은 세우심을 받은 설교자를 통하여 전파된다는 사실을 감안해야 하고 초기에는 여러 복합적인 상황에서 감독이 다스리는 교회가 비교적 건전하게 발전한 사실을 인정해야 한다.

장로교회 제도는 감독교회 제도를 부정하는 데서 취한 제도가 아니고 그것을 보완하는 제도이다. 목사회, 즉 노회의 권위를 인정하는 장로교회의 이해는 만인제사장론을 문자 그대로 실제화하고 있는 독립교회가 취하는 입장과는 다르다. 장로교회가 지역교회의 치리권을 존중하지만 회중교회와는 다르다. 장로교회는 제도 면에서 개교회주의 교회보다는 감독교회에 더 가깝다.

한국 장로교회에 대한 반성

오늘의 한국 장로교회가 장로교회 제도에 역행하는 개교회주의 방향으로 나아가고 있는 것은 유감스런 일이다. 개교회주의 교회의 신학적이며 실제적인 단점은 보편적인 교회에 대한 개념이 희박할 뿐 아니라, 교회가 지나치게 설교자에 의존적이며, 잘못된 가르침에 대항하여 성경의 진리를 변증하는 일에 취약한 점이다. 개교회주의 교회들이 교회의 전통을 존중하지 않는 신령주의 교회사관을 가져서도 그러하고, 잘못된 교훈에 대하여 개별적으로 노출되는 데다 거기에 제가끔 대항해야 하므로 그러하다. 미국의 뉴잉글랜드의 회중교회에 속한 다수의 2세대와 3세대 청교도들이 유니테리안주의나 합리주의에 넘어간 것이 그런 하나의 사례이다.

개교회주의는 본래 중세적인 교권주의에 철저하게 반대함에도 불구하고 개교회의 목회자를 작은 교황으로 숭상하는 극단에 빠져들기 쉽다. 교회를 인도하는 이의 개인적인 카리스마를 따르다 보면 그러한 경향에 빠져들 수 있다. 또한 당회에 해당하는 교회 위원회가 다른 권위나 협의체가 없이 최종 권위를 가질 경우, 그것은 개교회가 모든 결정을 두고 최종적인 권위와 책임을 갖게 됨을 의미한다. 그것은 초기 교회의 사도들의 회의가 보여준 사례와도 전혀 다른 것이다. 그리고 개교회주의 교회는 대교회를 지향하게 되어 자유 경쟁과 적자생존 및 약자의 도태를 필연적으로 수반하는 자본주의 체제를 닮은 교회관에 빠지게 된다.

한국 장로교회에서 총회장을 일 년씩 역임하는 것을 관례로 삼아왔는데, 해마다 총회장 선출 과정에서 잡음이 많이 일고 있는 일은 유감스럽게도 이미 널리 알려진 사실이다. 미국 장로교회의 총회장은 총회(general assembly)가 열리는 그 회 기간에만 역할을 다하는 '총회 의장'(moderator)이다. 그러나 노회(presbytery)는 회의를 위하여 모이는 기관만이 아니고 목사가 적을 두고 있는 기관이며 늘 교회를 돌보는 감독교회의 감독과 같은 직무를 수행하는 집행 기관으로서 필요할 때마다 임시 노회로 모이는 상설 기관이다. 그러므로 노회를 대표하는 장은 '노회의장'이 아니고 '노회장'이다.

노회 혹은 총회장 선출에서 오는 부작용 때문에 장로교회의 원리를 축소하는 방향으로, 즉 개교회나 회중교회가 가진 제도의 방향으로 개혁을 해서는 안 되고 오히려 장로교회의 제도와 원리를 살리는 방향으로 개혁을 해야 한다. 매년 총회장과 부총회장 선거가 있을 때마다 교회의 지도자들이 정력을 거기에 소모한다면, 차라리 개혁파 교회처럼 총회장이 일관성 있게 교회를 대표하고 일을 추진할 수 있도록 4년 혹은 5년의 임기 동안 재임하게 하는 것이 더 건전한 기풍을 교회에 불어넣을 수 있어서 좋을 것이다. 개혁파 교회의 노회장(superintendent)의 재임 기간은 4~5년이며 감독에 준하는 역할을 한다. 위에서 말한 바와 같이 미국 장로교회의 경우 총회의장은 총회 회의가 열리는 기간만 의장으로 책무를 다하며, 총회 업무는 다년간 재임하는 총무(general secretary)가 일관성 있게 총괄하고 수행한다.

교회가 어떤 치리 형태를 가져야 하는지에 대하여 칼빈은 특정한 치리 제도만을 천거하지는 않았다. 칼빈은 교회의 네 직분, 즉 목사, 교사, 장로, 집사를 성경에 근거하여 말하였으나, 성경을 문자적으로 이해하고 적용한 것은 아니었다. 유럽의 개혁교회에는 목사 이외에 평신도를 대표하는 직분으로 집사는 없이 장로만 두고 있는 반면에, 미국 장로교회에는 집사와 장로를 두고 있다. 미국 교회의 집사는 최종적으로 장로를 목표로 거쳐야 하는 직분으로 알지 않고 그 사람의 자질과 능력을 따라 완전히 구분된 직분으로 이해한다. 당회와 집사회는 독립되어 있어서 필요에 따라 한 해에 몇 회 혹은 연석회를 연다. 장로라는 직함이 호칭으로 불리지 않기 때문에 장로를 무슨 명예직으로 생각하는 법도 없고 장로 장립식을 거창하게 거행하는 법도 없다.

한국 교회에서 교회를 돌보고 다스리는 일을 두고 '교회 정치(政治)'라고 말하는데 일반 정치와는 구별되게 '교회 치리'(治理)라고 하는 것이 더 바람직하다. 영어로는 'church politics'라고 하지 않고 'church polity'라고 하여 구별한다. 교회가 말씀을 따라 교회를 '치리'하지 않고 세속에서처럼 '정치'를 한다면 교회는 이미 부패한 지경에 있는 것이다.

한국 장로교회에서는 직분이 더 다양하게 세분되고 있다. 권찰, 서리집사, (안수)집사, 여자의 경우 권사, 장로로 구분되어 있다. 감리교회에서는 본래 장로 직분이 없음에도 불구하고 한국 감리교회에서 장로 제도를 도입하고 있는가 하면, 장로교회에서는 서리집사로 오래 봉사한 연로한 여자 서리집사를 예우하기 위하여 감리교회에서 쓰는 '권사'라는 명칭을 빌리고 있다. 그러나 이러한 것은 선교 교회의 문화적인 배경에서 나온 현상이다. 서리집사 제도가 성경에는 없지만, 교회를 위하여 일할 사람이 있어야 하므로 선교 교회 상황에서 차선책으로 취하게 된 처방이다. 그러나 이러한 직분의 다양화가 교계 제도를 이루어 가는 것이라면 마땅히 반성하고 시정하는 방향을 취해야 한다. 교회의 직분은 봉사하는 직분이다. 그리고 부목사는 담임목사의 조사(助事)가 아니고 나름대로 목사의 본래적인 직능을 가진 직분이다. 한국 장로교회에서는 부목사를 담임 목사가 매년 노회에 천거하여 허락을 받게 되어 있으나 미국 교회에서 부목사(associate minister)는 공동의회의 청빙을 받아 부임한다.

삼위일체 하나님이 우리의 신앙의 대상이고 우리의 신앙고백과 신학의 주제이듯이, 그리스도가 교회의 머리이신 그의 몸인 교회, 즉 성령의 일하심을 통하여 설립되고 보존되며 우리 각자가 지체가 되고 있는 교회 역시, 칼빈이 말한 것처럼 삼위일체를 믿는다고 할 때와는 다른 뜻을 함축하지만, 우리가 믿는 내용이고 신앙고백과 신학의 주제이다. 그뿐 아니라 교회는 우리 신자 각자가 구성원이 되어 역사 속에 구체적으로 존재하는 기관이요, 공동체이다. 교회의 각 신자는 함께 하나님의 거룩한 성전으로, 즉 그리스도의 몸인 교회로 함께 지어져 가는 지체이다. 그러므로 교회를 아는 지식은 성경에서 배워 믿고 신앙을 고백하면 되는 다른 교리들과는 달리 교회에서 교회의 지체와 더불어 살면서 실천적으로 체득하며 알아가야 하는 지식이다.

교회의 본질

교회는 특이한 공동체

그리스도의 교회는 사회적인 유추로서가 아니고 예수 그리스도를 믿는 믿음 안에서 이해할 수 있는 특이한 공동체이다. 그리스도의 교회는 교회(敎會)

라는 한자의 뜻을 풀이한다든지 헬라어 '에클레시아'(ἐκκλησία)라는 단어 풀이를 함으로써 이해할 수 있는 것이 아니고 성경에서 어떤 의미로 사용되었느냐에 따라 그 의미가 드러난다. '에클레시아'는 본래 정치적인 회집 등을 가리키는 말인데, 신약성경에서는 그리스도의 교회를 '에클레시아'라고 한다.

교회는 사람들이 일시에 모였다가 헤어지는 회집으로서의 모임이 아니고 상호 유대 관계를 가지고 집단을 형성하는 모임이다. 사람의 모임을 어떤 사회학자는 독일어의 개념을 빌어 두 가지로 구분한다. 즉, 사람이 나면서부터 운명적으로 결속을 이루는 혈연 공동체(Gemeinschaft)와 회원 각자의 이익을 추구하는 이익 사회(Gesellschaft)이다.

혈연 공동체로는 먼저 가정을 들 수 있고 행정적인 구획으로 표시되는 지역과 국가 공동체를 들 수 있다. 이익 사회는 동창회, 향우회, 예술가 협회, 학술회, 회사 등 각자의 취미나 이익을 위하여 인위적으로 결성한 모임으로서 회원이 임의로 가입하거나 탈퇴할 수 있는 모임이다.

이러한 구분을 따른다면, 교회는 그리스도께서 십자가에 달려 죽으심으로 구속하신 사람들, 즉 하나님의 자녀가 되고 백성이 된 사람들의 모임이라는 뜻에서 본래적으로 혈연 공동체의 개념에 속한다. 유럽에서와 같이 교회 공동체가 정치적인 공동체의 단위를 따라 형성되어 있는 그런 곳에서는 교회를 으레 혈연 공동체로 인식하지만, 미국이나 한국의 많은 개신 교회와 같이 교구가 없이 자유롭게 그리고 경쟁적으로 교회 공동체를 형성하고 있는 곳에서는 교회를 실제로는 이익 사회처럼 인식하는 경향이 있다. 교회의 형성 과정이나 교회의 회원이 되는 절차 등이 '이익 사회'의 그것과 비슷할 뿐 아니라, 사람들이 일반적으로 '이익 사회'의 개념과 조직에 더 익숙해 있기 때문에 교회를 본래적인 의미대로 이해하지 못하는 경향이 다분하다. 이러한 경향은 교인을 가리키는 말에도 반영되고 있다. 자유롭게 교회를 형성하고 있는 미국에서는 교회 교인을 회원(member)이라고 하는데 반하여, 교회가 국민교회인 독일에서는 회원(Mitglied)이라고 하지 않고 지체(Glied)라고 한다. 교회는 혈연 사회와 같은 것이면서도 이익 사회로 잘못 이해할 수 있는 소지를 갖고 있다. 그런 점에서 교회는 특이한 공동체이다.

모든 공동체는 계약이나 법에 따라 질서를 갖는다. 그러므로 교회 역시 공동체로서 법과 질서를 갖는다. 그러나 교회의 법과 질서는 사람이 임의로 만든 것이 아니라는 점에서 특이하다.

그리스도의 교회가 피상적으로는 세상의 여러 사회적인 조직의 하나이지만 하나님 나라에 속한 조직이요, 예수 그리스도를 믿고 섬기는 거룩한 신자의 공동체이다. 교회는 하나님의 통치를 받는 하나님의 백성의 공동체로서 하나님의 말씀을 듣고 따르며 하나님께서 제정하신 법과 질서를 지켜야 한다. 세상 나라의 법이 교회의 법과 질서에 상치될 경우, 또한 세상 나라가 교회의 법과 질서를 인정하지 않고 교회를 억압하며 하나님의 말씀에 어긋나는 법과 질서를 강요할 경우, 그리스도의 교회는 하나님의 법을 따르고 지키기 위하여 세상 나라의 법과 명령에 불복하고 항거한다.

교회를 아는 지식은 하나님을 아는 지식과 병행하여 자란다. 하나님에 관한 지식이 성경 말씀을 배우고 말씀대로 사는 가운데서 자라듯이 교회에 관한 지식도 역시 그러하다. 교회의 질서나 법은 강제성을 띤 것이 아니기 때문에 교회에 속한 사람들이 교회의 법과 질서를 존중히 여기며 따르는 정도는 하나님을 믿는 믿음과 교회를 아는 지식에 비례한다. 그러므로 하나님을 믿는 일과 그 분을 아는 일이 신학의 과제이듯이 교회를 믿음으로 아는 것 역시 신학의 과제이다.

교회는 문화와 역사 속에 존재하는 것이므로 현실 속에 있는 교회는 자연히 문화적 환경에 적응하여 존재하기 마련이다. 그러므로 문화를 가진 사회 속에 실재하는 교회, 즉 우리가 일상 경험하고 우리 한 사람 한 사람이 모여 이루는 교회가 성경에서 가르치는 바람직한 교회의 상에는 미치지 못한다. 교회를 이루는 우리 개개인이 허물이 있어서 그러하며, 교회를 이해하고 아는 일에, 말씀대로 믿고 바라고 사랑하는 일에 온전하지 못하기 때문에 그러하다. 그러므로 교회의 지체들은 성경이 가르치는 바람직한 교회상이 무엇인지를 늘 살펴야 하고, 교회가 하나님의 말씀을 따라 조직되고 운영되며 목회가 되고 있는지, 교회가 마땅히 해야 할 일을 하고 있는지를 늘 반성하고 부단히 개혁해야 한다.

교회의 유추

성경에는 교회에 대한 설명과 유추를 많이 발견한다. 즉, 하나님의 백성, 그리스도의 몸, 하나님의 성전, 성령이 거하시는 전, 하나님의 집, 목자와 양, 진리의 기둥과 터(딤전 3:15) 등 여러 명칭과 개념으로 서술한다. 이러한 명칭들은 하나님의 백성인 교회가 하나님 및 그리스도와 어떤 관계에 있으며 교회의 사명이 무엇인지를 함축하는 말이다.

속사도 교부들은 성경에서 유추로 교회를 설명하는 것을 그대로 이어받아 교회를 단편적으로 정의한다. 로마의 클레멘트는 교회를 가리켜 성도들의 모임, 그리스도의 양떼, 하나님 자신의 소유라고 말하며 교회의 선재성(先在性)을 인정한다. 헤르마스 역시 만물의 창조 이전에 교회가 있었다고 하며, 교회는 창조의 진정한 목표라고 한다. 교회와 그리스도의 관계는 몸과 영의 관계와 같다고 하며, 교회는 본질상 '하나'이며 '거룩한 것'이라고 한다.

이그나티우스는 그리스도와 믿는 자 사이의 인격적 결합을 감독과 교회의 관계에 비유한다. 감독은 교회의 구심점으로 이단을 막아내는 보루라고 한다. 교회의 분열을 경계하고 감독을 따르기를 그리스도가 아버지를 따르듯 해야 하며, 장로에게 복종하고 집사를 존경해야 한다고 말한다. 교회는 지역적인 공동체일 뿐 아니라 전 세계에 미치는 보편적인 제도이며, 영원한 이상적인 존재인 동시에 현실적 존재라고 한다.

신약성경에서 교회를 가리키는 여러 말들 가운데 '그리스도의 몸'은 바울이 가장 많이 사용한 말로서 교회의 본질을 가리키는 중요한 말이다. 이 말은 먼저 '그리스도는 교회의 머리'임을 전제하는 말이다. 로마 가톨릭에서는 '그리스도의 몸'을 문자 그대로 이해하여 교회는 그리스도의 신비적인 몸으로 이해한다. 그것은 성찬 시의 떡이 문자 그대로 그리스도의 몸이 된다는 로마 가톨릭교회의 주장과 상통하는 이론이다.

그러나 개신교회는 문자적으로 이해하지 않는다. 교회는 유기체와 같이 그리스도와 밀접한 관계에 있으며, 교회는 공동체로서 그리스도의 보호를 받고 다스리심을 받아 존립한다. 교회 교인은 그리스도의 몸인 교회의 지체로서 공동체를 중심하여 유기적으로 서로 연결되어 생명을 보존 받고 그 기능을 다한다. 몸의 지체처럼 교회 지체들의 은사는 다양하며, 다양한 가운데서 하나를 이룬다(고전 12장). 교회에서 주님을 섬기는 일에는 높고 낮음이 없으며, 성령께서 각자에게 주시는 은사에 귀천이 없다. 모두가 그리스도를 위하여 존재하고 그리스도의 몸인 교회로 하나를 이루는 일에 기여하며 존재한다. 교회의 지체의 다양성을 존중하지 않고 획일성을 강요하면, 교회는 통일성을 유지하지 못하고 분열하게 된다.

'여러분'이 교회

교회를 지칭하는 여러 말씀들을 열거하면서 무심히 지나쳐 버리는 말씀이 있다. 교회를 가리켜 "너희"라고 한 말씀이다. "너희는 그리스도의 몸이요 지체의 각 부분이라"(고전 12:27), "너희는 사도들과 선지자들의 터 위에 세우심을 입은 자라"(엡 2:20), 그리고 "너희도 성령 안에서 하나님의 거하실 처소가 되기 위하여 그리스도 예수 안에서 함께 지어져 가느니라"(엡 2:22) 따위의 말씀을 발견한다.

교회가 하나님의 백성이라거나 그리스도의 몸이라고 할 때 우리는 교회를 주로 3인칭으로만 인식한다. 이를테면, 사람들이 교회를 두고 논하거나 비평할 때, 사람들은 교회를 객관화하면서 말한다. 그럴 경우, 교회가 곧 '여러분', 즉 '우리'임을 망각한다. 교회가 곧 '여러분'이고 '우리'임을 의식하지 않고 교회를 논하면 그러한 논의는 교회의 지체로서 말하는 신앙고백은 될 수 없고, 교회 밖에 있는 사람이 할 수 있는 피상적인 비평이 될 뿐이다.

우리가 흔히 하는 말로 "교회를 봉사한다"든지 "주님의 몸인 교회를 위하여 헌신한다"고 말할 때, "여러분이 곧 교회"라는 생각을 못하고 교회를 3인칭의 대상으로만 생각할 경우가 많다. 그럴 경우 우리는 주님의 몸인 교회를 위한다면서도 '여러분', 즉 함께 주님의 몸을 이루고 있는 형제들을 망각한다. 교회의 과업을 위해 목표를 세우고 그것을 달성하기 위해 열심을 내지만 정작 교회인 '여러분', 즉 형제를 섬기는 일은 소홀히 한다. 눈에 보이는 형제를, 함께 그리스도의 몸을 이루는 형제를 사랑하는 것이 곧 하나님을 사랑하는 것이요(요일 4:20), 그것이 곧 교회를 위하고 사랑하는 것이다. 교회가 '여러분'을 떠나서 따로 존재하는 것이 아니다.

교회를 3인칭의 대상으로서가 아니라 2인칭으로 파악하는 일은 아주 중요한다. 여러분이 곧 교회라고 인식한다는 말은 교인 각자가 교회의 성장이나 사업을 위한 수단이 아니고 목적 자체임을 인식한다는 뜻이다. 개개의 교인은 서로 존중하고 서로 봉사함으로써 주님을 섬기고 주님의 몸인 교회로 함께 자라가는 것이다.

교회에 어려움이 있을 때, 흔히 교회는 교인의 교회도 목회자의 교회도 아니며 주님의 교회라고 더러 말한다. 그러나 목회자는, 바울과 같이, 교인들이 곧 교회임을 시인해야 한다. 교회는 곧 '여러분', 즉 교회의 지체인 구체적인 한 사람 한 사람이며, 개개인으로 구성되는 사람들의 무리이다. 교회가 '여러분', 즉 '우리'를 떠나서 따로 존재하는 것이 아니다. 그러므로 의식 있는 교인은 교회의 문제점을 3인칭의 것으로 인식하고 비판하는 것이 아니고, '우리'의 것이요 나의 것으로 인식하고 반성한다.

그리스도인은 교회의 일원으로 존재한다

그리스도인은 교회의 일원으로 존재하고 성령의 일하심으로 성화를 이루어 간다. 신학에서 사람이 하나님의 부르심을 받아 성령의 일하심을 통하여 회개하고 중생하며 그리스도를 믿어 의롭다함을 받고 성화되어 완전한 구원에 이르는 과정을 구원의 서정(序程)이라고 한다. 구원의 서정을 논할 때 중생과 칭의에서 성화와 영화에 이르기까지의 성도의 모든 삶의 과정을 개인적인 차원에서 성취하는 과정이라고 알고 있다. 그러나 그것이 전부가 아니다.

성도의 칭의는 개인적인 차원에서 이루어진다. 다시 말하면 회개하는 것, 그리스도인으로 중생하며, 그리스도인이 되는 것은 각자의 몫이다. 그러나 그리스도인으로 사는 것, 즉 성화의 삶은 교회에 속한 지체로서 성도들과 함께 이루어 가는 것이다. 그리스도인의 인격은 성도들과의 사귐에서 형성된다. 믿음으로 의롭다 함을 얻어 하나님의 자녀가 된 사람, 즉 하나님의 가족의 일원으로 새로 태어난 사람은 함께 하나님의 자녀가 된 형제들과 더불어 살며 함께 하나님의 성전으로 지어져 간다.

교회의 문을 들어서는 많은 사람들이 온전한 교회에 대한 환상을 갖고 있다. 교회는 주님의 몸인 교회이요, 거룩한 이름을 띤 신앙 공동체이기 때문에 당연히 그러한 기대를 가질 수 있다. 현실의 교회가 그러한 기대를 가진 사람들을 실망하게 하는 경우가 너무 많음은 유감스러운 일이지만, 교회를 찾아 들어오는 사람은 교회의 구성원들이 서로 다 '여러분', 즉 '우리'임을 알아야 한다. 목회자나 평신도나, 말씀으로 가르치는 사람이나 가르침을 받는 사람이나 다 모든 일에 그리스도에게까지 함께 자라가야 하는 '우리'이다. 우리 모두가 믿는 일과 소망하는 일과 사랑하는 일에 어설프고 온전하지 못하기 때문에, 교회 안에서는 싸우고 질투하고 마음에 상처를 입고 입히는 일이 종종 일어난다. 그러나 하나님의 자녀인 '우리'는 그러한 가운데서 하나님의 말씀으로 교훈을 받으며 뉘우치고 참으며 관용하고 용서하고 서로 이해하며 사랑하는 일을 배우고 실천하면서 그리스도 안에서 하나님을 모시는 거룩한 성전으로 함께 지어져 간다. '우리' 각자가 모두 함께 어울려 사귀면서 그리스도의 인격을 닮아 간다.

인격은 사람들과의 사귐 속에서 형성된다. 성령의 열매는 혼자 살고 혼자 경건을 추구하며 혼자 수양하면서 얻을 수 있는 것이 아니다. 성령의 열매(갈 5:22,23)를 서술하는 개념이 낱낱이 다 인간관계를 전제하고 있다. 즉 성화는 부조리한 인간관계 속에서, 부족함이 많은 현재의 그리스도의 공동체 안에서 진행된다. 남을 사랑하고 함께 즐거워하고 사람들과 더불어 화평을 도모하고 서로를 용서하며 관용하고, 오래 참고 자비함을 받고 또한 베풀며, 주를 위하여, 그리스도의 몸인 교회, 즉 '여러분'을 위하여 함께 충성하며 서로 대할 때 친절하고 온유하며, 죄를 이길 뿐 아니라 서로의 사귐에서 자기를 제어한다. 그러는 가운데 우리의 신앙 인격은 자라며, 각자가 모두 함께 하나님의 백성이요, 자녀로, 성숙한 그리스도인으로 성화되어 간다.

교회는 사랑의 공동체

그리스도의 교회는 하나님께서 아들을 아끼지 않으시고 희생하셔서 구속한 백성들, 즉 하나님의 무한한 사랑에 빚진 자들의 공동체이다. 교회는 사람의 가치 기준으로 선별한 사람들의 모임이 아니다. 남녀노소 교육 정도와 신분에 차별이 없이 각양각색의 사람들이 하나님의 백성으로 부르심을 받아 하나님께 예배하며 하나님의 뜻을 좇아 사는 공동체이다. 사람들로 하여금 하나로 어울려 한 몸을 이루게 하는 요소와 힘은 사랑이다. '그리스도의 몸'이라는 개념은 사랑이 교회의 절대 요건임을 함축한다. 교회에는 믿음, 소망, 사랑이 늘 있어야 한다. 믿음과 소망은 신자 각자가 가지는 것이다. 그러나 사랑은 혼자의 것이 아니고, 교회의 형제자매들과 더불어 믿음과 소망을 함께 나누는 서로의 사귐에서 갖는 것이다.

독생자를 주신 사랑의 하나님을 믿고 예배하며 하나님의 사랑을 찬송하며 선포하고 영원한 사랑의 세계를 바라는 교회는 항상 사랑이 충만한 공동체이기를 지향한다. 공동체는 질서를 위하여 법과 규칙이 필요하다. 그러나 교회의 법과 규칙은 사랑에 근거하며 사랑을 이루는 것이 최종 목적이다. 사람이 하나님과 화평을 누리고 하나님의 사랑에 참여하는 것은 믿음으로 의롭다 함을 통하여 이루어지는 것임을 성경은 가르친다. 하나님께서는 사람의 구원을 위하여 먼저 율법을 주셨으나 사람은 율법이 요구하는 대로 살지 못하므로 하나님께서는 의를 나타내셨다. 즉 하나님께서는 당신의 독생자 예수 그리스도를 희생하셔서 의를 나타내셨다. 그리고 사람들이 그 아들을 믿는 믿음을 보시고 그들을, 즉 우리를 의롭게 하신다(롬 3:21~26). 하나님께서는 율법을 없었던 것으로 하시면서 사람을 의롭다고 하시는 것이 아니고, 아들로 하여금 자신의 희생을 통하여 율법을 성취하게 하심으로써 믿는 자들을 의롭다고 하신다.

그러므로 교회의 법과 질서는 사랑에 근거함과 동시에 사랑을 통하여 세워진다. 교회 역사에서 칭의의 교리는 종교개혁에 와서 비로소 재발견되었다. 우리 사람들은 구원을 위하여 공로를 쌓아야 한다는 종교에 대한 고정관념 때문에 율법주의를 쉽게 탈피하지 못할 뿐 아니라, 종교적인 경건을 힘쓴다고 하면서 늘 쉽게 율법주의에로 회귀한다.

교회에서는 무슨 법과 규칙보다도 사람을 귀하게 여기는 가치관이 있어야 한다. 백 마리의 양떼 가운데 잃은 양 한 마리를 찾는 심정이 목회자에게는 물론 모든 교인들에게 있어야 한다. 백의 수를 채우기 위해서가 아니고, 온 천하보다 귀한 한 생명을 존중하고 사랑해서이다. 교회에는 아버지의 품을 다시 찾아오는 탕자를 얼싸안고 환영하는 그런 사랑과 감격이 있어야 하고 기쁨의 향연이 있어야 한다.

교회는 "내 계명은 곧 내가 너희를 사랑한 것같이 너희도 서로 사랑하라 하는 이것이니라"(요 15:12)고 말씀하시는 그리스도의 사랑의 계명을 좇아 사는 사랑과 기쁨이 충만한 신자의 공동체이다.

교회는 하나님께서 제정하신 기관

교회는 하나님께서 제정하신 기관이다. 교회가 곧 '여러분', 즉 '우리'라는 뜻에서는, 루터가 정의한 바와 같이, '신자의 공동체'(communio sanctorum)이지만, 사람들이 임의로 모여 구성하는 집단이라는 의미에서의 '신자의 공동체'는 아니다. 칼빈은 교회를 '신자의 모임'일 뿐 아니라, 하나님께서 제정하신 '기구'(機構, institution)라고 하며, '기구'로서의 교회 개념이 '신자의 모임'이라는 개념에 선행한다고 한다. 하나님의 말씀이 먼저 있고 이에 응답하는 신자의 공동체가 성립하기 때문이라고 한다.6)

---

6) 오토 베버, 『칼빈의 교회관』(수원: 합신대학원출판부, 2008), 64이하. 알트하우스에 따르면, 루터는 교회를 가리켜 '기구'라고 서술하지는 않았으나 그러한 개념을 배제하는 것은 아니고 내포시키고 있다. 하나님의 말씀과 백성, 즉 교회와의 관계에 관하여는 하나님의 말씀은 하나님의 백성 없이는 있을 수 없으며, 또한 하나님의 백성은 하나님의 말씀 없이 있을 수 없다고 이중적으로 표현한다. 파울 알트하우스, 『마르틴 루터의 신학』, 구영철 역(서울: 성광문화사, 1994), 404-405. 루터의

교회에 속하는 구성원의 한 세대가 가고 다음 세대가 그 구성원의 주체를 이루는 일이 거듭된다는 점에서, 교회는 개개의 구성원에 좌우되지 않는 역사적인 기관이다. 교회는 오고 오는 모든 세대의 사람들을 불러 모으시고 구원을 베푸시기 위하여 하나님께서 세우신 기관이다. 교회의 법과 질서가 사람들이 임의로 만든 협약이 아니고 하나님의 말씀을 따라 제정된 법이요, 질서라는 점에서도 그러하다. 교회의 머리이신 그리스도께서 제자들 가운데 택하여 세우신 사도들과 선지자들의 터 위에 교회를 세우셨으며(마 16:18, 엡 2:20) 지금도 세워 가신다.

　　바울은 여러 교회에 보내는 편지에서 그리스도의 교회 안에 그리스도인 각자가 성령께로부터 받은 은사대로, 즉 믿음의 분량대로 지혜롭게, 그리고 충성되게 교회를 섬겨야 할 것을 말하고, 직분을 맡은 자가 있어서 질서를 갖추어야 할 것을 말한다(롬 12:3~13, 고전 4:1~2; 12:4~31, 엡 4:11~12). 주님께서 사도로부터 목사와 교사에 이르기까지 직분을 주심은 "성도를 온전케 하며 그리스도의 몸을 세우려 하심이라."(엡 4:11-12)고 말씀한다.

　　여기서 말하는 '그리스도의 몸'은 단순히 '신자의 모임'으로서의 교회를 가리키는 말이 아니고 백성에 대한 '나라'의 개념과 같이 신자들을 포용하고 질서를 갖추며 피차 순종하게 하는 기구로서의 교회를 함축하는 말이다. 교회는 백성들이 설교자를 통하여 선포되는 하나님의 말씀을 듣고 따르며 하나님의 다스리심을 받으며 성례를 통하여 주님과 연합한 백성으로 살도록 하나님께서 세우신 기관이다.

　　교회를 이루는 그리스도인의 공동체의 구성원 한 사람 한 사람은 온 천하보다도 귀한 생명들이요, 주님께서 피로 값 주고 사신 귀한 하나님의 자녀이므로 서로 지극히 존중해야 한다. 그러나 교회를 이끌어 가는 일을 두고 개개인의 의견이 존중되어야 하는 것은 아니다. 교회는 백성들이 중지(衆智)를 모아 민주적으로 운영하는 것이 아니고 하나님의 말씀을 따라 운영되고 다스림을

　　교회관을 위한 참고: 같은 책, 403~477; Hermann Kunst, *Martin Luther und die Kirche* (Evangelisches Verlagswerk Stuttgart, 1971).

받아야 하는 것이다.

그러므로 하나님의 말씀을 선포하고 가르치는 목회자의 임무와 책임은 크고 중하다. 목회자를 포함한 교인 각자는 교회가 성경 말씀을 따라 제정한 법과 질서를 존중하며 지켜야 한다. 말씀을 가르치는 목회자가 교회 일을 두고 독단을 범하지 않고 하나님의 뜻을 잘 분별하여 치리하기 위하여 그리스도의 교회는 그 출발에서부터 말씀을 가르치고 분별하는 지도자들이 함께 모여 의논하고 결정하였다. 예루살렘의 사도들의 회의가 그것을 위하여 있었고, 기독교 세계 공의회와 각 지방의 감독 회의며, 총회나 연회 또는 노회와 당회가 그 일을 위하여 존재한다.

그리스도를 머리로 받들며 하나님의 다스림을 따르려는 그리스도의 몸인 교회의 권위를 존중하고 교회의 결정에 순종하는 사람은, 비록 그 결정이 자신에게 불리하거나 불만스럽거나 심지어는 자신을 벌하는 것일지라도 교회에 머물러 그것을 달게 받고 순종한다. 이러한 사람은 그리스도의 교회를 충분히 이해하는 사람이고 교회의 지체로서 하나님의 다스리심을 피부로 느끼며 살고 하나님이 주시는 기쁨과 평화를 누리며 사는 존경할 만한 하나님의 백성이다.

'보이는 교회'와 '보이지 않는 교회'

루터와 칼빈 두 개혁자가 교회를 서술하면서 '보이는 교회'와 '보이지 않는 교회'라는 말을 사용한다. 루터는 교회를 이분해서 말하기보다는 교회가 양면성을 가진 대상으로 인식된다는 의미에서 그렇게 말한다. 즉, 교회의 외적인 면은 가시적이지만 교회의 내적인 면은 믿음으로만 볼 수 있으므로 불가시적이라고 한다. "교회는 하나이며 보편적으로 온 세상에서 발견될 수 있으나 교회는 어느 누구도 알거나 볼 수 없도록 그리고 세례와 성례전, 말씀으로써 파악하고 믿어야 하도록 높고 깊게 그리고 숨겨져 있으며, 내적인 교회를 볼 수 있는 이는 오직 그리스도이다."[7]

---

7) 알트하우스, 같은 책, 408.

이에 반하여 칼빈은 예정과 선택의 교리와 연관하여 교회를 '보이는 교회'와 '보이지 않는 교회'로 이분해서 말한다. '보이는 교회'는 부르심을 받은 모든 백성의 교회이고 '보이지 않는 교회'는 택함을 받은 참으로 믿는 자의 교회, 하나님만이 아시는 교회이다. 칼빈은 이 둘을 긴장 관계에서 말하면서 정작 논할 수 있는 교회는 '보이는 교회'라고 말한다. 그 말은 우리가 '보이지 않는 교회'를 염두에 두고 온전하고 거룩한 성도의 공동체를 지향하면서, 그리고 지향하기 때문에, 제도적인 교회에 충실해야 한다는 말이다. 그것은 바울이 말하는 교회관을 옳게 이해한 말이다.

칼빈 자신은 그것을 위하여 최선을 다하였다. 그래서 그는 제네바의 시민 대부분이 속한 소위 국가 교회를 목회하는 일에 혼신의 힘을 다하면서, 루터와 마찬가지로, 신앙인들만의 별개의 교회를 주장하는 재세례파를 철저히 배격하였다. 그래서 칼빈은 교회의 건덕을 위하여 목회 이념을 충분히 펴시 못하고 좌절을 맛보는 일을 개의치 않았다. 칼빈은 개신교의 하나 됨을 위하여 부단히 힘쓰는 한편, 교리적인 타협은 거부하면서도 로마 가톨릭교회 와의 재연합에 대한 희망을 평생 간직하였던 것이다.

'보이는 교회'와 '보이지 않는 교회'의 개념을 우리는 종교개혁의 전통을 따라 옳게 이해해야 한다. '보이는 교회'에 치중하면 사제주의와 교계주의 제도를 가진 로마 가톨릭교회처럼 교권주의에 빠지고, '보이지 않는 교회'를 추구하면 재세례파 등 신령주의자들과 같이 분리주의로 치닫게 된다. 한국 장로교회는 대체로 양자를 균형 있게 이해하지 못하므로 교권주의에 빠지는가 하면 극심한 분리주의 경향을 드러낸다.

목사를 제사장이라고 이해하는 사제주의(Clericalism) 사상은 교권주의를 동반하기 마련이다. 그래서 교권주의를 사제주의와 동의어로 사용하기도 하나 교권주의가 곧 사제주의는 아니므로 구별해야 한다. 목회자나 노회의 직분자들이 말씀을 따라 정당하게 세워가야 할 교권, 즉 교회의 권세를 남용하는 처사나 관행이 곧 교권주의이다. 사제주의와 교계주의 제도와는 거리가 먼 개신교 목사들이 사제 사상을 갖게 되면 그렇게 제도화되고 나름의 질서를 갖춘 로마 가톨릭과는 비교할 수 없는 무질서한 교권주의에 빠지게 된다.

한국 장로교회는 개혁주의 교회관을 회복해야 한다. 그 밖에 교회들도 개신교적이며 복음적인 건전한 교회관을 가져야 한다. 건전한 교회관을 가지느냐, 아니면 분리주의 교회관을 가지느냐 하는 것은, 비단 교회 분열의 현실이나 교회 연합의 과제에 대한 대응에만 반영되는 것이 아니고, 목회와 교회 정치와 사회 및 문화 전반에 대한 자세와 세계관에도 반영된다.

신령주의는 성경을 문자적으로 해석하려는 경향이 농후하나 개혁주의는 루터교회와 마찬가지로 성경의 말씀과 함께 교회의 신앙고백, 교회의 전통을 존중한다. 신령주의는 현실의 불완전한 교회를 정죄하면서 '보이지 않는 교회', 즉 '신앙인들만의 교회'를 추구하는 반면에, 하나님의 주권 사상을 강조하는 개혁주의는 '보이지 않는 교회'를 시인하면서 '거룩한 교회'를 지향해야 하는 불완전한 현실의 교회를 중요시하며 목회한다. 신령주의는 특별 은총을 강조하는 나머지 일반 은총에 대한 개념이 희박한 반면에, 개혁주의는 특별 은총과 함께 일반 은총을 균형 있게 인식하고 강조한다. 신령주의는 죄악으로 가득한 현세와 세속의 역사와 문화를 정죄하는 나머지 반지성적이며 반문화적인 경향을 보이며, 영적인 삶에 치중하여 사회 윤리를 소홀히 하는 반면에, 개혁주의는 그러한 현세와 세속의 역사와 문화가 하나님의 주권과 심판 아래 있음을 인식하면서 영적인 삶과 함께 윤리적인 삶을 강조하며, 하나님의 나라의 확장을 기원하며, 역사에 참여하고 현세와 문화의 변혁을 위하여 최선을 다한다.

제19장

기독교 종말론

20세기를 보내고 새 천년의 21세기를 맞이하게 된 시점에 한국 교회에서는 종말에 대한 논의가 그 어느 때보다 더 많았다. 그것은 우리 자신들이 새 천년으로, 세기가 바뀌는 시점에 역사의 흐름을 그 어느 때보다도 더 절실히 의식하기 때문이어서 그러할 뿐 아니라, 많은 사람들이 이러한 시점에 세상의 종말을 들먹이며 잘못된 종말론에 미혹을 받곤 하기 때문에도 그러했을 것이다. 인구의 급속한 증가, 과학 지식의 발달, 1960년대 이전만 하더라도 사람들이 미처 예기치 못했던 환경 오염과 생태계의 파괴 등 여러 가지 심각하고 절박한 문제들로 인하여 사람들은 옛날보다 더 지구의 종말에 관하여 관심을 가지게 된 것으로 안다.

종말론은 '종말에 있을 일'에 대한 종교적인 교리이다. 기독교 신학은 종말론을 두고 개인적 종말론을 말함과 동시에 역사적 종말론을 말한다. 개인적 종말론에서는 인간의 죽음, 그리스도인의 죽음의 의미, 부활, 영생 불사 등을 다루며, 역사적 종말론에서는 그리스도의 재림, 천년 왕국, 최후의 심판, 의인이 누릴 복된 상태와 악인이 견디어야 할 상태에 관하여 논한다.[1]

종말론은 종교의 보편적 관심이며 종교의 출발점이기도 한데, 개인적 종말론에서도 기독교의 신앙이 다른 종교와 구별되는 점이 있기는 하나

---

1) L. Berkhof, *Systematic Theology*(London: The Banner of Truth Trust, 1958), 659-738.

기독교 종말론의 특이성은 기독교 역사관과 결부된 역사적 종말론이다. 성경은 창조 교리를 말하므로 역사적 종말 교리는 창조의 목적의 성취를 내다보는 논리적 결론이기도 하지만, 기독신자에게는 종말론이 그리스도에 대한 최종 단계의 교리이기도 하다. 즉 종말론에서 그리스도인들은 그리스도를 보다 역사적이며 역동적으로 인식하고, 그리스도는 성육하신 하나님의 말씀일 뿐 아니라, 창조에서부터 존재하신 계시로, 인간을 구원하시기 위한 하나님의 작정으로 인식하며, 인간의 구원에 대한 그리스도인의 신앙 내용의 최종 성취로 인식하고 바란다.[2]

교회 역사에서 종말 신앙은 시대적 배경이나 신앙의 유형 혹은 신학적 견해에 따라 개인적 종말론과 역사적 종말론 그 어느 편에 더 많은 관심을 갖는 경향이 있었음을 발견한다. 역사의 종말에 있을 사건 중에 가장 중심이 되는 사건은 그리스도의 재림이며, 천년기, 즉 천년 왕국(Millenium)의 여부에 관하여는 신학자들의 견해가 일치하지 않으므로 천년 왕국에 대한 고백과 진술은 교회 역사에서 역사적 종말론의 한 쟁점이 되어 왔다.

천년 왕국에 대한 신앙 혹은 견해는 셋으로 분류된다. 그리스도의 재림이 천년 왕국 이전에 있다는 견해를 전천년설(Premillennialism)이라고 하고, 천년 왕국 이후에 있다는 견해를 후천년설(Postmillennialism)이라고 한다. 전천년설은 그리스도의 임박한 재림, 휴거, 공중 잔치, 유대인들의 회복, 그리스도의 천년 왕국 건설과 통치를 믿는다. 후천년설은 그리스도의 재림 이전에 복음이 온 세계에 전파되고 교회가 왕성하여 황금기를 누린다는 견해이다. 전천년설이 전통적 천년 왕국 신앙(Chiliasm, Millennialism)에 해당하는 것이지만, 후천년설도 천년 왕국 신앙의 특색을 지닌다. 무천년설(Amillennialism)은 천년기를 교회 시대를 가리키는 상징으로 해석하면서 그리스도의 영적인 통치가 신자들의 마음속에 이미 시작된 것이라고 보는 견해이다.[3]

교회 역사에는 예수 그리스도께서 경고하신 대로 시한부 종말론과 사이비

---

2) Brian E. S. J. Daley, *The hope of the Early Church: A Handbook of Patristic Eschatology*(Cambridge: Cambridge University Press, 1991), 2.

3) 신복윤, "無千年期說", 「神學正論」 20(1993년 4월): 245-257 참조.

메시아 운동들이 있었다. 이러한 사이비 종말론 운동들은 많은 사람들에게 피해를 줄 뿐 아니라, 기독교 신앙을 오해하게 만들거나 교회의 종말 신앙을 흐리게 한다. 시한부 종말론이나 그리스도임을 사칭하는 사이비 메시아 운동들은 모두 열광적이며 폐쇄적인 집단을 형성하므로 문제이다.

한국 교회의 역사는 오래되지 않았으나 교회 안팎에는 사이비 종말 신앙 운동과 스스로 그리스도로 사칭하는 자들이 끊임없이 일어났다. 1927년 예수가 자기에게 강림하였다고 하며 예수인 양 처신한 유명화(柳明花), 예수와 영체 교환을 실현하였으므로 자신이 예수라고 주장하며 혼음을 자행한 황국주(黃國柱), 6·25 동란 때 자신을 '감람나무'요 '동방의 의인'이라고 단언하면서 메시아임을 자처하고 신도들을 천년성으로 유인한 박태선(朴泰善), 자신을 재림주라고 하고 '문예수'로 처신하며 활동해 온 통일교의 문선명, 자신을 계명성(Morning Star)이라면서 그리스도로 자처하는 정명석, 만민중앙교회의 이재록 등이 있다.

그 밖에 시한부 종말론으로 1951년 11월 25일이 재림일이라고 말함으로써 사람들을 미혹한 이재명, 느긋하게 2023년을 재림 일자로 말한 한에녹, 1992년 10월 28일이 재림일이며 예수의 공중 재림과 휴거가 일어날 것이라고 매스컴을 통하여 사회를 떠들썩하게 만들었던 이장림 등이 있다. 이장림의 경우 거짓이 드러났음에도 불구하고 그와 그 추종자들의 기세는 한동안 꺾일 줄 몰랐다.

한국 교회의 종말 신앙에서 천년 왕국 신앙이 지배적인 것으로 대개 알고 있는데, 그것에 대한 사실 여부도 검토하는 한편, 그러한 신앙적 배경 때문에 한국 교회에서 사이비 종말 신앙이 쉽게 배태될 수 있는 것은 아닌지 의문하면서 천년 왕국 신앙이 교회사에서 어떤 비중과 위치를 차지하고 있는지, 성경이 말하는 종말론과 교회 역사에서 논의된 종말론을 일별하면서 살펴보고자 한다.

종말에 대한 성경의 증언

구약성경에는 종말에 대한 말씀이 많다. 종말 신앙이 미래에 대한 기대라는 점에서 그런 것이라고 이해할 수 있다. 구약성경은 대체로 개인의 종말에 관한 것보다는 주로 역사적 종말론, 즉 이스라엘과 열국의 미래에 관하여 언급한다. 이스라엘을 택하셔서 당신의 백성으로 삼으신 하나님께서 이스라엘 백성의 장래를 인도하신다고 한다.

이스라엘 백성은 이집트를 떠나 약속의 땅을 바라보고 이동한다. 야곱의 축복, 요셉의 축복이 이스라엘 자손의 번영을 비는 것이다(창 49:8이하; 신 33:13이하). 전쟁과 승리, 다윗 왕국의 건설과 번영, 메시아의 약속과 기대, 유다와 이스라엘에 대한 심판에 관한 말씀이 있다. 이사야 24~27장에는 미래에 대한 묵시가 기록되어 있다. 다니엘서에는 이스라엘의 미래만 아니고 여러 나라의 미래와 역사의 종말과 목적에 관하여 말씀하며, 그것은 곧 성취될 것이라고 말씀한다(욜 1:15, 4:14)

구약에서는 종말의 날을 여러 말씀으로 표현한다. '여호와의 날'(사 2:12), '후일에'(days to come, 창 49:1) 혹은 '그날'(사 2:11)이라는 표현들이 많이 발견된다. 스바냐서에는 "그날은 분노의 날이요 환난과 고통의 날이요 황무와 패괴의 날이요 캄캄하고 어두운 날이요 구름과 흑암의 날이요……"라고 하면서 여호와가 이 땅 모든 거민을 멸절하시되 놀랍게 멸절하실 것이라고 말씀한다(습 1:15~18). 그러나 그날, 즉 심판의 날은 백성들을 그냥 멸절시키는 날만은 아니고 '신원(伸寃)의 날'(사 61:2)이요, '원수 갚는 보수일'(렘 46:10)로서 슬픈 자를 위로하는 날이다. 말일(末日), 즉 심판의 날은 또한 도움과 구원의 날이다(사 2:2이하).

하나님의 심판은 백성들을 멸절시키는 것이 아니고 장차 올 새 질서를 펴시는 것이다. 다시 말하면 구원, 의, 도움, 번영, 신실, 자비와 긍휼을 주시고 베푸신다. 하나님의 심판은 비단 이스라엘 백성에게만 국한되는 것이 아니고 모든 민족에게 임하는 것이며, 하나님의 구원 역시 이스라엘뿐 아니라, 만민에게 미친다(사 2:2~4). 이사야서는 하나님께서 창조하실 새 하늘과 새 땅에 관하여 말씀한다(65:17; 66:2). 하나님께서는 세계와 인류의 역사가 본래의 목적을 향해 가도록 인도하신다고 말씀한다.

신구약 중간 시대에는 프톨레미(Ptolemy)와 세류키드(Seleucid)의 통치하에서 유대인들이 나라의 독립을 갈망하는 가운데 묵시 문학이 발달했으며, 나라를 해방할 메시아를 기대하는 사상이 보편화되었다. 예수님 당시의 유대인들도 이러한 역사적 전통과 배경에서 메시아를 이방 나라 로마의 압제로부터 자신들을 해방해 줄 구원자로 이해하고 기대하였다. 예수 그리스도를 메시아로 믿고 따르던 제자들도 예외가 아니었다(행 1:6이하).

구약에서 예언한 메시아이시며 율법과 선지자의 예언을 성취하신 예수 그리스도의 사역과 그분이 선포하신 천국의 복음은 종말적인 것이었다. "이미 도끼가 나무뿌리에 놓였으니 좋은 열매 맺지 아니하는 나무마다 찍혀 불에 던지우리라"고 하는 세례 요한의 선포도 메시아의 사역이 종말론적임을 말하는 것이며, "회개하라 천국이 가까웠느니라"(막 1:15, 3:27; 마 12:28이하; 눅 17:20)고 하는 예수님 자신의 말씀도 그러하다.

예수께서 말씀하신 천국 비유는 대부분 종말론적이거나 종말론적인 의미를 함축한다. 이를테면, 곡식과 가라지 비유(마 13:24~32, 36~43), 그물 비유(마 13:47~50), 포도원 비유(마 20:1~16), 열 처녀 비유(마 25:1~13), 달란트 비유(마 25:14-30; 눅 19:11-27), 돌아오는 주인의 비유(눅12:35-40, 41-48), 임금의 잔치 비유(마 22:2-14; 눅 14:15-24), 불의한 청지기 비유(눅 16:1-13) 등이 그러하다.

사도행전과 서신서들이 말하는 종말론의 가장 중심이 되는 부분은 예수 그리스도의 재림에 대한 믿음과 기대이다(행 1:11, 3:20,21; 고전 15:23; 빌 3:20; 살전 2:19, 3:13, 4:15,16, 5:23; 살후 1:7,10, 2:1~9; 딤전 6:14; 딤후 4:1,8; 딛 2:13; 히 9:28; 벧전 1:13; 벧후 1:16, 3:4,12). 예수 그리스도의 재림에 대한 서신서의 말씀들은 물론 예수님의 말세에 대한 언급(마 24장, 25장, 막 13)과 당신 자신의 재림에 대하여 언급하신 말씀(마 24:30~31, 25:31, 26:64; 요 14:3)에 기초하고 있다.

그리스도의 재림 전에 있을 사건들로는, 이방인의 부르심과 모든 민족에게 미치는 복음 전파, 이스라엘의 회심(롬 11:25~26; 고후 3:15,16), 배도와 환난(마 24:10~12; 딤후 3:1~5; 마 24:21~30), 적그리스도의 출현(마 24:23,24, 마 7:15; 막 13:21,22; 눅 17:23) 등이 있을 것을 말씀하며 말세의 징조에 관하여 말씀한다.[4]

초대 교회의 종말 사상

사도 시대 이후의 기독신자들의 종말 신앙은 그들이 기대했던 임박한 파루시아가 지연되자 다소 쇠퇴하기 시작하였으며, 임박한 파루시아 대신에 갑작스런 재림에 대하여 말하는 한편, 교회 조직 등 실제 생활에 대한 문제에 관심을 돌리게 되었다고 말하는 신학자들이 있다.[5] 그것은 슈바이처나 브레데 이후의 현대 신학자들처럼 예수 그리스도의 생애와 사역을 지나치게 종말론적으로 보려고 하며 예수의 교회에 관한 언급(마 16:16 이하)의 사실성을 의심하거나 목회 서신을 바울의 저작으로 보지 않고 2세기에 쓰인 것으로 보려는 신학자들의 견해이다.

그들은, 바울의 선교 목적이 교회의 설립에 있었음이 사도행전(예, 행 14:23)이나 목회 서신들뿐 아니라 그의 다른 서신들에도 잘 나타나 있으며, 그 서신들이 다루는 주제 역시 다양함을 간과한다. 사도 시대 이후의 교회들이 광신적 종말 신앙을 가진 자들처럼 일손을 놓고 그리스도의 재림만 바란 것은 아니었다. 하기는 사도 시대 이후에 유대교의 영향으로 많은 위경들과 묵시록들이 나왔으며, 성경에서 경계하는 바와 같이 잘못된 광신적 종말론 신자들도 있었다.

대다수 묵시록들이 상징적 언어로 되어 있고 또 그것이 함축하는 신학적

---

4) 신복윤, "재림 전에 있을 대사건들", 「神學正論」20(1993년 4월): 226-244 참조.

5) Peter Müller-Goldkuhle, "Post-Bibilical Developments in Eschatological Thought", in: *The Problem of Eschatology*, ed. by Edward Schillerbeecks & Boniface Willems(New York: Paulist Press, 1969).

사상으로 보아 유대인들의 묵시문학에 속한다. 도덕적인 권면과 세상의 심판과 구원을 말하고 그리스와 로마 문명이 몰락할 날이 가까웠다고 말하는 것은 유대인들의 묵시 문학과 유사하다. 기독교의 묵시록들은 유대교의 묵시록들처럼 성경적 신앙의 소망만 반영하는 것이 아니고, 정치적 혹은 종교적 자유를 누리지 못하는 백성들이 겪는 좌절과 불안정을 반영하고 있다.

에스라 4서, 이사야의 승천(Ascention of Isaiah), 시빌의 예언서(Sibylline Oracles) 등 첫 5권은 본래 유대교적 문서인데, 기독교적 메시지를 담아 다시 쓴 것이다. 시빌(Sibyl)은 그리스·로마 세계의 무당을 지칭하는 말이다. 이런 문서에는 시한부 종말론도 눈에 띤다. '사도들의 편지'(Epistola Apostolorum)는 예수 부활 이후 150년 말에 그리스도께서 재림하실 것이라고 하며, 시빌의 예언서는 안토니우스 피우스(Antonius Pius, 147~161)의 통치 마지막 해에 그리스도께서 오실 것이라고 말한다. 임박한 종말의 징조에 관해서는 복음서에서 말하는 것과 비슷하게 말한다. 즉 불화, 부패, 공동체 내의 거짓 교리, 가정의 분란, 여러 나라들의 전쟁, 질병의 만연, 흉년, 기근, 인구 감소 등을 말한다.[6]

후기 유대교의 묵시록인 바룩서(Baruch)는 최종이며 또한 최악의 제국인 로마 제국 시대, 즉 고난과 부정(不正)이 극에 달하는 때에 메시아가 나타난다고 한다. 권능 있는 전사(戰士)인 메시아는 로마의 지도자를 포로로 만들어 시온에 가두었다가 죽이고 왕국을 건설할 것이라고 한다. 그 왕국은 세상 끝 날까지 존속할 것이며, 이스라엘을 지배하던 나라들은 칼에 죽임을 당하고, 살아남은 사람들은 선민에게 항복한다. 그러면 축복의 시대가 열린다. 고통, 질병, 갑작스런 죽음, 폭력과 분쟁이 없고, 궁핍과 기근이 없는 세상이 될 것이며, 땅도 그 열매를 만 배나 더 생산한다. 이 지상 낙원은 영원히 혹은 수백 년간 계속된다고 한다.

에스라 4서는 메시아를 주로 인자(人子)로 지칭하면서 이스라엘의 열 지파

---

6) B. Daley, 앞의 책, 7-9.

를 먼 이국으로부터 불러 모아 팔레스타인에 왕국을 건설한다고 하며, 재연합된 이스라엘은 평화와 영광 중에 번영한다고 한다.[7]

로마의 점령하에서 총독들의 압제가 더 가중되자 많은 유대인들은 메시아를 대망하는 사상에 사로잡혔다. 요세푸스에 의하면, 메시아의 임박한 출현을 믿는 믿음에서 유대인들은 자살적인 전쟁을 치렀다. 그 결과 주전 70년에 예루살렘과 성전은 파괴되었다. 시몬 바르 코크바(Simon bar-Cochba)의 독립 전쟁(132~135)도 그러한 전쟁이었다.

주전 132년에 유대인들은 시몬을 메시아로 인정하고 그를 중심으로 하여 정치적 독립을 쟁취하려고 도발했다가 로마군에게 가차 없이 진압을 당하였다. 그 후 수백 년간 유대인의 여러 디아스포라 공동체에서 메시아로 자칭하는 자들이 일어났으나 이스라엘 국가의 회복을 약속하는 정도였고 종말적인 세계적 왕국 건설에 대한 언급은 없었다. 유럽에 흩어진 유대인들에게서는 무력 봉기가 거의 없었다. 다니엘서에 나오는 메시아의 오심을 기다리는 사람들이 이제는 유대인이 아니고 기독신자들이었다.[8]

속사도 교부들이나 변증가들은 종말론을 여러 기독교 교리들 가운데 하나로 다루고 있다. 종말을 논함에 있어서 개인의 종말, 즉 죽음 이후의 영혼의 불멸 혹은 부활, 영생에 관하여 말하는 한편, 세상의 종말과 그리스도의 재림과 심판에 대한 언급은 대체로 다수의 신학자들에게 공통적으로 나타난다. 그러나 천년 왕국에 대한 신앙은 신학자에 따라 다르다.

천년 왕국에 대한 신앙은 대다수의 속사도 교부들과 많은 초대 교부들에게서 볼 수 있다. 그 중에서도 유대교적 배경을 가진 교부들, 특히 소아시아의 그리스도인들의 글에서 천년 왕국에 대한 신앙이 더 현저함을 발견한다. 그밖에도 바나바서(Barnabas), 파피아스(Papias), 클레멘트의 첫 편지, 이그나티우스 등을 비롯하여 순교자 저스틴, 이레니우스, 몬타누스주의 운동에 가담한 터툴리안, 히폴리투스(Hipolytus) 등, 여러 교부들이 천년 왕국에 대한

---

7) 김영재, "기독교 종말론에 대한 역사적 고찰" ― 천년 왕국 신앙을 중심으로, 초대 교회부터 종교 개혁까지 ― 「성경과 신학」 13(1993년 4월): 119-146.

8) Norman Cohn, *The Pursuit of the Millennium*(New York: Harper Torchbook, 1961), 6.

신앙을 말하였다.

천년 왕국 신앙은 요한계시록의 말씀(20:1~21:5)을 문자적으로 이해하는 데서 갖는 신앙이다. 그것은 그리스도의 재림과 성도들의 부활이 있은 다음에 있게 될 천년의 기간 동안 성도들은 지상에서 낙원의 복된 삶을 누릴 것이며, 사탄은 마침내 패배를 당하고 이 세상은 새 하늘과 새 땅으로 변화될 것을 바란다.

바나바서는 창세기 2:2에 나타나는 안식일의 제정을 종말론적으로 이해하면서 이 세상의 역사가 6천년으로 끝나게 될 것이라고 믿으며, 제7일에 해당하는 천년 동안에 안식하게 될 것이라고 말한다. 그리고 많은 교부들이 이러한 시대 구분과 함께 그의 견해를 받아들였다. 인류의 역사를 6천년으로 보는 것은 아르마(Armagh)의 대주교 어서(James Ussher, ~1656)가 말한 것으로 알려져 있지만, 이러한 견해는 종교개혁자 멜란히톤에게서도 볼 수 있고 기독교 역사에서 볼 수 있는 보편적 견해이기도 하다. 그러고 보면 세대주의자들이 말하는 시대 구분과 천년 왕국 사상은 이미 2세기 초부터 전해 내려오는 것임을 알 수 있다.9)

오리겐은 천년기를 풍유적으로 혹은 영적인 의미로 해석한 최초의 사람이다. 어거스틴은 오리겐의 영적인 해석을 받아들여 천년 왕국은 그리스도의 탄생에서 시작하여 교회에서 실현되는 것으로 보았다. 대다수의 초대 교부들이 "이것은 나의 몸이니……" 하는 주님의 성찬 제정의 말씀을 문자적으로, 다시 말하면, 실재론적으로 해석했으나, 오리겐은 이를 영적으로 해석하였다.

6세기까지 그리스의 성경 주석가들이 요한계시록의 주석은 피하는 편이었는데, 오리겐은 요한계시록의 많은 본문을 이미 알려진 역사적 사건에 비추어 문자적으로 해석하기도 한다. 그러나 그는 미래에 일어날 일에 대한 예언의 내용보다는 기독론에 관심을 두었다. 천년 왕국을 지지하는 사람들은 예루살렘에 대한 성경의 종말론적 예언을 유대교적인 의미로 해석하는 것을 당치 않은 것이라고 비웃었다.10)

---

9) 같은 책, 11-13.

오리겐은 세계의 종말이 갑자기 오는 것이 아니라, 끝없이 오랜 세월을 지내면서 개개인에 따라 달리 점진적으로 발전하고 수정하는 단계를 거쳐 이르게 된다고 말한다. 종말적인 성취의 과정은 이미 시작되었으나 완성의 단계는 결코 아니라고 한다. 그래서 교회는 현재와 미래 사이에서 긴장을 경험할 뿐 아니라, 성도 개개인의 구원과 그리스도의 몸인 교회 전체의 구원 간의 긴장을 경험한다고 말한다. 따라서 하나님의 나라를 설명하면서 하나님의 말씀을 순종하는 이에게는 하나님의 통치하심이 이미 실재한다고 한다.

3세기 말에서 4세기 초에 이르기까지, 즉 325년의 니케아 공의회 때까지 동방의 그리스 신학은 오리겐의 지대한 영향 아래 있었다. 그럼에도 불구하고 그를 지지하는 사람이든 비판하는 사람이든 전통적 종말론을 영적으로 재해석 하는 오리겐의 종말론을 제대로 이해하는 사람은 없었다.[11] 알렉산드리아에 서는 그의 제자 그레고리(Gregory)를 비롯하여 메토디우스(Methodius) 등 많은 신학자들이 스승인 오리겐과는 다른 천년 왕국 사상을 피력하였다.

서방에서는 3세기 말과 4세기 초(303~313)에 있은 혹독한 핍박하에서 사람들은 묵시적 종말론(apocalyptic eschatology)에 대하여 새롭게 관심을 가졌다. 빅토리누스(Victorinus), 락탄티우스(Lactantius) 등은 천년 왕국에 대한 희망을 강열하게 표현하였다. 그러나 박해의 시대가 지나고 313년에 기독교가 공인되고 또 380년에 로마 제국의 국교가 되면서부터 교회에는 많은 변화가 일어났다. 교회가 제도화되고 힘 있고 번창하는 기관으로 발전하면서부터 서로 다른 종말론적 신앙을 갖는 데서 오는 긴장 관계를 지양하고 양자택일하 는 것으로, 다시 말하면, 천년 왕국 신앙에 대하여 부정적 입장을 취함으로써 종말론 신앙을 단순화하였다. 로마 교회가 이러한 과정을 취하도록 영향을 미친 이는 어거스틴이었다.

히포의 감독 어거스틴은 오리겐 이후의 동방 교회와 터툴리안 이후의

---

10) Origen, *Principiis*, 2.II.2, Comm. in Matt. 17:35-49; Brian E. S. J. Daley, 앞의 책, 60에서 재인용.

11) 같은 쪽.

서방 교회의 신학을 종합하여 자기 나름의 종말론을 개진하였다. 어거스틴의 종말론을 이해하는 데는 그의 신플라톤주의적 시간 이해가 관건이 된다. 어거스틴에 의하면 영원은 오리겐이 말하는 '애온'(aeons)의 끝없는 연속이 아니고, 연속 혹은 연장으로부터 완전한 해방이며, 영원은 하나님의 존재하심에 속하는 전적으로 단순하며 불변하는 현재이다.[12] 시간과 영원을 구별하는 선은 피조물을 위한 것이며, 그것은 전적인 형체의 변화(transformation), 즉 우리의 물질적 실재의 변형이요, 우리가 사는 세계의 변형이다. 하나님께서는 부활의 순간에 이 변형을 가능하게 하신다. 어거스틴에게 종말(eschaton)은 현세의 끝임과 동시에 새 시대의 시작일 뿐 아니라, 역사 자체의 종말이며 영원한 안식의 시작이다. 안식이 시작되면 모든 시간을 초월하시는 하나님께서 우리 안에 쉬신다고 한다.

어거스틴은 요한계시록 20:1~6의 말씀을 해석하면서 지상에 이루어지는 왕국의 천년은 온 기독교 시대를 상징하는 것이라고 이해한다. 이 천년 왕국은, 도나투스파의 티코니우스(Tyconius, ~380경)의 견해처럼, 그리스도의 탄생에서 시작하여 교회에서 실현되는 것으로 보았다.[13] 하나님의 도성은 한편 미래적인 것이어서 교회와 국가가 다 같이 일정한 형태를 갖추며, 구속받은 개개인들은 하나님의 도성에서 하늘의 축복을 받는다고 한다.

교회는 하나님의 도성을 대표하는 것이지만, 하나님의 도성 자체는 아니고 하나님의 도성을 지향해야 하는 공동체일 뿐이다. 다시 말하면, 어거스틴은 역사적인 가톨릭교회의 가견적 형상을 바로 이 하나님의 도성과 동일한 것으로 보지 않는다. 따라서 어거스틴이 말하는 '가톨릭' 교회는, 그리스도의 몸과 로마의 역사적인 교회를 서로 같다고 하는 로마 가톨릭교회와 일치하는 것이 아니다.

그런데 중세에 이르자 교회는 어거스틴의 영적 이해와 그 양면성을 하나님의 나라가 곧 가톨릭교회로 형상화된 것이라는 식으로 좁혀서 이해하였다.

---

12) 브라이언 E. 데일리, "어거스틴의 종말론", 「神學正論」 20(1993년 4월): 193-225; Brian E. Daley, 앞의 책, 131-150의 번역.

13) Augustinus, *De Civitatis Dei*, 20.7.; Brian E. Daley, 앞의 책, 127f.

313년 콘스탄티누스 황제가 기독교를 공인하고 380년 테오도시우스 황제가 기독교를 국교로 선포함으로써 이제 교회는 박해가 없는 평온한 시대를 맞이하게 된 것과 거의 때를 같이하여, 그리스도의 재림을 그림으로 보듯 좀 더 생생하게 고대하게 해 주는 천년 왕국 신앙은 소위 무천년설로 대치되었다. 가톨릭교회는 어거스틴의 견해를 정통적인 교리로 받아들여, 431년 에베소 회의에서는 천년 왕국 신앙을 미신적인 탈선으로 정죄하였다.

중세 종말 사상과 천년 왕국 운동

어거스틴이 중세의 종말론에 영향을 미친 또 하나의 교리는 연옥설이다. 연옥설은 어거스틴이 시안으로 제시하였으며, 그레고리 1세가 그 기초를 설정하였다.[14] 어거스틴은 정화하는 불이 존재하는지 혹은 이생 후에 회개를 통하여, 특히 구제를 통하여 용서함을 받을 수 있는지, 혹은 멸망할 것들을 더 사랑하거나 덜 사랑하는 정도에 따라 더 천천히 혹은 더 신속히 연옥의 불을 통하여 몇몇 사람들이 구원을 받게 되는지에 대한 물음은 의문으로 남겨두었다.[15]

톨레도(Toledo)의 율리안(Julian)은 연옥설이 교부들의 글들과 마태복음 12:32, 고린도전서 3:12~15의 말씀에 근거한다고 하였다. 마태복음의 말씀을, 어떤 죄는 이 세상에서 사함을 받으나 다른 죄는 저 세상에서 사함을 받는다고 하는 말씀으로 해석하며, 고린도전서의 말씀에서 불에 타지 않는 금, 은, 보석을 보다 크고 완악한 죄로, 나무, 풀, 짚을 작고 미미한 죄로 해석하여, 택함을 받은 자들은 연옥의 불을 통과함으로써 마침내 작은 죄로부터 정결함을 받는다고 한다. 고린도전서의 말씀을 전혀 문맥과도 어울리지 않게 억지 해석을 하면서 그것을 연옥설의 성경적 근거로 든 사실은 희한한 일이다.

그로부터 최후 심판 이전의 성도들의 영혼의 상태에 관하여 상세한 부분까

---

14) J.P., *The Christian Tradition* 3, 33.

15) Seeberg, *The History of Doctrines*, 363.

지 사변하는 것이 신학자들의 과업의 하나가 되었다. 이를테면 사도들과 순교자들의 완전한 영혼들이 최후 심판 이전에 천국에 영접을 받은 것인지에 대하여 의문을 제기하고 사변하였다. 이러한 연옥의 교리는 발전하여 신곡을 쓴 단테에 이르자 하나의 세계관을 형성하게 되었다.

중세 교회의 신학자들이 현세와 내세를 대조하는 한편 연옥을 사변함으로써 낙관적 종말론을 말하고 있을 때, 431년의 에베소 회의의 결정 등으로 말미암아 공적으로 억제를 당하게 된 천년 왕국 신앙은 신학자들의 세계에서 잠적하여 '시빌의 예언서', '은자(隱者)의 소책자', '아스클레피우스'(Ascle- pius) 등, 비기독교적인 묵시록과 함께 일반 민간 사이에 유포되고 전수되면서 명맥을 이어갔다. 그러다가 중세에 이르러 사회적인 상황이 극도로 불안하게 되자 메시아를 사칭하는 사람들로 말미암아 천년 왕국 신앙이 민간에 퍼지게 되었다.

초대 교회 시대의 교부들이 천년 왕국 신앙을 말할 때, 그것은 신앙인이면 누구나 자유롭게 양자택일할 수 있는 무해한 종말론 신앙의 하나일 뿐이었으나, 기근과 가난, 질병과 역병에 시달리는 중세 시대의 사람들에게는, 그들이 처한 비참한 현실을 기적적으로 벗어나게 될 것이며 곧 실현될 이상 사회에 참여하게 될 것이라는 약속에 대한 신앙이요 꿈이었다. 이러한 상황에서 천년 왕국 건설을 빙자하여 메시아를 사칭하는 자들이 많이 일어나게 되었으며, 천년 왕국 신앙은 배타적이며 무력을 행사하고 소요를 동반한 천년 왕국 운동으로 발전하였다.

12세기부터 16세기에 이르기까지 폭력을 동반한 민간의 천년 왕국 운동이 잇따라 일어났다. 천년 왕국을 신앙하는 이들은 철장(鐵杖)을 가지고 원수를 제압하고 악인을 심판하는 일을 대행한다는 명분으로 유대인을 학살하고 성직자와 수도사를 응징하는 일을 자행하였다. 1110년경에 일어난 탄쉘름 (Tanshelm) 운동, 1140년경에 일어난 유드 드 레토아(Eude de l'Etoile) 운동, 수차에 걸친 광신적 비정규군의 십자군 운동 등, 거짓 메시아 운동 혹은 적그리스도 운동이 꼬리를 물고 일어났다. 천년 왕국 운동이 얼마나 황당한 것이었는지, 그런 운동을 주도한 자들의 적그리스도적인 행각은 어떠했는가?

탄쉘름은 예언자로 자처하여 추종자들을 얻게 되었다.16) 플란더스(Flanders)뿐 아니라 우트레크트(Utrecht), 안트워프(Antwerp), 제란드(Zeeland), 브라반트(Brabant) 등 여러 지역에서 사회적인 급격한 변화를 겪고 있었다. 교역이 활발해지고 인구가 도시로 집중하자 도시에는 빈민들이 늘게 되었다. 이러한 사회 상황에서 탄쉘름은 성직자를 매도하며 교회를 공격하였다. 십일조를 바치는 것을 부정한 것이라 비난하였다. 그는 수도사처럼 검소하게 옷을 입고 옥외에서 설교를 시작하였다. 그의 언변은 비상하여 사람들은 천사의 말을 듣듯이 그의 설교에 귀를 기울였다.

탄쉘름은 처음에 금욕적인 자세로 시작하였다. 그러나 추종자들이 많아지자 태도는 돌변하였다. 설교하러 나가면서 십자가를 손에 드는 대신에 칼과 깃발을 들고 호위병에 둘러싸여 군중 앞으로 나아갔다. 이제는 수도사의 옷을 걸치는 대신에 찬란한 사제복을 입었으며, 주교들이 쓰는 것과 같은, 금으로 장식한 관을 썼다. 마침내 탄쉘름은 스스로 그리스도와 같을 정도로 성령을 소유했다고 주장하며, 그리스도처럼 자기도 하나님이라고 선포하였다. 추종자들은 이러한 말을 그대로 받아들였다. 그는 자신이 목욕한 물을 나누어주며 성찬을 대신하도록 하였다. 그는 또한 성모 마리아 상을 가져오게 한 다음 회중이 보는 앞에서 엄숙하게 결혼식을 거행하였다. 마리아 상의 양편에 상자를 갖다 놓고 남녀 추종자들에게 결혼 선물로 채우라고 명하였다. 상자는 순식간에 넘치도록 가득 찼다.

탄쉘름은 추종자의 핵심 조직을 사도의 것을 모방하여 12인과 한 여자로 구성하였다. 측근들은 탄쉘름과 매일 잔치를 벌이면서 이를 천국의 잔치라고 하였다. 그의 방약무인은 극에 달하였다. 드디어 1112년 탄쉘름은 쾰른(Köln)의 대주교에게 체포되었다. 그는 감옥에 갔으나 곧 탈출하였다. 그 후 탄쉘름과 그 추종자들이 대량 학살을 자행하다가 1115년 탄쉘름은 한 사제에 의해 살해되었다. 안트베르프에서는 그가 죽고 난 후에도 그 추종자들의 행패가

---

16) Norman Cohn, 앞의 책, 35 이하.

10년이나 계속되었다.[17]

그로부터 근 30년 후에 다시금 비슷한 운동이 일어났다. 유드 드 레토아는 브리타니(Brittany)의 귀족 출신으로 품위 있고 매력적인 인물로서 많은 사람을 추종자로 끌어들였다. 자기 나름대로 교회를 세우고 대주교와 주교를 두어 지혜, 지식, 심판 등으로 멋대로 이름을 붙여 불렀으며, 탄셸름과 마찬가지로 자기 자신을 '애온', 즉 천상의 존재라고 하고 하나님의 아들이라 칭하였다. 브리타니의 외딴 지방에 근거를 두고 떼를 지어 다니며 약탈과 살인을 자행하였다. 그는 자신을 가리켜 "산 자와 죽은 자를 심판하며 세상을 불로 심판하러 오는 자"라고 칭하였다. 추종자들은 그의 신성을 믿었다. 그리고 심판하며 철장으로 다스리는 일을 당당하게 실행한다는 망상에서 약탈을 일삼고 대량 학살을 자행하였다. 그들은 "완전한 즐거움"의 상태에서 호화롭게 살면서 자신들을 마지막 날의 거룩한 군대로 생각하였으며, 자신들을 통하여 천년 왕국의 예언이 이루어지고 있다고 생각하였다.

그들의 교주는 결국 1148년에 잡혀서 죽임을 당하였다. 추종자들은 완강히 그에 대한 충성을 고집하던 나머지 화형을 당하기도 하였다.[18] 이러한 운동들은 제도적 교회가 종교 재판이라는 제도를 만들어 이단을 정죄하고 처형하였던 일과 대비되기도 한다.

종교 재판은 루카우스 3세(Lucius III, 1181~1185)가 1184년에 실시한 이단에 대한 재판에 근거하여 그레고리 9세(1227~1241)가 1231년 시행하기 시작한 제도인데, 교회 당국은 종교 재판으로 사람들을 산 채로 화형에 처할 뿐 아니라 시체를 파내어 불사르기도 했으며, 영원한 지옥으로 보낸다고 판결하기도 했다. 이러한 처사와 발상은 스스로 심판하는 천사의 일을 대행한다던 천년 왕국 운동자들의 처사나 발상과 별 다름이 없다. 양자의 차이는 하나는 제도적 교회 안에서 시행된 반면에, 다른 하나는 제도적 교회 밖에서 자행되었다는 점이다.

---

17) 같은 책, 38.
18) 같은 책, 39.

13세기에 이르러 피오르(Fiore)의 요아킴(Joachim)이 새로운 예언서를 내어 요한계시록에 나타나는 사건들과 서술들을 역사에 나타나는 인물 및 사건과 맞추어 일일이 설명하려고 하였다. 이러한 예언서의 영향으로 출중한 황제를 메시아로 보려는 운동이 파급되었다. 요아킴은 역사를 성부의 시대, 성자의 시대, 성령의 시대로 구분하면서, 예수의 재림과 더불어 제3의 성령의 시대가 시작된다고 하고서, 1260년을 그 해라고 하였다.

요아킴은 자신의 묵시록을 '영원한 복음'(evangelium aeternum)이라고 불렀 다. 그가 죽고 난 이후 반세기만에 메시아 운동은 '영원한 복음'이라는 이름으로 널리 번져 나갔다. 이 메시아 운동의 특징 가운데 하나는 메시아적인 황제를 대망하는 것이었다. 그리하여 사람들은 출중한 군주가 나타나면 메시아로 여겼다. 특히 독일에서는 사람들이 프리드리히 2세(Friedrich II)를 메시아로 생각하였고 그가 죽고 난 후에도 부활하여 다시 올 것이라는 황당한 기대도 가졌다. 이상적인 정치를 펴서 가난한 자들에게 부와 희망을 나누어주고 성직자들을 벌할 것이라는 프리드리히의 부활 신앙은 15세기까지 지속되었 다.[19]

13세기에 일어난 '플레절런트'(Flagellants) 운동은 요아킴의 묵시록의 영향 을 받아 일어난 또 하나의 천년 왕국 운동이다. '플레절런트'란 매질하는 사람이라는 뜻이다. 그들 그룹 가운데 경미하게라도 죄를 범한 사람은 무리에 게 둘러싸여 매를 맞아야 했다. 매를 맞는 사람은 고행하는 성자로 또는 순교자로 인정받았다. 처음에 자학하는 고행주의로 일관하던 플레절런트 운동은 점점 혁명적이며 폭행을 동반한 독선적 운동으로 변질되었다. 1348/49 년에 그들은 사제들을 살해하고 유대인들을 죽이는 대학살을 자행하였다.

15세기 보헤미아는 타보르(Tabor)에서 일어난 사회평등주의를 지향하는 천년 왕국 운동(Egalitarian Chiliasm)으로 인하여 참화를 입게 되었다. 이 운동은 먼저 프라하에서 요한 후스의 노선을 따르는 과격파에 의하여 일어났 다. 1420년 2월 10일에서 14일 사이에 모든 도시와 마을이 불로 심판을

---

19) 같은 책, 112.

받는다고 했다. 14일을 무사히 넘기자 타보르인들은 기적에 의한 불신자들의 멸망을 더 이상 기다릴 수 없다고 하면서 자신들이 세상을 정화한다고 나섰다.

타보르인들의 설교자들은 주의 이름으로 죽이는 것을 피할 수 없는 의무라고 외쳤다. 그들은 먼저 죄인들을 없애고 땅이 정결해져야 그리스도가 오신다고 하며, 그때 신자들은 휴거하여 공중에서 그리스도를 만나고 다시금 타보르인들의 여러 근거지가 있는 지역의 거룩한 산속에서 메시아적 잔치에 참여하게 된다고 믿었다. 또한 사도행전의 예루살렘 교회처럼 한다면서 재산을 공유하는 일도 했으나, 모두 일하지 않고 소비만 하다가 궁핍해지자 다른 이웃을 습격하고 약탈하는 무리로 전락하기도 하였다. 이러한 광신적이며 전투적인 천년 왕국 집단들이 대환난 심판의 대행자로 나서면서 제일 먼저 처치하는 대상은 어느 때나 그리고 어디서나 교직자와 수도사들이었다. 특히 당시 보헤미아의 경우, 국토의 절반이 교회 소유였다고 하니 그 이유를 알 만하다.

보헤미아에서 일어난 사회평등주의의 천년 왕국 운동은 인접국인 독일로 침투해 들어갔다. 1502년 슈파이어(Speyer)에서 농부인 요스 프리츠(Joss Fritz)가 '분트슈'(Bundschuh)로 알려진, 천년 왕국 신앙으로 무장한 혁명적인 농민 운동을 일으켰다. 관아를 습격하여 파괴하고, 모든 세금 제도를 철폐하며, 교회 재산을 주민들에게 분배하고 삼림과 수자원과 목장을 공동 소유로 하는 것을 목적으로 한다고 했다. 이와 때를 같이하여 독일 여러 지역에서 농민들의 소요가 일어났다. 모두 다 천년 왕국 신앙과 결부된 것은 아니었으나 천년 왕국 신앙이 두터운 고장 튀링엔(Thüringen)에서는 소요가 농민전쟁으로까지 발전하게 되었다.

평등주의 천년 왕국 사상은 재세례파 사람들에게 전수되었다. 재세례파 운동은 30개에 이르는 여러 그룹들로 출발한 운동이다. 공통점은 재세례의 시행과 자기들만 선민으로 생각하는 배타적인 성향과 천년 왕국 신앙이었다. 다수의 재세례파 사람들은 평화적이었으나, 전투적인 천년 왕국 신봉자들은 중세기에 같은 신앙을 가졌던 종파들이 저지른 일을 재현하였다.

튀링엔 출신인 재세례파 설교자 토마스 뮌처(Thomas Müntzer, 1488/9~

1525)는 천년 왕국 건설의 꿈을 실현하려면 성령을 받은 선민들이 무력으로 천년 왕국의 길을 예비해야 한다고 말하고, 악인들을 대량으로 학살해야 한다고 주장하였다. 즉 일반 민중들로 구성된 선민들이 귀족들을 포함한 불신자들을 처단하기 위하여 칼을 사용할 수 있는 권리와 의무가 있다고 선언하였다.[20] 뮌처는 설교자로서 농민 봉기의 이념적 지주 역할을 하였으며, 1525년 농민 전쟁에 가담하여 농민들의 지도자로 역할하였다.

멜키오르 호프만(Melchior Hoffmann)은 환난과 이적과 기사가 있은 후, 즉 그리스도의 탄생 이후 1500년이 되는 해인 1533년에 천년 왕국이 시작된다고 하였다. 처음에는 그의 추종자들이 슈트라스부르크로 모여들었으나 호프만이 투옥되자 그의 재세례파 추종자들은 뮌스터를 새 예루살렘이라고 하면서 그곳으로 모여들었다.

호프만과 함께 지도자 노릇을 한 복클손(Bockelson)은 1534년 2월 8일 거리를 달리며 회개를 외치자, 마지막 날이 임박한 것이라고 생각한 여자들은 흥분한 나머지 울며 땅에 엎드려 입에 거품을 내기도 하였다. 추종자들은 무기를 들고 봉기하여 시청과 시장(市場)을 점령하고 새 예루살렘의 건설을 추진하였다. 복클손은 예루살렘의 왕으로 즉위하며 일부다처제를 실시하는 한편 신정 정치를 시행한다고 했으나, 1535년 6월 25일에 성이 함락되자 소요는 평정되었다. 재세례파의 뮌스터 소요가 평정되자 십자군 시대부터 수세기에 걸쳐 꼬리를 물고 일어나 무력 행사를 불사하던 광신적 천년 왕국 운동은 이제 그 막을 내리게 되었다.

종교 개혁의 종말 사상

'말씀으로'만 신앙의 척도를 삼아야 한다고 주창한 루터와 칼빈은, 그들의 종말론에서 중세 교회가 오랫동안 가르쳐 온 연옥설을 거부하였다. 연옥설은 성경에 근거하지 않은 교리일 뿐 아니라 공로사상, 사자를 위한 기도, 면죄부의

---

20) 같은 책, 239, 244.

관행과 연계된 교리였기 때문이다. 그 점에서 종교 개혁자들은 로마 가톨릭과 견해를 달리했으나 천년 왕국 신앙을 배격한 점에서는 동일하였다.

종교 개혁자들은 초대 교회 신앙을 본받는 것을 이상으로 하였으나, 천년 왕국 신앙이 초대 교부들이 모두 지지한 전통은 아닐 뿐더러, 중세에는 천년 왕국 신앙에 이교적 종말론이 뒤섞여 있는데다가 그러한 신앙으로 말미암아 야기된 가공할 일들이 연출되었기 때문에, 천년 왕국 신앙에 대하여 더 한층 부정적으로 말했던 것이라고 이해할 수 있다.

루터는 성경에서 유래한 묵시록의 전통을 존중하면서 자신이 그리스도의 재림이 임박한 시대에 살고 있다고 믿으며 교황을 적그리스도라고 하는 등 말세의 징조를 들어 말한다. 그러나 천년 왕국 신앙은 배격한다. 그는 죽은 자의 부활이 있기 이전에 거룩한 자들과 경건한 자들만이 세상적인 나라를 향유하면서 불신자들을 멸절시킨다는 것은 있을 수 없는 일이라고 하고, 역사가 존속하는 한 하나님의 사역은 다 드러나지 않는 것이므로 그리스도인들은 여전히 고난 가운데 살며, 그리스도의 적과 싸워야 한다고 한다. 부활의 실제 세계를 현재로는 다만 믿음과 소망으로만 도달할 수 있으며, 우리의 삶의 특징이 십자가이므로 역사 안에 있는 왕국에서 세상적인 즐거움을 누린다는 것은 있을 수 없는 일이라고 하여 거부한다.[21]

1530년 루터교의 신앙고백서로 채택된 아우구스부르크 신앙고백서는 천년 왕국설을 유대인의 견해라고 하여 배격한다.

> 우리는 또한 우리 주 예수 그리스도가 산 사람과 죽은 사람을 심판하시기 위하여 마지막 날에 오셔서 신자와 선택된 사람에게는 영생과 영원한 기쁨을 주시되 불경한 사람들과 악마에게는 지옥과 영원한 벌을 주시기 위하여 오실 것이라고 가르친다. 그러므로 악마와 정죄된 사람들이 영원한 고통을 받지 않을 것이라고 가르치는 재세례파는 배격되어야 한다. 또한 어떤 유대인들의 견해가 지금도 죽은 사람들의 부활에 앞서 먼저 신도들과 경건한 사람들이 나타나서 세상의 왕국을 소유하여 불경한 사람들을 다 진멸할 것이라고 가르치는 것을 우리는

---

21) Erhard Kunz, *Protestantische Eschatologie von der Reformation bis zur Aufklärung*(Freiburg, Basel, Wien, 1980), 15 이하.

배격해야 한다.[22]

칼빈은 천년 왕국 신앙을 "광신자들의 겁주는 말"(horrendum dictu delirium)
이라 간주하고 거부하였다. 그리스도의 다스리심이 천년으로 한정될 수는
없다고 하며,[23] 루터가 말한 바와 마찬가지로, 영광 가운데 주님께서 심판주로
오시면, 이 세상은 끝나고 새 하늘과 새 땅의 세계로 들어가는데, 다시금
현세의 연장을 바란다는 것은 이치에 맞지 않다고 한다.[24]

전천년설을 주장하는 이들 중에는 초대 교부들 가운데 다수가 천년 왕국
신앙을 가졌다는 점을 가지고 호소한다. 그러나 초대 교부들의 성경 이해가
성경의 진리에는 미치지 못함을 우리는 교리사 연구를 통해서 안다. 삼위일체
교리와 기독론 교리를 성경이 가르치는 대로 충분히 이해하여 교의화(敎義化)
하기까지는 여러 세기가 걸렸다. 초대 교부들에게서는 바울의 신학에서
볼 수 있는 칭의 교리를 발견할 수 없는 것도 교부들의 기독교 진리 이해가
성경이 가르치는 교리에 미치지 못했음을 잘 말해주고 있다.

초대 교회의 교부들의 종말론에는 마지막 심판 날에 있을 상벌을 말하면서
현세의 도덕적 생활을 강조하는 율법주의적 색채가 농후한데 반하여, '칭의
교리'를 재발견하여 강조한 종교 개혁자들은 은혜 교리를 말한 어거스틴처럼,
천년 왕국 신앙을 부정적으로 말한 사실이 우연한 일은 아니다. 종교 개혁자들
이 어거스틴의 신학적 전통을 재발굴하여 계승한 것이라고 하는데, 종말론을
두고도 역시 그렇다고 할 수 있다.

중세 교회가 칭의 교리와는 먼 율법주의적 공로 사상에 더 깊이 빠지면서,
즉 기독교를 일반 종교와 구별하게 해 주는 가장 기본적 특성을 잃음으로
말미암아, 교회에는 이교적 관행이 범람하여 부패하게 되었으며, 가난과
무지 속에 사는 백성들은 미신적이며 광신적 신앙에 그대로 방치된 상태였다.

---

22) 아우구스부르크 신앙고백서 제17조; 李章植, 基督敎信條史 I(서울: 컨콜디아사, 1979), 41;
    W. J. 그리어, 재림과 천년 왕국 명종남 역(서울: 새순출판사, 1987), 42.

23) CR, 80, 167; Erhard Kunz, 위의 책, 37.

24) 기독교강요 , III,25,5.

이러한 배경에서 루터교회와 개혁주의 교회가 다 같이 무천년설을 교회의
공식적인 신앙으로 지지해 왔다.[25]

종교 개혁 이후의 종말론

종교 개혁 이후 100년 동안은 유럽에서 정통주의가 지배한 시대였다.
로마 가톨릭에 대항하여 개신교 신학은 교리를 더 확고히 하고 체계화한
시대였다. 종말론이 정통주의 교리의 핵심은 아니었으나, 정통주의 신학은
그런 대로 종말론에 많은 관심을 나타내었다. 고전적이며 조화의 미를 추구한
바로크 시대 사람들은 세상을 좋아했으며, 세상에 애착을 두다 보니까 세상의
덧없음에 대한 불안감에서 그 만큼 종말에 대한 관심을 갖게 되었다. 즉
신학은 세속의 생활에 대한 위협을 느끼는 사람들에게 영원하고 변함이
없는 삶을 추구하는 것이 순례자의 생활 목표임을 가르쳤다.

후기 스콜라주의 시대라고도 일컫는 정통주의 시대에서 보인 종말론적
관심은 중세 스콜라주의의 경우처럼 역사적 종말보다는 개인의 종말에 있었
다. 죽음은 곧 몸과 영혼의 분리를 의미하는 것이었으며, 그것은 또한 죄의
결과라고 말하였다. 따라서 신학은 죽음 이후에 영혼이 어디서 어떻게 사는
것인지를 사변하였다. 대부분의 정통주의 신학자들은 사람이 죽을 때 몸만
죽고 영혼은 불멸하므로 계속 산다고 믿었다.[26] 루터는 최후의 날이 임박하다
고 말했는데, 루터교회는 이러한 견해를 오랫동안 견지하였다. 17세기 초만
하더라도 사람들은 세상이 곧 끝날 것이라고 생각하고, 그것이 언제냐 하는

---

25) 칼빈을 위시한, 바빙크, 카이퍼, 워필드 등 유수한 개혁주의자들과 대다수의 개혁주의 신학자들이
천년기를 영적으로 해석하는 소위 무천년설을 취하고 있다. 그것은 루터를 위시한 루터교 신학자들
도 마찬가지이다. 이를테면 '미조리 대회 루터교회'(Missouri Synod Lutheran Church), 한국의
보수적인 장로교와 교류를 하고 있는 '기독 개혁교회'(Christian Reformed Church), '정통 장로교
회'(Orthodox Presbyterian Church)에서는 무천년설을 공식 견해로 받아들이고 있다.(박윤선,
『요한계시록 주석』, 235)

26) Peter Müller-Goldkuhle, *Die Eschatologie in der Dogmatik des 19. Jahrhunderts*(Hubert Wingen,
Essen: Ludgerus-Verlag, 1966), 9.

문제를 두고 사변하였다.

이성적인 종교를 추구한 계몽 사상가들은 과거를 퇴보적인 것으로 봄과 동시에 계몽사조의 이론에 따라 추상적인 미래에 대한 기대를 가졌다. 즉 인간은 점점 더 차원이 높은 계몽의 상태로 나아가고, 보다 이상적인 인간성을 지향하는 인류의 끝없는 발전을 성취할 수 있다고 믿었다. 그러므로 그 시대에서 이룩해야 할 역사적 과업은 인간 교육에 있다고 보았다. 즉 미래의 이상 사회, 지상에 있는 완전한 윤리적 공동체인 이상국에 살도록 사람들을 교육하는 것이었다. 거기서는 모든 인간이 그들의 모든 도덕적인 상황을 발전시킬 수 있다고 믿었으며 그럼으로써 영원한 평화에 기여하기를 바랐다. 인간은 자연을 따라 완성에 이르며, 그 안에서 본래적인 종말(Eschaton)에 도달한다고 한다. 계몽신학자들은 이러한 상황에 맞추어 도덕적인 종말론을 개진하였다.[27]

세봉사상과 거의 같은 시기에 일어난 경건주의는 정통주의에 대한 반발에서 나온 사상이요, 운동이지만 세상 끝 날이 언제 올 것이냐 하는 사변은 그대로 물려받아 더 많은 관심을 기울였다. 경건주의자들의 종말론은 신학자에 따라 특색이 있음에도 불구하고 공통점을 지니고 있다. 그들의 종말론 사상은 모두 현세에서 새 사람이 되는 것, 중생 그리고 현재를 기독교적으로 승리하는 일을 위하여 힘쓰는 일에 관하여 언급하고 있다. 경건주의는 정통주의나 계몽주의와는 달리 대체로 개인적 종말보다는 역사적 종말에 더 관심을 표명하였으며, 천년 왕국에 대한 신앙을 견지하였다.

경건주의의 탄생에 기초를 놓은 요한 아른트(Johann Arndt, 1555~1621)는 경건은 영원 속에서 장차 이루어질 완성을 지향하는 것이라고 하여 현재 그리스도와 연합하는 것을 목표로 삼아야 한다고 가르친다. 뷔르템베르크의 경건주의의 선구자 안드레(Johann Valentin Andreae, 1586~1654)는 아른트의 종말론을 그대로 받아들여 사람을 새롭게 하는 천국의 현재성을 개인적 차원에서 사회적 차원으로 넓혀 말하고, 기독교 사회(Societas Christianae)

---

27) 같은 책, 26.

건설을 말하면서, 인간 사회에서 영원한 삶을 미리 준비하는 일이 일어난다고 한다. 즉 그러한 준비는 인간의 실제적 변화를 통하여 먼저 역사 안에서 시작된다고 한다.

경건주의 창시자 슈페너는 이러한 사상을 이어받으면서 천년 왕국 신앙도 받아들였다. 그가 천년 왕국 신앙을 받아들인 것은 생동성이 있고 실천적 신앙을 가지려는 열심 및 교회 생활을 개선하려는 열망과 관계가 있다고 보아야 한다. 하나님의 나라가 장차 역사 속에 영광으로 나타나기를 바라는 소망은, 슈페너에게 있어서, 현재의 시점에서 열심히 하나님 나라를 위하여 일하는 것을 전제한 것이었다.[28]

경건주의의 대표적인 성경학자 벵겔(Johann Albrecht Bengel, 1687~1752)은 많은 사람들이 신학 전체를 죽는 일에 두고 있음을 비판하고, 그리스도인이 죄를 벗어나 은혜로 진입하는 일이 가장 중요한 일이며, 은혜로 진입했으면 죽음을 기대하기보다는, 예수의 나타나심을 기대하는 일이 가장 중요한 일이라 말하고, 기독교를 '죽음의 예술'로 격하시켜서는 안 된다고 말함으로써 관심을 역사적 종말론에다 돌린다.[29]

벵겔은 특히 천년 왕국을 강조한다. 벵겔은 정통주의 신학의 영감설을 따라 성경을 '하나님의 책'이라고 하고, 성경에서 우리가 충분히 이해하지 못하는 부분도 하나님께서 말씀하신 것이므로 의미가 있다고 한다.

벵겔에 따르면, 요한계시록에는 역사의 종말에 이르기까지 시대별로 일어나는 모든 사건들이 정밀하게 기록되어 있어서 계시록을 통하여 전체 역사와 세계의 설계도를 한눈에 볼 수 있다고 한다. 벵겔은 계시록에 나오는 숫자의 비밀을 알려고 애쓰며, 그것을 나머지 다른 성경책에서 보는 숫자와 연결하여 이해하려고 한다. 그는 요한계시록 20:2에 말씀하고 있는 천년 왕국의 시작은 멀지 않은 것이라고 말하며, 약간 불확실한 대로 1836년 6월 18일에 시작된다고 추정하였다.

---

28) Erhard Kunz, 앞의 책, 75.

29) E. Stählin, *Die Verkündigung des Reiches Gottes in der Kirche Jesu Christi IV*(Basel, 1957), 373; Erhard Kunz, 앞의 책, 83에서 재인용.

이러한 종말 사상과 역사의 상세한 부분까지 계시록에서 읽을 수 있다는 뱅겔의 사상은 부흥 운동, 즉 각성 운동을 거쳐 오늘의 한국 신자들에게 이르기까지 많은 영향을 미쳤다. 뱅겔은 요한계시록 20장 서두에서 말씀하고 있는 천년 왕국과 요한계시록 20:4~6에서 말씀하는 천년 왕국을 구별한다. 첫째 천년 왕국이 지상에서 끝나자 있게 될 둘째 천년 왕국에서는 사탄이 다시 놓임을 받을 것이며, 부활한 순교자들은 그리스도와 함께 하늘에서 다스린다고 한다. 그 동안 땅 위에 있는 사람들은 다시금 해이해지고 자기의 안전을 도모한다는 것이다(비교: 마 24:37 이하; 눅 18:8). 둘째 천년 왕국이 끝날 때 그리스도의 재림이 있을 것이며, 죽은 자들이 부활하게 되고 최후의 심판이 있을 것이며, 세상은 끝나고 새 하늘과 새 땅에서 영원한 삶이 시작된다고 한다.

뱅겔의 천년 왕국 신앙은 18세기와 19세기에 일어난 부흥주의 신학에 크게 영향을 미쳤다. 19세기에는 성경을 문서화하는 자유주의 운동이 만연했으므로, 부흥주의는 이에 대항하여 성경의 권위를 강조하는 나머지 성경을 지나치게 문자적으로 이해하려는 성경 문자주의(Biblicism) 경향에 빠지게 되었다. 그리하여 사람들은 요한계시록 20장의 천년에 관한 말씀을 문자적으로 해석하는 천년 왕국설을 더 신빙할 만한 것으로 받아들였다.

경건주의 신학은 중생과 새 사람이 되는 일과 성령으로 충만한 새 생활을 역설하며, 역사적 종말론을 강조하는 등, 긍정적인 면을 가지고 있으나, 열정적이면서도 주관적 신앙을 가지는 것과 성경을 문자적으로 해석하는 경향이라든지 천년 왕국 신앙을 강조하는 점 등을 보면 재세례파처럼 신령주의(Spiritualism) 전통을 계승한 운동이다.

17세기에 네덜란드의 개혁주의 신학자들이 가졌던 또 다른 종말론 신앙은 소위 후천년설의 신앙이다. 계약신학자로 알려진 코케이우스(Coccejus), 알팅(Alting), 브라켈(Brakel) 등이 후천년설을 말하였다. 역사의 종말과 교회의 과업을 긍정적이며 낙관적으로 본 후천년설의 종말론은 사회 개혁과 칼빈주의 문화 건설을 주장한 19세기 화란의 소위 신칼빈주의 사상 운동을 자라게 한 토양을 조성하는 데 기여한 것이어서 상관 관계가 있다. '언덕 위의 도시' 건설을 지향한 뉴잉글랜드의 청교도들도 후천년설의 종말 사상을 피력하였다. 대표적인 인물이 코튼(John Cotten)이다.[30]

코튼이 뉴잉글랜드가 그리스도의 천년 왕국이 이루어질 바로 그 곳으로 믿은 일이라든지, 매사추세츠의 법이 천년 왕국을 위한 적절한 법이 되어야 한다고 생각한 점이나, 교회 회원의 자격 요건으로 회심의 체험을 강조한 점 등은 종교 개혁 당시에 사회개혁과 천년 왕국 건설을 꿈꾸었던 재세례파들의 천년 왕국 신앙과 본질적으로 별다름이 없다.

재세례파들은 자신들의 신념과 생존을 위하여 그들을 반대하는 로마 가톨릭과 종교 개혁 교회의 세력이나 이들을 옹호하는 정치 권력과 투쟁하는 과정에서 반사회적인 혹은 혁명적인 그룹으로 낙인이 찍혔다. 그러나 뉴잉글랜드의 청교도들은 신대륙의 황무지에서 자유롭게 자신들의 신념을 펴며 그 신념을 따라 천년 왕국 건설을 위하여 매진할 수 있었고, 새롭게 전개되는 역사의 주역이 될 수 있었다. 신령주의적인 재세례파의 일부 그룹들이 메시아 운동에 빠진데 반하여, 개혁주의 신앙을 가진 청교도들이 비교적 건전한 교회 운동을 한 점은 물론 다르다.

계몽주의의 전통을 따라 역사적 비평으로 성경을 비판하는 합리주의 신학자들은 성경 말씀과 예수 그리스도의 역사성을 의심하므로 그들의 종말론은 일반적인 개인의 종말론에 머물고 있으며, 예수 그리스도의 재림에 대한 기대 같은 것은 없다. 예수 그리스도의 초림 혹은 성육에 회의를 품은 사람들에게서 재림에 대한 신앙은 기대할 수 없는 법이다. 이를테면 슈바이처가 예수를 종말론과 결부시켜 논했으나, 성경에 근거하기보다는 예수 그리스도의 종말에 대한 자의식을 논의했으며, 현재에 대한 관심은 결여한 채로 묵시적인 교의를 논의하였다.[31]

---

30) 오덕교, "존 코튼의 그리스도의 천년 왕국에 대한 이해", 「神學正論」 17(1991년 7월): 141-177.

31) D. Folke Holmström, *Das eschatologische Denken der Gegenwart, drei Etappen der theologischen Entwicklung des zwanzigsten Jahrhunderts*, übersetzt in Deusch von Lic. Harald Kruska(Gütersloh: Verlag C. Berelsmann, 1936), 247.

19세기의 자유주의 신학을 배격하고 이를 극복하려던 20세기의 소위 위기 신학자들은 신학의 방법으로 변증법을 적용함으로써 기독교 신앙을 종말론적으로 규정한다. 말씀의 신학으로 되돌아갈 것을 선언하고 그 작업에 종사한다고 한 칼 바르트는 역사 비판을 극복하려고 한 나머지 역사에 대한 새로운 개념을 도입함으로써 실제 역사(die wirkliche Geschichte)를 지양한다.[32] 마르틴 캘러(Martin Kähler)는 이미 역사를 'Historie', 즉 실증될 수 있는 사실에 근거한 역사와 'Geschichte', 즉 사실 여부를 떠나서 의미를 안겨주는 역사로 구분하였으며, 프란츠 오버베크는 'Geschichte'와 'Urgeschichte'로 구분하였는데, 바르트는 'Geschichte'에서 'Urgeshchichte' 및 'Übergeschichte'로 구분한다.

바르트가 말하는 'Übergeschichte'는 '초역사적 개념'(übergeschichtliche Begriff)과 '비역사적 개념'(ungeschichtliche Begriff)을 포괄한다는 것인데,[33] 이 '비역사적인'(ungeschichtliche) 것은 무시간적(zeitlos)인 것으로 이해한다. 바르트는 영원과 시간을 거의 접촉할 수 없는 것으로 구분하는 변증법적 사고에서 종말론을 실존적인 삶을 위한 도전의 상징이라고 하는가 하면, 파루시아를 대망하는 것은 우리의 매일의 삶의 장을 있는 그대로 진지하게 받아들이는 것을 의미한다고 말함으로써 파루시아가 시간 안에 실제로 있게 될 것이라고 대망할 수 있다는 사실을 간과한다.[34]

불트만은 파루시아에 대한 대망은 인간으로 하여금 결단하도록 촉구하는 실존적 현실(Aktualität)이면서 동시에 역사적 시간에 확고히 정박하고 있는 것으로부터 변증법적으로 해방되는 것이라고 말함으로써 바르트와 비슷한 생각을 전개한다.[35]

소위 현대신학자들도 종말론을 다루면서 기독교를 종말론적 종교라고 정의하지만, 역사에 대한 그들의 이해는 전통적인 이해와 같지 않다. 그러므로

---

32) 같은 책, 233.
33) 같은 책, 230 이하.
34) 같은 책, 240-241.
35) 같은 책, 247.

역사적 종말에 대한 그들의 이해도 전통적인 이해와 다르며 그리스도의 파루시아에 대한 개념도 다르다. 따라서 그들이 가진 종말 개념은 실재적이기보다는 관념적이라고 할 수밖에 없다.

한국 교회의 종말론

기독교 종말론을 논하는 목적은 우리의 종말 신앙을 재검토하며 정리하는데 있으므로 한국 교회의 종말론을 일별하지 않을 수 없다. 한국은 19세기의 각성 운동 시기에 선교적 소명을 받은 선교사들을 통하여 선교를 받았으므로 그들이 가진 보수적인 신앙과 함께 전천년 왕국설의 종말 신앙을 전수 받았다.[36]

초기 한국 교회의 설교의 중요한 주제는 회개와 중생, 구원이었으며, 구원과 직결하여 내세적 종말론 신앙을 강조하였다. 내세 지향적이며, 전천년설을 믿는 종말 신앙은 일제의 핍박하에서 많은 성도들이 환난을 이기는 데 큰 힘이 되었다. 성경 전권(全卷)을 주석한 박윤선(朴允善)이 자신의 주석 가운데 제일 먼저 탈고하여 출판한 책이 요한계시록 주석이었다는 사실이나 1920/30년대에 최봉석(崔鳳奭) 목사가 '예수 천당'의 구호로 복음을 전하였다는 일화 역시 당시의 한국교회의 신앙이 내세적 종말론으로 결정(結晶)되고 있었음을 말해 준다.

개신교와 개혁주의의 전통적 신앙이 무천년설을 말하고 있음에도 불구하고, 한국 교회는 종말론과 요한계시록에 관심을 가지면서부터 천년 왕국설을 신봉해 왔다.[37] 장로교의 경우, 1906/7년의 대부흥 때부터 부흥사로 활약한 길선주(吉善宙) 목사를 위시한 많은 부흥사들이 사경회와 부흥회에서 요한계시록을 사경회의 교과서로 사용하였다. 특히 그는 '주 재림에 대한 연구'라는 주제로 말세론을 강론하고, 무천년설과 후천년설을 강력하게 비판하는 한편,

---

36) 김영재, "한국 교회 종말론", 「神學正論」 20(1993년 4월): 261-287.
37) 박윤선, 「요한계시록 주석」(서울: 영음사, 1955), 235.

전천년설을 주장하며 가르쳤다. 길선주는 예수 그리스도의 재림을 통한 세계의 종말을 "영적 세계의 전제이며 복음의 승리요 교회의 결론"으로 보았다.[38] 이러한 종말론 신앙은 길선주 목사와 그 밖의 부흥사들의 사경회를 통하여 장로교에 널리 파급되었다.

평양신학교의 조직 신학 교수 이눌서(W. D. Reynolds)는 전천년설을 가르쳤다.[39] 1930년대 초부터 평양신학교에서 교수하기 시작하여 한국의 보수적 장로교 신학의 기초를 다진 박형룡(朴亨龍)은 자신의 『조직 신학』을 벌코프의 책을 주로 많이 참고하여 저술하였음에도 불구하고, 천년 왕국을 두고는 소위 무천년설을 주장하는 벌코프나 개혁주의 신학 전통의 주류를 따르지 않고, 역사적 전천년설을 따르고 있다.

박형룡은 "대한예수교장로회의 신학적 전통은 역사적 천년기전 재림론이다"[40]라고 말하면서 평양신학교의 전통을 따랐다. 주경신학자로서 개혁주의 전통에 충실하려고 한 박윤선도 같은 견해를 가지고 가르쳤다. 개혁주의의 보수적 신학을 대표하는 독보적인 두 신학자가 똑 같이 전천년설의 신앙을 견지하였기 때문에, 그것이 더욱 한국 교회 및 한국 장로교회의 전통이 된 것이다.

한국에 온 초기 선교사들은 무디의 신앙과 세대주의 종말론의 영향을 받았으므로 그런 종말 사상을 가르쳐 온 것인데, 더욱이 1920년대에 세대주의 사상을 가진 선교사들이 들어온 이후로는, 세대주의적인 전천년설이 부흥사들을 통하여 더욱 유포되었으며, 역사적 전천년설은 세대주의적인 전천년설로 채색되었다. 1960년대까지만 하더라도 종말론에 관한 한 전천년설이어야 하고, 무천년설을 지지하는 사람은 이단시되거나 신신학자로 간주될 정도였다.

그러나 장로교의 보수적인 두 원로 교수의 다음 세대에 속하는 신학자들

---

38) 심창섭, "한국교회사에 나타난 종말 사상", 「목회와 신학」 (1990년 4월): 44.

39) 박형룡박사저작전집 VII, 278.

40) 같은 쪽.

가운데는 소위 무천년설의 견해를 피력하는 이들이 있다. 보수적인 장로교회도 점차 개혁주의 교회의 전통적 종말관을 수용하게 되었다. 총신대에서 박형룡을 이어 1970년대에 조직 신학을 교수했던 합동신학교의 조직 신학 교수 신복윤(申福潤)은 무천년설을 가르친다. 그런가 하면, 차영배(車榮培)와 박아론(朴雅論)은 박형룡 신학의 종말론 전통을 계승하여 전천년설 신앙을 견지한다. 1986년에 이상근, 곽선희, 림인식, 박창환, 한철하, 김형태, 이종성, 한완석 등 여러 목사들이 기초한 것을 통합측 장로교회가 받아들여 내놓은 신앙고백서는 제10장 제4항에서 무천년설을 공적 견해로 채택하고 있다.

하나님의 나라는 인류 역사가 시작되었을 때부터 그 안에 보이지 않는 형태로 임재하고 있다. 그러나 예수 그리스도가 육체를 입고 세상에 오심으로 하나님 나라는 역사 안에 보이는 형태로 나타나게 되었다(마 3:2, 4:7). 하나님의 나라는 지상에 교회가 형성됨에 따라 교회와 함께 성장하게 된다(마 13:31~33; 막 4:30~32; 눅 13:18, 17:21). 세상의 마지막 날에 그리스도께서 재림하여 모든 존재에 대한 심판이 있은 다음, 하나님의 나라가 완성되고 성도들과 함께 영속한다(고후 5:1; 계 21:1~7)[41]

보수적인 장로교 신학교에 속한 젊은 세대의 교수들은 미국 웨스트민스터와 칼빈신학교의 가르침을 따라 주로 무천년 신앙을 말한다.[42] 그리고 대부분의 침례교 신학자들도 무천년 신앙을 지지한다고 한다. 그러나 성결교회, 오순절파 교회의 신학자들은 세대주의적 전천년설에 충실한 편이다.

그러나 교파를 막론하고 목회자들은 대다수가 천년 왕국 신앙을 가르친다. 일반 신자들은 천년기에 관하여 언급하는 계시록의 말씀을 상징적으로 해석하기보다는 문자적으로 해석하는 것이 받아들이기 쉽기 때문에도 그러하고 신앙함에 있어서 보다 구체적인 것을 선호하기 때문이라고 할 수 있다. 특히 일제하에서 압제를 견디며 살아왔으며 6·25의 참화를 겪은 백성들에게, 그리고 나날이 고난을 겪으며 사는 백성들에게 그리스도의 재림과 동시에

41) 대한예수교장로교 헌법(1987), 180.
42) 신성종, 『요한계시록 강해』(서울: 도서출판 엠마오, 1983), 132.

역사가 끝난다는 것보다는 또 있을 천년의 역사 속에 그리스도와 함께 왕 노릇할 것이라는 이야기가 더 호소력이 있으리라는 것은 짐작하고도 남음이 있다.

1980년대 말까지 출판된 요한계시록 강해서나 주석서를 보면 아직도 전천 년설을 지지하는 편이 다수이다.[43] 그리고 주목할 만한 것은 민중 신학의 기수인 서남동(徐南同)이 기독교의 종말론을 역사적 지평에서 이해하려는 자유주의적 입장에서 무천년 신앙을 비판하고 교회 역사에 있었던 천년 왕국에 대한 신앙을 긍정적으로 평가한다는 점이다. 신국은 피안적(彼岸的)이 고 궁극적인 것에 대한 상징인데 반하여 천년 왕국은 차안적(此岸的)이며 준궁극적(準窮極的)인 것에 대한 상징이라고 하며, 이 역사와 사회가 새로워지 는 데로 이행되는 것이라고 한다. 따라서 신국은 개인 인격의 구원을 보장하지 만, 천년 왕국은 사회적 · 집단적 인간의 구원에 대한 보장이라 하고, 신국은 타력적 구원을 전제하는 것으로서 지배자들의 지배 이데올로기로 이용되지만, 천년 왕국은 보다 자력적인 구원에 기울어지는 것이므로 민중의 갈망에 대한 상징이라고 한다.[44] 이러한 지론은 중세 시대에 천년 왕국 신봉자들이 그들의 정치 사회적 자유와 평등을 천년 왕국 운동으로 구현하려던 역사적 사실을 정치 신학의 견지에서 정당화하고 미화하는 견해이다.

기독교 종말론에서 개인적 종말론을 두고 중세 교회와 로마 가톨릭이

---

43) 전천년설을 지지하는 주석 혹은 강해서로는 박윤선, 『성경주석 요한계시록』 (서울: 영음사, 1955); 조용기, 『요한계시록 강해』(서울: 영산출판사, 1976); 이병규, 『요한계시록』(서울: 성광문화 사, 1978); 이종우, 『요한계시록(해석)』 (서울: 성광문화사, 1979); 유인식, 『요한계시록 강화』(서울: 성광문화사, 1982); 조성근, 『예수 그리스도의 계시』(서울: 규정문화사, 1982); 김시원, 『재림공부해 설』(서울: 성광문화사, 1983) 등이 있으며, 번역서로는 찰스 C. 라이리, 『전천년설 신앙』(서울: 보이스사, 1989) 등이 있다. 무천년설을 말하는 것으로는 김승곤, 『요한계시록 강해』(정음출판사, 1968); 신성종, 『요한계시록 강해』(서울: 도서출판 엠마오, 1983); 이순한, 『요한계시록 강해』(한국 기독교교육연구원, 1985) 등이 있고, 번역서로는 W. J. 그리어, 『재림과 천년 왕국』 명종남 역(서울: 새순출판사, 1987) 등이 있다. 로버트 지 클라우스 편집, 『千年王國』, 권호덕 옮김(서울: 성광문화사, 1980)은 죠오지 엘돈 래드의 "역사적 전천년기설", 헤르만 에이 호이트의 "세대주의적 전천년기설", 로레인 뵈트너의 "후천년기설", 안토니 에이 후크마의 "무천년기설"을 단권에다 편집하고 있다.

44) 서남동, "두 이야기의 합류", 『民衆과 韓國神學』(한국신학연구소, 1982): 249.

연옥설을 말하며 합리주의 신학자들이 회의론을 펴는 것 이외에는 별로 다른 이론들이 없다. 그러나 역사적 종말론을 두고 천년기의 해석에는 여러 견해들이 분분하다. 천년 왕국 신앙은 요한계시록 20:1~5의 말씀을 문자적으로 믿는 신앙이다. 전천년 왕국을 믿는 신앙은 후천년 왕국을 믿는 신앙보다 요한계시록을 문자적으로 해석하는 면에서 더 철저하다. 후천년 왕국 신앙은 그리스도의 왕적 통치의 부분을 영적으로 해석하여 복음으로 세상을 변화시키며 성령으로 다스림을 받는 교회가 왕성하게 되는 것이라고 믿는 반면에, 전천년 왕국 신앙은 그리스도께서 심판주로 철장을 가지고 세상을 다스릴 것이라는 말씀을 문자적으로 믿으며 성도들도 그리스도와 함께 왕 노릇할 것이라고 믿는다. 중세 말기와 종교 개혁 당시 천년 왕국을 신앙한 여러 그룹들은 그러한 믿음에서 폭력과 무력 행사를 마다하지 않았다.

요한계시록에서 상징적 언어로 기술된 말씀을 역사상의 인물이나 사건들을 가리키는 말씀으로 해석하노라면 수없이 많은 다른 해석들이 나오기 마련이다. 또 그리스도의 재림의 시기를 점치려는 유혹에도 빠진다. 전천년 왕국 신앙이 지배적인 환경에서 시한부 종말론자들과 거짓 메시아들이 많이 나타나는 것은 그런 까닭이다.

무천년 신앙은 천년기를 영적으로 해석한다. 예를 들어, 요한계시록이 '한 때'와 '두 때'와 '반 때' 등 상징적 언어로 가득하다는 점에 근거하여 영적 해석의 타당성을 주장한다. 무천년 신앙은 재림하시는 그리스도를 성도들이 맞이함과 동시에 바로 새 하늘과 새 땅에 들어가게 된다고 가르치므로 무천년 신앙이 지배적인 환경에서는 천년 왕국 건설을 빙자하여 폐쇄적인 집단을 조성하거나 집단의 교주나 거짓 메시아가 운신할 여지가 없어진다.

그러나 역사적 종말론보다는 개인적 종말론에 관심을 가지고 안주하며 교회 생활의 정체(停滯)를 초래한 중세 스콜라적 종말론이나 계몽신학과 자유주의 및 현대주의 종말론과 대비가 될 수 있는 종말 신앙은 천년 왕국 신앙이다. 17세기 이후 침체되고 잠든 교회를 각성케 한 경건주의와 부흥 운동이 가진 종말 신앙은 천년 왕국 신앙이었다는 것을 상기할 필요가 있다.

개인적 종말론은 개인의 구원 문제와 결부되지만, 역사적 종말론은 역사에 대한 관심을 전제로 한다. 그러므로 어떠한 종말론 신앙이든지 간에 예수 그리스도의 재림을 참으로 믿고 기대하는 신앙은 위기의식을 가져서 위축되거나 세상을 향하여 소극적인 삶을 살거나 자신의 구원을 위하여 소위 시온성을 찾아 도피하는 신앙일 수는 없다. 기독교의 종말 신앙은 역사 의식을 가지고 항상 깨어 주님의 재림을 고대하는 가운데 그리스도의 증인으로 복음을 전하고 새 하늘과 새 땅을 바라며 그리스도의 증인이면서 동시에 사회의 건전한 시민으로서 교회와 이웃을 위하여 나누고 봉사하며 성실하게 사는 신앙이다.

참고문헌

논문

김명혁. "한국 교회와 성령론". 「신학정론」 22(1994년 5월): 173-243.

김영재. "기독교 종말론에 대한 역사적 고찰"- 천년 왕국 신앙을 중심으로, 초대 교회부터 종교 개혁까지 - . 「성경과 신학」 13(1993년 4월): 119-146.

_____. "한국교회 종말론". 「신학정론」 20(1993년 4월): 261-287.

邊鮮煥. "他宗敎와 神學". 「基督敎思想」 겨울호(1984년): 687-717.

브라이언 E. 데일리. "어거스틴의 종말론". 「神學正論」 20(1993년 4월): 193-225; Daley, Brian E. S. J. The hope of the Early Church, Cambridge University Press, 1991: 131-150의 번역.

서남동. "두 이야기의 합류". 「民衆과 韓國神學」 서울: 한국신학연구소. 1982.

_____. "세속화의 과정과 그리스도교". 「基督敎思想」 1966년 2월호: 15-26.

신복윤. "無千年期說". 「神學正論」 20(1993년 4월): 245-257.

_____. "재림 전에 있을 대사건들". 「神學正論」 20(1993년 4월): 226-244.

심창섭. "한국교회사에 나타난 종말사상". 「목회와 신학」 4월호(1990년).

오덕교. "존 코튼의 그리스도의 천년 왕국에 대한 이해". 「神學正論」 17(1991년 7월): 141-177.

이수영. "칼뱅의 성령론". 「신학정론」 22(1994년 5월): 160-172.

Cram, W. G. "The Revival in Songdo". Korea Mission Field, Vol. 2, No. 6(April 1906): 112f.

Müller, Gerhard. "Luthers Christusverständnis". in: Jesus Christus, das Christus- verständnis im Wandel der Zeiten. Marburg: N. G. Elwert Verlag 1963.

Müller-Goldkuhle, Peter. "Post-Bibilical Developments in Eschatological Thought". in: The Problem of Eschatology. Ed. by Edward Schillerbecks & Boniface Willems. New York: Paulist Press, 1969.

Sanders, J. N. "The literature and canon of the New Testament". in: Peake's Commentary on the Bible. London and Edinburgh: Thomas Nelson Ltd, 1962.

Zeller, Winfried. "Zum Christusverständnis im Mittelalter". in: Jesus Christus, das Christus Verständnis im Wandel der Zeiten. Marburg: N. G. Elwert Verlag, 1963.

단행본

곤잘레스, 후스토 L. 「基督敎思想史(I, II, III)」. 이형기·차종순 역. 서울: 장로교출판사, 1988.

구티에레즈, G. 「解放神學」. 성임 역. 서울: 분도출판사, 1977.

기독교사상 편집부 편. 「한국역사와 기독교」. 서울: 대한기독교서회, 1983.

金均鎭. 「基督敎組織神學」. 서울: 연세대학교 출판부, 1984, 1989⁷.

김기홍. 「이야기 현대신학」. 서울: 베다니출판사, 2004.

김영재. 『교회와 신앙고백』. 서울: 성광문화사, 1989. 수원: 합동신학대학원출판부, 2002¹, 2005².

_____. 『교회와 예배』. 수원: 합동신학교출판부, 1995.

김영한. 『바르트에서 몰트만까지』. 서울: 대한기독교출판사, 1982.

_____. 『현대신학의 전망』. 서울: 대한기독교출판사, 1884.

_____. 『현대신학과 개혁신학』. 서울: 성광문화사, 1996.

노만 가이슬러. 『기독교 변증학』. 위거찬 역. 서울: 성광문화사, 1990.

_____. 『성경 무오-도전과 응전』. 서울: 엠마오,

니이브, J. L. 『基督敎敎理史』. 서남동 역. 서울: 대한기독교서회, 1965.

데이빗 웬함 · 스티브 월튼. 「복음서와 사도행전」 서울: 성서유니온선교회, 2007.

『대한예수교장로회 헌법』. 서울: 대한예수교장로회총회출판국, 1987, 1988³.

디오게네스 알렌, 「신학을 이해하기 위한 철학」, 정재현 옮김, (서울: 대한기독교서회, 1996¹, 2008⁸.

루이스 뻘코프. 『기독교교리사』. 신복윤 역. 서울: 성광문화사.

박윤선. 『요한계시록 주석』. 서울: 영음사, 1955.

박해경. 『기독교 교리 신학사』. 서울: 이레서원, 2000.

朴亨龍. 『朴亨龍著作全集(I-VII)』. 서울: 한국기독교교육연구원, 1977.

벵트 헤그룬트. 『신학사』. 박희석 역. 서울: 성광문화사, 1989.

『변선환박사화갑기념논문집 - 宗敎多元主義와 神學의 未來』. 서울: 종로서적, 1989.

徐南同. 『轉換時代의 神學』. 서울: 한국신학연구소, 1971.

신복윤. 『칼빈의 신학사상』. 서울: 성광문화사, 1993

양락홍. 『조나단 에드워즈』. 서울: 부흥과개혁사, 2003.

오토 베버. 『칼빈의 교회관』. 김영재 역. 수원: 합신대학원출판부, 2008.

웰터 엘웰 · 로버트 야브루. 『최신신약통론』. 김광모 · 류근상 공역. 서울: 크리스챤출판사, 2006.

윌리암 캐논. 『웨슬리신학』. 남기철 역. 서울: 기독교대한감리회교육국, 1986.

李章植. 『基督敎信條史(I & II)』. 서울: 컨콜디아사, 1979, 1982.

李鍾聲. 『神論』. 서울: 대한기독교서회, 1980.

李鍾聲. 『三位一體論』. 서울: 대한기독교출판사, 1992.

전호진. 『종교 다원주의와 타종교 선교전략』. 서울: 개혁주의신행협회, 1992.

죤 레이스. 『개혁주의란 무엇인가』. 오창윤 역. 서울: 도서출판 풍만, 1989.

차영배. 『성령론』. 서울: 도서출판 엠마오, 1997.

_____ 외. 『삼위일체론과 성령론』. 서울: 태학사, 1999.

파울 알트하우스, 『마르틴 루터의 신학』. 구영철 역. 서울: 성광문화사, 1994.

폴 F. 니터. 『오직 예수 이름으로만』. 邊鮮煥 역. 서울: 한구신학연구소, 1997.

『한국기독교장로회 -연혁 · 정책 · 선언서-』. 한국기독교장로회총회발행, 1978.

한스 콘첼만. 『초대 기독교 역사』. 박창건 옮김. 성광문화사, 1994.

한영태. 『웨슬리의 조직 신학』. 서울: 성광문화사, 1993¹, 1994².

한철하. 21세기 인류의 살길 . 서울: 아세아연합신학교출판부, 2003.
해롤드 카워드. 종교 다원주의와 세계종교 . 오강남 역. 서울: 대한기독교서회, 1993.

Ahlstrom, Sydney E. *A Religious History of the American People*. Yale University Press, 1972[1], 1977[7].
Allen, Diogenes, *Philosophy for understanding Theology* (Atlanta: John Knox press, 1985.
Allen, Diogenes and Springsted, Eric O. ed., *Primary Readings in Phiolophy for understanding Theology*, Louisville: Westminster/John Knox Press 1992.
Barrett, C. K. *The New Testament Background: Selected Documents*. London: S · P · C · K, 1961.
Barth, Karl. *Der Römerbrief*. Zürich: Theologischer Verlag, 1922, 1984.
Brändle, Rudolf. *Johannes Chrysostomus*. GmbH Stuttgart Berlin Köln: W. Kohlhammer, 1999.
Bekenntnis der Kirche. Herausg. von Hans Steubin in Zusammenarbeit mit J. F. Gergard Geoters, Heinrich Karpp und Erwin Müllhaupt, Wuppertal: Theologischer Verlag Rolf Brockhaus, 1970, 1977.
Berkhof, L. *Systematic Theology*. London: The Banner of Truth Trust, 1939, 1963.
Bettenson, Henry. Sel. & ed., *Documents of the Christian Church*. Oxford, New York: Oxford University Press, 1986, c1963.
Bright, John. *A History of Israel*. W. L. Senkins McMlix British Edition, 1960, 1962.
Busch, Eberhard. *Karl Barths Lebenslauf*. München: Chr. Kaiser Verlag, 1975.
Carden, Allen. *Puritan Christianity in America*. Grand Rapids, Michigan: Baker Book House, 1990.
Chadwick, Henry. *Lessing's Theological Writings*. London: Adam & Charles Black, 1956.
Cohn, Norman. *The Pursuit of the Millenium*. New York: Harper Torchbooks the Academy Library Harper & Brothers, 1961.
Danielou, Jean. *The Theology of Jewisch Chrstianity*. Darton: Longman & Todd Ltd., 1965.
_____. *Gospel Message and Hellenistic Culture*. Tr. by John Austin Baker. Darton: Longman & Todd Ltd., 1973.
_____. *The Origins of Latin Christianity*. Tr. by David Smith and John Austin Baker. Darton: Longman & Todd Ltd., 1973.
Daley, Brian E. S. J. *The hope of the Early Church*. Cambridge: Cambridge University Press, 1991.
Denzinger-Schönmetzer. *Enchiridion Symbolorum Definitionum et Declarationum*. Freiburg im Breisgau: Verlag Herder KG, 1965.
Dewey D. Wallace, Jr. *Puritans and Predestination*. Chapel Hill, N.C.: The University of North Carolina Press, 1982.
Ebeling, Gehard. *Wort Gottes und Tradition*. Göttingen: Vandenhoeck und Ruprecht, 1964.

Eissfeldt, Otto. *The Old Testament An Introduction.* Tr. by Peter R. Ackroyd. Oxford: Basil Blackwell, 1965.

Elwell, Walter A. *Encoutering the New Testament: a historical and theological survey.* Grand Rapids, Michigan: Baker Academic, 1998/ Elwell, Walter A. and Yarbrough, Robert W.-2nd ed. 2005.

Feine-Behm-Kümmel. *Einleitung in das Neue Testament.* 15. Auflage. Heidelberg: Quelle & Meyer, 1967.

Gerber, Uwe. *Ghristologische Entwürfe, Bd. 1: Von der Reformation bis zur Dialektischen Theologie.* Zürich: EVZ-Verlag, 1970.

Grant, Robert M. *A Historical Introduction to the New Testament.* London: Collins, 1963.

Harnack, von Adolf. *Dogmengeschichte.* Tübingen: J. C. B. Mohr, 1905.

Hauss, Friedrich. *Väter der Christenheit.* Bd. III. Wuppertal: Verlag Sonne und Schild GmbH, 1959.

Heiligenthal, Roman und andere. *Einfürung in das Studium der Evangelischen Theologie.* Stuttgart: Verlag W. Kohlhammer, 1999.

Heussi, Karl. *Kompendium der Kirchengeschicte.* Tübingen: J. C. B. Mohr, 1976.

Holmström, D. Folke. *Das eschatologische Denken der Gegenwart.* Ins Deutsche übersetzt von Lic. Harald Kruska. Gütersloh: Verlag C. Bertelsmann, 1936.

Hübner, Eberhard. *Evagelische Theologie in unserer Zeit.* Bremen: Carl Schünemann Verlag, 1966.

Hustad, Donald P. *Jubilate! Church Music in the Evangelical Tradition.* Carol Stream, Il.: Hope Publishing Company, 1981.

Jacobs, Paul. *Theologie Reformierter Bekenntnisshriften in Grundzügen.* Neukirchen Kreis Moers: Neukirchener Verlag der Buchhandlung, 1959.

Jan Rohls. *Protestantische Theologie der Neuzeit, Bd. 1 & 2.* Tübingen: J. C. B. Mohr Siebeck, 1997.

Jeremias, Joachim. *Infant Baptism in the First Four Centuries.* Tr. by David Cairns. London: SCM Press, 1960. *Die Kindertanfe in den ersten vier Jahrhunderten.* Göttingen: Vandenhoeck und Ruprecht, 1958.

Jesus Christus, das Christus Verständnis im Wandel der Zeiten. Eine Ringvorlesung der Theologischen Fakultät der Universität Marburg, Marburg: N. G. Elwert Verlag, 1963.

Kähler, Martin. *Der sogenannte historische Jesus und der geschichtliche, biblische Christus.* Neu herausgegeben von E. Wolf. Dritte Auflage, München: chr. Kaiser Verlag, 1961. Zweite Auflage, 1956.

Karl Barth - Rudolf Bultmann Briefwechsel 1922-1966. Herausgegben von Bernd Jaspert. Zürich: Theologischer Verlag Zürich, 1971.

Kelley, J. N. D. *Early Christian Creeds.* Harlow, Essex UK: Longman House Burnt Mill,

1950, 1981.

_____. *Early Christian Doctrine.* London: Adam Charles Black, 1958.

Kümmel, Werner Georg. *Vierzig Jahre Jesusforschung(1950-1990).* Herausgegeben von Helmut Merklein. Weinheim: Beltz Athenäum Verlag, 1994.

Kunst, Hermann. *Martin Luther und die Kirche.* Stuttgart: Evangelisches Verlagswerk, 1971.

Kunz, Erhard. *Protestantische Eschatologie von der Reformation bis zur Aufklärung.* Freiburg · Basel · Wien, 1980.

Kupisch, Karl. *Kirchengeschichte V 1815-1945.* Stuttgart Berlin Köln Mainz: Verlag W. Kohlhammer GmbH, 1975.

_____. *Quellen zur Geschichte des deutschen Protestantismus 1871-1945.* Göttingen: Siebenstern Taschenbuch Verlag, 1960.

_____. *Quellen zur Geschichte des deutschen Protestantismus von 1945 bis zur Gegenwart* 1. Teil und 2. Teil. Göttingen: Siebenstern Taschenbuch Verlag, 1971.

Kuyper, Abraham. *The Work of the Holy Spirit.*(1888) Tr. by Henri de Vries. Grand Rapids, Michigan: Wm. B. Eerdmans Publishing Co., 1956.

Lohse, Bernhard. *Epochen der Dogmengeschichte.* Stuttgart: Kreuz Verlag, 1963.

_____. *A Short History of Christian Doctrine.* Tr. by F. Ernest Stoeffler. Philadelphia: Fortress Press, 1966, Paperback 1978.

Loofs, Friedrich. *Leitfaden zum Studium der Dogmengeschichte,* 1. und 2. Teil. Herausgegeben von Kurt Aland. Tübingen: Max Niemeyer Verlag, 1889[1], 1998[7].

Luther, Martin. *Von der Kraft des Wortes.* Siegbert Mohn Verlag, 1960.

McGrath, Alister E. *Justitia Dei, A History of the Christian Doctrine of Justification, Volume II, from 1500 to the Present day.* Cambridge University Press, 1986.

Müller-Goldkuhle, Peter. *Die Eschatologie in der Dogmatik des 19. Jahrhunderts.* Essen: Ludgerus-Verlag Hubert Wingen, 1966.

_____. *Die Eschatologie in der Dogmatik des 19. Jahrhunderts.* Freiburg in Breslau: Verlagherder, 1980.

Niemöller, Wilhelm. *Wort und Tat im Kirchenkampf.* München: Chr. Kaisers Verlag, 1969.

Ottley, R. L. *The Doctrine of the Incarnation.* London: Metuen & Co., 1896, 1908.

Pelikan, Jaroslav, *The Christian Tradition 1: The Emergence of Catholic Tradition (100-600).* Chicago and London: The University of Chicago Press, 1971.

_____. *The Christian Tradition 2: The Spirit of Eastern Christendom (600-1700).* Chicago and London: The University of Chicago Press, 1974.

_____. *The Christian Tradition 3: The Growth of Medieval Theology (600-1300).* Chicago and London: The University of Chicago Press, 1978.

_____. *The Christian Tradition 4: Reformation of Church and Dogma (1300-1700).* Chicago and London: The University of Chicago Press, 1984.

_____. *The Christian Tradition 5: Christian Doctrine and Modern Culture (since 1700)*. Chicago and London: The University of Chicago Press, 1989.

_____. *Jesus, Through the Centruries*. New Haven and London: Yale University Press, 1985.

Pesch, Otto Hermann & Albrecht Peters. *Einführung in die Lehre von Gnade und Rechtfertigung*. Darmstadt: Wissenschaftliche Buchgesellschaft, 1981.

Ratschow, Carl Heinz. *Jesus Christus*. München: Gütersloher Verlaghaus Gerd Mohn, 1982.

Rogers, A. K. *A Student's History of Philosophy*. New York: The Macmillan Company, 1929[1], 1963[3].

Ryken, Leland. *Worldly Saints*. Grand Rapids Michigan: Zondervan Publishing House, 1986.

Ryle, J. C. *Five English Reformers*. London: The Banner of Truth Trust, 1960.

Schaff, Philip. *The Creeds Christendom*. 3 vols. Grand Rapids: Harper and Row, 1983.

Schlatter, Adolf. *The Church in the New Testament Period*. Tr. by Paul P. Levertoff. London: S · P · C · K, 1961.

Schleiermacher, Friedrich. *Der Christliche Glaube*. 1 und 2. Berlin: Walter de Gruyter & Co., 1960.

_____. *Die Reden über die Religion an die Gebildeten unter ihren verächtern*. Hamburg: Meiner, 1961.

Seeberg, Erich. *Meister Eckhart*. Tubingen: Verlag von J. C. B. Mohr. 1934, 1954.

Seeberg, Reinhold. *The History of Doctrines*. Tr. by Charles E. Hay. Grand Rapids, Michigan: Baker Book House, 1977.

Semler, Johann Salomo. *Abhandlung von freier Untersuchung des Canon*. Herausgegeben von Heinz Scheible. Gütersloher Verlagshaus Gerd Mohn, 1967.

Shiner, Larry. *The Secularization of History*. Abingdon Press, 1966.

Schmidt, Udo. *Johannes Calvin und die Kirche*. Stuttgart: Evangelisches Verlagswerk, 1972.

Snaith, N. H. *The Distinctive Ideas of the Old Testament*. London: Epworth Press 1944.

Stephan-Schmidt. *Geschichte der evangelischen Theologie in Deutschland seit dem Idealismus*. Berlin · New York: Walther de Gruyter, 1973.

Tensions in Contemporary Theology. Ed. by Stanley N. Gundry and Alan F. Johson. Grand Rapids, Michigan: Baker Book House, 1976.

The Apostolic Fathers. Tr. by Francis X. Glimm, Joseph M.-F. Marique. S. J., Gerald G. Walsh, S. J. Washington, D.C.: the Catholic University of America Press.

The Problem of Eschatology. Ed. by Edward Schillerbecks & Boniface Willems. New York: Paulist Press, 1969.

Theologen Unserer Zeit. Herausg. von Leonhard Reinisch. München: Verlag C. H. Beck, 1968.

Tillich, Paul. *A History of Christian Thought*. Ed. by Carl E. Braaten, published by Simon and Schuster. New York: A Touchstone Book, 1967.

Traditio - Krisis - Renovatio aus theologischer Sicht. Festschrift Winfried Zeller zum 65. Geburtstag. Herausg. von Bernd Jaspert und Rudolf Mohr. Marburg: N. G. Elwert Verlag, 1976.

Udo Smidt. *Johannes Calvin und die Kirche.* Stuttgart: Evangelisches Verlagswerk, 1972.

von Rad, Gerhard. *Theologie des Alten Testaments.* Bd. I. München: Chr. Kaiser Verlag, 1966.

Wehr, Gerhard. *Karl Barth: Theologe und Gottes fröhlicker Partisan.* Gütersloh: Gütersloher Verlaghaus Mohr, 1979.

Zahrnt, Heinz. *Die Sache mit Gott.* München: R. Piper & Co. Verlag, 1967.

Zimmermann, Heinrich, *Neutestamentliche Methodenlehre*, Stuttgart: Verlag katho- lisches Biebelwerk, 1982.

전집

WA는 Weimarer Ausgabe(1883부터)의 약자로 루터의 저작 전집 중 가장 많이 인용되는 것이다. 루터 전집으로는 그밖에 EA는 Erlanger Ausgabe(1826부터)와 BA (Brauschweigerisch-Berliner Volksausgabe, 8권+2권의 보충본들)가 있다.

CR는 Corpus Reformatorum의 약자로 멜란히톤, 칼빈, 츠빙글리의 저작 전집이다.

찾아보기